Stimmen zum Buch

»Daniel Goleman schreibt mal wieder aus dem Leben für das Leben. Dieses Buch, noch spannender als sein Bestseller zur Emotionalen Intelligenz, muss Pflichtlektüre für alle Führungskräfte werden.«

Sabine Asgodom, Erfolgs-Trainerin und Bestseller-Autorin

»Chefs müssen emotional intelligent sein. Oder sie scheitern. Dan Golemans neuer Bestseller ist ein höchst inspirierendes Muss für alle Manager und jene, die wissen wollen, dass man gute, d.h. emotionale Führung auch einfordern muss.«

Prof. Dr. Hubert Burda, Verleger, Burda Konzern

»Management kommt von Menschenführung. Nicht nur im Dienstleistungsbereich sind die Menschen der entscheidende Faktor für den Erfolg eines Unternehmens. Zu den wichtigsten Aufgaben und Qualitäten eines Managers gehört, die Stärken – und nicht etwa die Schwächen! – der Mitarbeiterinnen und Mitarbeiter zu entdecken, ihre Potenziale zu entwickeln und für die Arbeit fruchtbar zu machen.«

Professor Dr. Bernd Fahrholz,
Sprecher des Vorstands der Dresdner Bank

»Dan Goleman und seine Kollegen zeigen, dass gute Manager eben nicht Techniker der Macht, sondern vor allem Virtuosen des Beziehungsmanagements sind. Ein Buch, das Führung endlich einmal von einer anderen – der richtigen – Seite beleuchtet, breit fundiert und inspirierend zu lesen.«

Daniel Goeudevert,
ehemaliges Vorstandsmitglied der Volkswagen AG

»Mit Träumen beginnt die Realität, und mit emotional intelligenter Führung beginnt jeder Unternehmenserfolg. Eigentlich eine Binsenweisheit, aber Dan Goleman rückt sie endlich in das Bewusstsein der Manager und Mitarbeiter.«

Professor Dr. h.c. Hans-Olaf Henkel,
Präsident der Wissenschaftsgemeinschaft Gottfried Wilhelm Leibniz

Goleman, Boyatzis, McKee

Emotionale Führung

Daniel Goleman, Richard Boyatzis,
Annie McKee

EMOTIONALE FÜHRUNG

Aus dem Amerikanischen
von Ulrike Zehetmayr

Econ

Die amerikanische Originalausgabe erschien 2002 unter dem Titel *Primal Leadership. Realizing the Power of Emotional Intelligence* bei *Harvard Business School Press,* Boston.

Der Econ Verlag ist ein Unternehmen
der Econ Ullstein List Verlag GmbH & Co. KG, München

1. Auflage 2002

ISBN 3-430-13289-4

Gesetzt aus der Optima und Frutiger bei
EDV-Fotosatz Huber/Verlagsservice G. Pfeifer, Germering
Druck und Bindearbeiten: Bercker, Kevelaer
Printed in Germany

Inhalt

Einleitung

Die enorm positiven Reaktionen auf die Artikel »What Makes a Leader?« und »Leadership That Gets Results«, die in der *Harvard Business Review* erschienen sind, haben uns ermutigt, dieses Buch zu schreiben. Es geht weit über die beiden Artikel hinaus und steht für ein neues Konzept: **emotional intelligente Führung**.

Unsere These: Die grundlegende Aufgabe von Führungskräften besteht darin, in den Menschen, die sie führen, positive Gefühle zu wecken. Das geschieht, wenn Führungskräfte *Resonanz* erzeugen – ein Reservoir an positiven Gefühlen, das das Beste in den Menschen hervorbringt. Die wichtigste Aufgabe einer Führungskraft liegt nach unserer Meinung demnach im Bereich der Emotionen.

Wir sind der Ansicht, dass diese emotionale Dimension von Führung, obwohl sie oft nicht sichtbar ist oder völlig ignoriert wird, darüber entscheidet, ob alles andere, was eine Führungskraft tut, so gut funktioniert, wie es könnte. Und deshalb ist Emotionale Intelligenz – der intelligente Umgang mit Emotionen – so wichtig für erfolgreiche Führung. In diesem Buch werden wir Ihnen nicht nur zeigen, warum emotional intelligente Führung Resonanz erzeugt und damit zugleich die Leistung fördert, sondern auch, wie die Macht dieser Resonanz genutzt werden kann – durch eine einzelne Führungskraft, in Teams oder im gesamten Unternehmen.

Das Modell der emotionalen Führung ist vermutlich die einzige Managementtheorie, die sich auf Erkenntnisse aus der Neurologie stützt. Anhand der neuesten Ergebnisse der Gehirnforschung werden wir Ihnen zeigen, warum Stimmungen und Handlungen einer Führungskraft enorme Auswirkungen auf ihre Mitarbeiter haben. Diese Ergebnisse verdeutlichen die Kraft emotional intelligenter Führung: Menschen zu inspirieren, Leidenschaft und Begeisterung in ihnen zu wecken und ihre Motivation, ihr Engagement aufrechtzuerhalten. Gleichzeitig werden wir aber eindringlich vor der Kraft der toxischen Führungsstile warnen, die das emotionale Klima am Arbeitsplatz vergiften.

Jeder der drei Autoren von *Emotionale Führung* steuert eine andere Perspektive bei.

Daniel Goleman wurde aufgrund der weltweiten Reaktion auf seine Bücher und seine Artikel über Führung zu einer Vielzahl von Gesprächen mit Führungskräften auf der ganzen Welt eingeladen.

Richard Boyatzis, Professor an der Weatherhead School of Management, hat nicht nur Vorträge in aller Welt gehalten, sondern kann auf die Ergebnisse seiner 15-jährigen Forschungsarbeit zurückgreifen, in der er Tausenden von MBAs und Führungskräften dabei half, sich die wesentlichen Kompetenzen von emotional intelligenter Führung anzueignen.

Annie McKee unterrichtet an der University of Pennsylvania Graduate School of Education und leitet die Führungskräfteentwicklung der Hay Group. Sie steuert ihre Erkenntnisse aus der Praxis bei, die sie durch die Arbeit mit Dutzenden von Unternehmen erwarb, denen sie half, emotional intelligente Führungskräfte auszubilden. Wir haben unser Fachwissen in diesem Buch vereinigt, um Ihnen eine möglichst breit gefasste Perspektive zu bieten.[1]

Die verschiedenen Gesichter emotional intelligenter Führung lernten wir bei Gesprächen mit vielen Hundert Führungskräften und Mitarbeitern in Unternehmen und Organisationen in aller Welt kennen. Wir fanden resonante Führungskräfte in unterschiedlichen Organisationen auf jeder Ebene. Einige von ihnen haben keine offizielle Führungsposition, übernehmen aber die Rolle des Anführers, wenn es die Situation erfordert. Andere leiten ein Team oder einen ganzen Betrieb, führen ein neu gegründetes Unternehmen, fördern Veränderungen in ihrer Organisation oder gründeten selbst gerade ein Unternehmen.

Wir werden in *Emotionale Führung* von vielen dieser Führungskräfte berichten (von denen wir einige namentlich nennen, während andere auf eigenen Wunsch anonym bleiben werden). Diese persönlichen Beobachtungen werden durch Daten von Tausenden Führungskräften bestätigt.

Wir hatten außerdem die Möglichkeit, Daten aus anderen Quellen heranzuziehen. Kollegen aus der Forschungsabteilung der Hay Group gewährten uns Zugang zu den Ergebnissen ihrer Untersuchungen auf dem Gebiet der Führungseffektivität, die sie 20 Jahre für Klienten auf der ganzen Welt durchführten. In den letzten Jahren sammelte ein größer werdendes Netz von akademischen Forschern Daten mit ECI-360, unserem Maßstab für die Schlüsselkompetenzen emotional intelligenter Führung. Und durch die Arbeit vieler anderer Forschungszentren nahm die Zahl der Erkenntnisse auf dem Gebiet der emotional intelligenten Führung in letzter Zeit stetig zu.

Wir haben alle diese Quellen genutzt, um die wichtigsten Fragen zum Thema zu beantworten:

- Welche emotionalen Ressourcen brauchen Führungskräfte, um zwischen Chaos und turbulenten Veränderungen ihre Aufgabe zu meistern?
- Was gibt einer Führungskraft die innere Stärke, auch bei äußerst unangenehmen Wahrheiten ehrlich und aufrichtig zu bleiben?
- Wie bringt eine Führungskraft die Mitarbeiter dazu, ihr Bestes zu geben?
- Wie gelingt es ihr, loyal zu bleiben, wenn Jobs in anderen Unternehmen locken?

- Wie schaffen Führungskräfte ein emotionales Klima, das kreative Innovationen, Höchstleistungen und gute, dauerhafte Kundenbeziehungen fördert?

Viel zu lange haben Manager Emotionen bei der Arbeit als »Lärm« betrachtet, der die rationalen Abläufe von Organisationen beeinträchtigt. Doch die Zeiten, in denen Emotionen als unternehmerisch irrelevant ignoriert werden konnten, sind definitiv vorbei. Heute müssen Unternehmen die Vorteile emotional intelligenter Führung nutzen und Führungskräfte ausbilden, deren emotionale Resonanz die Mitarbeiter über sich hinauswachsen lässt.

Denken Sie an die schreckliche Katastrophe in New York, Washington D. C. und Pennsylvania am 11. September 2001. Sie verdeutlicht die essenzielle Rolle von emotionaler Führung, besonders dann, wenn wir mit menschlichen Tragödien und schweren Krisen konfrontiert sind. Und sie zeigt, dass Resonanz nicht nur positive Gefühle, sondern das gesamte Spektrum von Emotionen abdeckt. Ein eindrucksvolles Beispiel dafür ist Howard Lutnick, Chairman der Brokerfirma Cantor Fitzgerald, die mehr als 700 ihrer insgesamt 1000 Mitarbeiter verlor, als ihre Niederlassung in einem der oberen Stockwerke des World Trade Centers in Flammen aufging. Unter den Opfern war auch Lutnicks jüngerer Bruder. Lutnick richtete sofort ein Zentrum für die verzweifelten Familien seiner Mitarbeiter im Festsaal eines Hotels ein. Dort verbrachte er die folgenden Tage, sprach den überlebenden Mitarbeitern Trost und Mut zu und trauerte mit den Angehörigen.

Und er sprach mit den Mitarbeitern seines Unternehmens, um herauszufinden, was sie tun wollten. Im Lauf dieser Gespräche kamen sie zu einem Entschluss. Sie alle teilten die Überzeugung, dass das Unternehmen weitermachen musste – nicht nur überleben, sondern florieren –, weil auf diese Weise am besten für die Familien der Opfer gesorgt werden konnte. Lutnick veranlasste seine verbliebenen Mitarbeiter, alles in Bewegung zu setzen, um die Arbeit so schnell wie möglich wieder aufzunehmen. Nach nur zwei Tagen bot Cantor Fitzgerald seine Dienste an der Wall Street wieder an.

In einer schweren Krise wie dieser sind alle Augen auf den Leiter einer Gruppe gerichtet. Es ist seine Aufgabe, die emotionale Führung der Gruppe zu übernehmen. Da seine Haltung besonderes Gewicht hat, beeinflusst er die Reaktion der Gruppe. Howard Lutnick meisterte eine der wichtigsten Aufgaben emotionaler Führung: Er half sich selbst und seinen Mitarbeitern, einen sinnvollen gemeinsamen Weg aus dem Chaos und Wahnsinn, die über sie hereingebrochen waren, zu finden. Zuerst stimmte er sie auf die gemeinsame emotionale Realität ein und verlieh ihr Ausdruck, sodass die Richtung, die er schließlich formulierte, auf emotionaler Ebene Resonanz erzeugte. Er fasste das in Worte, was alle fühlten.

Wie würde unser Leben aussehen, wenn die Unternehmen, in denen wir unsere Arbeitstage verbringen, Orte der Resonanz wären, mit Führungskräften, die uns inspirieren? Stellen Sie sich vor, wie ein Unternehmen aussehen würde, wenn das Konzept resonanter Führung ein Gründungsprinzip wäre und nicht – wie es in hoch entwickelten Arbeitsumgebungen meist der Fall ist – eine nachträgliche Korrektur. Dann würden bei der Rekrutierung von Mitarbeitern ebenso wie bei Beförderungen und bei der Führungskräfteentwicklung von Anfang an die Fähigkeiten im Vordergrund stehen, die für emotional intelligente Führung erforderlich sind. Die kontinuierliche Förderung dieser Führungsqualitäten wäre ein Teil des betrieblichen Alltags und das gesamte Unternehmen wäre ein Ort, an dem Menschen Freude und Motivation aus der Zusammenarbeit beziehen würden.

Und nun stellen Sie sich vor, dass wir diese Fähigkeiten auch in der Ehe, in der Familie und in unserem sozialen Umfeld einsetzen. Wenn wir mit Führungskräften arbeiten, um ihnen zu helfen, ihre Emotionale Intelligenz zu erweitern oder zu vertiefen, berichten sie uns sehr oft, dass sich die Veränderungen nicht nur im Berufsleben bemerkbar machen. Auch im Privatleben zeigen sie mehr Selbstreflexion, empathisches Verständnis und Selbstbeherrschung, und ihre Beziehungen verlaufen harmonischer als früher.

Gehen wir noch einen Schritt weiter: Wie würde es sich auf unsere Schulen – und Kinder – auswirken, wenn auch im Bildungswesen die emotionalen Fähigkeiten im Vordergrund stünden, die Resonanz erzeugen? Arbeitgeber könnten auf eine neue Generation von angehenden Führungskräften zurückgreifen, die bereits über diese essenziellen Fähigkeiten verfügen würden. Der persönliche Nutzen für die jungen Menschen – und nicht nur für sie – würde in einem Rückgang der sozialen Probleme – von Gewalt bis zu Drogenmissbrauch – bestehen, die hauptsächlich durch einen Mangel an Fähigkeiten wie dem Umgang mit Impulsen und Emotionen verursacht werden. Darüber hinaus würde die Gesellschaft als Ganzes von einem höheren Maß an Toleranz, Hilfsbereitschaft und persönlichem Verantwortungsbewusstsein profitieren.

Wenn die Arbeitgeber Wert darauf legen, dass neue Mitarbeiter über diese Fähigkeiten verfügen, sollten Bildungseinrichtungen – vor allem jene, die eine wirtschaftliche Ausbildung anbieten – die Grundlagen Emotionaler Intelligenz in ihren Lehrplan aufnehmen. Der bedeutende Humanist Erasmus von Rotterdam erklärte bereits im 15. Jahrhundert: »Die größte Hoffnung einer Nation liegt in der richtigen Erziehung ihrer Jugend.«

Die innovativsten Wirtschaftsprofessoren werden die Bedeutung Emotionaler Intelligenz für die Ausbildung hoffentlich erkennen, weil sie den Studenten hilft, gute Führungskräfte und nicht nur Manager zu werden. Unternehmensleiter mit Weitblick werden diesen Teil der wirtschaftlichen Ausbildung fördern, nicht nur wegen der Führungsqualität in ihrem eigenen Unternehmen, sondern auch wegen der Lebensfähigkeit der gesamten Wirtschaft. Und die Vorteile werden nicht nur einer neuen Generation von Führungskräften zugute kommen, sondern auch unseren Familien, Freunden und der Gesellschaft als Ganzes.

Eine letzte Anmerkung: Es gibt viele Führungskräfte, nicht nur eine. Die Führung liegt nicht nur bei der Person an der Spitze, sondern bei jeder Person auf jeder Ebene, die auf die eine oder andere Art als Anführer einer Gruppe fungiert – vom Betriebsrat über den Teamleiter bis zum Geschäftsführer. Unsere Erkenntnisse gelten für alle Führungskräfte, wo immer sie ihre Aufgabe auch erfüllen.

Kontakt mit den Autoren

In diesem Buch geht es um die (noch nicht abgeschlossene) Erforschung der Rolle, die Emotionale Intelligenz für Führung spielt. Reaktionen unserer Leser – Gedanken, Geschichten, Überlegungen – sind uns jederzeit willkommen. Auch wenn wir nicht jede E-Mail beantworten können, freuen wir uns, von unseren Lesern zu hören (und zu lernen).

Sie können uns unter den folgenden E-Mail-Adressen kontaktieren:

Daniel Goleman: Goleman@javanet.com
Richard Boyatzis: richard.boyatzis@weatherhead.cwru.edu
Annie McKee: annie.mckee@aol.com

Teil I
Emotionale Führung

1 Das Wesen emotional intelligenter Führung

Gute Führungskräfte sprechen unsere Gefühle an. Sie wecken unsere Leidenschaft und bringen uns dazu, unser Bestes zu geben. Wenn wir zu erklären versuchen, warum sie so effektiv sind, sprechen wir von Strategie, Vision oder überzeugenden Ideen. Doch in Wirklichkeit geht es um etwas viel Grundlegenderes: um emotional intelligente Führung.

Egal, was Führungskräfte tun – sei es eine Strategie entwickeln oder Mitarbeiter motivieren –, ihr Erfolg hängt davon ab, *wie* sie es tun. Selbst wenn sie alles andere richtig machen, werden sie nicht so erfolgreich sein, wie sie könnten oder sollten, wenn sie an der grundlegenden Aufgabe scheitern, die Emotionen ihrer Mitarbeiter in die richtige Richtung zu lenken.

Ein Beispiel: Der britische Mediengigant BBC richtete versuchsweise eine Nachrichtenabteilung ein. Die etwa 200 Journalisten und Redakteure dieser Abteilung hatten sich sehr für dieses Projekt engagiert und waren überzeugt, ihr Bestes gegeben zu haben. Dennoch war das Management zu dem Schluss gekommen, dass die Abteilung wieder aufgelöst werden musste.[1]

Der Vertreter der Geschäftsführung, den man beauftragt hatte, den Mitarbeitern der Abteilung diese Entscheidung mitzuteilen, eröffnete seine Ansprache mit einem Bericht über die hervorragenden Ergebnisse konkurrierender Operationen und schwärmte von einer Reise nach Cannes, von der er gerade zurückgekehrt war. Ein denkbar schlechter Anfang. Die Nachricht, die er zu überbringen hatte, war schon schlimm genug, doch seine schroffe, fast beleidigende Art löste bei den Mitarbeitern ein Gefühl aus, das über die zu erwartende Frustration weit hinausging. Die Leute wurden wütend – nicht nur wegen der Entscheidung der Geschäftsführung, sondern auch auf den Überbringer der Nachricht. Die Stimmung wurde so bedrohlich, dass es sogar kurze Zeit so aussah, als müsste er die Sicherheitskräfte zu Hilfe rufen, um unbeschadet aus dem Raum zu kommen.

Am nächsten Tag wurde ein anderer Manager zu denselben Mitarbeitern geschickt. Er wählte einen völlig anderen Ansatz. Er sprach mit spürbarer Überzeugung von der entscheidenden Bedeutung des Journalismus für die Gesellschaft, von der Berufung, der sie alle gefolgt waren. Er erinnerte sie daran, dass niemand Journalist wird, weil er einen sicheren, gut bezahlten Arbeitsplatz anstrebt, und er appellierte an die Leidenschaft, ja Hingabe, die Journalisten für ihren Beruf empfinden. Am Schluss wünschte er allen das Beste für ihre weitere Karriere.

Wie reagierten die Leute, die sich am Tag zuvor in einen wütenden Mob verwandelt hatten? Sie applaudierten begeistert am Ende der Ansprache.

Der Unterschied zwischen diesen beiden Managern lag in der Stimmung, die sie vermittelten: Der eine bewirkte Widerstand und Feindseligkeit, der andere Optimismus, ja sogar Inspiration. Dieses Beispiel verdeutlicht eine verborgene, aber wesentliche Dimension von Führung – die emotionale Wirkung von allem, was eine Führungskraft sagt oder tut.

Während die meisten Menschen keinen Zweifel daran haben, dass die Stimmung einer Führungskraft und ihr Einfluss auf die Stimmung anderer in jeder Organisation eine wichtige Rolle spielen, gelten Emotionen im Allgemeinen als zu persönlich oder diffus, um offen darüber sprechen zu können. Doch bei Forschungen auf diesem Gebiet fand man nicht nur heraus, wie man die emotionale Wirkung einer Führungskraft messen kann, sondern auch, wie die besten Führungskräfte den Umgang mit ihren eigenen Emotionen und denen ihrer Mitarbeiter verstehen und effektiv verbessern können.

Die besten Führungskräfte zeichnen sich dadurch aus, dass sie die entscheidende Rolle von Emotionen am Arbeitsplatz verstehen – nicht nur in materieller Hinsicht (bessere Geschäftsergebnisse, geringe Mitarbeiterfluktuation), sondern auch in immaterieller Hinsicht (höhere Arbeitsmoral, Motivation und Engagement).

Die emotionale Dimension

Die emotionale Aufgabe von Führungskräften ist von grundlegender Bedeutung: Sie ist sowohl das ursprünglichste als auch das wichtigste Element von Führung.

Führungskräfte spielen seit jeher eine wesentliche emotionale Rolle. Schon immer hatten Anführer – ob es nun Stammeshäuptlinge oder Schamanen waren – ihren übergeordneten Platz in der Gruppe, weil ihre Führung emotional überzeugend war. Im Lauf der Geschichte und in allen Kulturen vermittelte der Anführer einer Gruppe den anderen in Zeiten der Unsicherheit oder Bedrohung Bestätigung und Klarheit und war damit der emotionale Anführer der Gruppe.

Im Prinzip hat sich daran bis heute nichts geändert. Auch in der modernen Organisation spielt diese ursprüngliche Funktion eines Anführers – auch wenn sie mittlerweile nicht mehr so offensichtlich ist – eine zentrale Rolle: Es gehört zu den grundlegenden Aufgaben einer Führungskraft, die kollektiven Emotionen in eine positive Richtung zu lenken und den Smog zu beseitigen, der durch negative Emotionen entsteht.

Einfach gesagt hat der Anführer jeder Gruppe die Macht, die Emotionen der anderen zu lenken. Wenn er die Emotionen seiner Mitarbeiter in eine positive Richtung lenkt und ihre Begeisterung für die Arbeit weckt, werden sie bessere Leistungen erbringen. Wenn er die Emotionen in eine negative Richtung lenkt und Wut oder Angst auslöst, werden die Leistungen sich verschlechtern. Und damit kommen wir zu einem anderen wichtigen Aspekt emotional intelligenter Führung: Ihre Auswirkungen beschränken sich nicht darauf, dass eine Arbeit zufrieden stellend erledigt wird. Die Mitglieder einer Gruppe suchen auch eine unterstützende emotionale Bindung zu ihrem Anführer – *Empathie**. Denn Führung hat immer auch eine emotionale Dimension. Wenn Führungskräfte Emotionen in eine positive Richtung lenken, wie es der zweite Manager bei BBC tat, bringen sie das Beste in den Mitarbeitern hervor. Wir nennen das *Resonanz*. Wenn sie die Emotionen jedoch in eine negative Richtung lenken, wie es der erste Manager tat, verursachen sie Dissonanz und untergraben damit die emotionale Grundlage für Höchstleistungen. Ob eine Organisation erfolgreich ist oder nicht, hängt in hohem Maß von der Effektivität ihrer Führungskräfte in dieser grundlegenden emotionalen Dimension ab.

Der Schlüssel zu erfolgreicher Führung ist natürlich die Emotionale Intelligenz einer Führungskraft: wie sie mit sich selbst und ihren Beziehungen umgeht. Führungskräfte, die die Vorteile emotional intelligenter Führung maximieren, lenken die Emotionen ihrer Untergebenen in die richtige Richtung. Wie das funktioniert? Die jüngsten Untersuchungen des Gehirns zeigen die neurologischen Mechanismen emotional intelligenter Führung und erklären, warum Emotionale Intelligenz so wichtig ist.

Die offene Schleife

Der Grund, warum es so entscheidend ist, *wie* eine Führungskraft Dinge tut, ist im Aufbau des menschlichen Gehirns zu finden: Wissenschaftler sprechen von der »offenen Schleife« des

* Empathie ist die Bereitschaft und Fähigkeit, sich in andere Menschen einzufühlen. Anm. d. Ü.

limbischen Systems*, unseres emotionalen Zentrums. Ein System, das eine geschlossene Schleife darstellt, ist selbstregulierend, wie zum Beispiel unser Blutkreislauf. Was im Blutkreislauf der Menschen in unserer Umgebung passiert, wirkt sich auf unseren eigenen nicht aus. Im Gegensatz dazu ist die Regulierung eines offenen Systems weitgehend von externen Faktoren abhängig.

Mit anderen Worten hängt unsere eigene emotionale Stabilität von der Verbindung mit anderen Menschen ab. Das als offene Schleife angelegte limbische System setzte sich im Lauf der Evolution durch, weil es den Menschen die Möglichkeit gibt, einander emotional zu unterstützen. So kann zum Beispiel eine Mutter ihr weinendes Kind beruhigen oder der Wachtposten einer Primatenherde die anderen alarmieren, wenn er eine Bedrohung entdeckt.

Dieses Prinzip der offenen Schleife ist auch in unserer hoch entwickelten Zivilisation noch gültig.

Studien in Intensivstationen haben gezeigt, dass die tröstliche Anwesenheit eines anderen Menschen nicht nur den Blutdruck des Patienten senkt, sondern auch die Sekretion von Fettsäuren verlangsamt, die die Arterien verstopfen.[2] Während drei oder mehr intensive Stresssituationen innerhalb eines Jahres (zum Beispiel schwer wiegende finanzielle Sorgen, eine Entlassung oder eine Scheidung) die Todesrate bei sozial isolierten Männern mittleren Alters verdreifachen, haben sie überhaupt *keinen Einfluss* auf die Todesrate von Männern, die viele enge Beziehungen pflegen.[3]

Wissenschaftler beschreiben die offene Schleife als »interpersonale limbische Regulation«, bei der eine Person Signale überträgt, die die Hormonproduktion, die Herz-Kreislauf-Funk-

---

* Limbisches System ist ein von De Broca eingeführter Name für eine wallartige Struktur von Kernen und neuralen Verbindungen im Zwischenhirn und subkortikalen Gehirnregionen. Teile des limbischen Systems, besonders die Amygdala-Region, spielen zusammen mit anderen Hirnregionen eine entscheidende Rolle bei Prozessen der intuitiven Bewertung sowie bei der Entstehung, Art und Dauer emotionaler Reaktionen. Anm. d. Ü.

tion, die Schlafrhythmen und sogar das Immunsystem einer anderen Person verändern können.[4] Auf diese Weise können zwei Menschen, die ineinander verliebt sind, die Ausschüttung von Oxytocin im Gehirn des anderen auslösen, was ein angenehmes, zärtliches Gefühl auslöst. Doch nicht nur in Liebesbeziehungen, sondern in allen Aspekten des sozialen Lebens beeinflussen unsere Physiologien einander, weil sich unsere Emotionen automatisch an die Person angleichen, mit der wir gerade zusammen sind. Der Aufbau unseres limbischen Systems als offene Schleife bringt es mit sich, dass andere Menschen unsere Physiologie verändern können – und damit auch unsere Emotionen.

Obwohl diese offene Schleife ein so wesentlicher Teil unseres Lebens ist, fällt uns der Vorgang selbst im Allgemeinen nicht auf. Wissenschaftler konnten diese Angleichung von Emotionen im Labor beobachten, indem sie die Physiologie (beispielsweise den Herzrhythmus) von zwei Leuten maßen, die eine gute Unterhaltung miteinander führten. Zu Beginn des Gesprächs hatte jeder Körper seinen eigenen Rhythmus. Am Ende einer einfachen 15-minütigen Unterhaltung sah ihr physiologisches Profil bemerkenswert ähnlich aus – ein Phänomen, das als »Spiegelung« bezeichnet wird. Diese Angleichung tritt besonders stark in der Abwärtsspirale eines Konflikts auf, lässt sich in subtilerer Form aber auch bei angenehmen Interaktionen beobachten.[5] Bei emotional neutralen Diskussionen kommt sie hingegen fast gar nicht vor.

Forscher konnten immer und immer wieder beobachten, wie sich Emotionen unwiderstehlich ausbreiten, wenn Menschen zusammenkommen, selbst wenn der Kontakt ausschließlich nonverbal ist. Wenn zum Beispiel drei Fremde einander ein oder zwei Minuten lang schweigend gegenübersitzen, überträgt derjenige, der emotional am expressivsten ist, seine Stimmung auf die beiden anderen – ohne ein einziges Wort zu sagen.[6] Derselbe Effekt tritt im Büro, im Sitzungssaal oder in der Fabrik auf. Menschen, die in einer Gruppe zusammenarbeiten, übernehmen unausweichlich Gefühle voneinander, von Eifersucht und Neid über Angst bis hin zu Euphorie. Je stärker der Zusammenhalt der Gruppe, desto einheitlicher sind die Stimmungen, die emotionale Geschichte und die Reizpunkte ihrer Mitglieder.[7]

So herrschte unter den Mitgliedern von 70 Arbeitsteams aus den verschiedensten Branchen bei Sitzungen innerhalb von zwei Stunden dieselbe Stimmung.[8] Krankenschwestern, sogar Buchhalter, die die Stimmung in ihrem Team über mehrere Wochen alle paar Stunden kontrollierten, konnten beobachten, dass ihre Emotionen weitgehend übereinstimmten, wobei Probleme am Arbeitsplatz für die Stimmung der Gruppe kaum eine Rolle spielten.[9]

Untersuchungen von professionellen Sportteams brachten ähnliche Ergebnisse: Unabhängig vom Erfolg des Teams neigen die Spieler dazu, ihre Stimmung über einen Zeitraum von Tagen und Wochen zu synchronisieren.[10]

Lachen und die offene Schleife

Emotionen breiten sich wie Viren aus, doch nicht alle Emotionen übertragen sich mit derselben Leichtigkeit. Eine Untersuchung an der Yale University School of Management zeigte, dass sich Fröhlichkeit und Herzlichkeit in Arbeitsgruppen am leichtesten ausbreiten, während Reizbarkeit weniger ansteckend ist, und Depressionen sich kaum übertragen.[11] Dass gute Stimmungen sich leichter ausbreiten, hat direkte Auswirkungen auf Geschäftsergebnisse. Die in Yale durchgeführte Studie ergab, dass Stimmungen Einfluss darauf haben, wie effektiv Menschen arbeiten. Optimistische Stimmungen fördern Zusammenarbeit, Fairness und Leistung.

Besonders Lachen zeigt die Wirkung der offenen Schleife – und damit die ansteckende Natur aller Emotionen. Wenn wir Gelächter hören, lächeln oder lachen wir automatisch auch, sodass eine Kettenreaktion entsteht, die eine ganze Gruppe erfassen kann. Fröhlichkeit breitet sich deshalb so einfach aus, weil es in unserem Gehirn Schaltkreise gibt, die dazu bestimmt sind, Lächeln und Lachen wahrzunehmen, auf die wir selbst mit Lachen reagieren.

Von allen emotionalen Signalen ist Lächeln das ansteckendste. Es hat eine fast unwiderstehliche Macht, andere ebenfalls zum Lächeln zu bringen.[12] Möglicherweise ist Lächeln aufgrund seiner nützlichen Rolle in der Evolution so ansteckend: Wissenschaftler vermuten, dass Lächeln und Lachen sich als nonverbale Möglichkeiten etablierten, um dem anderen zu signalisieren, dass wir entspannt und freundlich gesinnt sind und nicht auf der Hut oder feindlich.

Lachen ist ein Zeichen von Freundlichkeit, das vertrauenswürdiger ist als alle anderen. Im Gegensatz zu anderen emotionalen Signalen – besonders Lächeln, das aufgesetzt sein kann – funktioniert Lachen über sehr komplexe neurale Systeme, die kaum bewusst gesteuert werden können, was bedeutet, dass es schwerer vorzutäuschen ist.[13] Während ein falsches Lächeln unserem emotionalen Radar leicht entgehen kann, klingt ein gezwungenes Lachen fast immer unecht.

Aus neurologischer Sicht ist Lachen die kürzeste Entfernung zwischen zwei Menschen, weil ihre limbischen Systeme sofort ineinander greifen. Diese sofortige, unfreiwillige Reaktion stellt die »direkteste Kommunikationsform zwischen Menschen dar – von Gehirn zu Gehirn –, bei der unser Intellekt nur als Beifahrer mit von der Partie ist«, wie ein Forscher es einmal ausdrückte.[14] Wir nennen das die »limbische Verbindung«. Es ist also kein Wunder, dass zwei Menschen, die die Gesellschaft des jeweils anderen genießen, leicht und oft zusammen lachen. Zwei Menschen, die einander misstrauen, nicht mögen oder andere Probleme miteinander haben, werden hingegen wenig oder überhaupt nicht gemeinsam lachen.

In jeder Arbeitsumgebung signalisiert also der Klang von Lachen die emotionale Temperatur der Gruppe und stellt ein sicheres Zeichen dar, dass Herz und Verstand der Menschen beteiligt sind. Ein aufrichtiges Lachen vermittelt eine beruhigende Botschaft: Wir haben dieselbe Wellenlänge, wir kommen miteinander aus. Es signalisiert Vertrauen, Wohlbefinden und eine ähnliche Sicht der Welt. In einer Unterhaltung signalisiert Lachen, dass im Augenblick alles in Ordnung ist.

Darüber hinaus hat ein Lachen am Arbeitsplatz wenig damit zu tun, dass jemand einen abgedroschenen Witz erzählt: In einer Untersuchung von 1200 Situationen, in denen während sozialer Interaktionen gelacht wurde, kam dieses emotionale Signal fast immer als freundliche Reaktion auf eine ganz gewöhnliche Bemerkung wie »Schön, Sie zu sehen!« und nicht als Reaktion auf eine Pointe.[15]

Emotionale Übertragung und Führung

Durch das kontinuierliche Wechselspiel der offenen Schleifen unserer limbischen Systeme entsteht eine Art emotionale Suppe, der jeder sein eigenes Gewürz hinzufügt. Doch am stärksten wird der Geschmack der Suppe vom Anführer beeinflusst. Der Grund ist die Realität der Arbeitswelt: Alle orientieren sich am Chef. Die Leute beziehen ihre emotionalen Hinweise von oben. Selbst wenn der Chef nicht unmittelbar greifbar ist –, wie der Geschäftsführer, der im obersten Stock hinter geschlossenen Türen arbeitet – wirkt sich seine Haltung auf die Stimmung seiner engsten Mitarbeiter aus, die sie wiederum an ihre Mitarbeiter weitergeben, sodass es zu einem Dominoeffekt kommt, der das emotionale Klima des gesamten Unternehmens beeinflusst.[16]

Bei der Beobachtung von Arbeitsgruppen zeigte sich, dass die Anführer die kollektiven Emotionen auf verschiedene Arten beeinflussten.[17] In den meisten Fällen sprachen sie mehr als jedes andere Mitglied der Gruppe, und die anderen hörten ihnen aufmerksamer zu. Die Leiter der Gruppe äußerten sich im Allgemeinen als Erste zu einem Thema, und die Kommentare der anderen bezogen sich am häufigsten auf die Aussagen des Leiters. Da die Ansichten des Anführers besonderes Gewicht haben, steuert er die Haltung der Gruppe. Er gibt vor, wie eine bestimmte Situation ausgelegt wird und lenkt damit auch die emotionale Reaktion.[18]

Doch der Anführer beeinflusst die kollektiven Emotionen nicht nur durch das, was er sagt. Die Studien zeigten, dass Gruppenleiter, selbst wenn sie nichts sagten, sorgfältiger beobachtet wurden als die anderen. Wenn jemand eine Frage stellte, behielt er den Leiter im Auge, um dessen Reaktion zu sehen. Die Mitglieder einer Gruppe betrachten die emotionale Reaktion des Gruppenleiters im Allgemeinen als die ausschlaggebende und orientieren ihre eigene daran – besonders in ambivalenten Situationen. In gewisser Weise gibt der Anführer also den emotionalen Standard vor.

Führungskräfte können ihre Mitarbeiter loben oder ihnen nie positives Feedback geben, konstruktiv oder destruktiv kritisieren, Unterstützung bieten oder die Bedürfnisse ihrer Mitarbeiter ignorieren. Sie können die Mission der Gruppe auf eine Weise vermitteln, die den Beitrag jedes Einzelnen wertvoller erscheinen lässt – oder auch nicht. Sie können ihre Mitarbeiter in einer Art führen, die ihnen ein Gefühl der Klarheit und Orientierung gibt und ihre Flexibilität fördert, weil sie die Freiheit haben, selbst zu entscheiden, wie sie eine Arbeit am besten erledigen. All das trägt dazu bei, die emotionale Wirkung eines Anführers zu bestimmen.

Allerdings ist der »offizielle« Leiter einer Gruppe nicht zwangsläufig auch ihr emotionaler Anführer. Mangelt es dem offiziellen Leiter aus irgendeinem Grund an Glaubwürdigkeit, kommt es immer wieder vor, dass die Gruppe jemand anderen, dem sie Vertrauen und Respekt entgegenbringt, zu ihrem emotionalen Anführer macht. Dann bestimmt dieser De-facto-Anführer die emotionalen Reaktionen der anderen. So orientierten sich die Mitglieder einer bekannten Jazzband emotional nicht an dem Leiter und Begründer, nach dem die Band auch benannt war, sondern an einem anderen Musiker. Der Begründer managte zwar weiterhin die Auftritte und die Logistik, doch wenn es darum ging, welche Nummer die Band als Nächstes spielen oder wie die Tonanlage eingestellt werden sollte, blickten alle zum dominanten Bandmitglied – dem emotionalen Anführer.[19]

Emotionale Magneten

Ein typisches Merkmal eines emotionalen Anführers ist seine limbische Anziehungskraft, die spürbare Wirkung auf das emotionale Gehirn der Menschen in seiner Umgebung. Sehen Sie zum Beispiel einer talentierten Schauspielerin bei der Arbeit zu und achten Sie darauf, wie leicht sie ihr Publikum in ihren emotionalen Einflussbereich holt. Ob sie nun bittere Enttäuschung oder einen freudigen Triumph spielt, das Publikum teilt ihre Gefühle.

Wie leicht wir die emotionale Verfassung eines Anführers übernehmen, hängt also davon ab, wie ausdrucksvoll Gesicht, Stimme und Gesten seine Gefühle vermitteln. Je größer die Fähigkeit eines Anführers, Emotionen zu übertragen, desto stärker werden sie sich ausbreiten. Eine solche Übertragung hat natürlich nichts mit Theatralik zu tun. Da die Leute ihren Anführer sehr aufmerksam beobachten, können auch subtil ausgedrückte Emotionen große Wirkung haben. Doch je offener ein Anführer ist – je besser er zum Beispiel seine eigene Begeisterung ausdrücken kann –, desto eher werden andere sich von diesem Gefühl anstecken lassen.

Anführer mit einem solchen Talent sind emotionale Magneten und Menschen in ihrer Umgebung fühlen sich von ihnen angezogen. Einer der Gründe, warum emotional intelligente Führungskräfte Menschen – insbesondere talentierte – anziehen, besteht schlicht und einfach darin, dass es Freude macht, mit ihnen zu arbeiten. Im Gegensatz dazu stoßen Führungskräfte, die negative Gefühle vermitteln, weil sie gereizt, überempfindlich, dominant oder kalt wirken, die Menschen ab. Schließlich möchte niemand für einen Miesepeter arbeiten. Forschungen haben es bewiesen: Für optimistische, enthusiastische Führungskräfte ist es wesentlich leichter, ihre Mitarbeiter zu halten, als für Vorgesetzte, die zu negativen Stimmungen neigen.[20]

Im nächsten Abschnitt werden wir uns die Wirkung von emotional intelligenter Führung genauer ansehen und untersuchen, wie sehr Emotionen die Effektivität der Arbeit beeinflussen können.

Wie Stimmungen Ergebnisse beeinflussen

Emotionen sind sehr intensiv, schnell vergänglich und können bei der Arbeit sehr störend wirken. Stimmungen hingegen sind weniger intensive, länger andauernde Gefühle, die die Arbeit im Allgemeinen nicht wesentlich stören. In der Regel hat ein emotional besetzter Vorfall eine veränderte Stimmung zur Folge: ein leises, permanentes Gefühl in der Gruppe.

Man kann es nicht oft genug wiederholen: Auch wenn Emotionen und Stimmungen aus unternehmerischer Sicht belanglos erscheinen mögen, haben sie reale Konsequenzen für die Arbeit. Die leichte Besorgnis einer Führungskraft kann beispielsweise signalisieren, dass ein Projekt mehr Aufmerksamkeit erfordert. Eine nüchterne Stimmung kann bei der Einschätzung einer riskanten Situation äußerst hilfreich sein, während zu viel Optimismus dazu führen kann, dass Gefahren ignoriert werden.[21] Ein plötzliches Gefühl von Ärger kann die Aufmerksamkeit einer Führungskraft auf ein dringendes Problem lenken und dazu führen, dass sie ihre Energien auf die Lösung dieses Problems konzentriert.[22]

Während leichte Besorgnis (etwa über eine bevorstehende Deadline) die Aufmerksamkeit und Energie fokussieren kann, können anhaltende Sorgen die Beziehungen einer Führungskraft sabotieren und auch die Arbeitsleistung beeinträchtigen, da die Fähigkeit des Gehirns verringert wird, Informationen zu verarbeiten und effektiv zu reagieren. Auf der anderen Seite fördert ein herzliches Lachen oder eine optimistische Stimmung die neuralen Fähigkeiten, die erforderlich sind, um gute Arbeit zu leisten.

Sowohl gute als auch schlechte Stimmungen halten oft über einen längeren Zeitraum an, was zum Teil daran liegt, dass sie unsere Wahrnehmungen und Erinnerungen prägen: Wenn sich jemand gut fühlt, sieht er das Positive an einer Situation und denkt an die guten Seiten. Jemand, der sich schlecht fühlt, konzentriert sich auf die Nachteile.[23] Abgesehen von dieser Beeinflussung der Wahrnehmung dauert es mehrere Stunden, bis unser Körper die Stresshormone abbaut, die er ausschüttet, wenn wir uns aufregen. Deshalb kann eine schlechte Beziehung zu einem Vorgesetzten uns so zusetzen, dass wir an nichts anderes mehr denken und der Körper sich nicht beruhigen kann: *Ich regte mich bei diesem Meeting so über meinen Chef auf, dass ich am Abend stundenlang nicht einschlafen konnte.* Wir ziehen es instinktiv vor, mit Leuten zusammen zu sein, die emotional positiv sind, unter anderem, weil wir uns in ihrer Gegenwart gut fühlen.

Emotionale Ablenkung

Negative Emotionen – besonders großer Ärger, Sorge oder ein Gefühl der Sinnlosigkeit – stören bei der Arbeit, weil sie die Aufmerksamkeit ablenken.[24]

Eine von der Yale University durchgeführte Untersuchung von Stimmungen und ihrer Übertragung zeigte, dass die Leistung von Gruppen, die über die Vergabe von Jahresbonussen entschieden, durch positive Gefühle messbar gesteigert und durch negative Gefühle beeinträchtigt wurde. Die Gruppenmitglieder selbst bemerkten den Einfluss ihrer Stimmungen nicht.[25]

In einer internationalen Hotelkette waren es die Gespräche mit Führungskräften, die die Mitarbeiter am häufigsten in schlechte Stimmung versetzten. Die Interaktion mit einem Vorgesetzten führte in neun von zehn Fällen zu negativen Gefühlen wie Frustration, Enttäuschung, Ärger, Traurigkeit, Widerwille oder Kränkung. Sie waren häufiger der Grund für Disstress* als die Gäste, Arbeitsdruck, Vorschriften oder persönliche Probleme.[26]

Das heißt nicht, dass Führungskräfte übermäßig »nett« sein müssen. Die Kunst der emotionalen Führung besteht darin, Forderungen durchzusetzen, ohne die Leute aus dem Gleichgewicht zu bringen. Eines der ältesten psychologischen Gesetze besagt, dass Angst und Besorgnis, wenn sie ein gewisses Maß übersteigen, die mentalen Fähigkeiten untergraben. Darüber hinaus verringert Disstress auch die Emotionale Intelligenz. Menschen, die aufgeregt sind, können die Emotionen anderer oft nicht wahrnehmen. Fehlt einem Menschen aber diese Grundvoraussetzung für Empathie, sind seine sozialen Fähigkeiten beeinträchtigt.[27]

Die Emotionen, die Menschen bei der Arbeit haben, spiegeln laut den neuesten Erkenntnissen über die Zufriedenheit am Arbeitsplatz am unmittelbarsten die wahre Qualität des Arbeitslebens wider.[28] Wie viel Prozent der Zeit Menschen bei der Arbeit positive Emotionen haben, hat sich als einer der stärksten Indikatoren für Zufriedenheit am Arbeitsplatz erwiesen. Dieser Prozentsatz lässt zum Beispiel auch darauf schließen, wie wahrscheinlich es ist, dass sie das Unternehmen verlassen.[29]

---

* Im Gegensatz zu Eustress, einer leistungs- und lebensnotwendigen Form von Stress,die positiv stimulierend auf den Menschen wirkt, handelt es sich bei Disstress um lang andauernden starken Stress, der sich negativ auf die psychische Verfassung auswirkt. Anm. d. Ü.

So gesehen sind Führungskräfte, die schlechte Stimmung verbreiten, einfach schlecht für ein Unternehmen, während diejenigen, die gute Stimmung verbreiten, zum Erfolg eines Unternehmens beitragen.

Gute Stimmung, gute Arbeit

Wenn Leute sich gut fühlen, arbeiten sie am besten. Positive Gefühle fördern die geistige Effizienz. Es fällt den Leuten einfach leichter, Informationen zu verstehen und in komplexen Situationen Entscheidungen zu fällen, und sie sind flexibler in ihrem Denken.[30]

Untersuchungen belegen, dass Menschen, die optimistischer Stimmung sind, andere Menschen – oder auch Ereignisse – positiver sehen. Das hilft ihnen, ihre Fähigkeit, ein Ziel zu erreichen, optimistischer zu sehen. Darüber hinaus steigert es die Kreativität und die Kompetenz, Entscheidungen zu fällen, und fördert die Bereitschaft, anderen zu helfen.[31] Optimistische Versicherungsmakler sind zum Beispiel viel besser in der Lage, ablehnende Reaktionen wegzustecken und es weiterzuversuchen, als ihre pessimistischen Kollegen und machen daher auch mehr Umsatz.[32]

Darüber hinaus haben Untersuchungen von Humor am Arbeitsplatz gezeigt, dass ein Scherz oder ausgelassenes Lachen zum richtigen Zeitpunkt die Kreativität stimulieren, die Kommunikation fördern, ein Gefühl von Verbundenheit und Vertrauen bewirken und natürlich dafür sorgen kann, dass die Arbeit mehr Spaß macht.[33] Wird bei Verhandlungen gescherzt und gelacht, ist die Wahrscheinlichkeit von finanziellen Konzessionen höher. Es ist also kein Wunder, dass Humor im Handwerkszeug einer emotional intelligenten Führungskraft eine wesentliche Rolle spielt.

Für Teams ist gute Stimmung besonders wichtig: Die Fähigkeit des Anführers, eine Gruppe in eine begeisterte, kooperative Stimmung zu versetzen, kann über den Erfolg ihrer Arbeit entscheiden. Andererseits wird die Leistung einer Gruppe darunter leiden, wenn emotionale Konflikte Aufmerksamkeit und Energie von ihrer gemeinsamen Aufgabe ablenken.

Die Ergebnisse einer Untersuchung von 62 Geschäftsführern und ihren Führungsteams sprechen für sich.[34] Die Geschäftsführer repräsentierten einige Fortune-500-Unternehmen sowie führende amerikanische Dienstleistungsbetriebe, Non-Profit-Organisationen und Behörden. Die Geschäftsführer und ihre Managementteams wurden danach beurteilt, wie optimistisch – energetisch, begeistert, entschlossen – sie waren. Außerdem wurden sie gefragt, wie viel Konflikt und Aufruhr sie erlebten: persönliche Auseinandersetzungen, Verärgerung und Spannungen bei Meetings (im Gegensatz zu sachlichen Meinungsverschiedenheiten).

Das Ergebnis? Je positiver die allgemeine Stimmung in Führungsteams, desto besser funktionierte die Zusammenarbeit – und desto besser waren auch die Geschäftsergebnisse des Unternehmens. Man könnte sagen, je länger ein Unternehmen von einem Managementteam geleitet wurde, das nicht harmonierte, desto geringer waren seine Erträge.

Der »Gruppen-IQ« – die Summe der größten Talente, die die einzelnen Mitglieder einbringen – lässt sich also an ihrer Harmonie erkennen. Eine Führungskraft mit guten kooperativen Fähigkeiten kann die Zusammenarbeit fördern und damit sicherstellen, dass die Entscheidungen der Gruppe die Mühe wert sind, sie umzusetzen. Solche Führungskräfte verstehen es, die Konzentration der Gruppe auf ihre Aufgabe und ihre Aufmerksamkeit hinsichtlich der Qualität ihrer Beziehungen im Gleichgewicht zu halten. Sie schaffen eine freundliche, aber effektive Atmosphäre, die die Stimmung in der Gruppe nachweislich hebt.

Mit einem Lächeln an die Arbeit gehen

Im Bereich des Kundenservices – dem heiligen Gral der Dienstleistungsbranche – spielt die Übertragung von Stimmungen vermutlich die größte Rolle. Die Arbeit im Kundenservice ist als äußerst stressig bekannt. Die Mitarbeiter sind oft mit heftigen Emotionen vonseiten der Kunden konfrontiert, übertragen ihre Stimmung aber auch auf diese. Aus geschäftlicher Sicht sind Kundenbetreuer mit schlechter Laune natürlich ein schwerwiegender Nachteil. Unhöflichkeit ist ansteckend, was dazu führt, dass die Kunden unzufrieden oder sogar verärgert sind – und zwar unabhängig von der Qualität der Dienstleistung. Außerdem betreuen übellaunige Mitarbeiter die Kunden schlecht, was unter Umständen verheerende Folgen haben kann: Kardiologische Stationen, in denen die allgemeine Stimmung der Krankenschwestern »depressiv« war, verzeichneten eine vier Mal höhere Todesrate als vergleichbare Stationen mit einer besseren Stimmungslage.[35]

Im Gegensatz dazu sind Kundenbetreuer mit guter Laune von Vorteil für ein Unternehmen. Wenn Kunden die Interaktion mit einem Verkäufer als angenehm empfinden, beginnen sie, den Laden als einen »netten Ort« zum Einkaufen zu betrachten. Das bedeutet, dass sie nicht nur immer wieder kommen, sondern den Laden auch weiterempfehlen werden. Darüber hinaus geben sich Kundenbetreuer, die guter Stimmung sind, mehr Mühe, um die Kunden zufrieden zu stellen: In einer Studie in 32 Geschäften einer amerikanischen Einzelhandelskette wiesen die Filialen mit positiv eingestellten Verkäufern die besten Verkaufsergebnisse auf.[36]

Doch was hat diese Erkenntnis mit Führung zu tun?

In all diesen Filialen schuf der Filialleiter ein emotionales Klima, das die Stimmung der Verkäufer – und letztlich auch die Umsätze – positiv beeinflusste. Wenn die Filialleiter selbst motiviert, zuversichtlich und optimistisch waren, übertrug sich ihre Stimmung auf die Belegschaft.[37]

Das Klima eines Unternehmens quantifizieren

Es gilt als erwiesen, dass positiv eingestellte Mitarbeiter eher bereit sind, zusätzliche Anstrengungen zu unternehmen, um Kunden zufrieden zu stellen, und einem Unternehmen damit mehr Gewinn einbringen. Es gibt sogar einen Logarithmus, der diesen Zusammenhang vorhersagt: Eine Verbesserung des Serviceklimas um ein Prozent bringt eine Erhöhung der Einnahmen um zwei Prozent.[38]

Ben Schneider, Professor an der University of Maryland, untersuchte völlig unterschiedliche Dienstleistungsbereiche, von Bankfilialen und Zweigstellen von Versicherungsgesellschaften bis zu Callcentern von Kreditkartenunternehmen und Krankenhäusern, und stellte überall denselben kausalen Zusammenhang fest: Die Bewertung des Serviceklimas durch die Mitarbeiter sagte die Kundenzufriedenheit vorher, die wiederum die Geschäftsergebnisse bestimmte. Ebenso weist eine niedrige Arbeitsmoral unter den Kundenbetreuern auf eine hohe Mitarbeiterfluktuation – und einen Rückgang der Kundenzufriedenheit – drei Monate später hin. Und diese geringe Kundenzufriedenheit führt weitere drei Monate später zu einem Rückgang der Einnahmen.[39]

Was kann man dagegen tun? Abgesehen von dem offensichtlichen Zusammenhang zwischen Klima und Arbeitsbedingungen oder Gehalt spielen resonante Führungskräfte eine Schlüsselrolle. Je emotional anspruchsvoller die Arbeit, desto mehr Empathie und Unterstützung muss eine Führungskraft bieten. Führungskräfte bestimmen das Serviceklima und damit auch die Bereitschaft der Mitarbeiter, die Kunden zufrieden zu stellen. So stellte Schneider bei einer Versicherungsgesellschaft fest, dass der Einfluss effektiver Führung auf das Serviceklima unter den Maklern einen Unterschied von drei bis vier Prozent bei den Erneuerungen von Policen bewirkte – eine scheinbar kleine Spanne, die für das Unternehmen aber einen großen Unterschied machte.

Organisationsberater gehen schon lange von einem positiven Zusammenhang zwischen dem menschlichen Klima einer Geschäftseinheit und ihrer Leistung aus. Doch Daten, die diesen Zusammenhang belegen, gab es bisher kaum. Daher konnten Führungskräfte ihren persönlichen Führungsstil und seine Auswirkung auf ihre Mitarbeiter ignorieren und sich stattdessen auf »härtere« geschäftliche Ziele konzentrieren. Doch Untersuchungen in verschiedenen Branchen haben inzwischen den Zusammenhang zwischen Führung, Arbeitsklima und Unternehmensergebnissen bewiesen, sodass wir nun den Unterschied quantifizieren können, den ein »weicher« Faktor wie die Stimmung in einem Unternehmen für die geschäftlichen Ergebnisse macht.[40]

So wies in einem internationalen Lebensmittelunternehmen eine positive Bewertung des Betriebsklimas auf höhere Jahreseinnahmen in den größten Abteilungen hin. Und eine Untersuchung von 19 Versicherungsgesellschaften ergab, dass das Klima, das Geschäftsführer unter ihren direkten Mitarbeitern schufen, auf die Geschäftsergebnisse der gesamten Organisation schließen ließ: In 75 Prozent der Fälle ließ sich ausschließlich anhand des Betriebsklimas erkennen, ob es sich um ein Unternehmen mit hohem oder niedrigem Gewinn und Wachstum handelte.

Das bedeutet nicht, dass allein das Klima die Unternehmensergebnisse bestimmt. Die Faktoren, die darüber entscheiden, welche Unternehmen in einem bestimmten Quartal am besten abschneiden, sind sehr komplex. Unsere Analysen lassen darauf schließen, dass das Arbeitsklima einen Unterschied von 20 bis 30 Prozent bei den Geschäftsergebnissen ausmachen kann. Ein Klima zu schaffen, in dem die Mitarbeiter ihr Bestes geben, macht sich bezahlt – in harten Geschäftsergebnissen.

Wenn das Arbeitsklima die Geschäftsergebnisse beeinflusst, was beeinflusst dann das Klima? Wie Mitarbeiter das Klima in einer Organisation empfinden, hängt zu etwa 50 bis 70 Prozent von einer Person ab: dem Chef. Mehr als jeder andere schafft der Vorgesetzte die Bedingungen, die die Leistungsfähigkeit seiner Mitarbeiter direkt beeinflussen.[41]

Kurz gesagt wirken sich die emotionale Verfassung und die Handlungen einer Führungskraft auf die Stimmung und damit auch auf die Leistung ihrer Mitarbeiter aus. Wie gut Manager ihre eigene Stimmung und die der anderen steuern können, ist also keine private Angelegenheit, sondern ein Faktor, der ganz wesentlich zum Erfolg oder Misserfolg eines Unternehmens beiträgt.[42]

Das führt uns zu der Frage, wie das Gehirn emotional intelligente Führung steuert.

2
Resonante Führung

Sehen wir uns noch einmal das Beispiel der BBC-Abteilung an, die geschlossen werden musste. Der erste Manager, der den Mitarbeitern die schlechte Nachricht überbringen sollte, ist ein Beispiel für *dissonante* Führung, wie wir es nennen. Durch seinen völligen Mangel an Einfühlungsvermögen löste er bei der Gruppe zuerst Frustration, dann Ablehnung und schließlich sogar Hass und Wut aus.

Wenn Führungskräfte nicht die erforderliche Empathie aufbringen oder die Emotionen einer Gruppe nicht entschlüsseln können, erzeugen sie Dissonanz und vermitteln Botschaften, die die Empfänger unnötig aufregen. Der kollektive Disstress, der daraus entsteht, beschäftigt die Gruppe und lenkt ihre Aufmerksamkeit von der Botschaft der Führungskraft – oder ihrer Mission – ab.

Der zweite Manager, dem die entlassenen Mitarbeiter am Schluss sogar applaudierten, ist ein Beispiel für *resonante* Führung: Er stellte sich auf die Gefühle der Leute ein und lenkte sie in eine positive Richtung. Was er sagte, beruhte auf seinen eigenen Werten, sodass er authentisch und überzeugend wirkte. Er erzeugte Resonanz bei seinen Zuhörern, sodass sie seine Botschaft positiv aufnehmen konnten und sich zuversichtlich und inspiriert fühlten – selbst in einem schwierigen Moment wie diesem. Wenn eine Führungskraft Resonanz hervorruft, lässt es sich am Gesichtsausdruck der Menschen ablesen: Sie sind aufmerksam und interessiert und ihre Augen leuchten.

Das Wort »Resonanz« kommt vom lateinischen Verb *resonare,* was wörtlich übersetzt *wieder ertönen* oder *widerhallen* bedeutet. Das *Oxford English Dictionary* definiert Resonanz unter anderem als »die Verstärkung oder Verlängerung eines Klanges durch synchrone Schwingung«. Beim Menschen tritt diese synchrone Schwingung auf, wenn zwei Leute emotional dieselbe Wellenlänge haben. Diese Synchronie erzeugt einen »Widerhall«, der die positive emotionale Stimmung verlängert.

Resonante Führung lässt sich unter anderem daran erkennen, dass die Gruppe mit der optimistischen und begeisterten Energie des Anführers mitschwingt. Eine Maxime emotional intelligenter Führung lautet: Resonanz verstärkt und verlängert die emotionale Wirkung von Führung. Je stärker die Resonanz zwischen Menschen, desto besser ist ihre Verbindung. Resonanz minimiert den störenden Lärm im System. Ein Team bedeutet »mehr Signale, weniger Lärm«. Das Bindemittel, das die Menschen in einem Team zusammenhält und ihre Loyalität zu einer Organisation bewirkt, sind ihre Emotionen.[1]

Wie gut Führungskräfte mit diesen Gefühlen umgehen und sie lenken, um einer Gruppe beim Erreichen ihrer Ziele zu helfen, hängt von ihrer Emotionalen Intelligenz (EI) ab. Emotional intelligente Führungskräfte erzeugen automatisch Resonanz. Ihre Leidenschaft und Begeisterung breiten sich in der Gruppe aus. Wenn es die Situation erfordert, können sie aber auch eine ernsthaftere Stimmung vermitteln und sich mithilfe ihrer Empathiefähigkeit auf das emotionale Register der Gruppe einstellen. Wenn zum Beispiel etwas vorgefallen ist, über das alle verärgert oder traurig sind (etwa wenn eine Abteilung geschlossen wird oder ein beliebter Kollege schwer erkrankt ist), zeigt eine emotional intelligente Führungskraft nicht nur Empathie für diese Emotionen, sondern verleiht diesen Emotionen für die Gruppe Ausdruck. Diese Art der Resonanz verstärkt die Synchronie ebenso wie Begeisterung, weil sie den Menschen das Gefühl gibt, dass sie verstanden und unterstützt werden.

Unter der Leitung einer EI-Führungskraft funktioniert das Zusammenspiel der Gruppe. Die Leute tauschen Ideen aus, lernen voneinander, fällen gemeinsam Entscheidungen und arbeiten effektiv zusammen. Es entsteht eine emotionale Bindung, die ihnen hilft, selbst in Zeiten grundlegender Veränderungen und Unsicherheit fokussiert zu bleiben. Darüber hinaus wird die Arbeit sinnvoller und befriedigender. Wir alle wissen, wie befriedigend es ist, ein aufregendes Erlebnis oder die Freude über ein erreichtes Ziel mit anderen zu teilen. Diese Gefühle bringen die Menschen dazu, gemeinsam Dinge zu tun, die ein Einzelner nie tun könnte oder würde. Eine emotional intelligente Führungskraft zeichnet sich dadurch aus, dass sie diese Art der Bindung innerhalb der Gruppe herstellen kann.

Wenn ein Vorgesetzter keine Resonanz erzeugt, erledigen seine Mitarbeiter vielleicht ihre Arbeit, doch ihr Bestes geben sie vermutlich nicht. Ein Vorgesetzter muss auch mit dem Herzen führen – sonst wird er nie mehr als nur ein Manager sein.

Der dissonante Führungstyp

Der Begriff *Dissonanz* steht in der Musik für einen Zusammenklang von Tönen, der als unharmonisch und daher als unangenehm empfunden wird. Auch im zwischenmenschlichen Bereich bezeichnet Dissonanz einen Mangel an Harmonie. Dissonante Führung bewirkt, dass eine Gruppe sich auf emotionaler Ebene uneinig fühlt.[2]

Ebenso wie Lachen ein Barometer für die Resonanz bei der Arbeit ist, signalisieren Ärger, Angst, Apathie oder verdrossene Stille das Gegenteil. Und Untersuchungen zeigen, dass am Arbeitsplatz sehr häufig Dissonanz herrscht. Bei einer Befragung von über 1000 amerikanischen Angestellten berichteten 42 Prozent von Vorfällen am Arbeitsplatz, bei denen jemand angeschrien, bloßgestellt oder beschimpft wurde, und fast 30 Prozent gaben an, dass sie selbst bereits einen Kollegen angeschrien hätten.[3]

Denken Sie an die emotionalen Kosten einer solchen Dissonanz. Eine berechtigte Beschwerde auszusprechen, kann zwar die Luft reinigen – und Resonanz erzeugen –, doch wenn es im Ärger geschieht, kann es das emotionale Klima auch schwer belasten.

Stellen Sie sich vor, jemand möchte sich über die Unpünktlichkeit eines Kollegen beschweren. Doch statt ruhig zu sagen: »Wenn Sie zu spät zu unseren Meetings kommen, verlieren wir unnötig Zeit. Wir könnten alle effektiver arbeiten, wenn Sie pünktlich wären«, greift er den Mitarbeiter persönlich an und faucht wütend: »Wie ich sehe, geruht Eure Hoheit, uns zu beehren. Es freut mich, dass Sie in Ihrem dichten Terminkalender ein Plätzchen für uns gefunden haben. Wir werden versuchen, nicht zu viel Ihrer kostbaren Zeit zu verschwenden.« Ein solcher Angriff kann sich emotional verheerend auswirken.[4] Untersuchungen, in denen die psychische Reaktion bei Auseinandersetzungen beobachtet wurde, ergaben, dass solche Angriffe, deren emotionale Botschaft Ablehnung oder Verachtung ist, den Empfänger emotional überwältigen, besonders wenn der Angreifer ein Partner oder Vorgesetzter ist, dessen Meinung so viel Gewicht hat.

John Gottman, Psychologe an der University of Washington, verwendet den Begriff *Überflutung,* um die Intensität der Kampf-oder-Flucht-Reaktion zu beschreiben, die eine Botschaft der Verachtung auslösen kann: Der Herzrhythmus kann sich um 20 bis 30 Schläge pro Minute beschleunigen, begleitet von einem überwältigenden Disstressgefühl. Kommt es zu einer solchen Überflutung, kann der Betroffene weder neutral zuhören noch antworten. Er kann nicht mehr klar denken und reagiert in den meisten Fällen primitiv – er tut alles, um die Situation schnell zu beenden. Oft wird der Angreifer »abgeblockt«, indem der Angegriffene emotional oder physisch auf Distanz zu ihm geht.

Diese Untersuchungen wurden zwar mit Ehepaaren durchgeführt, doch eine dissonante Begegnung zwischen Vorgesetzten und Untergebenen führt zu ganz ähnlichen Ergebnissen.

Bei einer Untersuchung wurden Angestellte aufgefordert, sich an Situationen zu erinnern, in denen ihr Vorgesetzter wütend auf sie war und sie persönlich angriff. In den meisten Fällen wurde der Angestellte defensiv, entzog sich der Verantwortung, blockte ab und vermied den Kontakt mit dem Vorgesetzten. Und bei einer Befragung von 108 Managern und Angestellten zu den Ursachen von Konflikten am Arbeitsplatz rangierte ungeschickte Kritik an erster Stelle.[5]

Kurz gesagt entmutigt Dissonanz die Menschen, laugt sie aus oder vertreibt sie. Dissonanz am Arbeitsplatz hat aber noch eine Konsequenz: Menschen, die in einer vergifteten Atmosphäre arbeiten, nehmen dieses Gift mit nach Hause. Stresshormone, die während eines solchen Arbeitstages ausgeschüttet werden, bleiben noch Stunden nach Büroschluss im Körper.[6]

Verschiedene Arten von Dissonanz

Es gibt viele Arten von dissonanten Führungskräften, denen es nicht nur an Empathie mangelt, sondern die auch emotionale Signale aussenden, die im negativen Register Resonanz finden. Die meisten dieser Führungskräfte sind nicht absichtlich dissonant. Es fehlen ihnen einfach jene wesentlichen EI-Fähigkeiten, die ihnen helfen würden, ihre Mitarbeiter mit positiver Resonanz zu führen.

Doch es gibt auch Extremfälle, vom ausfallenden Tyrannen, der die Leute anbrüllt und erniedrigt, bis zum manipulativen Soziopathen. Solche Führungskräfte haben emotional eine ähnliche Wirkung wie die »Dementoren« in den Harry-Potter-Romanen, die ihren Opfern Friede, Hoffnung und Freude nehmen.[7] Sie schaffen ein äußerst unangenehmes Arbeitsumfeld, haben aber keine Ahnung, wie destruktiv sie sind – oder es ist ihnen einfach egal.

Es gibt aber auch dissonante Führungskräfte, die subtiler vorgehen und oberflächlichen Charme oder soziale Gewandtheit einsetzen, teilweise sogar Charisma, um zu manipulieren. Diese Führungskräfte glauben nicht wirklich an die Werte, zu denen sie sich offiziell bekennen, oder es mangelt ihnen an Empathie, weil sie im Grunde nur an ihrer eigenen Karriere interessiert sind. Wenn Mitarbeiter diese Art von Unaufrichtigkeit spüren, reagieren sie oft mit Zynismus und Misstrauen. Eine positive Beziehung ist unter diesen Umständen natürlich nicht möglich.

Dissonante Führungskräfte können kurzfristig effektiv erscheinen – vielleicht werden sie befördert, weil sie sich darauf konzentrieren, bei ihrem Vorgesetzten gut dazustehen –, doch die vergiftete Atmosphäre, die sie zurücklassen, straft ihren scheinbaren Erfolg Lügen. Wo sie auch arbeiten, verbreiten sie Demotivation und Apathie, Ärger und Verstimmung.

Der Demagoge

Ein geschickter Anführer bringt seine Anhänger dazu, seinem emotionalen Rhythmus zu folgen. Im Lauf der Geschichte haben Demagogen und Diktatoren ebendiese Fähigkeit immer wieder missbraucht. Die Hitlers und Pol Pots dieser Welt schafften es, eine aufgebrachte Menge mit einer wirkungsvollen – aber destruktiven – Botschaft zu mobilisieren. Und hier liegt der entscheidende Unterschied zwischen Resonanz und Demagogie.

Im Gegensatz zu resonanten Anführern verbreiten Demagogen emotionale Botschaften, die negative Gefühle hervorrufen, besonders eine Mischung aus Angst und Wut: die Bedrohung für »uns« durch »sie«; die Furcht, dass »sie« »uns« etwas wegnehmen. Ihre Botschaft polarisiert die Menschen, statt sie zu vereinen. Solche Anführer setzen auf negative Resonanz – auf den Angriffs- oder Fluchtimpuls im Gehirn, wenn wir uns bedroht fühlen oder wütend sind. So verstand es zum Beispiel der serbische Diktator Slobodan Milosevic meisterhaft, den ethnischen Hass zu schüren und seine Anhänger unter dem Banner der Abneigung, Angst und Wut zu mobilisieren – zum Schaden seiner selbst und seines Landes.

Demagogie stützt sich auf destruktive Emotionen, die keinen Raum für Hoffnung und Optimismus, echte Innovation und kreative Vorstellungskraft lassen. Im Gegensatz dazu spricht resonante Führung, die auf gemeinsamen, konstruktiven Werten beruht, den positiven Bereich des emotionalen Registers an. Sie formuliert ein überzeugendes Ziel und motiviert die Menschen, gemeinsam danach zu streben.

Zum Glück gibt es in der Unternehmenswelt nur wenige Demagogen. Wie es scheint, bietet ihnen die Politik einen besseren Nährboden. Dennoch bedienen sich einige wirtschaftliche Führungskräfte demagogischer Taktiken. Doch Mitarbeiterführung, die auf negativer Resonanz beruht, ist nicht mehr als ein billiger Trick, um eine Gruppe schnell für ein gemeinsames Ziel zu mobilisieren. Es ist relativ einfach, Menschen dazu zu bringen, etwas gemeinsam zu hassen oder zu fürchten. Diese Emotionen kommen schnell hoch, wenn Menschen sich bedroht fühlen.

Aus biologischer Sicht sollen diese intensiven Emotionen uns befähigen, bei Gefahr rasch zu handeln, also entweder zu kämpfen oder zu fliehen. Wenn sie zu lange andauern, erschöpfen sie uns oder laugen uns langsam aus. Wut und Angst zu schüren, mag einer Führungskraft vielleicht helfen, eine kurze Krise zu überstehen, doch langfristig kann sie ihre Mitarbeiter auf diese Weise nicht motivieren.

Wenn wir eine Führungskraft sehen, die negative Resonanz hervorruft, wissen wir, dass es zu Problemen kommen wird. Auch wenn die Leistungen vielleicht kurzfristig steigen, wird es die Mitarbeiter früher oder später auslaugen, wenn ein Vorgesetzter ausschließlich im negativen emotionalen Bereich Resonanz erzeugt. Solche Führungskräfte übertragen ihre eigenen Emotionen, sind aber für die Emotionen anderer Menschen unempfänglich. Sie hören ihnen weder zu, noch kümmern sie sich um sie.

Es gibt auch Führungskräfte, die wir als »ahnungslos« bezeichnen. Sie versuchen zwar, positive Resonanz zu erzeugen, spüren aber nicht, dass ihre Mitarbeiter in einem negativen emotionalen Register feststecken. Mit anderen Worten macht die Arbeit im Unternehmen die Menschen ärgerlich, besorgt oder auf andere Weise unglücklich, doch der Vorgesetzte bemerkt nichts davon und vermittelt eine optimistische Botschaft, die keine Resonanz findet.

Ein uns bekannter Unternehmensleiter beschreibt seine Vision für das Unternehmen so:

Wir gehen flexibel auf eine komplexe Zukunft zu und führen unsere Branche an, weil wir ständig nach Verbesserung und Innovation streben. Unser Führungsteam sucht immer und überall nach neuen Möglichkeiten und unsere Manager lehren die Konkurrenz das Fürchten. Unser größtes Anliegen ist die Zufriedenheit unserer Kunden.

Auf den ersten Blick mag diese Vision beeindruckend klingen – doch bei genauerem Hinsehen entpuppt sie sich als eine Ansammlung von Platitüden. Wir wissen nicht, was er wirklich meint (wissen Sie es?). Als wir die Kultur und die Führungspraktiken in diesem Unternehmen untersuchten, stellten wir wenig Flexibilität, Risikofreude, Innovation oder Kundenorientierung fest. Stattdessen fanden wir Mitarbeiter, die ohne Begeisterung tagein, tagaus dieselben Aufgaben erledigten und für die Vision des Unternehmensleiters nur Zynismus übrig hatten. Leider verschanzen sich viele Vorgesetzte hinter dem typischen Managementjargon, statt offene Gespräche mit ihren Mitarbeitern zu führen. Sie wissen nicht, was in der Organisation tatsächlich vor sich geht und welche Veränderungen nötig wären. Führungskräfte, die vor allem mit sich selbst beschäftigt sind, können ebenfalls ahnungslos sein.

So bat zum Beispiel eine Gruppe von Managern eines Konsumgüterunternehmens um einen Termin mit dem Geschäftsführer, weil sie sich über die Vorgänge im Unternehmen große Sorgen machten. Obwohl es nach wie vor zu den zehn erfolgreichsten Unternehmen der Branche gehörte, zeichnete sich ein Abwärtstrend ab. Diese Manager, die so nahe am Geschehen waren, wollten dem Geschäftsführer helfen, den Kurs des Unternehmens zu korrigieren. Doch als sie schließlich zusammentrafen, schien der Geschäftsführer sie gar nicht zu hören. Als sie ihre Befürchtungen vorbrachten, antwortete er: »Die Leute wollen einen Helden – sie brauchen einen – und genau das bin ich für unsere Angestellten. Ich bin wie ein Filmstar – die Leute wollen mich sehen und zu mir aufblicken. Deshalb hielt ich dieses Meeting für eine gute Idee. Sie können bei dieser Gelegenheit hören, was ich zu sagen habe, und allen erzählen, wie ich wirklich bin.«

Nach diesen Worten herrschte betretenes Schweigen im Raum – was der Geschäftsführer zweifellos als Zustimmung interpretierte. Für ihn ging es nicht um »uns«, sondern um »mich«. Ehrgeiz kann leider auch dazu führen, dass eine Führungskraft sich ausschließlich mit sich selbst beschäftigt und die Sorgen der Menschen ignoriert, die sie für ihren Erfolg braucht – ein Verhalten, das Dissonanz erzeugt.[8]

Um die Mechanismen zu verstehen, die emotional intelligenter Führung zugrunde liegen, die also Resonanz erzeugen, sollten wir uns die neuesten Erkenntnisse der Gehirnforschung ansehen.

Führung und der Aufbau des Gehirns

Kein Lebewesen kann mit nur *einem* Flügel fliegen. Wirklich gute Führung ist nur möglich, wenn Herz und Kopf – Fühlen und Denken – zusammenspielen. Das sind die zwei Flügel einer erfolgreichen Führungskraft.

Alle Führungskräfte müssen über genügend Intellekt verfügen, um die spezifischen Anforderungen ihrer Aufgaben zu erfassen. Führungskräfte, die analytisch und konzeptuell denken können, sind zweifellos von großem Wert für ein Unterneh-

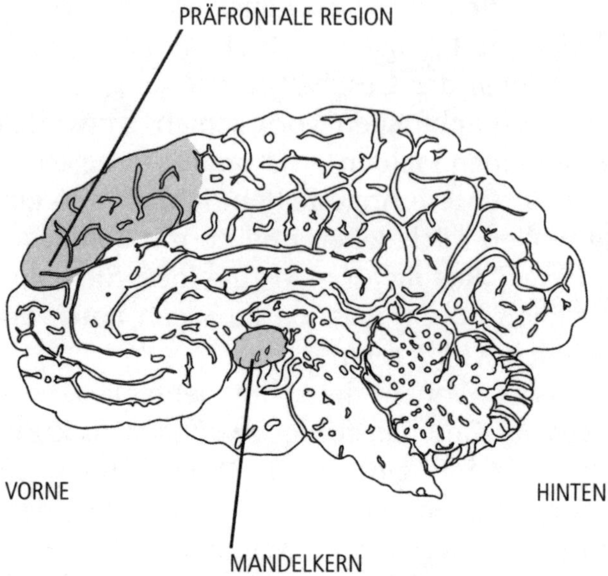

Das Schaltsystem, über das Emotionen reguliert werden, verläuft von der präfrontalen Region zu den Mandelkernen, die sich als Teil des limbischen Systems auf beiden Seiten des Zwischenhirns befinden.

men. Wir betrachten Intellekt und die Fähigkeit, klar zu denken als wesentliche Voraussetzungen für eine Führungsposition. Doch Intellekt allein macht noch keine gute Führungskraft aus. Führungskräfte verwirklichen eine Vision, indem sie ihre Mitarbeiter motivieren, sie lenken, sie inspirieren, ihnen zuhören und sie überzeugen – und vor allem indem sie Resonanz erzeugen. Albert Einstein sagte einmal: »Wir sollten uns hüten, den Intellekt zu unserem Gott zu machen. Er hat natürlich kräftige Muskeln, aber keine Persönlichkeit. Er kann uns nicht führen, er kann uns nur dienen.«

Intellekt und Emotionen werden von zwei verschiedenen neuralen Systemen versorgt, die jedoch eng miteinander verbunden sind.[9] Die Schaltungen im Gehirn, die Denken und Fühlen verbinden, bilden die neurale Grundlage emotional intelligenter Führung. Obwohl in der Unternehmenswelt dem reinen Intellekt großer Wert beigemessen wird, sind unsere Emotionen stärker als unser Intellekt. In Notfällen übernimmt unser emotionales Zentrum – das limbische Gehirn – das Kommando über den Rest des Gehirns.

Es gibt einen guten Grund für diese besondere Macht von Emotionen. Sie sind entscheidend für unser Überleben, weil uns das Gehirn mit ihrer Hilfe auf etwas Dringendes aufmerksam macht und sofort einen Aktionsplan bietet: kämpfen, fliehen oder sich tot stellen. Das denkende Gehirn entwickelte sich aus dem limbischen Gehirn, von dem es nach wie vor Befehle entgegennimmt, wenn wir eine Bedrohung wahrnehmen oder unter großem Stress stehen. Der Auslöser für diese Emotionen ist der Mandelkern im limbischen Gehirn, der alle Vorgänge in unserer Umgebung ständig überwacht, um uns vor Notfällen zu warnen.[10] Als unser Radar für emotionale Notfälle kann der Mandelkern anderen Teilen des Gehirns Befehle erteilen, auch rationalen Zentren im Neokortex, damit wir sofort handeln können, wenn er eine Gefahr wahrnimmt.

Dieses Arrangement funktionierte in den letzten 100 Millionen Jahren sehr gut. Angst half den ersten Säugetieren, die reale Bedrohung durch ihre Feinde zu überleben, und Wut ließ ein Muttertier kämpfen, um ihr Junges zu beschützen. Soziale Emotionen wie Eifersucht, Stolz, Verachtung und Zuneigung spielten alle eine Rolle in der Familienpolitik von Primatengruppen – ebenso wie sie es heute im Unternehmensalltag tun.

Während Emotionen im Lauf der Evolution für das Überleben der Menschheit entscheidend waren, entstand in den letzten 10 000 Jahren ein »neurales Dilemma«. In der modernen Zivilisation sind wir mit komplexen sozialen Realitäten konfrontiert (etwa dem Gefühl, dass jemand uns nicht fair behandelt), während unser Gehirn darauf ausgerichtet ist, physische Notfälle zu überleben. Daher kommt es immer wieder vor, dass wir von Emotionen überwältigt werden – von Angst oder Wut, die besser für die Abwehr körperlicher Bedrohungen geeignet sind als für die subtilen Gefahren, die der Büroalltag für uns bereithält.

Zum Glück laufen solche emotionalen Impulse über zahlreiche Schaltstellen vom Mandelkern zur präfrontalen Region direkt hinter der Stirn, dem ausführenden Zentrum des Gehirns. Die präfrontale Region empfängt und analysiert Informationen von allen Teilen des Gehirns und entscheidet dann, was zu tun ist. Die präfrontale Region kann ein Veto gegen emotionale Impulse einlegen – und damit sicherstellen, dass unsere Reaktion effektiver ist. (*Vergiss nicht, er prüft deine Spesenrechnung – entspanne dich und warte ab, was er will, bevor du etwas sagst, das du später bereust.*) Ohne diese Kontrolle würden wir den Impulsen, die vom Mandelkern ausgehen, blindlings folgen.

Zu einem emotionalen Überfall kommt es, wenn die Schaltungen in der präfrontalen Region ihre Kontrollfunktion nicht ausüben.

Der Dialog zwischen Neuronen in den emotionalen Zentren und den präfrontalen Regionen verläuft über eine Art neurologischen Superhighway. Das hilft uns, unser Denken und Fühlen zu koordinieren. Die EI-Kompetenzen, die so wichtig für Führungskräfte sind, hängen vom reibungslosen Funktionieren dieser präfrontal-limbischen Schaltungen ab. Untersuchungen von neurologischen Patienten mit lädierten präfrontal-limbischen Schaltungen bestätigen, dass ihre kognitiven Fähigkeiten zwar intakt bleiben können, ihre Emotionale Intelligenz jedoch beeinträchtigt ist.[11] Das bedeutet, dass es eine klare Trennung dieser Kompetenzen von rein kognitiven Fähigkeiten wie Intelligenz, technischem Verständnis oder wirtschaftlichem Fachwissen gibt, die im Neokortex ihren Sitz haben.

Aus biologischer Sicht beruht resonante Führung also auf einer Verbindung von Intellekt und Emotionen. Natürlich müssen Führungskräfte über Geschäftstüchtigkeit und intellektuelle Fähigkeiten verfügen, um ihrer Aufgabe gerecht zu werden. Doch wenn sie versuchen, nur mit dem Intellekt zu führen, fehlt ihnen ein wesentlicher Teil der Gleichung.

Nehmen wir zum Beispiel den Geschäftsführer eines internationalen Unternehmens, der versuchte, dessen strategische Ausrichtung zu verändern. Er scheiterte und wurde bereits nach einem Jahr entlassen. »Er dachte, er könne das Unternehmen nur mit dem Intellekt verändern, ohne die Menschen emotional anzusprechen«, erzählte uns ein Senior Vice President dieses Unternehmens. »Er ordnete radikale strategische Veränderungen an, ohne auf die Mitarbeiter einzugehen, die sie auszuführen hatten. Daraufhin erhielt der Board eine Flut von E-Mails, in denen sich verärgerte Angestellte über diesen ignoranten Führungsstil beschwerten, mit dem Ergebnis, dass der Geschäftsführer entlassen wurde.«

Die Interaktion der vier wichtigsten EI-Domänen

Wir sind keineswegs die Ersten, die darauf hinweisen, dass die Hauptaufgaben einer Führungskraft darin bestehen, Begeisterung, Optimismus und Leidenschaft für die Arbeit zu wecken und eine Atmosphäre zu schaffen, die von Kooperation und Vertrauen geprägt ist.[12] Doch wir möchten einen Schritt weiter gehen und zeigen, wie Emotionale Intelligenz Führungskräften ermöglicht, jene grundlegenden Aufgaben zu meistern. Jede der vier Domänen Emotionaler Intelligenz – Selbstwahrnehmung, Selbstmanagement, soziales Bewusstsein und Beziehungsmanagement – umfasst eine Reihe von wesentlichen Fähigkeiten, die für resonante Führung unerlässlich sind.

Diese Domänen sind natürlich eng miteinander verbunden und voneinander abhängig. So kann zum Beispiel eine Führungskraft ihre Emotionen nicht managen, wenn sie ihr kaum oder überhaupt nicht bewusst sind. Und wenn sie ihre Emotionen nicht kontrollieren kann, ist ihre Fähigkeit beeinträchtigt, Beziehungen zu managen. Im Zuge unserer Forschungen haben wir ein System gefunden, das dieser Dynamik zugrunde liegt.[13] Kurz gesagt ist Selbstwahrnehmung die Voraussetzung für Empathie und Selbstmanagement, die wiederum effektives

Beziehungsmanagement ermöglichen. Das Fundament für EI-Führung ist also Selbstwahrnehmung.

Wenn wir unsere eigenen Emotionen nicht erkennen, werden wir schlecht mit ihnen umgehen können, geschweige denn die der anderen verstehen. Führungskräfte, die über Selbstwahrnehmung verfügen, nehmen ihre inneren Signale wahr und reagieren darauf. Sie erkennen zum Beispiel, wie sich ihre Gefühle auf sie selbst und ihre Arbeitsleistung auswirken. Statt zu warten, bis ihre aufgestaute Wut sich in einem Ausbruch entlädt, spüren sie sie bereits in einem frühen Stadium, sehen die Ursache und können konstruktiv damit umgehen. Im Gegensatz dazu verlieren Führungskräfte, denen diese emotionale Selbstwahrnehmung fehlt, die Beherrschung, verstehen aber nicht, warum ihre Emotionen über sie bestimmen. Selbstwahrnehmung spielt auch eine wesentliche Rolle für Empathie: Ein Mensch, der seine eigenen Gefühle nicht wahrnimmt, wird auch die Gefühle anderer nicht wahrnehmen.

Resonanz zu erzeugen ist die nächste Stufe emotional intelligenter Führung. Dazu ist soziales Bewusstsein – vor allem Empathie – erforderlich. Wenn eine Führungskraft sich darauf einstellen kann, wie andere sich fühlen, kann sie angemessen reagieren, ob das nun bedeutet, dass sie Ängste zerstreut, Wut beschwichtigt oder sich einer positiven Stimmung anschließt. Diese Einstimmung auf die Gefühle anderer erlaubt es einer Führungskraft auch, die gemeinsamen Werte und Prioritäten zu spüren, die die Gruppe lenken können.

Aus demselben Grund wird es einer Führungskraft, der es an Empathie mangelt, nicht gelingen, den richtigen Ton zu treffen, sodass sie mit ihren Aussagen und Handlungen negative Reaktionen auslöst. Empathie bedeutet auch, anderen Menschen zuzuhören und sich in ihre Lage zu versetzen. Das gestattet einer Führungskraft, sich Zugang zu den emotionalen Kanälen zwischen Menschen zu verschaffen, die Resonanz erzeugen. Wenn eine Führungskraft diesen Zugang behält, kann sie ihre Botschaft den jeweiligen Erfordernissen anpassen. Doch um die Stimmung einer Gruppe zu lenken, muss eine Führungskraft sich ihrer eigenen Ausrichtung und Prioritäten bewusst sein – was uns wieder zur Selbstwahrnehmung zurückführt.

Diese dynamischen Beziehungen zwischen den vier EI-Domänen sind von praktischer und nicht nur rein theoretischer Bedeutung. Sie sind die Grundbestandteile effektiver, weil resonanter Führung. Lassen Sie uns einen Blick auf die neurale Struktur werfen, die den EI-Fähigkeiten zugrunde liegt, mit deren Hilfe eine Führungskraft Resonanz erzeugen kann.

3
Die Neuroanatomie von Führung

Aus der Sicht der Gehirnfunktion bedeutet Resonanz, dass eine positive Übereinstimmung zwischen den emotionalen Gehirnen verschiedener Menschen herrscht. Eine der wirkungsvollsten und direktesten Möglichkeiten, diese resonante Verbindung zwischen Gehirnen herzustellen, ist Lachen.

Was das für die Neuroanatomie von Führung bedeutet, wollen wir an einem Beispiel verdeutlichen: Das Führungsteam eines großen Einzelhändlers hielt eine Besprechung ab. Nach den Marktforschungsdaten, die allen vorlagen, hatte der Marketingleiter bezüglich einer großen Werbeinvestition eine Fehlentscheidung getroffen. Als die Gruppe die Daten durchging, kam sie stillschweigend zu einem Konsens: Der Marketingleiter hatte Mist gebaut.

Die angespannte Stille wurde schließlich von einem der Manager beendet, der geistreich bemerkte: »Vielleicht hatten Sie einfach Ihre Brille nicht auf.« Alle lachten.

Dieser kleine Scherz erfüllte zwei Funktionen: Er bestätigte indirekt, dass der Marketingleiter tatsächlich einen Fehler begangen hatte, und schwächte diese Kritik gleichzeitig ab. Auf diese Weise ersparte er der Gruppe eine zeitaufwendige Diskussion. Sie konnte sich umgehend der nächsten Entscheidung zuwenden – wie der Schaden wieder gutzumachen war.

Alles, was wir über die Neurophysiologie von Humor und die offene Schleife (siehe Kapitel 1) wissen, lässt darauf schließen, dass der Scherz des Managers die emotionalen Zentren des Führungsteams in einen positiven Aktivitätsbereich brachte. Vermutlich half das der Gruppe, einen emotionalen Überfall zu vermeiden. Da sie nicht an dem Problem – dem Fehler des Marketingleiters – festhielt, konnte sie sich rasch seiner Lösung zuwenden. Und der Manager schaffte all das, ohne ein einziges explizites Wort darüber zu verlieren, wodurch er die positive Stimmung der Gruppe wahrte.

Wie schon erwähnt, ist der geschickte Einsatz von Humor ein Merkmal effektiver Führung. Das bedeutet nicht, dass Meinungsverschiedenheiten oder Konflikte immer vermieden werden sollen. Doch die besten Führungskräfte haben ein Gespür dafür, wann es sinnvoll ist, Konflikte auszutragen und wann nicht.

Man muss kein begnadeter Komiker mit einem untrüglichen Gefühl für das richtige Timing oder einem umfassenden Witzrepertoire sein, um Humor effektiv einzusetzen. Auch ein Scherz, der im Nachhinein recht lahm erscheint, kann in einem angespannten Moment ein wirkungsvolles Instrument sein – wenn er für Lachen oder ein Lächeln sorgt. Die Daten, die eine Verbindung zwischen Führungseffektivität und Humor nahe legen, stammen von Hunderten Vorfällen wie dem befreienden Scherz über den Marketingleiter.[1]

Sehen wir uns zum Beispiel eine Untersuchung von Bewerbern für eine leitende Position an, in der darauf geachtet wurde, wie oft ein Kandidat bei einem Bewerbungsgespräch sein Gegenüber zum Lachen brachte. Dann wurde die Karriere dieser Bewerber zwei Jahre lang verfolgt. Es stellte sich heraus, dass herausragende Führungskräfte ihren Gesprächspartner doppelt so oft zum Lachen gebracht hatten wie ihre durchschnittlich erfolgreichen Kollegen. (Der Erfolg dieser Führungskräfte wurde durch zwei Faktoren definiert: Bei den Bonuszahlungen rangierten sie im obersten Drittel, was ihre finanzielle Leistung widerspiegelte, und sie erhielten von 90 Prozent ihrer Kollegen und Vorgesetzten die Bewertung »ausgezeichnet«.)

Die Forscher befragten auch hochrangige Führungskräfte, von denen fast die Hälfte Geschäftsführer oder General Manager waren, über Höhe- und Tiefpunkte ihrer Karriere. Bei diesen Gesprächen verwendeten die herausragenden Führungskräfte dreimal öfter humorvolle Bemerkungen als durchschnittliche Führungskräfte.

Die effektivsten Führungskräfte setzen Humor also häufiger ein, selbst wenn die Situation angespannt ist, und vermitteln damit positive Botschaften, die die zugrunde liegende Stimmung der Interaktion verändern. Auch wenn eine Führungskraft über trockene Details spricht – etwa Vertragsklauseln oder die Zahlen eines Geschäftsplans –, bewirken die guten Gefühle, die ein Lachen hervorruft, dass ihre Beziehungen von Sympathie geprägt sind.

EI-Kompetenzen: Die Instrumente emotional intelligenter Führung

Besonders aufschlussreich war jedoch, dass der Einsatz von Humor eng mit den EI-Kompetenzen dieser erfolgreichen Führungskräfte korrelierte.[2]

Ein signifikanter Teil der Kompetenzforschungen beruht auf einem für die damalige Zeit radikalen Ansatz, der 1973 von dem inzwischen verstorbenen Harvard-Professor David McClelland propagiert wurde.[3] In der führenden Psychologiezeitschrift schlug McClelland vor, eine Organisation solle bei der Suche nach der am besten geeigneten Person für einen bestimmten Posten nicht nach den damals üblichen Standardkriterien vorgehen. Statt den IQ, die technischen Fähigkeiten oder die Persönlichkeit der Kandidaten zu testen – oder sich einfach nur ihren Lebenslauf anzusehen –, sollten laut McClelland zuerst jene Mitarbeiter untersucht werden, die auf diesem Posten bereits herausragende Leistungen erbracht hatten, und systematisch mit jenen verglichen werden, die nur Durchschnitt waren.

Aus dieser Analyse ergaben sich nicht nur die grundlegenden Fähigkeiten, die für diese Position unerlässlich sind, sondern, was noch wichtiger ist, auch jene Kompetenzen, die herausragende Mitarbeiter von den durchschnittlichen unterscheiden. Dann sollte die Organisation jene Leute auswählen, die über diese Kompetenzen verfügen – oder den eigenen Mitarbeitern helfen, diese Stärken zu entwickeln. Die Erstellung eines Führungskompetenzmodells, um viel versprechende Kandidaten zu identifizieren, zu schulen und zu fördern, ist heute in erstklassigen Organisationen übrigens Standard.

Nehmen Sie zum Beispiel das Führungskompetenzmodell, das Lyle Spencer, ein langjähriger Mitarbeiter von McClelland, für einen Anbieter von industrieller Steuerungstechnik (ein globaler Geschäftsbereich von Siemens mit 400 Zweigstellen in 56 Ländern und einem Umsatz von zwei Milliarden US-Dollar) entwickelte.[4] Der erste Schritt bestand darin, die herausragenden Führungskräfte zu identifizieren, die (gemessen an dem von ihnen generierten Ertragswachstum und Umsatzerlös) die obersten zehn bis 15 Prozent ausmachten.[5]

Als Nächstes verglich man diese Stars mit jenen Managern, deren Leistungen nur durchschnittlich waren, und führte mit beiden Gruppen ausführliche Gespräche, um ihre Kompetenzen zu evaluieren. Es zeigte sich, dass sich die Stars nicht durch technische oder rein kognitive Fähigkeiten auszeichneten, sondern durch vier Kompetenzen Emotionaler Intelligenz:

- die Motivation, Ergebnisse zu erzielen;
- die Fähigkeit, die Initiative zu ergreifen;
- Kooperations- und Teamfähigkeit sowie
- die Kompetenz, Teams zu führen.

Nachdem man nun eine klare Vorstellung von den erforderlichen EI-Kompetenzen hatte, wurden diese bei einer anderen Gruppe von Zweigstellenleitern gezielt gefördert. Man machte sie mit diesen Fähigkeiten vertraut und prüfte, inwieweit sie bereits vorhanden waren, und man setzte Ziele, um diese Kompetenzen – und damit auch ihre geschäftlichen Leistungen – zu verbessern.

In der Folge konnten diese Führungskräfte ihre Effektivität und den von ihnen generierten Gewinn signifikant steigern. Das Ertragswachstum in ihren Zweigstellen betrug in diesem Jahr 1,5 Millionen US-Dollar, doppelt so viel wie das einer Vergleichsgruppe, die keine Schulung erhalten hatte.

Führungskräfte: Die neue Generation

Wenn wir vom Wert emotional intelligenter Führungskräfte sprechen, möchten wir keinesfalls der zweifelhaften Behauptung Vorschub leisten, dass der Erfolg einer Organisation oder Nation von einem einzigen, charismatischen Anführer abhängt. Der Soziologe Max Weber erklärte vor hundert Jahren, dass Institutionen, die Bestand haben, ihren Erfolg nicht dem Charisma eines Anführers verdanken, sondern dem Umstand, dass sie die Kunst der Führung im gesamten System kultivieren.

Das gilt besonders für den Aufbau dauerhafter Organisationen. Unternehmen, die über einen langen Zeitraum erfolgreich sind, zeichnen sich durch die Fähigkeit aus, Generationen von effektiven Führungskräften hervorzubringen.[6] In diesem Zusammenhang möchten wir auf eine Untersuchung über die Zukunft von Führung verweisen, die bei Johnson & Johnson (J&J), einem internationalen Pharmakonzern, durchgeführt wurde.

Als sich der Geschäftsführer Ralph Larsen die Wachstumsprognosen für das Unternehmen ansah, wurde ihm klar, dass J&J immer mehr Führungskräfte brauchen würde, wenn es weiterhin erfolgreich sein wollte, und erklärte die Führungskräfteentwicklung zur wichtigsten Aufgabe der Organisation. Als Erstes untersuchte sein Forschungsteam 358 leitende Angestellte bei J&J, von denen die Hälfte als »High-Potentials« eingestuft worden war – als viel versprechende Manager, die bereits beachtliche Erfolge vorzuweisen hatten. Die andere Hälfte, die weniger gute Leistungen erbrachte, bildete eine Vergleichsgruppe.[7] (Die beiden Gruppen bestanden zu 45 Prozent aus Frauen und zu 55 Prozent aus Männern und umfassten Führungskräfte aus Nord- und Südamerika, Europa, dem Mittleren Osten, Afrika, Asien und Australien, um den internationalen Operationen des Unternehmens Rechnung zu tragen. Jeder der 358 Mitarbeiter wurde auf der Grundlage des Führungsmodells des Unternehmens und der EI-Kompetenzen von drei Führungskräften bewertet, die mit seiner Arbeit vertraut waren.) Die Forscher evaluierten diesen Pool an Talenten nach den Führungskompetenzen, die im ECI (Emotional Competence Inventory) zusammengefasst sind, einem umfassenden Maßstab für Emotionale Intelligenz im Bereich der Führung.[8]

Es zeigte sich, dass die High-Potentials über praktisch alle Kompetenzen verfügten, während bei den Führungskräften in der Vergleichsgruppe nur wenige dieser Fähigkeiten festgestellt wurden.[9] Mit anderen Worten stellten EI-Kompetenzen typische Fähigkeiten der ersten Gruppe dar. Dabei erwiesen sich kulturelle Unterschiede als unbedeutend. EI-Kompetenzen konnten bei Führungskräften aus allen Erdteilen festgestellt werden, was darauf hinweist, dass diese Fähigkeiten überall, wo ein Unternehmen tätig ist, wichtig sind und bewertet werden können.

Die vier Dimensionen Emotionaler Intelligenz

Unsere Auffassung von den Dimensionen Emotionaler Intelligenz und den dazugehörenden Kompetenzen entwickelte und veränderte sich mit der Analyse neuer Daten. Leser, die frühere Versionen des EI-Modells kennen, werden hier einige Veränderungen bemerken. Während wir früher fünf Hauptdomänen Emotionaler Intelligenz anführten, haben wir das Modell inzwischen auf vier Domänen vereinfacht – **Selbstwahrnehmung**, **Selbstmanagement**, **soziales Bewusstsein** und **Bezie-**

hungsmanagement – mit 18 Kompetenzen statt der ursprünglichen 25 (siehe S. 61).[10] So ist zum Beispiel soziales Bewusstsein eine Domäne, und eine Kompetenz in dieser Domäne ist Empathie. Das Ergebnis ist ein EI-Modell, das spezifische Kompetenzen klarer mit der zugrunde liegenden Dynamik im Gehirn verbindet.

Neue Erkenntnisse über Emotionen und das Gehirn geben Aufschluss über die neurologische Grundlage dieser Kompetenzen.[11] Dadurch können wir ihre Dynamik genauer darstellen, wenn wir praktische Richtlinien für die Entwicklung von Führungsqualitäten geben.

An dieser Stelle möchten wir eine wichtige Anmerkung machen, auf die wir später noch zurückkommen werden: Diese EI-Kompetenzen sind keine angeborenen Begabungen, sondern erlernte Fähigkeiten, die dazu beitragen, Führungskräfte resonanter und damit effektiver zu machen.

Dies ist für eine dringende Anforderung der Geschäftswelt relevant, die sich in den finanziellen Ergebnissen niederschlägt: wie man Managern hilft, bessere Führungskräfte zu werden. Da wir nun die neurologischen Zusammenhänge kennen, die Emotionaler Intelligenz zugrunde liegen, können wir klar unterscheiden, was funktioniert und was nicht, wenn es darum geht, die Kunst der Führung zu erlernen – unser Thema im zweiten Teil dieses Buches.

Auf den Punkt gebracht lautet unsere zentrale Aussage: Emotional intelligente Führung funktioniert am besten mit emotional intelligenten Führungskräften, die Resonanz erzeugen. Wir stützen uns dabei auf eine Leistungstheorie, die die Verbindungen zwischen der Neurologie der vier Grundpfeiler Emotionaler Intelligenz und den darauf beruhenden EI-Kompetenzen aufzeigt. Diese EI-Kompetenzen sind ihrerseits die Bausteine für Führungsstile, die in einer Gruppe Resonanz erzeugen.[12]

Interessanterweise konnten wir bei keiner der Führungskräfte, mit denen wir bisher zu tun hatten, wie herausragend sie auch sein mochte, alle EI-Kompetenzen feststellen. Sehr effektive Führungskräfte verfügen meist über rund ein halbes Dut-

DOMÄNEN EMOTIONALER INTELLIGENZ UND DAMIT VERBUNDENE FÄHIGKEITEN

PERSÖNLICHE KOMPETENZEN:
Diese Fähigkeiten bestimmen, wie gut wir uns selbst managen.

SELBSTWAHRNEHMUNG
- Emotionale Selbstwahrnehmung: sich der eigenen Emotionen und ihrer Wirkung bewusst sein; sich bei Entscheidungen auch von der Intuition leiten lassen
- Zutreffende Selbsteinschätzung: seine Stärken und Grenzen kennen
- Selbstvertrauen: sich seines Wertes und seiner Fähigkeiten bewusst sein

SELBSTMANAGEMENT
- Emotionale Selbstkontrolle: negative Emotionen und Impulse unter Kontrolle halten
- Transparenz: Aufrichtigkeit, Integrität und Vertrauenswürdigkeit vermitteln
- Anpassungsfähigkeit: flexibel an Veränderungen anpassen oder Hindernisse überwinden
- Leistung: der Antrieb, die Leistung zu verbessern, um dem hohen persönlichen Standard gerecht zu werden
- Initiative: die Bereitschaft, zu handeln und Gelegenheiten zu ergreifen
- Optimismus: die positiven Aspekte einer Situation sehen

SOZIALE KOMPETENZ:
Diese Fähigkeiten bestimmen, wie gut wir Beziehungen managen.

SOZIALES BEWUSSTSEIN
- Empathie: die Emotionen anderer wahrnehmen, ihre Sicht der Dinge verstehen und aktives Interesse für ihre Anliegen zeigen
- Organisationsbewusstsein: Interessengruppen, Entscheidungsnetzwerke und ungeschriebene Regeln in einer Organisation erkennen
- Service: die Bedürfnisse von Mitarbeitern, Klienten oder Kunden erkennen und erfüllen

BEZIEHUNGSMANAGEMENT
- Inspirierende Führung: mit einer überzeugenden Vision lenken und motivieren
- Einfluss: verschiedene Taktiken einsetzen, um andere zu überzeugen
- Die Entwicklung anderer fördern: die Fähigkeiten anderer durch Feedback und Anleitung verbessern
- Veränderungskatalysator: Veränderungen initiieren, managen und lenken
- Konfliktmanagement: Meinungsverschiedenheiten lösen
- Bindungen aufbauen: ein Netz von Beziehungen aufbauen und aufrechterhalten
- Teamwork und Kooperation: Zusammenarbeit und Teambildung

zend dieser Fähigkeiten.[13] Darüber hinaus gibt es kein Patentrezept für gute Führung: Es gibt viele Wege dorthin, und herausragende Führungskräfte können sich in ihrem persönlichen Stil sehr unterscheiden. Dennoch konnten wir beobachten, dass effektive Führungskräfte meist über mindestens eine Kompetenz in jeder der vier Domänen Emotionaler Intelligenz verfügen.

Selbstwahrnehmung

Einfach ausgedrückt bedeutet Selbstwahrnehmung ein tiefes Verständnis für die eigenen Emotionen – ebenso wie für die eigenen Stärken und Schwächen, Werte und Motive. Menschen mit ausgeprägter Selbstwahrnehmung sind realistisch, weder übermäßig selbstkritisch noch naiv-hoffnungsvoll. Sie können sich selbst und anderen ihre Fehler eingestehen und ihre Schwächen mit Humor nehmen.

Führungskräfte, die über ein hohes Maß an Selbstwahrnehmung verfügen, verstehen ihre Werte, Ziele und Träume. Sie wissen, welche Ziele sie verfolgen und warum. Sie wissen, was sich für sie »richtig anfühlt«. Sie können zum Beispiel ein Jobangebot ablehnen, das zwar finanziell verlockend ist, aber nicht ihren Prinzipien oder langfristigen Zielen entspricht. Im Gegensatz dazu wird eine Person, der es an Selbstwahrnehmung mangelt, oft Entscheidungen treffen, die sie innerlich in einen Konflikt bringen, weil sie im Widerspruch zu ihren eigentlichen Überzeugungen stehen. »Das Geld war verlockend, also nahm ich den Job an«, könnte jemand zwei Jahre nach einer solchen Entscheidung sagen, »doch die Arbeit bedeutet mir so wenig, dass ich mich ständig langweile.« Da bei Menschen mit Selbstwahrnehmung die Entscheidungen mit ihren Werten übereinstimmen, finden sie ihre Arbeit öfter befriedigend.

Das verlässlichste (aber am wenigsten offensichtliche) Zeichen von Selbstwahrnehmung ist eine Neigung zu (Selbst-)Reflexion. Menschen mit Selbstwahrnehmung nehmen sich Zeit, um in Ruhe nachzudenken. Daher können sie überlegte Entscheidungen fällen, statt impulsiv zu reagieren. Viele herausragende Führungskräfte nutzen im Berufsleben jene Fähigkeit zur Selbstreflexion, die sie in ihrem spirituellen Leben praktizieren. Für einige bedeutet dies Gebet oder Meditation, für andere eine philosophische Suche nach Selbsterkenntnis.

All diese Eigenschaften von Führungskräften, die über ein hohes Maß an Selbstwahrnehmung verfügen, gestatten ihnen, mit ebender Überzeugung und Authentizität zu handeln, die für Resonanz erforderlich ist.

Ein Gefühl für das Wichtigste

Die Werte, die uns leiten, stellen im Gehirn eine Hierarchie von emotional gefärbten Gedanken dar, mit allem, was wir mögen und überzeugend finden, am oberen Ende und allem, was wir verabscheuen, am unteren. Die Intensität und Ausrichtung dieser Emotionen bestimmt, ob und wie sehr ein Ziel uns anspricht oder abstößt. Wenn uns zum Beispiel der Gedanke begeistert, sozial benachteiligten Kindern zu helfen oder mit begabten Menschen zu arbeiten, wird er uns stark motivieren.

All das spielt sich in den präfrontalen Regionen des Gehirns ab – dem Sitz von Aufmerksamkeit und damit auch Selbstwahrnehmung. Dort werden die Gefühle kontrolliert, die im Zusammenhang mit unseren Vorlieben stehen. Schaltsysteme in diesem Teil des Gehirns beherbergen unsere positiven Gefühle und lassen sie immer wieder auftauchen, während wir nach einem Ziel streben. Man könnte auch sagen, angenehme Gedanken fungieren als Cheerleader, die uns über einen längeren Zeitraum anspornen. Aus neurologischer Sicht ist die Antriebskraft, die uns langfristige Ziele verfolgen lässt, die Fähigkeit des Verstands, uns daran zu erinnern, wie zufrieden wir uns fühlen werden, wenn wir diese Ziele erreichen – eine Fähigkeit, die im Schaltsystem zwischen Mandelkern und dem linken präfrontalen Lappen ihren Sitz hat.[14]

Egal, was uns dazu bringt, uns leidenschaftlich für eine Aufgabe zu engagieren – ob es Freude an der Tätigkeit an sich ist, die Befriedigung, sich verbessern zu können, oder das Vergnügen, mit hoch begabten Kollegen zusammenzuarbeiten (oder einfach das Geld, das wir verdienen) –, alle Motivatoren laufen über ein und dieselbe neurale Bahn. Leidenschaft für die Arbeit bedeutet auf der Ebene des Gehirns, dass Schaltungen, die mit dem linken präfrontalen Kortex verbunden sind, für einen stetigen Fluss von positiven Gefühlen sorgen, während wir unsere Arbeit tun.

Gleichzeitig erbringen Gehirnschaltungen in diesem Bereich eine weitere Motivationsleistung. Sie besänftigen Gefühle von Frustration oder Sorge, die uns entmutigen könnten. Das bedeutet, dass wir die unvermeidlichen Rückschläge, Frustrationen und Fehlschläge wegstecken können, die jedes anspruchsvolle Ziel mit sich bringt. Wir können die verborgene Chance oder die nützliche Lektion in einem Fehlschlag erkennen und unsere Bemühungen fortsetzen.

In welchem Maß diese präfrontalen Schaltungen motivierende Gefühle hervorrufen und demotivierende hemmen, macht den Unterschied zwischen einem Pessimisten und einem Optimisten aus. Der Pessimist beschäftigt sich zu sehr damit, was falsch läuft, und verliert daher die Hoffnung, während der Optimist trotz Schwierigkeiten an seinem Ziel festhält, weil er sich die Befriedigung vor Augen hält, die er empfinden wird, wenn er es erreicht.

Wie wirkt sich all das auf Führungskräfte und Organisationen aus? Motivation für die Arbeit wird allzu oft für selbstverständlich gehalten. Wir gehen davon aus, dass die Menschen Interesse und Begeisterung für ihre Tätigkeit empfinden. Doch die Wahrheit ist differenzierter: Wohin Menschen innerhalb ihrer

Arbeitsrolle tendieren, weist darauf hin, was ihnen wirklich Freude macht – und diese Freude ist an sich motivierend. Obwohl traditionelle Anreize wie Bonusse oder Anerkennung Menschen zu besseren Leistungen anspornen können, gibt es keine externen Motivatoren, die Menschen dazu bringen, ihr absolut Bestes zu geben.

Das intuitive Urteil

Intuition, jene essenzielle Führungsqualität, für geschäftliche Entscheidungen nicht nur technisches Fachwissen, sondern auch Lebensweisheit heranzuziehen, wird von Führungskräften, die über Selbstwahrnehmung verfügen, automatisch eingesetzt. Warum sollte es in der heutigen Geschäftswelt angesichts der Fülle von harten Fakten, die Führungskräften zur Verfügung stehen, Bedarf an Intuition geben? Weil uns der Zugang zu unseren Gefühlen neurologischen Forschungen zufolge hilft, die Bedeutung von Daten zu erkennen, was uns zu besseren Entscheidungen führt. Unsere emotionale Gedächtnisbank gestattet uns, Informationen effizient zu beurteilen.[15] Mittlerweile wissen wir, dass Emotionen ein Teil des Denkvermögens sind und nicht sein Gegenteil.

Die intuitive Beurteilung einer Situation ist heute für Führungskräfte wichtiger denn je, gerade weil sie mit einer Flut von Daten konfrontiert sind, deren Bedeutung für die Zukunft jedoch oft nicht ersichtlich ist. Richard Fairbank, Geschäftsführer von Banc One, drückte es so aus:

Eine visionäre Strategie zu finden, an die man als Führungskraft glaubt, ist eine sehr intuitive Angelegenheit. Es gibt viele Dinge, die eine Führungskraft anhand der Daten, die ihr vorliegen, nicht vorhersehen kann. Wie weiß man, was man in drei Jahren brauchen wird? Dennoch muss die Entwicklung jetzt gestartet werden, weil man sonst später nicht hat, was man braucht. Unser Unternehmen beschäftigt brillante Datenanaly-

tiker. Wir besitzen eine der größten Oracle-Datenbanken der Welt. Doch letztlich bringen uns all diese Daten nur näher an die Grenze, hinter der wieder alles ungewiss ist.

Heute, da von Führungskräften gefordert wird, die Zukunft für ihr Unternehmen zu gestalten, statt in die Vergangenheit zu investieren, zählen Visionen mehr denn je. Eine Vision erfordert die Fähigkeit, über die Daten hinauszugehen und eine intuitive Einschätzung vorzunehmen.

Auf der anderen Seite muss eine rein intuitive Entscheidung nicht unbedingt richtig sein. Intuition funktioniert scheinbar am besten, wenn sie sich auf andere Daten stützen kann.

So erklärten bei einer Befragung von 60 Unternehmern, die äußerst erfolgreiche Firmen in Kalifornien aufgebaut hatten und leiteten, praktisch alle, dass sie bei geschäftlichen Entscheidungen die relevanten Informationen prüften und dann ihre Intuition zurate zögen.[16] Wenn zum Beispiel ein Geschäftsplan von den Daten her einen guten Eindruck machte, sich aber nicht »richtig anfühlte«, handelten sie sehr vorsichtig – oder gar nicht. Intuitive Eingebungen waren für sie ebenfalls eine Form von Daten.

Selbst Unternehmen, die heute florieren, können in der Zukunft scheitern, wenn ihre Leiter auf das falsche Pferd setzen. Die Herausforderung lässt sich durchaus mit einer Wettervorhersage vergleichen. Bei einer Simulation komplexer Entscheidungen ließ man Freiwillige das Wetter vorhersagen und gab ihnen dazu Hinweise, die auf meteorologischen Daten beruhten.[17] Die Beziehung zwischen diesen Hinweisen und ihren Auswirkungen auf das Wetter war in einer derartig komplexen Wahrscheinlichkeitsfunktion verpackt, dass selbst analytisches Denken nutzlos war. Nachdem die Versuchsteilnehmer auf der Grundlage dieser Hinweise ihre Prognosen abgegeben hatten, sagte man ihnen, ob diese zutrafen oder nicht. Mit anderen Worten erhielten sie die Chance zu lernen, was funktionierte und was nicht – wie jede Führungskraft im Lauf ihrer Karriere.

Obwohl niemand die spezifischen Verbindungen zwischen den Hinweisen und dem Wetter durchschaute, gaben die Leute erstaunlicherweise nach 50 Versuchen in 70 Prozent der Fälle die richtige Prognose ab. Sie hatten mit der Zeit ein »Gespür« für die Zusammenhänge gewonnen. Das Gehirn hatte die Lektionen verarbeitet. Obwohl ihr logischer Intellekt nach wie vor im Dunkeln tappte, hatten diese Leute die Essenz der Lösung intuitiv erfasst. Es fühlte sich einfach richtig an – ihre Intuition sagte ihnen, was sie tun sollten, auf der Grundlage der gelernten Lektionen.

Diese Untersuchung bietet einen anschaulichen Mikrokosmos des Lernens durch Versuch und Irrtum. Das Gehirn registriert laufend, was funktioniert und was nicht, und leitet daraus Entscheidungsregeln ab. Es merkt sich zum Beispiel, wie Mitarbeiter auf diesen oder jenen Führungsansatz reagieren oder welche Taktik in einer bestimmten Situation zum Erfolg führt. Mit unermüdlichem Lerneifer speichert das Gehirn die Lektionen des Lebens, damit wir das nächste Mal, wenn wir vor einer ähnlichen Aufgabe stehen, besser vorbereitet sind.

Da diese Art des Lernens vorwiegend in einer tiefen Gehirnregion stattfindet, die außerhalb der Reichweite von Wörtern liegt (in den Basalganglien, einem primitiven Teil des Gehirns über dem Rückenmark), müssen Führungskräfte lernen, ihrer Intuition zu vertrauen, um ihre Lebensweisheit nutzen zu können.[18] Zu den Schaltungen, die an komplexen Entscheidungen beteiligt sind, gehören jedoch nicht nur die Basalganglien, sondern auch der Mandelkern, wo das Gehirn Emotionen abspeichert, die mit Erinnerungen verbunden sind.[19] Wenn wir bei Entscheidungen auf lebenslängliche Lernprozesse zurückgreifen, ist es nicht der verbale Teil des Gehirns, der uns den besten Aktionsplan liefert, sondern jener Teil, der unsere Gefühle steuert.

An jedem Arbeitstag einer Führungskraft leitet ihr Gehirn automatisch die Entscheidungsregeln ab, die dieser oder jener Entwicklung der Ereignisse zugrunde liegen, oder den Zusammenhang von Ursache und Wirkung. Während das Gehirn im

Hintergrund ständig lernt, sammelt eine Führungskraft die Weisheit praktischer Arbeitserfahrung. Diese Weisheit wird im Lauf ihrer Karriere immer größer, selbst wenn ihre Fähigkeit, sich neue technische Kenntnisse anzueignen, nachlässt.

Wann immer wir mit einer Situation konfrontiert sind, in der diese Entscheidungsregeln relevant sind, wendet das Gehirn sie an und kommt zu einem Schluss. Es wird uns von diesem Urteil jedoch nicht mit Worten informieren. Stattdessen aktiviert das emotionale Gehirn Schaltungen, die von den limbischen Zentren zum Bauch verlaufen, wo wir dann spüren, dass sich etwas »richtig« anfühlt. Der Mandelkern vermittelt uns seine Schlussfolgerungen also hauptsächlich über Schaltungen, die in den Magen-Darm-Trakt reichen, sodass buchstäblich ein Gefühl im Bauch entsteht.[20] Dieses Bauchgefühl hilft bei komplexen Entscheidungen, die über die vorliegenden Daten hinausgehen. Neue wissenschaftliche Anerkennung erlangte es in letzter Zeit aufgrund der jüngsten Entdeckungen über implizites Lernen. Bei Forschungen zeigte sich, dass wir aus allem, was wir erleben, permanent lernen, ohne uns dessen bewusst zu sein.

Kurz gesagt bietet Intuition emotional intelligenten Führungskräften direkten Zugang zu der Lebensweisheit, die sie im Lauf der Jahre zu einem Thema gesammelt haben. Und es erfordert die innere Übereinstimmung, die mit Selbstwahrnehmung einhergeht, um diese Botschaft zu spüren.

Die wichtigste Herausforderung einer Führungskraft: Selbstmanagement

Selbstwahrnehmung – die eigenen Emotionen verstehen und sich seiner Absichten bewusst sein – ist eine unerlässliche Voraussetzung für Selbstmanagement, dem fokussierten Antrieb, den alle Führungskräfte brauchen, um ihre Ziele zu erreichen.

Wenn wir uns über unsere Gefühle nicht im Klaren sind, können wir sie auch nicht managen. Stattdessen kontrollieren sie uns. Das ist in Ordnung, solange es sich um positive Emotionen wie Begeisterung oder die Freude über einen Erfolg handelt. Doch keine Führungskraft kann es sich leisten, von negativen Emotionen wie Frustration und Wut oder Angst und Panik kontrolliert zu werden.

Das Problem ist, dass negative Emotionen überwältigend sein können. Mit ihrer Hilfe macht das Gehirn uns auf eine wahrgenommene Bedrohung aufmerksam. Negative Emotionen blockieren die Fähigkeit des denkenden Gehirns, sich auf eine vorliegende Aufgabe zu konzentrieren.

Das Gehirnscan eines Menschen, der aufgeregt oder ängstlich ist, zeigt besonders im Mandelkern und auf der rechten Seite der präfrontalen Region eine hohe Aktivität. Dies veranschaulicht die Vorgänge bei einem Überfall des Mandelkerns: Die emotionalen Zentren beeinflussen oder verstärken die hohe Aktivität in der präfrontalen Region, was dazu führt, dass wir unsere gesamte Aufmerksamkeit auf die Ursache unserer Aufregung richten. Währenddessen zeigt das Gehirnscan eines gut gelaunten Menschen, dass die Schlüsselschaltungen vom linken präfrontalen Kortex zum Mandelkern verlaufen. Die Gehirnschaltungen, die positive Gefühle erzeugen, konzentrieren sich in der linken präfrontalen Region und hemmen die Aktivität des Mandelkerns und verbundener Regionen, die Disstress bewirken.

Die linke Seite der präfrontalen Region ist nach Ansicht der Forscher ein Teil des Schaltsystems, das Neuronen im Mandelkern blockiert und dadurch verhindert, dass wir von Disstress erfasst werden.[21] Dieses Schaltsystem hilft einer Führungskraft, negative Emotionen zu kontrollieren und eine optimistische, begeisterte Stimmung aufrechtzuerhalten.

Selbstmanagement – das sich mit einem fortwährenden inneren Gespräch vergleichen lässt – ist also jener Bestandteil Emotionaler Intelligenz, der uns davor bewahrt, unseren Emotionen völlig ausgeliefert zu sein. Es ermöglicht uns die geistige Klarheit und konzentrierte Energie, die Führung erfordert, und verhindert, dass störende Emotionen uns vom Kurs abbringen. Führungskräfte, die über eine solche Selbstbeherrschung verfügen, strahlen Optimismus und Begeisterung aus, die positive Resonanz erzeugen.

All das ist von entscheidender Bedeutung für die Emotionale Intelligenz: Da Emotionen so ansteckend sind und sich besonders leicht vom Anführer auf die Gruppe übertragen, ist die vordringlichste Aufgabe einer Führungskraft, ihre eigenen Emotionen im Griff zu haben. Nur dann kann sie die Emotionen anderer effektiv managen.

Das heißt natürlich nicht, dass eine Führungskraft über den Dingen stehen muss. Eine Scheidung, Probleme mit einem Kind oder die Krankheit eines engen Verwandten stellen wohl für jeden Menschen eine schwere emotionale Belastung dar. Der springende Punkt ist jedoch, wie die privaten Probleme einer Führungskraft sich auf ihre beruflichen Beziehungen auswirken.

Führungskräfte, die ihrem Ärger freien Lauf lassen, aus allem eine Katastrophe machen oder ihren negativen Emotionen auf andere Weise Ausdruck verleihen, können eine Gruppe nicht gleichzeitig in ein positives emotionales Register lenken, in dem aber die besten Leistungen erbracht werden. Auch hier spielt das Gehirn eine entscheidende Rolle: Jedes Mal, wenn zwei Menschen zusammentreffen, kommt es zu einem Tanz ihrer Mandelkerne, der entweder Resonanz oder Dissonanz erzeugt. Bei diesem neuralen Tauziehen gewinnt meist die Person, die ihre Emotionen besser im Griff hat.

Im Rahmen einer Untersuchung brachte man eine Person, die praktisch immer guter Laune war, mit einem anderen Probanden zusammen, der bekannt dafür war, dass er die Konfrontation suchte. Als sich die beiden unterhielten, beruhigte die positiv eingestellte Person die reizbare.[22] Die aggressive Versuchsperson, bei der zu Beginn der 15-minütigen Unterhaltung physiologische Zeichen von Ärger festgestellt worden waren, zeigte am Ende des Gesprächs keinerlei Anzeichen von Verstimmung mehr.

Das Geheimnis? Normalerweise bewirken gereizte Menschen bei anderen ebenfalls Verärgerung. Mit anderen Worten versetzt der gereizte Mandelkern aufgrund der offenen Schleife den anderen auch in Unruhe. Doch wenn die andere Person die Aggression nicht erwidert – sondern unbeirrt in einem positiven Gefühlsregister bleibt –, hat die Person mit dem erregten Mandelkern die Chance, sich zu beruhigen oder zumindest nicht noch erregter zu werden. Bei dieser Untersuchung berichtete die aggressive Versuchsperson nach dem Gespräch, dass sie einfach keinen Streit anfangen konnte, weil die andere Person stets positiv reagierte.

Ebenso strahlen Führungskräfte, die selbst unter großem Druck optimistisch und begeistert bleiben können, die positiven Gefühle aus, die Resonanz erzeugen. Indem sie ihre Gefühle und Impulse unter Kontrolle halten, schaffen sie eine Atmosphäre, die von Vertrauen, Wohlbefinden und Fairness geprägt ist. Und dieses Selbstmanagement überträgt sich ebenfalls vom Anführer auf die Gruppenmitglieder. Kein Mitarbeiter möchte als Choleriker auffallen, wenn der Chef stets die Ruhe bewahrt.

Es ist kaum überraschend, dass Selbstmanagement auch aus Wettbewerbsgründen wichtig ist. In der heutigen Geschäftswelt, wo Unternehmen laufend fusionieren oder auseinander brechen und die Technologie die Arbeit mit Schwindel erregendem Tempo verändert, sind Führungskräfte, die ihre Emotionen im Griff haben, besser dafür gerüstet, mit den Veränderungen fertig zu werden – und ihrer Organisation bei der Anpassung zu helfen.

Außerdem ermöglicht Selbstmanagement auch »Transparenz«, die nicht nur eine Führungsqualität, sondern auch eine Organisationsstärke darstellt.[23] Transparenz – eine authentische Offenheit gegenüber anderen bezüglich der eigenen Gefühle, Überzeugungen und Handlungen – gestattet *Integrität* oder das Gefühl, dass eine Führungskraft vertrauenswürdig ist. Auf einer elementaren Ebene geht es bei Integrität um Impulskontrolle, die uns davor bewahrt, auf eine Art und Weise zu handeln, die wir bereuen könnten. Integrität bedeutet auch, dass eine Führungskraft ihre Werte lebt. Solche Führungskräfte wirken auf andere authentisch, weil sie nicht vorgeben, anders zu sein als sie tatsächlich sind. Integrität lässt sich also auf eine Frage reduzieren: Steht das, was Sie tun, im Einklang mit Ihren Werten? Wir haben festgestellt, dass emotional intelligente Führungskräfte über genügend Integrität verfügen, um sich den Fragen, die Transparenz mit sich bringt, gelassen zu stellen.

Für Führungskräfte ist der bedeutsamste Ausdruck von Verantwortung die Kontrolle ihrer Stimmung. Das Modewort »cool« bezog sich ursprünglich auf die Fähigkeit afroamerikanischer Jazzmusiker, ihre Wut über den Rassismus zu beherrschen, die sie in ihre Musik kanalisierten.[24] Effektive Führung erfordert dieselbe Fähigkeit, seine eigenen stürmischen Gefühle zu managen, während man den Ausdruck positiver Emotionen uneingeschränkt zulässt.

Soziales Bewusstsein und limbischer Tango

Neben Selbstwahrnehmung und emotionalem Selbstmanagement erfordert resonante Führung soziales Bewusstsein, oder anders ausgedrückt, *Empathie*. Diese Fähigkeit entsteht durch Neuronen in einem umfassenden Schaltsystem, das mit dem Mandelkern verbunden ist. Es prüft das Gesicht und die Stimme eines Menschen auf Emotionen und stimmt uns laufend darauf ein, wie jemand anderer sich fühlt, während wir mit ihm sprechen. Dieses Schaltsystem schickt einen stetigen Strom von Meldungen aus – *diese letzte Bemerkung regt ihn ein wenig auf ... er sieht ein bisschen gelangweilt aus ... diese Aussage gefällt ihm* –, die der präfrontale Bereich und verbundene Hirnregionen verwenden, um das, was wir als Nächstes sagen oder tun, genau abzustimmen.[25]

Der Mandelkern und verbundene Schaltungen melden uns laufend, wie die andere Person gerade reagiert hat. Sie fungieren als Relaisstation in der interpersonalen offenen Schleife für Emotionen und sorgen dafür, dass wir mit unserem Gegenüber synchron bleiben. Außerdem stimmt dieses Schaltsystem uns auf die vorherrschenden Gefühle der Person ein, mit der wir zusammen sind, sodass unsere emotionale Verfassung sich meist annähert. Ein Begriff, den Wissenschaftler für die neurale Abstimmung verwenden, ist limbische Resonanz, »eine Sinfonie des gegenseitigen Austauschs und interner Anpassung«, durch die zwei Menschen ihre emotionale Verfassung harmonisieren.[26] Das Gefühl, dass eine echte Verbindung zu einem anderen Menschen entsteht, dass wir mit jemandem »auf derselben Wellenlänge« sind, ist ein Signal, dass wir gerade eine solche positive Wechselwirkung zwischen zwei Gehirnen erlebt haben. Diese stillschweigende Harmonie stellt sich immer ein, wenn eine gute Verbindung zwischen Menschen herrscht – zwischen einer Mutter und ihrem Kind, zwischen Freunden, die sich angeregt unterhalten, oder zwischen Mitgliedern eines Teams, die gemeinsam über einen Scherz lachen. Es ist die Resonanz, die in einer Gruppe eine Welle der Emotion auslösen kann, ob es Trauer ist wie bei einem Begräbnis oder Begeisterung nach einem erfolgreichen Börsengang.

Neben Empathie ist ein weiterer wichtiger Bestandteil emotional intelligenter Führung die Fähigkeit einer Führungskraft, ihre Botschaft auf eine Weise zu vermitteln, die andere bewegt. Resonanz entsteht durch eine Führungskraft, die ihre Gefühle mit Überzeugung ausdrückt, weil diese Emotionen authentisch sind und auf Werten beruhen, an die sie fest glaubt.

EI-Führungskräfte lösen Emotionen im positiven Register aus: Sie bewegen Menschen, indem sie einen Traum artikulieren, der Optimismus oder Mitgefühl oder ein Gefühl der Verbundenheit erweckt – Bestrebungen, die auf eine hoffnungsvolle Zukunft hinweisen. Im Gehirn verbreiten solche Botschaften optimistische Emotionen, einen Gefühlsbereich, der in der Schaltanordnung zum und vom linken präfrontalen Bereich sein Zentrum hat. Diese Gehirnregion enthält auch den Schlüssel zu Motivation. Während diese positiven Visionen sich ausbreiten, begeistert sich eine Gruppe für ein gemeinsames Ziel.[27] Erinnern Sie sich zum Beispiel, wie Martin Luther King die amerikanische Bürgerrechtsbewegung mit der ergreifenden Rede »Ich habe einen Traum« mobilisierte, in der er eine Welt beschrieb, in der alle Menschen die gleichen Rechte haben.

Soziales Bewusstsein – vor allem Empathie – ist entscheidend für die elementare Aufgabe einer Führungskraft, Resonanz zu erzeugen. Indem sie sich auf die Gefühle anderer einstellt, kann eine Führungskraft so handeln, wie es die Situation erfordert – ob sie nun Ängste zerstreut, Ärger beschwichtigt oder sich einer guten Stimmung anschließt. Dieses emotionale Einstellen auf andere lässt eine Führungskraft auch die gemeinsamen Werte und Prioritäten erkennen, die die Gruppe leiten können. Im Gegensatz dazu kann sich eine Führungskraft, der es an Empathie mangelt, nicht auf die Gefühle der anderen einstellen und wird deshalb ohne es zu wollen auf eine Art und Weise agieren, die negative Reaktionen verursacht. Empathie bedeutet auch, anderen zuzuhören und sich in ihre Lage zu versetzen. Diese Fähigkeit ermöglicht es einer Führungskraft, die emotionalen Kanäle zwischen Menschen zu nutzen, die Resonanz erzeugen, und ihre Botschaft der Situation anzupassen.

Empathie aus geschäftlicher Sicht

Von allen Dimensionen Emotionaler Intelligenz ist uns soziales Bewusstsein wahrscheinlich am vertrautesten. Wir alle haben die Empathie eines einfühlsamen Lehrers oder Freundes selbst erlebt und sie bei einem unsensiblen Vorgesetzten schmerzlich vermisst. Doch wenn es ums Geschäft geht, wird Empathie kaum gelobt oder gar belohnt. Das Wort an sich scheint im geschäftlichen Zusammenhang unpassend und angesichts der harten Realität des Marktes fehl am Platz.

Doch Empathie – die grundlegende Kompetenz sozialen Bewusstseins – hat nichts mit Gefühlsduselei nach dem Motto »Ich bin okay, du bist okay« zu tun. Empathie bedeutet nicht, dass Führungskräfte sich von den Gefühlen anderer überwältigen lassen und versuchen müssen, es allen recht zu machen. Das wäre ein Albtraum und würde jedes Handeln unmöglich machen. Empathie bedeutet vielmehr, die Gefühle von Mitarbeitern sorgfältig in Betracht zu ziehen und dann intelligente Entscheidungen zu fällen, die diese Gefühle einbeziehen. Und vor allem ermöglicht Empathie Resonanz. Führungskräfte, denen es an Empathie mangelt, agieren auf eine Art, die Dissonanz erzeugt.

Selbstmanagement ist eine Voraussetzung von Empathie, doch das bedeutet nicht, Emotionen zu unterdrücken, sondern sie angemessen auszudrücken. Die Empathiefähigkeit von EI-Führungskräften geht manchmal so weit, dass sie weinen, wenn ihre Mitarbeiter geweint haben, sei es wegen einer persönlichen Tragödie, einer Rüge oder einer Kündigung. Doch während eine wohl überlegte Reaktion nicht unbedingt einen Mangel an Gefühlen signalisiert, können Führungskräfte, die ihre Emotionen unterdrücken, reserviert und kalt wirken.

Wenn Führungskräfte in der Lage sind, Gefühle und Standpunkte anderer zu erfassen, haben sie einen emotionalen Leitfaden, an dem sie sich orientieren können. In diesem Sinn ist Empathie die conditio sine qua non sozialer Effektivität im Arbeitsleben. Empathische Menschen sind unschlagbar, wenn es darum geht, die Bedürfnisse von Klienten, Kunden oder Mitarbeitern zu erkennen und zu erfüllen. Sie wirken zugänglich und vermitteln das Gefühl, dass sie sich für das, was die Leute zu sagen haben, interessieren. Sie hören sorgfältig zu, erfassen, was die Leute wirklich beschäftigt, und treffen mit ihrer Reaktion ins Schwarze. Deshalb ist Empathie auch entscheidend, um talentierte Mitarbeiter zu halten. Führungskräfte brauchten schon immer Empathie, um gute Mitarbeiter zu entwickeln und zu halten, doch wenn ein Krieg um Talente herrscht, sind die Einsätze höher. Sie erinnern sich: Von allen Faktoren, die der

Kontrolle eines Unternehmens unterliegen, sind unsensible, dissonante Führungskräfte einer der Hauptgründe, warum talentierte Mitarbeiter kündigen – und das Wissen des Unternehmens mit sich nehmen.

In der wachsenden globalen Wirtschaft ist Empathie eine entscheidende Fähigkeit, um mit Menschen aus verschiedenen Ländern und Kulturen erfolgreich zusammenzuarbeiten und Geschäfte zu machen. Der Dialog zwischen verschiedenen Kulturen kann sehr leicht zu Fehlinterpretationen und Missverständnissen führen. Empathie ist ein wirksames Gegenmittel, das Leute die Feinheiten der Körpersprache wahrnehmen lässt und ihnen ermöglicht, die Botschaft zwischen den Worten zu hören.

Beziehungsmanagement

Die Triade aus Selbstwahrnehmung, Selbstmanagement und Empathie bildet die Grundlage für die letzte EI-Fähigkeit: Beziehungsmanagement. Hier finden wir die offenkundigsten Werkzeuge guter Führung, darunter Überzeugungskraft, Konfliktmanagement und Zusammenarbeit. Beziehungen effektiv zu managen, bedeutet letztlich nichts anderes, als mit den Emotionen anderer richtig umzugehen. Das setzt voraus, dass Führungskräfte sich ihrer eigenen Emotionen bewusst sind und sich mit Empathie auf die Leute einstellen, die für sie arbeiten.

Ist ein Vorgesetzter zum Beispiel unaufrichtig oder manipulativ, wird der emotionale Radar seiner Mitarbeiter ein Warnsignal abgeben, und sie werden dieser Führungskraft instinktiv misstrauen. Die Kunst, gute Beziehungen zu führen, beginnt also mit Authentizität: im Einklang mit seinen wahren Gefühlen handeln. Wenn Führungskräfte in Übereinstimmung mit ihren eigenen Visionen und Werten handeln, fest im positiven emotionalen Bereich verankert sind und Zugang zu den Emotionen der Gruppe haben, lässt sie die Fähigkeit des Beziehungsmanagements auf eine Weise agieren, die Resonanz hervorruft.

Beziehungen zu managen, ist allerdings nicht so einfach wie es klingt. Es genügt nicht, freundlich zu sein, obwohl Menschen mit ausgeprägten sozialen Fähigkeiten selten unfreundlich sind. Beziehungsmanagement bedeutet vielmehr, Freundlichkeit sinnvoll einzusetzen, um Menschen in die richtige Richtung zu lenken, ob das nun eine Vereinbarung über eine Marketingstrategie oder die Begeisterung für ein neues Projekt betrifft.

Deshalb erzeugen Führungskräfte mit ausgeprägten sozialen Fähigkeiten tendenziell bei einem großen Kreis von Menschen Resonanz – und besitzen ein Geschick dafür, einen gemeinsamen Nenner zu finden und gute Beziehungen aufzubauen. Das bedeutet nicht, dass sie ständig um Harmonie bemüht sind. Vielmehr gehen sie davon aus, dass kein wichtiges Ziel im Alleingang zu erreichen ist. Solche Führungskräfte können auf ein soziales Netzwerk zurückgreifen, wenn die Zeit zum Handeln kommt. Und in einer Ära, in der zunehmend über große Entfernungen hinweg kooperiert wird – über E-Mail oder Telefon –, ist der Aufbau von Beziehungen wichtiger denn je.

Menschen mit einer überzeugenden Vision zu inspirieren und zu bewegen, gehört heute zu den wertvollsten Fähigkeiten einer Führungskraft. Inspirierende Führungskräfte wecken die Begeisterung ihrer Mitarbeiter für eine gemeinsame Mission. Sie geben ihnen das Gefühl, dass ihre Arbeit einen Sinn hat, der über die alltäglichen Aufgaben oder Quartalsziele hinausgeht, die so oft den Platz einer überzeugenden Vision einnehmen. Solche Führungskräfte wissen, dass Werte, an die die Menschen wirklich glauben können, sie mehr motivieren als alles andere. Da sie sich ihrer eigenen Werte bewusst sind, können sie eine Vision formulieren, die für ihre Mitarbeiter authentisch und überzeugend klingt. Dieses starke Gefühl einer gemeinsamen Mission gibt inspirierenden Führungskräften auch die Freiheit, ihre Mitarbeiter mit Bestimmtheit zu lenken und zu leiten. Ein Produktmanager drückte es so aus:

Ich bin ein Ein-Mann-Unternehmen – ich habe kein Team, keine Macht. Ich teile Mitarbeiter mit anderen Managern. Ich kann den Leuten nicht vorschreiben, was sie tun sollen – doch ich kann sie überzeugen, indem ich an ihre eigene Agenda appelliere.[28]

Da die Führungsaufgaben zunehmend komplexer werden und immer mehr Kooperation erfordern, gewinnt effektives Beziehungsmanagement an Bedeutung. So muss jede große Organisation die Führung auf ihre Bereichsleiter aufteilen, wodurch de facto ein Team entsteht. Da Unternehmen inzwischen erkannt haben, dass die strikte Trennung von Funktionen nicht mehr zielführend ist, arbeiten immer mehr Führungskräfte mit ihren Kollegen in funktionsübergreifenden Teams zusammen. Wenn irgendeine Gruppe ihre Effektivität maximieren muss, dann ist es das Team an der Spitze. Und dazu ist es notwendig, enge und reibungslose Beziehungen zu etablieren, sodass alle unkompliziert Informationen austauschen und ihre Arbeit effektiv koordinieren können.

Beziehungsfähigkeiten erlauben es einer Führungskraft, ihre Emotionale Intelligenz einzusetzen. Doch das ist nicht alles. Geht es darum, Ergebnisse zu erzielen, wirken die Kompetenzen, die die besten Führungskräfte auszeichnen, in wohlkoordinierter Übereinstimmung und werden zu charakteristischen Führungsstilen – wie wir im nächsten Kapitel sehen werden.

4
Das Führungsmanagement

Resonanz wird nicht einfach durch die gute Laune einer Führungskraft erzeugt oder durch ihre Fähigkeit, das Richtige zu sagen. Sie hängt von einer ganzen Reihe von koordinierten Aktivitäten ab, die mit bestimmten Führungsstilen einhergehen. Oft ohne sich dessen bewusst zu sein, handeln Führungskräfte gemäß einem oder mehreren von sechs verschiedenen Führungsansätzen und wechseln je nach Situation geschickt zwischen den verschiedenen Stilen hin und her.

Vier dieser Stile – **visionär**, **coachend**, **gefühlsorientiert** und **demokratisch** – erzeugen jene Art von Resonanz, die die Leistung steigert, während zwei weitere – **fordernd** und **befehlend** – in einigen besonderen Situationen zwar nützlich sein können, jedoch mit Vorsicht angewendet werden sollten, wie wir noch sehen werden.

Um herauszufinden, wie bestimmte Führungsstile sich auf eine Organisation und ihr emotionales Klima auswirken, stützten wir uns auf die in einer globalen Datenbank erfassten Untersuchungen von 3871 Führungskräften, in denen einige Schlüsselfaktoren bewertet wurden, die das Arbeitsumfeld beeinflussen.[1]

Danach untersuchten wir, wie das Klima, das verschiedene Führungsstile bewirkten, sich auf die finanziellen Ergebnisse wie Umsatzerlös, Ertragswachstum, Effizienz und Rentabilität auswirkte.

Wir stellten fest, dass – bei gleichen Bedingungen – die Führungskräfte, die Stile mit positiver emotionaler Wirkung praktizierten, deutlich bessere finanzielle Ergebnisse erzielten als jene, die dies nicht taten. Darüber hinaus wendeten die Führungskräfte mit den besten Resultaten nicht nur *einen* bestimmten Stil an. Vielmehr verwendeten sie mehrere der sechs Stile, zwischen denen sie je nach Situation nahtlos wechselten.

Am besten, Sie stellen sich diese Führungsstile als Schläger in der Tasche eines Golfspielers vor. Im Lauf eines Turniers wählt der Spieler aus seiner Tasche jenen Schläger, der den Anforderungen des Schlages am ehesten entspricht. Manchmal muss er darüber nachdenken, doch meist erfolgt die Auswahl automatisch. Der Spieler »spürt« die kommende Herausforderung, holt behende das richtige Werkzeug heraus und setzt es elegant ein. Auf dieselbe Weise gehen effektive Führungskräfte vor.

Diese Führungsstile (siehe Tabelle S. 81) wurden zwar schon früher beobachtet und benannt, doch unser Führungsmodell stützt sich darüber hinaus auf das Verständnis der zugrunde liegenden EI-Fähigkeiten, die jeder Ansatz erfordert, und umfasst für jeden Stil den Kausalzusammenhang mit den Ergebnissen. Mit anderen Worten, wir können dank der Forschung sehen, wie jeder Stil sich auf das Klima und damit auf die Leistung auswirkt. Für Führungskräfte, die tagtäglich um Ergebnisse kämpfen müssen, fügt ein solcher Zusammenhang die dringend notwendige Dosis Wissenschaft zur Kunst der Führung hinzu.

Wir werden zuerst auf die vier Führungsstile näher eingehen, die Resonanz fördern, und uns danach die beiden ansehen, die leicht zu Dissonanz führen können, sofern sie nicht effektiv angewendet werden.

Der visionäre Führungsstil

Als Shawana Leroy die Leitung einer Sozialhilfeorganisation für verarmte Familien in Großstädten übernahm, hatte die Einrichtung mit ernsthaften Problemen zu kämpfen – die meisten davon ein Vermächtnis von Ms. Leroys Vorgängerin, einer Be-

DIE FÜHRUNGSSTILE IM ÜBERBLICK

VISIONÄR
Erzeugung von Resonanz: Verwirklichung gemeinsamer Träume
Wirkung auf das Klima: äußerst positiv
Anwendung: wenn aufgrund von Veränderungen eine neue Vision erforderlich ist oder eine klare Richtung gebraucht wird

COACHEND
Erzeugung von Resonanz: bringt individuelle Ziele mit den Zielen der Organisation in Einklang
Wirkung auf das Klima: sehr positiv
Anwendung: durch gezielte Förderung der Fähigkeiten eines Mitarbeiters seine Leistung verbessern

GEFÜHLSORIENTIERT
Erzeugung von Resonanz: verbindet Menschen miteinander und schafft dadurch Harmonie
Wirkung auf das Klima: positiv
Anwendung: um gespaltene Teams zu vereinen, in stressigen Zeiten zu motivieren oder Verbindungen zu stärken

DEMOKRATISCH
Erzeugung von Resonanz: Wertschätzung für den Beitrag der Mitarbeiter, bewirkt Engagement durch Einbeziehung
Wirkung auf das Klima: positiv
Anwendung: um Zustimmung oder einen Konsens zu erreichen oder wertvolle Beiträge von Mitarbeitern zu sammeln

FORDERND
Erzeugung von Resonanz: Erreichung interessanter herausfordernder Ziele
Wirkung auf das Klima: da oft falsch eingesetzt, häufig sehr negativ
Anwendung: um mit einem hoch motivierten kompetenten Team herausragende Ergebnisse zu erzielen

BEFEHLEND
Erzeugung von Resonanz: gibt in Notsituationen eine klare Richtung vor und verringert dadurch Angst und Unsicherheit
Wirkung auf das Klima: da oft missbraucht, häufig sehr negativ
Anwendung: in Krisen, um eine Kehrtwende in Gang zu bringen, mit problematischen Mitarbeitern

amtin mit einer Vorliebe für Regeln und Vorschriften. Die Mission der Organisation zog talentierte Mitarbeiter an, die sich sehr engagierten – zumindest zu Beginn. Doch meist ging diese Begeisterung verloren, während sie damit beschäftigt waren, eine Flut von Arbeitsvorschriften einzuhalten. Die Mission war in diesem Dickicht aus Regeln schwer im Auge zu behalten. Trotz des zunehmenden Bedarfs an den Diensten der Organisation – und trotz Beschwerden von den Gründern – ging die Arbeit nur langsam voran, und die Effektivität war erschreckend gering.

Als Erstes führte Shawana Leroy mit den Mitarbeitern Einzelgespräche, um herauszufinden, was in der Organisation funktionierte und worauf die Leute stolz waren. Sie schienen erleichtert, endlich darüber sprechen zu können, wie viel Sinn sie in ihrer Arbeit sahen und wie sehr sie die bürokratischen Hürden oft frustrierten. Leroy kam zu dem Schluss, dass sie nicht die Einzige war, die aufrichtig an die Mission der Organisation glaubte – armen Familien zu helfen –, und sie vertraute darauf, dass diese Vision den Mitarbeitern den nötigen Rückhalt geben würde, während sie in der Organisation Veränderungen durchführte.

In diesen positiven Gesprächen brachte Leroy ihren Mitarbeitern den Traum nahe, den sie verwirklichen wollte. Sie ermunterte die Leute, über ihre Hoffnungen für die Zukunft zu sprechen, und appellierte an das Mitgefühl und das Engagement, das sie empfanden. Dann artikulierte sie diese Vision, wann immer sich eine Gelegenheit dazu ergab, und sprach von den gemeinsamen Werten, die sie alle an diesen Ort geführt hatten.

Als Nächstes forderte Leroy die Leute auf, sich zu überlegen, ob die Mission, den Armen zu helfen, Teil ihres Lebens war. Und sie sollten darüber nachdenken, wie sich das, was sie Tag für Tag taten, auf die Fähigkeit der Organisation auswirkte, dieses Ziel zu erreichen. Dieser Prozess förderte die Eigeninitiative der Leute und ihre Überzeugung, dass sie einen wichtigen Beitrag leisten konnten.

Bei einer Untersuchung der Probleme, die die Arbeit in der Organisation behinderten, wurde deutlich, welche Managementpraktiken kontraproduktiv waren, welche Vorschriften keinen Sinn hatten und welche veralteten Systeme abgeschafft werden mussten. In der Zwischenzeit erarbeitete Leroy die Prinzipien der neuen Organisation, die sie schaffen wollte: eine transparente Organisation, die effektiv und ergebnisorientiert arbeitete. Als der Zeitpunkt gekommen war, die Worte in Taten umzusetzen, nahmen sich Leroy und ihr Team einige der besonders starren bürokratischen Praktiken vor und rationalisierten sie mit der Unterstützung fast aller Mitarbeiter. Unter Leroys Einfluss verbesserte sich das emotionale Klima zusehends – ihre Leidenschaft und ihr Engagement übertrugen sich auf die gesamte Organisation.

Visionäre Führung erzeugt Resonanz

Shawana Leroy ist ein Paradebeispiel für den visionären Stil, der das emotionale Klima positiv beeinflusst und den Geist, der in der Organisation herrscht, auf vielen Ebenen verändert. Visionäre Führungskräfte geben das Ziel vor, das eine Gruppe anstrebt, nicht aber den Weg, der dorthin führt. Damit lassen sie den Menschen die Freiheit, innovativ zu sein, zu experimentieren und kalkulierte Risiken einzugehen. Es gibt den Menschen Sicherheit und Klarheit, wenn sie das übergeordnete Ziel kennen und wissen, dass sie mit ihrer Arbeit dazu beitragen. Und das Gefühl, dass alle ein gemeinsames Ziel verfolgen, stärkt den Teamgeist: Die Menschen sind stolz, in ihrer Organisation zu arbeiten.

Visionäre Führungskräfte haben einen weiteren Vorteil: die Treue ihrer wertvollsten Mitarbeiter. Wenn Werte, Ziele und Mission eines Unternehmens bei den Mitarbeitern Resonanz erzeugen, gewinnt es als Arbeitgeber enorm an Attraktivität. Intelligente Unternehmen erkennen, dass ihre Vision und Mission ein einzigartiges »Markenzeichen« darstellen, eine Möglichkeit, sich als Arbeitgeber von anderen Unternehmen in der Branche abzuheben.

Da dieser Ansatz die Arbeit in den Dienst einer übergeordneten Vision stellt, definiert er einen Standard für Leistungsfeedback, der sich an dieser gemeinsamen Vision orientiert. Visionäre Führungskräfte helfen ihren Mitarbeitern zu erkennen, wie ihre Arbeit in das Gesamtbild passt, und lassen sie damit nicht nur spüren, dass ihr Beitrag wichtig ist, sondern auch warum. Diese Art der Führung maximiert das Engagement der Mitarbeiter für die allgemeinen, langfristigen Ziele und Strategien der Organisation. Es ist das klassische Führungsmodell, das an Wirtschaftsuniversitäten am häufigsten erwähnt wird.

Nehmen wir zum Beispiel Bob Pittman, damals Geschäftsführer von Six Flags Entertainment. Als ihm zu Ohren kam, dass die Wärter in den Vergnügungsparks zu den Besuchern unfreundlich waren, beschloss Pittman, sich das Problem aus nächster Nähe anzusehen und arbeitete eine Zeit lang inkognito als Wärter.[2] Während er die Straßen fegte, begann er das Problem zu verstehen. Die Wärter hatten den Auftrag, die Parks blitzsauber zu halten, doch die Besucher hinderten sie daran, weil sie überall Müll hinterließen – und die Wärter damit zur Verzweiflung trieben.

Pittmans visionäre Strategie? Er definierte einfach die Mission der Wärter neu: Sie sollten für die Zufriedenheit der Besucher sorgen. Und da verschmutzte Parks die Zufriedenheit der Besucher beeinträchtigten, war es die Aufgabe der Wärter, sie sauber zu halten – und dabei freundlich zu sein. Mit dieser kleinen Änderung verwandelte Pittman die zuvor so frustrierende Arbeit der Wärter in einen wichtigen Beitrag zur Vision des Unternehmens.

Unsere Forschungen weisen darauf hin, dass von den sechs Führungsstilen dieser visionäre Ansatz der effektivste ist. Indem die visionäre Führungskraft ihre Mitarbeiter ständig an den höheren Zweck ihrer Arbeit erinnert, verleiht sie alltäglichen Aufgaben eine übergeordnete Bedeutung. Die Mitarbeiter haben das Gefühl, dass die gemeinsamen Ziele in Einklang mit ihren eigenen Interessen stehen. Das Ergebnis: inspirierte Arbeit.

Was eine visionäre Führungskraft ausmacht

»Inspirierende Führung« ist die EI-Kompetenz, die den visionären Stil am meisten unterstützt. (Eine ausführlichere Beschreibung der EI-Kompetenzen finden Sie in Anhang B.) Indem sie Inspiration gemeinsam mit der EI-Triade Selbstvertrauen, Selbstwahrnehmung und Empathie einsetzen, verfolgen visionäre Führungskräfte einen Zweck, der für sie selbst überzeugend ist, und bringen ihn in Einklang mit den Werten ihrer Mitarbeiter. Und da sie selbst an diese Vision glauben, können sie die Menschen mit fester Hand in diese Richtung führen. Wenn es an der Zeit ist, eine neue Richtung einzuschlagen, erleichtern Selbstvertrauen und die Fähigkeit, als »Veränderungskatalysator« zu wirken, den Übergang.

»Transparenz«, eine weitere EI-Kompetenz, ist ebenfalls von entscheidender Bedeutung. Um glaubwürdig zu sein, müssen Führungskräfte an ihre eigene Vision glauben. Ist das nicht der Fall, werden ihre Mitarbeiter es bemerken. Außerdem bedeutet Transparenz, Schranken und Barrieren in einem Unternehmen zu entfernen. Es ist eine Bewegung in Richtung Aufrichtigkeit und offenem Austausch von Informationen und Wissen, sodass die Mitarbeiter auf allen Unternehmensebenen das Gefühl haben, integriert zu sein und die bestmöglichen Entscheidungen fällen zu können. Während manche Manager vielleicht glauben, dass es ihre Macht stärkt, wenn sie Informationen zurückhalten, verstehen visionäre Führungskräfte, dass die Weitergabe von Wissen das Geheimnis des Erfolgs ist.

Doch von allen EI-Kompetenzen ist Empathie am wichtigsten für visionäre Führung. Die Fähigkeit, sich in andere einzufühlen und ihre Sicht der Dinge zu verstehen, ermöglicht es einer Führungskraft, eine wirklich inspirierende Vision zu formulieren.

Andererseits wird es einer Führungskraft, die sich nicht in ihre Mitarbeiter einfühlen kann, kaum gelingen, sie zu inspirieren.

Wegen seiner positiven Wirkung funktioniert der visionäre Stil in vielen Geschäftssituationen. Besonders wirkungsvoll ist er jedoch, wenn ein Unternehmen eine umfassende Veränderung vor sich hat, wenn es eine Kehrtwende vollziehen muss oder dringend eine neue Vision braucht. Es ist keine große Überraschung, dass »transformierende« Führungskräfte, die eine Organisation radikal verändern möchten, instinktiv den visionären Stil anwenden.[3] Doch auch wenn der visionäre Führungsstil in vielen Fällen äußerst effektiv ist, funktioniert er nicht in jeder Situation. Er ist zum Beispiel unangebracht, wenn eine Führungskraft mit einem Team von Experten oder Kollegen arbeitet, die erfahrener sind als sie selbst. Eine Führungskraft, die eine großartige Vision postuliert, könnte bei ihnen den Eindruck erwecken, dass sie sich wichtig machen möchte oder einfach nicht verstanden hat, worum es bei der vorliegenden Aufgabe geht. Das kann zu Zynismus führen, einem Nährboden für schlechte Leistungen. Der visionäre Stil kann sich auch als kontraproduktiv erweisen, wenn ein Manager, der eine Vision vermitteln möchte, diktatorisch wird und das Gleichheitsprinzip teamorientierter Führung untergräbt.

Abgesehen von diesen Ausnahmen ist jede Führungskraft gut beraten, wenn sie häufig zum visionären »Golfschläger« greift. Er ist zwar keine Garantie für ein Hole-in-one, doch für die langen Schläge ist er sicher eine große Hilfe.

Die Kunst der individuellen Förderung: Der Coachingstil

Sie war neu im Unternehmen und im achten Monat schwanger. Eines Tages blieb sie besonders lange im Büro, und als sie kurz von der Arbeit aufblickte, sah sie zu ihrer Überraschung ihren Chef in der Tür stehen. Er grüßte sie, setzte sich zu ihr und begann, sich mit ihr zu unterhalten. Er wollte alles über ihr Leben wissen. Wie ihr ihre Arbeit gefiel, welche Karrierepläne sie hatte, ob sie nach der Geburt des Babys ihren Job wiederhaben wollte.

Im Lauf des nächsten Monats führten sie täglich solche Gespräche, bis die Frau ihr Baby bekam. Der Chef war David Ogilvy, der legendäre Werbemanager. Die schwangere Newcomerin war Shelley Lazarus, heute Geschäftsführerin von Ogilvy & Mather, der riesigen Werbeagentur, die Ogilvy gründete. Lazarus selbst nennt als einen der Hauptgründe, warum sie dem Unternehmen jahrzehntelang die Treue hielt, die enge Bindung, die sie zu ihrem Mentor Ogilvy in jenen ersten Gesprächen lange nach Büroschluss aufbaute.[4]

Ogilvys Führung enthielt eine große Portion des Coachingstils: ein tief gehendes Gespräch mit einem Mitarbeiter führen, in dem es um sein Leben, seine Träume, Lebensziele und Karrierevorstellungen geht. Trotz der weit verbreiteten Ansicht, dass jede Führungskraft ein guter Coach sein muss, praktizieren Führungskräfte diesen Stil am seltensten. In einer Zeit, in der viel Stress und Druck herrschen, meinen sie, keine Zeit für Coaching zu haben. Doch wenn Führungskräfte diesen Stil ignorieren, verzichten sie damit auf ein äußerst wirkungsvolles Werkzeug.

Obwohl Coaching sich auf die persönliche Entwicklung von Mitarbeitern und nicht auf die Bewältigung konkreter Aufgaben konzentriert, bewirkt der Stil im Allgemeinen eine außergewöhnlich positive emotionale Reaktion und bessere Ergebnisse, wobei es praktisch keine Rolle spielt, welche anderen Stile eine Führungskraft praktiziert. Indem sie persönliche Gespräche mit Mitarbeitern führen, können Führungskräfte eine Bindung und Vertrauen aufbauen. Sie vermitteln aufrichtiges Interesse an ihren Mitarbeitern, statt sie lediglich als Werkzeuge zu sehen, die die Arbeit erledigen. Coaching gewährleistet einen laufenden Austausch, der es Mitarbeitern ermöglicht, leistungsbezogenes Feedback besser anzunehmen, da sie das Gefühl haben, dass es ihren eigenen Interessen dient, nicht nur denen des Chefs.

Patrick O'Brie, President von Johnson Outdoors (einem Geschäftsbereich von S. C. Johnson), erklärte uns: »Die Mitarbeiter persönlich kennen zu lernen, ist wichtiger denn je. Wenn man gleich zu Beginn ein langes persönliches Gespräch mit jemandem führt, wird er sechs Monate später an einem Freitag um vier Uhr sein Bestes für dich geben.«

Der Coach in Aktion

Wie sieht effektives Coaching durch eine Führungskraft aus? Coaches helfen den Menschen, ihre einzigartigen Stärken und Schwächen zu erkennen und sie mit ihren persönlichen und beruflichen Bestrebungen zu verbinden. Sie ermutigen Mitarbeiter, langfristige Entwicklungsziele festzulegen, und helfen ihnen, einen Plan für die Erreichung dieser Ziele zu erarbeiten. Gleichzeitig stellen sie klar, wo die Verantwortung des Vorgesetzten liegt und welche Rolle der Mitarbeiter spielen wird. Wie bereits angesprochen, tendieren die Menschen zu den Aspekten ihrer Arbeit, die sie am meisten mögen, das heißt Aspekte, die am ehesten mit ihren Träumen, ihrer Identität und ihren Bestrebungen übereinstimmen. Indem ein Coach zwischen der täglichen Arbeit der Leute und ihren langfristigen Zielen eine Verbindung herstellt, hält er ihre Motivation aufrecht. Das ist aber nur möglich, wenn Führungskräfte ihre Mitarbeiter persönlich kennen lernen.

Coaches beherrschen auch die Kunst des Delegierens. Sie geben Mitarbeitern Herausforderungen, an denen sie wachsen können. (Dies wirkt sich übrigens besonders positiv auf die Stimmung der betreffenden Person aus. Es verleiht dem Erfolg einen speziellen Reiz, der die Menschen dazu bringt, über sich hinauszuwachsen.[5]) Darüber hinaus tolerieren Coaches normalerweise kurzfristig schlechte Leistungen, weil sie verstehen, dass es die Träume eines Mitarbeiters fördern kann.

Es ist nahe liegend, dass Coaching am besten bei Mitarbeitern funktioniert, die Initiative zeigen und sich beruflich entwickeln wollen. Andererseits ist Coaching nicht geeignet, wenn es einem Mitarbeiter an Motivation mangelt oder wenn er übermäßig viel persönliche Anleitung und Feedback braucht – oder wenn der Vorgesetzte nicht genug Fachwissen oder Sensibilität hat, um dem Mitarbeiter weiterzuhelfen. Wird Coaching nicht richtig praktiziert, kann es in Mikromanagement oder exzessive Kontrolle eines Angestellten ausarten. Das führt oft dazu, dass der Mitarbeiter an Selbstvertrauen verliert und sich seine Leistungen immer weiter verschlechtern. Leider mussten wir feststellen, dass viele Manager mit dem Coachingstil nicht vertraut sind oder sich sehr ungeschickt anstellen, besonders wenn es darum geht, laufend Feedback zu geben, das motiviert, statt Angst oder Apathie zu erzeugen.

So glauben viele Führungskräfte, die auch Schrittmacher sind und sich ausschließlich auf hohe Leistungen konzentrieren, dass sie Coaching praktizieren, während sie sich in Wirklichkeit in alles einmischen oder den Leuten erklären, wie sie ihre Arbeit zu machen haben. Solche Führungskräfte konzentrieren sich oft ausschließlich auf kurzfristige Ziele wie Verkaufszahlen. Diese lösungsorientierte Einstellung hindert sie daran, die langfristigen Ambitionen ihrer Mitarbeiter kennen zu lernen. Die Mitarbeiter glauben dann oft, dass ihr Vorgesetzter sie als ein reines Werkzeug sieht, um eine Arbeit zu erledigen, sodass sie sich ausgenützt und nicht genügend geschätzt fühlen statt motiviert.

Doch gutes Coaching fördert nicht nur die Fähigkeiten der Mitarbeiter, sondern auch ihr Selbstvertrauen und hilft ihnen, autonomer zu arbeiten und bessere Leistungen zu erbringen.

Was einen Coach ausmacht

Coaching ist ein Beispiel für die EI-Kompetenz »Mitarbeiterentwicklung«, die einen Vorgesetzten als Berater agieren lässt, der die Ziele und Werte seiner Mitarbeiter erforscht und ihnen hilft, ihr Repertoire an Fähigkeiten zu erweitern. Sie geht Hand in Hand mit emotionaler Selbstwahrnehmung und Empathie, zwei Kompetenzen, die ganz typisch für die besten Berater sind.

Die überraschend positive emotionale Wirkung von Coaching entsteht vor allem durch Empathie und die Verbindung, die eine Führungskraft zu ihren Mitarbeitern aufbaut. Ein guter Coach vermittelt, dass er an das Potenzial der Leute glaubt und erwartet, dass sie ihr Bestes geben. Die stille Botschaft lautet: »Ich glaube an dich, ich investiere in dich und ich erwarte, dass du dein Bestes gibst.« Das Ergebnis? Die Mitarbeiter spüren, dass ihrem Vorgesetzten etwas an ihnen liegt. Das motiviert sie, ihren hohen Leistungsstandard beizubehalten und selbst auf die Qualität ihrer Arbeit zu achten.

Manchmal wird der Coach auch zum aktiven Mentor. Und in Unternehmen, die jahrzehntelang erfolgreich sind, stellt die fortwährende Führungskräfteentwicklung eine kulturelle Stärke dar und einen Schlüssel zu dauerhaftem geschäftlichem Erfolg.[6] Mitarbeiter, die die Möglichkeit erhalten, sich zu entwickeln, sind loyaler. Kurz gesagt wirkt sich der Coachingstil vielleicht nicht unmittelbar auf den Endgewinn aus, doch indirekt kann er erheblich zur Verbesserung der finanziellen Ergebnisse beitragen.

Die Kunst, Beziehungen aufzubauen: Der gefühlsorientierte Stil

Joe Torre könnte als das Herz der New York Yankees bezeichnet werden. Als Manager dieses großartigen Baseballteams, das 1999 wieder die World Series gewann, kümmerte sich Torre um die psychische Verfassung seiner Spieler, als sie unter dem emotionalen Druck standen, die Meisterschaft zu gewinnen. Während viele seiner Kollegen für ihr hitziges Temperament und ihre mangelnde Sensibilität berüchtigt sind, zeigt Torres Beispiel, wie Kooperations- und Teamfähigkeit in der Praxis aussehen.

Nehmen wir zum Beispiel die Feierlichkeiten im Stadion nach dem Endspiel 1999. Torre gratulierte einigen Spielern besonders herzlich, vor allem Paul O'Neill, dessen Vater kurz zuvor im Alter von 79 Jahren gestorben war. Obwohl er gerade erst vom Tod seines Vater erfahren hatte, beschloss O'Neill, bei diesem entscheidenden Match mitzuspielen – und brach in dem Moment, in dem es zu Ende war, in Tränen aus. Später bei der Siegesparty im Clubhaus erwähnte Torre O'Neills persönlichen Verlust, sprach ihm seine besondere Anerkennung aus und nannte ihn bewundernd einen echten Kämpfer.

Torre hob noch zwei weitere Spieler besonders hervor, die in dieser Saison ebenfalls Familienmitglieder verloren hatten. Einen von ihnen, Scott Brosius, hatte er in den vorangegangenen Monaten immer wieder gelobt, weil er beim Training stets guter Laune war, obwohl sein Vater todkrank war. Zuletzt nutzte er die Gunst der Stunde, um sich für zwei Spieler einzusetzen, deren Verbleiben im Team wegen Vertragsstreitigkeiten gefährdet war. Er lobte die großartige Leistung der beiden, um seinem Chef, dem Besitzer des Clubs, klarzumachen, dass sie zu wertvoll waren, um sie gehen zu lassen.

Dabei ist Torre alles andere als ein Softie. Wenn nötig, kann er sehr bestimmt auftreten. Dennoch zeigt er denen, die er führt, seine Gefühle. Als sein Bruder am Rande des Todes schwebte und auf eine Herztransplantation wartete, versuchte er nicht, seine Sorgen zu verbergen, sondern sprach mit seinen Spielern darüber – ebenso wie über seine Krebserkrankung im Frühling, bevor sein Team die Meisterschaft gewann.

Der offene Umgang mit Emotionen ist ein typisches Merkmal des gefühlsorientierten Führungsstils, den Torre beispielhaft praktiziert. Diese Führungskräfte nehmen ihre Mitarbeiter und ihre Gefühle sehr ernst. Für sie haben nicht Aufgaben und Ziele, sondern die emotionalen Bedürfnisse ihrer Mitarbeiter Priorität. Sie bemühen sich, in ihrem Team für Zufriedenheit zu sorgen, Harmonie zu schaffen und – wie es Torre so meisterhaft gelang – Resonanz zu erzeugen.

Obwohl der gefühlsorientierte Stil keine unmittelbare Steigerung der Leistung hervorruft, wirkt er sich überraschend positiv auf das Klima in der Gruppe aus. In dieser Hinsicht wird er nur vom visionären Stil und vom Coachingstil übertroffen. Indem sie ihre Mitarbeiter als Menschen anerkennen – und ihnen zum Beispiel bei privaten Problemen emotionale Unterstützung gewähren –, bewirken solche Führungskräfte große Loyalität und stärken die Verbundenheit.

Wann ist der gefühlsorientierte Stil sinnvoll? Aufgrund seiner positiven Wirkung eignet er sich generell, um Resonanz zu erzeugen. Besonders effektiv ist er jedoch, wenn es darum geht, die Harmonie im Team zu erhöhen, die Moral zu heben, die Kommunikation zu verbessern oder das Vertrauen in eine Organisation wiederherzustellen.

In vielen Ländern – in den meisten asiatischen Ländern ebenso wie in Lateinamerika und einigen europäischen Ländern – wird großer Wert auf starke persönliche Bindungen gelegt, sodass der Aufbau von Beziehungen eine unerlässliche Voraussetzung ist, um dort Geschäfte zu machen. Führungskräfte, die den gefühlsorientierten Stil praktizieren, tun das ganz automatisch.

Was eine gefühlsorientierte Führungskraft ausmacht

Der gefühlsorientierte Stil zeigt, wie die Kooperationskompetenz in der Praxis aussieht. Solchen Führungskräften ist es vor allem wichtig, die Harmonie zu fördern und freundliche Interaktionen zu sichern, indem sie persönliche Beziehungen pflegen, die die Verbindung mit ihren Mitarbeitern stärken. Deshalb schätzen gefühlsorientierte Führungskräfte die ruhigeren Phasen im Organisationszyklus, in denen mehr Zeit ist, emotionales Kapital aufzubauen, auf das sie in stressigen Phasen zurückgreifen können.

Führungskräfte, die diesen Stil praktizieren, konzentrieren sich mehr auf die emotionalen Bedürfnisse ihrer Mitarbeiter als auf Arbeitsziele. Dieser Fokus macht Empathie – die Fähigkeit, sich in die Emotionen, Bedürfnisse und Sichtweisen anderer einzufühlen – zu einer weiteren grundlegenden Kompetenz dieses Führungsstils. Durch die Empathie einer Führungskraft bewirkt der gefühlsorientierte Ansatz ein Ansteigen der Moral. Er sorgt für positive Stimmung bei den Mitarbeitern, selbst wenn sie monotone Routinearbeiten zu erledigen haben. Manchmal erfordert der gefühlsorientierte Stil auch die EI-Kompetenz »Konfliktmanagement«, um sehr unterschiedliche oder sogar konträre Menschen zu einer harmonischen Arbeitsgruppe zu vereinen.

Wenn »nett sein« nicht ausreicht

»Wir wissen nicht, wie wir gleichzeitig freundlich und ehrlich sein sollen«, erzählte uns ein Senior Vice President eines globalen Konsumgüterunternehmens mit einem Umsatz von sechs Milliarden US-Dollar.

Wir sind ein beziehungsorientierter Betrieb in Familienbesitz. Unsere Führungskräfte schätzen und respektieren ihre Mitarbeiter. Wenn wir uns etwas vorzuwerfen haben, dann ist es, dass wir zu sehr auf Harmonie bedacht sind. Wir sind einfach zu nett. Da wir Konfrontationen scheuen, geben wir den Mitarbeitern nicht jene Art von Feedback, die ihnen hilft, sich weiterzuentwickeln.

Es hat einen offensichtlichen Nachteil, wenn eine Führungskraft ausschließlich auf den gefühlsorientierten Ansatz setzt: Die Arbeit steht – nach den Gefühlen – an zweiter Stelle. Das hat zur Folge, dass die Mitarbeiter kein korrektives Feedback bekommen, das ihnen helfen könnte, ihre Leistungen zu verbessern. Führungskräfte, die nur den gefühlsorientierten Stil anwenden, sind oft zu sehr darum bemüht, mit ihren Mitarbeitern gut auszukommen. Doch es hat sich gezeigt, dass diese Haltung das Klima eher verschlechtert als verbessert.[7] Solchen Führungskräften ist es so wichtig, beliebt zu sein, dass sie jeder Konfrontation aus dem Weg gehen. Sie geben der Gruppe keine klare Linie vor, was zu einer Verschlechterung der Leistungen führen kann.

Diese Führungskräfte können leicht zu »ahnungslosen« Vorgesetzten werden, die schlechte Nachrichten als Letzte erfahren. In Krisenzeiten, wenn die Mitarbeiter klare Anweisungen brauchen, um komplexe Anforderungen zu bewältigen, können ahnungslose Vorgesetzte – so nett sie auch sein mögen – ihrer Führungsrolle nicht gerecht werden.

Trotz seiner Vorteile sollten Führungskräfte nicht nur den gefühlsorientierten Stil anwenden. Da er ausschließlich auf Lob ausgerichtet ist, fehlt das Korrektiv für mangelhafte Leistungen und die Mitarbeiter könnten den Eindruck gewinnen, dass Mittelmäßigkeit toleriert wird. Und da gefühlsorientierte Führungskräfte selten konstruktive Ratschläge geben, müssen die Mitarbeiter selbst herausfinden, wie sie sich verbessern können.

Vielleicht ist das der Grund, warum viele gefühlsorientierte Führungskräfte – einschließlich Joe Torre – diesen Stil mit dem visionären Ansatz kombinieren. Visionäre Führungskräfte formulieren eine Mission, setzen Standards und lassen die Leute wissen, ob ihre Arbeit zu den Zielen der Gruppe beiträgt. Gemeinsam mit dem gefühlsorientierten Stil ergibt das eine effektive Mischung.

Reden wir darüber: Der demokratische Stil

Die katholische Privatschule in einem verarmten Bezirk einer Großstadt machte seit Jahren Verluste. Schließlich konnte sich die Erzdiözese den Betrieb nicht mehr leisten und gab

Schwester Mary, die das katholische Schulsystem in der Gegend leitete, die Anweisung, die Schule zu schließen.

Doch statt den Betrieb sofort einzustellen, berief Schwester Mary eine Sitzung mit den Lehrern und Angestellten ein und erklärte ihnen die Details der finanziellen Krise. Sie fragte nach Ideen, wie die Schule doch noch zu retten wäre und wie die Schließung ablaufen sollte, falls sie sich nicht vermeiden ließ. Und dann hörte sie einfach zu. Dasselbe tat sie bei späteren Sitzungen mit den Eltern, der Gemeinde und bei einer Reihe von weiteren Gesprächen mit den Lehrern und Angestellten der Schule.

Nach etlichen Gesprächen, die sich über mehrere Monate hinzogen, gab es einen klaren Konsens: Die Schule musste geschlossen werden. Schüler, die weiterhin eine katholische Schule besuchen wollten, würden an andere Schulen überwiesen werden.

Obwohl das Ergebnis dasselbe war, als wenn Schwester Mary die Schule sofort geschlossen hätte, machte ihre Vorgehensweise einen entscheidenden Unterschied. Da sie den Betroffenen die Möglichkeit gab, diese Entscheidung gemeinsam zu fällen, vermied sie den Protest, den die Schließung sonst ausgelöst hätte. Die Leute waren betrübt über die Schließung der Schule, doch sie verstanden, dass sie nicht zu verhindern war. Praktisch niemand stellte sich dagegen.

Vergleichen Sie die Vorgehensweise von Schwester Mary mit der eines Priesters, der eine andere katholische Schule leitete, deren Schließung die Erzdiözese ebenfalls angeordnet hatte. Der Priester befolgte diese Anweisung sofort. In der Folge reichten Eltern Klagen ein, Lehrer und Eltern hielten Demonstrationen ab, und lokale Zeitungen kritisierten die Entscheidung auf der Titelseite. Der Disput verzögerte die Schließung der Schule um ein ganzes Jahr.

Im Gegensatz dazu bewirkte der demokratische Stil von Schwester Mary Vertrauen und Respekt. Eine demokratische Führungskraft setzt sich mit den Mitarbeitern (oder wie Schwester Mary mit den Betroffenen) zusammen, hört ihnen zu und sorgt auf diese Weise dafür, dass die Moral nicht einbricht. Die Wirkung auf das Klima ist uneingeschränkt positiv.

Wann der demokratische Führungsstil angebracht ist

Der demokratische Ansatz funktioniert am besten, wenn die Führungskraft nicht sicher ist, was sie tun soll, und Ideen von fähigen Mitarbeitern braucht.

Das scheint auch bei Louis Gerstner Jr. der Fall gewesen zu sein, der 1993 zum Chairman von IBM ernannt wurde, als das Unternehmen in großen Schwierigkeiten steckte. Da Gerstner selbst nicht aus der Computerbranche kam, wendete er den demokratischen Stil an und holte bei erfahreneren Kollegen Rat ein. Obwohl er bei den Ausgaben neun Milliarden US-Dollar einsparen und Tausende Mitarbeiter entlassen musste, gelang Gerstner letztlich eine sensationell erfolgreiche Kehrtwende, indem er dem Unternehmen eine neue strategische Ausrichtung gab. Rückblickend meinte Gerstner, dass seine täglichen Entscheidungen »auf den guten Ratschlägen meiner Kollegen beruhten, die eine ganze Menge mehr über IBM und diese Branche wussten, als ich es je tun würde«.[8]

Selbst wenn eine Führungskraft eine starke Vision hat, eignet sich der demokratische Stil hervorragend, um Ideen für die Umsetzung dieser Vision zu sammeln. So verbringt David Morgan, Geschäftsführer der Westpac Bank in Australien, bis zu 20 Tage im Jahr damit, Gruppen von jeweils 40 Leuten seiner 800 führenden Mitarbeiter zu treffen. »Bei diesen Sitzungen geben sie mir Feedback«, erzählte uns Morgan. »Ich möchte wissen, wie es wirklich läuft. Früher konnte man diesen Betrieb vielleicht von einem isolierten Eckbüro aus führen, doch heute ist das nicht mehr möglich. Das größte Risiko besteht darin, nicht auf dem Laufenden zu sein.«

Damit solche Feedbackgespräche sinnvoll sind, muss die Führungskraft für alles offen sein – für schlechte Nachrichten ebenso wie für gute. »Man bekommt ziemlich unangenehme

Dinge zu hören«, fügte Morgan hinzu. »Doch wenn ich einmal jemandem den Kopf abhacke, weil er mir die Wahrheit sagt, werden die Leute aufhören, ehrlich zu mir zu sein. Ich muss den Leuten das Gefühl geben, dass ich Aufrichtigkeit schätze und nicht bestrafe. Es gibt kein Problem, das wir nicht lösen können, wenn wir offen darüber sprechen.«

Natürlich hat der demokratische Stil auch Nachteile. Übertreibt eine Führungskraft diesen Ansatz, kann das zu zermürbenden, endlosen Meetings führen, in denen über Ideen gegrübelt wird, kein Konsens in Sicht ist und das einzige greifbare Ergebnis ein Termin für ein weiteres Meeting ist. Schiebt eine Führungskraft wichtige Entscheidungen auf, in der Hoffnung, eine Strategie zu finden, die auf einem allgemeinen Konsens beruht, kann sie Verwirrung und Ziellosigkeit verursachen. Und das führt wiederum zu Verzögerungen oder eskalierenden Konflikten.

Es versteht sich fast von selbst, dass es keinen Sinn macht, bei uninformierten oder inkompetenten Mitarbeitern Rat einzuholen. Ebensowenig ist die Suche nach einem Konsens in Krisenzeiten angebracht, wenn eine schnelle Entscheidung erforderlich ist. Sehen wir uns den Fall eines Geschäftsführers an, dessen Computerunternehmen von einer Veränderung des Marktes bedroht war. Doch er versuchte weiterhin, für alle Maßnahmen einen Konsens zu finden. Als die Konkurrenten Kunden abwarben – und sich die Wünsche der Kunden änderten –, setzte dieser Geschäftsführer Komitees ein, um alternative Reaktionen zu prüfen. Als sich der Markt dann aufgrund einer neuen Technologie verlagerte, war der Geschäftsführer völlig hilflos. Bevor er ein weiteres Expertenteam einsetzen konnte, um die Situation zu analysieren, wurde er entlassen.

Was eine demokratische Führungskraft ausmacht

Der demokratische Stil beruht auf einer Triade von EI-Fähigkeiten: *Teamwork und Kooperation, Konfliktmanagement* und *Einfluss*. Die Meister der Kommunikation sind ausgezeichnete

Zuhörer – und Zuhören ist die entscheidende Stärke der demokratischen Führungskraft. Solche Vorgesetzte vermitteln das Gefühl, dass sie die Gedanken und Sorgen ihrer Mitarbeiter wirklich hören möchten und für Gespräche zur Verfügung stehen. Sie arbeiten mit ihren Leuten zusammen, und zwar als Mitglied des Teams und nicht als Chef, der sich über seine Mitarbeiter stellt. Und sie wissen, wie man Konflikte löst und Harmonie schafft.

Die EI-Kompetenz Empathie spielt auch für demokratische Führung eine Rolle, besonders wenn die Gruppe sehr heterogen ist. Fehlt einer Führungskraft die Fähigkeit, sich auf viele verschiedene Leute einzustellen, wird es zwischen ihr und ihren Mitarbeitern leicht zu Missverständnissen kommen.

Die ersten vier Führungsstile – visionär, coachend, gefühlsorientiert und demokratisch – sind verlässliche Resonanzerzeuger. Jeder wirkt sich auf seine Weise positiv auf das emotionale Klima einer Organisation aus. Die letzten zwei Stile – fordernd und befehlend – gehören ebenfalls zum Handwerkszeug einer Führungskraft. Doch sie müssen mit Sorgfalt und Geschick praktiziert werden, wenn sie eine positive Wirkung erzielen sollen. Wenn fordernde oder befehlende Führungskräfte zu weit gehen und diese Stile zu oft oder rücksichtslos anwenden, erzeugen sie Dissonanz und nicht Resonanz – wie wir im nächsten Kapitel sehen werden.

5 Die dissonanten Führungsstile

Die spektakuläre Erfolgsstory von EMC, das in wenigen Jahren von einem völlig unbekannten Unternehmen zum weltweit führenden Anbieter für Datenspeichersysteme aufstieg, ist ein klassisches Beispiel für unternehmerischen Eifer. Jahrelang trieb das Topmanagement des Unternehmens sein Verkaufspersonal an, die Konkurrenz aus dem Rennen zu werfen. Geschäftsführer Michael Ruettgers erklärte, er wähle Verkaufsmanager nach ihrem Kampfgeist aus und führe den Erfolg von EMC auf die Aggressivität seines Verkaufspersonals zurück. Ein Verkaufsmanager von EMC sagte uns: »Wir sind wie Pitbulls – mit dem Unterschied, dass Pitbulls loslassen.«

Diese Zähigkeit machte sich bezahlt: 1995, im ersten Jahr, in dem EMC offene Speichersysteme vertrieb, betrug der Umsatz 200 Millionen US-Dollar. 1999 gehörte es zu den vier US-amerikanischen Unternehmen, die bei Aktionärsrendite, Umsatzwachstum, Gewinnwachstum, Nettoumsatzrendite und Eigenkapitalrendite die höchsten Bewertungen erhielten.[1]

Ruettgers und sein Managementteam sind ein Paradebeispiel für den fordernden Stil: Führungskräfte, die von ihren Mitarbeitern Höchstleistungen erwarten und selbst mit gutem Beispiel vorangehen. Dieser Stil kann außerordentlich effektiv sein, besonders im technischen Bereich, bei hoch qualifizierten Fachleuten – oder wie bei EMC mit einem ambitionierten Verkaufsteam. Er ist vor allem in der Anfangsphase des Lebenszyklus eines Unternehmens sinnvoll, in der Wachstum eine so entscheidende Rolle spielt. Wenn die Gruppenmitglieder durchwegs hoch kompetent und motiviert sind und kaum Anweisungen brauchen, kann dieser Stil ausgezeichnete Ergebnisse bringen. Mit einem talentierten Team schafft eine fordernde Führungskraft jede Arbeit in der vorgegebenen Zeit oder noch schneller.

Der fordernde Führungsstil: Sparsam einsetzen

Dennoch sollte der fordernde Ansatz in Maßen und nur in einem geeigneten Umfeld praktiziert werden. Dieser Rat mag im ersten Moment paradox erscheinen, wo doch die typischen Merkmale dieses Stils so bewundernswert klingen: Die fordernde Führungskraft gibt hohe Leistungsstandards vor, die sie selbst erfüllt. Sie setzt alles daran, die Arbeit schneller und besser zu erledigen und fordert von ihren Mitarbeitern dasselbe. Sie findet rasch heraus, welche Mitarbeiter unzureichende Leistungen erbringen, verlangt mehr von ihnen, und wenn sie den Anforderungen nicht gewachsen sind, erledigt sie die Arbeit selbst.

Wird der fordernde Ansatz jedoch falsch angewendet oder zu sehr forciert, können sich die Mitarbeiter von den hohen Anforderungen zu sehr unter Druck gesetzt fühlen. Und da fordernde Führungskräfte meist keine klaren Richtlinien vorgeben – in der Erwartung, dass die Leute selbst wissen, was zu tun ist –, müssen die Mitarbeiter oft erraten, was ihr Vorgesetzter will. Das wirkt sich nachteilig auf die Moral aus, weil sich die Mitarbeiter überfordert fühlen – oder, was noch schlimmer ist, weil sie das Gefühl haben, ihr Vorgesetzter traut ihnen nicht zu, die Arbeit auf ihre Weise zu erledigen. Darüber hinaus sind fordernde Führungskräfte oft so ausschließlich auf ihre Ziele fixiert, dass sie sich nicht um die Menschen kümmern, die sie für die Erreichung dieser Ziele brauchen. Das Ergebnis ist Dissonanz.

Unsere Daten zeigen, dass der fordernde Führungsstil dem emotionalen Klima eher schadet. Der Grund dafür ist ein Dilemma, mit dem alle fordernden Führungskräfte konfrontiert sind: Je mehr Leistungsdruck sie ausüben, desto mehr Stress verursachen sie ihren Mitarbeitern. Während ein gewisses Maß an Druck über einen begrenzten Zeitraum sehr motivierend sein kann – etwa die Herausforderung, einen Termin einzuhalten –, kann anhaltender Druck das Gegenteil bewirken. Permanent überforderte Mitarbeiter verlieren die gemeinsame Vision aus den Augen und sind nicht mehr fähig, innovativ zu denken. Fordernde Führungskräfte können ihre Mitarbeiter kurzfristig zu Höchstleistungen anspornen, werden langfristig aber keine guten Ergebnisse erzielen.

Sehen wir uns zum Beispiel den Fall einer Führungskraft an, die wir Sam nennen wollen. Sams Karriere begann viel versprechend. Er schloss sein Studium als Bester seines Jahrgangs ab. Er nahm eine Stelle als Biochemiker in der Forschungs- und Entwicklungsabteilung eines Pharmakonzerns an, wo er sich aufgrund seines ausgezeichneten Fachwissens rasch als maßgebliche Kapazität auf seinem Gebiet profilierte. Sams hoher Leistungsstandard trieb ihn dazu an, unablässig nach Möglichkeiten zu suchen, um noch bessere Ergebnisse zu erzielen.

Auch als er zum Leiter eines Produktentwicklungsteams ernannt wurde, dessen Mitglieder fast durchwegs so kompetent und motiviert waren wie er, erwies er sich als brillant. Als Teamleiter demonstrierte er, wie man unter enormem Zeitdruck erstklassige wissenschaftliche Arbeit leistet. Sein Team erfüllte diese Aufgaben in Rekordzeit.

Doch als Sam zum F&E-Leiter seines Geschäftsbereichs befördert wurde, stieß er zum ersten Mal an seine Grenzen. Zu seiner neuen Funktion gehörte es nämlich auch, eine Vision zu formulieren, Verantwortung zu delegieren und die Entwicklung seiner Mitarbeiter aktiv zu fördern. Aber Sam fehlte das nötige Vertrauen in die Fähigkeiten der anderen. Er weigerte sich, wichtige Aufgaben zu delegieren. Er wurde zu einem Mikromanager, der sich um jedes Detail selbst kümmern wollte. Wenn ein Mitarbeiter eine Aufgabe nicht erwartungsgemäß erfüllte, erledigte er sie selbst, statt ihm zu helfen, sich zu verbessern. Schließlich kehrte er auf Anregung seines Vorgesetzten und zu seiner eigenen Erleichterung in seinen alten Job als Leiter eines Produktentwicklungsteams zurück.

Sams Geschichte verdeutlicht die typischen Merkmale eines fordernden Vorgesetzten: ein außergewöhnlich hoher Leistungsstandard, kein Verständnis für schwache Leistungen, die Bereitschaft, selbst die Ärmel hochzukrempeln, und der Hang, Aufgaben an sich zu reißen, wenn andere Probleme damit haben. Das bedeutet aber nicht, dass der fordernde Führungsstil generell nicht funktioniert. Er kann sogar sehr gute Ergebnisse bringen – allerdings nur unter den richtigen Umständen, wenn die Mitarbeiter motiviert und sehr kompetent sind und weitgehend eigenständig arbeiten können.

Der effektive Einsatz des fordernden Stils

Was braucht eine Führungskraft, um den fordernden Stil erfolgreich zu praktizieren? Entscheidend sind der Wille, immer neue Möglichkeiten zur Verbesserung der Leistung zu finden, und die Bereitschaft, Gelegenheiten zu schaffen und zu nutzen. Fordernde Führungskräfte sind immer bestrebt, neue Methoden zu erforschen, die ihre eigenen Leistungen und die ihrer Mitarbeiter steigern. Ihre Motivation beruht nicht auf externen Belohnungen wie Geld oder Titel, sondern auf dem ausgeprägten Bedürfnis, ihren eigenen Leistungsstandard zu erfüllen. Dazu kommt ein hohes Maß an Initiative, das heißt die Bereitschaft, Gelegenheiten zu nutzen oder zu schaffen, um Aufgaben schneller und besser zu erledigen. Doch wenn andere wichtige EI-Kompetenzen fehlen, kann sich dieser rein leistungsorientierte Ansatz als Bumerang erweisen. Mangelt es einer solchen Führungskraft zum Beispiel an Empathie, wird sie nicht bemerken, wenn sie Mitarbeiter mit ihren hohen Anforderungen völlig überfordert. Und ein Mangel an Selbstwahrnehmung macht eine Führungskraft blind für eigene Fehler.

Solchen Vorgesetzten fehlt auch oft die Fähigkeit zu kooperieren oder effektiv zu kommunizieren (vor allem zum richtigen Zeitpunkt hilfreiches Feedback zu geben). Das größte Defizit zeigen sie jedoch beim emotionalen Selbstmanagement, was sich zum Beispiel in Mikromanagement oder Ungeduld manifestiert.

Kurz gesagt bewährt sich der fordernde Ansatz nur, wenn er zum Beispiel mit der Leidenschaft des visionären Führungsstils oder der Teamfähigkeit des gefühlsorientierten Führungsstils kombiniert wird. Die Nachteile des fordernden Ansatzes treten fast immer zutage, wenn ein herausragender technischer Experte ins Management befördert wird, wie es bei Sam, dem talentierten Biotechniker, der Fall war. Sam zeigte die klassischen Symptome des Peter-Prinzips*: Er hatte zwar all die technischen Fähigkeiten, die er für seine frühere Position brauchte, doch es mangelte ihm an den Führungsqualitäten, die seine neue Position erforderte. Deshalb wurde er zu einem Vorgesetzten, der Aufgaben selbst übernimmt, wenn Mitarbeiter Schwierigkeiten damit haben, der nicht delegieren kann, weil er kein Vertrauen in die Fähigkeiten der anderen hat, der schwache Leistungen allzu schnell verurteilt, aber nur selten Lob für gute Leistungen ausspricht. Ein weiteres Symptom solcher Führungskräfte: Was die technischen Aspekte ihrer Arbeit betrifft, sind sie unschlagbar, doch die Fähigkeit zu kooperieren, die für eine Führungskraft unerlässlich ist, geht ihnen ab.

Wenn Führungskräfte den fordernden Stil ausschließlich oder falsch anwenden, fehlt ihnen nicht nur eine Vision, son-

* Dieses von dem amerikanischen Wissenschaftler Laurence Johnston Peter formulierte Prinzip besagt, dass Mitarbeiter einer Organisation so lange aufsteigen, bis sie eine Stufe erreichen, auf der sie überfordert sind. Anm. d. Ü.

dern auch Resonanz. Allzu oft sind für solche Führungskräfte nur Zahlen wichtig – die nicht immer ausreichen, um Mitarbeiter zu inspirieren oder zu motivieren.

Tun Sie es, weil ich es sage: Mit Befehlen führen

Das Computerunternehmen war schwer angeschlagen: Umsatz und Gewinn gingen zurück, der Aktienkurs fiel, die Aktionäre waren in Aufruhr. Der Board ernannte einen neuen Geschäftsführer, der als Troubleshooter bekannt war. Er entließ Mitarbeiter, verkaufte Geschäftsbereiche und traf all die unpopulären Entscheidungen, die schon seit Jahren fällig waren.

Letztlich konnte er das Unternehmen retten – zumindest kurzfristig –, doch der Preis dafür war hoch. Von Anfang an verbreitete er Angst und Schrecken, besonders unter seinen direkten Mitarbeitern. Wie ein moderner Dschingis Khan tyrannisierte und demütigte er sie und machte sie beim geringsten Fehler lautstark nieder. Aus Angst vor seinem Hang, den Überbringer schlechter Nachrichten zu »köpfen«, hörten seine Mitarbeiter schließlich auf, ihn zu informieren. Nach kurzer Zeit kündigte der beste von ihnen – und viele andere wurden gekündigt. Die Moral im Unternehmen sank auf den Nullpunkt, was sich – nach einem kurzen Aufschwung – in einer weiteren Verschlechterung des Geschäfts manifestierte. Schließlich wurde der Geschäftsführer vom Board entlassen.

Im Business wimmelt es von diktatorischen Führungskräften, die sich ihrer negativen Wirkung auf ihre Mitarbeiter nicht einmal bewusst sind. Als zum Beispiel eine große Privatklinik Verluste machte, stellte der Board einen neuen Direktor ein, der das Unternehmen wieder auf Kurs bringen sollte. Die Konsequenzen waren verheerend. Ein Arzt erzählte uns: »Er entließ gnadenlos Leute, vor allem Pflegepersonal. Die Klinik sah zwar profitabler aus, war aber hoffnungslos unterbesetzt. Wir konnten die Bedürfnisse der Patienten nicht mehr befriedigen und waren völlig demoralisiert.«

Kein Wunder also, dass die Zufriedenheit der Patienten immer geringer wurde. Als der Marktanteil des Krankenhauses schwand, stellte der Direktor widerwillig viele der Mitarbeiter, denen er gekündigt hatte, wieder ein. »Doch bis heute hat er nicht zugegeben, dass er einen Fehler gemacht hat«, berichtete uns der Arzt, »und sein Führungsstil besteht weiterhin vor allem aus Drohungen und Einschüchterung. Das Pflegepersonal ist zurückgekehrt, nicht aber die Moral. Heute beklagt sich der Direktor über die geringe Patientenzufriedenheit – sieht aber nicht, dass er selbst ein Teil des Problems ist.«

Der befehlende Führungsstil in der Praxis

Wie sieht der befehlende Ansatz – manchmal auch als autoritärer Stil bezeichnet – in der Praxis aus? Unter dem Motto »Tun Sie es, weil ich es sage« erwarten solche Führungskräfte, dass man ihre Anweisungen sofort befolgt, ohne sich die Mühe zu machen, die Gründe zu erklären. Wenn Mitarbeiter Befehle nicht auf der Stelle ausführen, greifen diese Führungskräfte zu Drohungen. Und statt Autorität zu delegieren, wollen sie jede Situation fest im Griff haben und kontrollieren jedes Detail. Demgemäß konzentriert sich ihr Feedback – wenn sie es überhaupt geben – unweigerlich auf das, was die Leute falsch gemacht haben. Kurz gesagt ist dieser Ansatz ein gutes Rezept für Dissonanz.

Von allen Führungsstilen ist der befehlende Ansatz laut unseren Daten in den meisten Situationen am wenigsten effektiv. Wie wirkt er sich auf das Klima einer Organisation aus? Da sich Emotionen von oben nach unten besonders leicht übertragen, wirkt sich ein einschüchternder, herrischer Vorgesetzter schnell auf die Stimmung unter den Mitarbeitern aus. Und auch wenn jemand wie der diktatorische Krankenhausdirektor keine Verbindung zwischen seinem Führungsstil und der sinkenden Patientenzufriedenheit sieht, stehen sie indirekt in Zusammenhang. Seine Interaktionen mit den Krankenschwestern und Ärzten verderben deren Laune, sodass sie im Umgang mit den Patienten nicht die fröhliche Unbeschwertheit zeigen können, mit der sie die Stimmung der Patienten heben könnten – und entscheidend dafür ist, wie sie die medizinische Betreuung erleben.

Da der befehlende Vorgesetzte kaum Lob, aber viel Kritik austeilt, untergräbt er nicht nur die Stimmung seiner Mitarbeiter, sondern auch den Stolz und die Zufriedenheit, die sie aus ihrer Arbeit schöpfen – und damit ihre Motivation. Solchen Führungskräften fehlt eine wichtige Fähigkeit: den Leuten das Gefühl zu geben, dass ihre Arbeit zu einer gemeinsamen Mission beiträgt. Stattdessen schwindet ihr Engagement und sie fragen sich, welchen Sinn ihre Arbeit überhaupt hat.

Trotz der zahlreichen negativen Auswirkungen gibt es auf der ganzen Welt erstaunlich viele befehlende Führungskräfte – ein Relikt der streng hierarchischen Unternehmensstruktur, die typisch für das 20. Jahrhundert war. Diese Organisationen übernahmen ein militärisches Führungsmodell, das auf Kommando und Kontrolle beruhte und sich tatsächlich am besten für den Kampf eignete. Doch heute wird selbst in militärischen Organisationen der befehlende Stil mit anderen Stilen kombiniert, um das Engagement, den Korpsgeist und die Teamarbeit zu fördern.

Der medizinische Bereich bietet ein weiteres Beispiel: Heute stehen viele medizinische Organisationen in den USA vor einer Führungskrise, die zum Teil darauf zurückzuführen ist, dass lange Zeit vor allem der fordernde und der befehlende Ansatz praktiziert wurde. Diese Führungsstile mögen im Operationssaal oder in der Notaufnahme angebracht sein. Doch ihre Vorherrschaft hat zur Folge, dass Menschen, die im medizinischen Bereich in eine Führungsposition aufsteigen, kaum Gelegenheit hatten, sich ein größeres Repertoire an Führungsstilen anzueignen.

In den meisten modernen Organisationen ist der befehlende Chef ein Dinosaurier. Der Geschäftsführer eines Technologieunternehmens drückte es so aus: »Man kann die Mitarbeiter herumkommandieren und Gewinn machen, aber wird dieses Unternehmen lange überleben?«

Wann der befehlende Führungsstil funktioniert

Obwohl der auf Kommando und Kontrolle beruhende Ansatz sehr negative Auswirkungen haben kann, kommt ihm, sofern er klug eingesetzt wird, ein wichtiger Platz im Repertoire einer Führungskraft zu. Für Manager, die ein Unternehmen durch eine Krise führen müssen, kann sich der befehlende Stil – besonders zu Beginn – als effektiv erweisen, um nutzlose Gewohnheiten abzuschaffen und rasch neue Praktiken zu etablieren. Ebenso können befehlende Führungskräfte in einer echten Notsituation wie einem Brand, einem herannahenden Hurrikan oder einer drohenden feindlichen Übernahme die Situation retten. Darüber hinaus ist dieser Stil manchmal die letzte Möglichkeit, mit einem schwierigen Mitarbeiter zurechtzukommen.

Bei unseren Forschungen fiel uns eine Führungskraft auf, die den befehlenden Stil besonders geschickt einsetzte. Als Bereichsleiter eines maroden Nahrungsmittelunternehmens sollte sie den Betrieb wieder auf Erfolgskurs bringen. In den ersten Wochen agierte dieser Manager sehr autoritär, um die Veränderungen zu signalisieren, die er durchführen wollte.

Zum Beispiel traf sich das oberste Führungsteam regelmäßig in einem sehr formellen, ziemlich einschüchternden Konferenzsaal mit riesigen Stühlen und einem gigantischen Tisch mit Marmorplatte. Da die Leute so weit auseinander saßen, war eine spontane Unterhaltung praktisch unmöglich, und die Meetings selbst liefen sehr steif ab. Kurz gesagt symbolisierte dieser Konferenzraum den Mangel an Kommunikation und echter Zusammenarbeit unter den Mitgliedern des Topmanagements.

Um eine Wende in Richtung Offenheit zu signalisieren, ließ der Bereichsleiter den Konferenzsaal komplett neu einrichten – ein klarer Befehl mit positivem Effekt. Ab diesem Zeitpunkt hielt das Führungsteam seine Sitzungen in einem normalen Konferenzraum ab, »wo die Leute miteinander reden können«, wie der neue Bereichsleiter meinte.

Auf dieselbe Weise verfuhr er mit einer Reihe von Vorschriften, durch die geregelt wurde, wessen schriftliche Zustimmung für eine Managemententscheidung eingeholt werden musste. Seine Anweisung lautete: keine Vorschriften und kein unnötiger Papierkram mehr. »Ich möchte, dass die Leute miteinander reden«, erklärte er uns. »Jeder kann zu den Sitzungen des Führungsausschusses kommen und für ein Projekt, an dem er gerade arbeitet, unsere Meinung und Ideen einholen. Ich möchte, dass wir die Leute aktiv unterstützen, statt einfach nur irgendeinen Antrag zu unterschreiben.«

Seine Maßnahmen waren sehr autoritär. Doch in diesem Fall funktionierte die Taktik, weil der Bereichsleiter die alte Kultur angriff – nicht die Menschen. Er stellte ausdrücklich klar, dass er ihr Talent und ihre Fähigkeiten schätzte und nicht sie selbst, sondern ihre Arbeitsweise sich ändern musste.

Was zum befehlenden Stil gehört

Ein derart effektiver Einsatz des befehlenden Stils beruht auf drei EI-Kompetenzen – *Einfluss, Leistung* und *Initiative*. Und wie beim fordernden Stil sind Selbstwahrnehmung, emotionale Selbstkontrolle und Empathie erforderlich, um zu verhindern, dass der befehlende Stil in die falsche Richtung führt. Ein ausgeprägter Leistungswille veranlasst eine Führungskraft, ihre Mitarbeiter sehr bestimmt in eine Richtung zu lenken, um bessere Ergebnisse zu erzielen. Initiative bedeutet für einen befehlenden Vorgesetzten nicht nur, Gelegenheiten zu nutzen, sondern auch Anweisungen sofort zu erteilen, statt lange darüber nachzudenken. Die Initiative der befehlenden Führungskraft zeigt sich auch darin, dass sie nicht wartet, bis eine Situation sie zum Handeln zwingt, sondern dass sie von selbst aktiv wird, um eine Herausforderung zu bewältigen.

Doch die wahrscheinlich wichtigste Voraussetzung für den effektiven Einsatz dieses Stils ist emotionale Selbstkontrolle. Sie erlaubt einer Führungskraft, Ärger und Ungeduld zu unterdrücken – oder ihren Ärger bewusst in einen Ausbruch zu kanalisieren, der sofortige Aufmerksamkeit garantiert und die Mitarbeiter veranlasst, sich zu verändern oder Ergebnisse zu erreichen. Mangelt es einer Führungskraft an der Selbstwahrnehmung, die für emotionale Selbstkontrolle erforderlich ist, das wahrscheinlich häufigste Defizit von befehlenden Führungskräften, sind die Gefahren dieses Stils am größten. Befehlende Vorgesetzte, die nicht nur Ärger, sondern auch Abscheu oder Verachtung zeigen, können eine verheerende emotionale Wirkung auf ihre Mitarbeiter haben.

Wenn die unkontrollierten Ausbrüche einer Führungskraft Hand in Hand mit einem Mangel an Empathie gehen, entgleist dieser Stil völlig: Der diktatorische Vorgesetzte brüllt seine Befehle, ohne sich im Geringsten um die Reaktionen der Empfänger zu kümmern. Der effektive Einsatz des befehlenden Stils erfordert deshalb von einer Führungskraft, »zur richtigen Zeit auf die richtige Weise aus dem richtigen Grund auf die richtige Person ärgerlich zu sein«, wie Aristoteles es formulierte.

Der befehlende Stil sollte also nur mit größter Vorsicht und nur in Situationen eingesetzt werden, in denen es unbedingt notwendig ist, etwa bei einer drastischen Umstrukturierung oder einer drohenden feindlichen Übernahme. Eine Führungskraft, die weiß, wann eine starke Hand an der Spitze gebraucht wird – und wann es genug ist –, kann mit diesem Stil hervorragende Ergebnisse erzielen. Doch wenn das einzige Werkzeug einer Führungskraft ein Vorschlaghammer ist, wird sie in ihrer Organisation viel Schaden anrichten.

Das Widerling-Paradoxon

Trotz der Beweise, dass übermäßig befehlende (oder fordernde) Vorgesetzte Dissonanz erzeugen, gibt es Geschäftsführer, die alles andere als resonant sind – und dennoch großartige geschäftliche Erfolge verbuchen können. Wie ist das möglich, wenn Emotionale Intelligenz so wichtig ist?

Als Erstes sollten wir diese »Widerlinge« genauer unter die Lupe nehmen. Ist der Geschäftsführer eines Unternehmens, nur weil er im Blickpunkt der Öffentlichkeit steht, auch derjenige, der das Unternehmen tatsächlich leitet? Der Geschäftsführer eines riesigen Konzerns hat vielleicht nur eine Hand voll direkter Mitarbeiter. Es sind seine Bereichsleiter, die die Angestellten führen und die Rentabilität am meisten beeinflussen. Angeblich trifft das auf Bill Gates und Microsoft zu. Der Geschäftsführer kann ein effektiver Schrittmacher sein, weil seine direkten Mitarbeiter technisch brillant und hoch motiviert sind. Im Gegensatz zu ihm praktizieren sie in ihren Geschäftsbereichen resonante Stile. Dort ist ein solches Repertoire nämlich unerlässlich, um die Teamarbeit zu fördern, die für den Erfolg des Unternehmens entscheidend ist.

Dann gibt es Führungskräfte, deren Erfolg auf einer Illusion beruht, wie einer hohen Marktkapitalisierung oder einer zu drastischen Umstrukturierung, hinter der sich der Verlust wertvoller Mitarbeiter verbirgt, der dem Unternehmen in der Zukunft schwer zu schaffen machen wird. Oft erweisen sich diese Führungskräfte als Egomanen, die von Mitarbeiterführung keine Ahnung haben.

Nehmen wir zum Beispiel Al Dunlap, der in seiner Autobiografie *Mean Business* prahlte, seine Zeit als Geschäftsführer von Scott Paper werde »als eine der erfolgreichsten Kehrtwenden aller Zeiten in die Annalen der amerikanischen Wirtschaftsgeschichte eingehen«. Obwohl Dunlap Härte, ja sogar Gemeinheit als Führungsqualität pries, während er Tausende Mitarbeiter entließ, wurden seine Kürzungen in späteren Analysen als zu exzessiv bezeichnet, da sie die Geschäftsfähigkeit des Unternehmens schädigten. Und seine kurzfristigen Erfolge, zumindest in seiner nächsten Position bei Sunbeam, scheinen auf andere Taktiken zurückzuführen zu sein: Zwei Jahre nachdem Dunlap als Chef von Sunbeam entlassen wurde, klagte die Börsenaufsichtsbehörde ihn und andere leitende Angestellte an, »in betrügerischer Absicht die Illusion einer erfolgreichen Umstrukturierung von Sunbeam geschaffen zu haben, um den Verkauf des Unternehmens zu einem überhöhten Preis zu ermöglichen«.[2]

Führungskräfte mit einem derart großen Ego sind meist auf kurzfristige finanzielle Ziele fixiert und kümmern sich nicht darum, wie ihre Vorgehensweise sich langfristig auf die Menschen oder die Organisation auswirkt.[3] Und wie bei Al Dunlap zeigen die Unternehmen, die sie zurücklassen, oft alle Anzeichen eines Steroidmissbrauchs: über einen kurzen, intensiven Zeitraum aufgepumpt, um hohe Rentabilität zu zeigen, auf Kosten der langfristigen menschlichen und wirtschaftlichen Ressourcen, die für die Aufrechterhaltung dieses Gewinns entscheidend sind.[4]

Es kann auch sein, dass einem Widerling eine oder zwei EI-Fähigkeiten fehlen, die er aber mit anderen Stärken ausgleicht. Mit anderen Worten: Keine Führungskraft ist perfekt und muss es auch nicht sein. Die Idealisierung von Führungskräften kann dazu verleiten, unrealistische Standards festzulegen, die kein Mensch zu erfüllen in der Lage ist.

Wenn wir uns mit dem Widerling-Paradoxon beschäftigen, müssen wir auch in Betracht ziehen, ob die Führungskraft über wichtige Stärken verfügt, die ihr unsympathisches Verhalten kompensieren – aber in der Wirtschaftspresse vielleicht nicht so breitgetreten werden.

So führte Jack Welch, nachdem er die Leitung von General Electric übernommen hatte, das Unternehmen mit starker Hand durch eine radikale Reform. Zum damaligen Zeitpunkt und in der damaligen Situation war sein autoritärer Führungsstil angemessen. Die Presse berichtete jedoch kaum darüber, dass Welch in den folgenden Jahren einen emotional intelligenten Führungsstil entwickelte, besonders als er eine neue Vision für das Unternehmen formulierte und die Mitarbeiter davon überzeugte.

Die Spreu vom Weizen trennen

Es ist sehr einfach für einen Skeptiker, gegen den Nutzen Emotionaler Intelligenz zu argumentieren, indem er eine Anekdote über eine unsympathische und kaltschnäuzige Führungskraft erzählt, die trotzdem erfolgreich ist. Ein naives Argument wie dieses kann nur angeführt werden, wenn keine harten Fakten darüber vorliegen, welche Führungsstile wirklich Ergebnisse bringen.

Eine wissenschaftliche Untersuchung von Führungskräften beginnt damit, die Spreu vom Weizen zu trennen, um einen systematischen Vergleich zu ermöglichen. Solche objektiven Methoden zeigen, dass die falschen oder kurzlebigen Erfolge, die einer dissonanten Führungskraft angerechnet werden, in Wirklichkeit auf eine rasante Wachstumsphase einer ganzen Branche oder auf kurzfristige Manöver wie Stellenkürzungen oder eine Manipulation der Buchführungsmethoden zurückzuführen sind.

So gab ein Verband US-amerikanischer Versicherungsgesellschaften eine Studie in Auftrag, bei der die Führungsqualitäten von Geschäftsführern und die finanziellen Ergebnisse der von ihnen geleiteten Unternehmen untersucht wurden. Ein Forschungsteam sammelte die finanziellen Ergebnisse, die von 19 Geschäftsführern großer Versicherungsfirmen erzielt wurden, und teilte sie nach Faktoren wie Gewinn und Wachstum in zwei Gruppen – »herausragend« und »gut«.[5] Das Team führte umfassende Befragungen durch, um die Fähigkeiten zu identifizieren, die die herausragenden Geschäftsführer von den guten unterschieden. Es evaluierte jeden Geschäftsführer und holte außerdem offene (und vertrauliche) Bewertungen von ihren direkten Mitarbeitern ein.

Das Einzige, was die beiden Gruppen unterschied, waren EI-Kompetenzen. Die erfolgreichsten Geschäftsführer wendeten mehr Zeit auf, um ihre Spitzenmanager zu coachen, sie zu guten Teamspielern zu machen und eine persönliche Beziehung zu ihnen aufzubauen. Unter den Fähigkeiten, die den anderen fehlten, standen Empathie, Kooperation und Mitarbeiterentwicklung ganz oben auf der Liste. Darüber hinaus waren Gewinn und nachhaltiges Wachstum am größten, wenn der Geschäftsführer über ausgeprägte EI-Kompetenzen verfügte – signifikant größer als in Unternehmen, deren Geschäftsführern diese Kompetenzen fehlten.

Wer möchte für einen Widerling arbeiten?

Es gibt noch ein weiteres Geheimnis über diese Widerlinge zu lüften: Sie vertreiben talentierte Mitarbeiter. Die besten Leute in jedem Bereich – die wenigen herausragenden Talente, die zum Wert des Unternehmens am meisten beitragen – haben es einfach nicht nötig, sich mit einem schlechten Chef herumzuschlagen. Immer öfter wechseln sie in ein anderes Unternehmen, wo sie mit offenen Armen empfangen werden. Der am häufigsten angeführte Grund für eine Kündigung ist Unzufriedenheit mit einem Vorgesetzten. Auf einem Arbeitsmarkt, wo fähige Mitarbeiter leicht einen gleichwertigen Arbeitsplatz finden, ist die Wahrscheinlichkeit einer Kündigung bei Mitarbeitern, die mit ihrem Chef unzufrieden sind, viermal größer als bei Mitarbeitern, die ihren Vorgesetzten schätzen.[6]

Befragungen von zwei Millionen Angestellten in 700 amerikanischen Unternehmen ergaben, dass die Qualität der Beziehung mit dem unmittelbaren Vorgesetzten darüber entscheidet, wie lange Mitarbeiter in einem Unternehmen bleiben – und wie produktiv sie sind. »Die Leute nehmen eine Stelle an, weil ihnen das Unternehmen gefällt, und verlassen es, weil ihnen ihr Chef nicht zusagt«, meint Marcus Buckingham vom Gallup-Institut, der die Daten analysierte.

All diese Daten legen einen Schluss nahe: Dissonante Führungskräfte müssen sich ändern – oder gehen.

Wie flexible Führungsstile sich geschäftlich auswirken

Wenn dissonante Führungskräfte ihr Repertoire von Führungskompetenzen erweitern, können sie sich tatsächlich ändern. Erinnern Sie sich an den Harvard-Professor David McClelland, der herausfand, dass Manager, die über sechs oder mehr EI-Führungskompetenzen verfügen, wesentlich effektiver sind als ihre Kollegen, denen diese Fähigkeiten fehlen.[7] Außerdem stellte McClelland fest, dass herausragende Führungskräfte mit unterschiedlichen Führungskompetenzen Resonanz erzeugen. So kann zum Beispiel ein Vorgesetzter durch Selbstvertrauen, Flexibilität, Initiative, hohe Leistungsmotivation, Empathie und die Fähigkeit, die Talente anderer zu fördern, exzellente Ergebnisse erzielen, während ein anderer Vorgesetzter sich durch Selbstwahrnehmung, Integrität, hohe Belastbarkeit, Einfluss und Kooperation auszeichnet.

Ein größeres Repertoire an EI-Stärken macht eine Führungskraft effektiver, weil sie dadurch flexibel genug ist, den vielfältigen Anforderungen ihrer Position gerecht zu werden. Die besten Führungskräfte sind in der Lage, den richtigen Ansatz im richtigen Moment zu verwenden und je nach Bedarf zwischen verschiedenen Stilen zu wechseln. Manager, die nicht über die grundlegenden EI-Fähigkeiten verfügen, haben ein sehr begrenztes Führungsrepertoire. Sie beschränken sich auf einen Stil, der in vielen Situationen aber nicht angemessen ist. Denken Sie an die bereits erwähnte Untersuchung von 19 Geschäftsführern amerikanischer Versicherungsunternehmen. Es stellte sich heraus, dass die erfolgreichsten Unternehmen von Geschäftsführern mit einer kritischen Masse von EI-Fähigkeiten geleitet wurden – etwa eine hohe Verbesserungsmotivation, die Fähigkeit, Veränderungen zu fördern, Empathie und ein Talent, andere Führungskräfte zu entwickeln. Doch diese Untersuchung ging noch einen Schritt weiter: Das Forscherteam befragte Mitarbeiter über das Arbeitsklima in diesen 19 Unternehmen und konzentrierte sich dabei auf Faktoren, die sich direkt auf die Leistungsfähigkeit der Leute auswirkten.

Wie sich zeigte, gab es einen markanten Unterschied zwischen den Unternehmen, deren Geschäftsführer ausgezeichnete Geschäftsergebnisse erzielten, und jenen, deren Geschäftsführer weniger gute Ergebnisse erbrachten. Erstere schnitten bei sämtlichen Messungen des Arbeitsklimas besser ab. Die erfolgreichsten Geschäftsführer unterstützten die Selbständigkeit und Eigenverantwortung der Mitarbeiter, setzten höhere Leistungsstandards und motivierten die Leute, anspruchsvollere Ziele zu verfolgen, die ihre Entwicklung fördern. Kurz gesagt schufen diese Geschäftsführer ein Klima, in dem die Leute sich sehr motiviert fühlten und stolz auf ihre Arbeit waren. Sie hatten Freude an ihrer Arbeit – und hielten dem Unternehmen die Treue.

Führung beeinflusst die Leistung in allen Organisationen – nicht nur in Unternehmen. In Großbritannien gab die Regierung eine Untersuchung in Auftrag, bei der die Führungsstile in 42 Schulen und ihr Einfluss auf die Leistungen der Schüler analysiert wurden.[8] In 69 Prozent der Schulen, die besonders gut abschnitten, stellte man bei den Leitern vier oder mehr Resonanz erzeugende Führungsstile fest, die sie je nach Bedarf anwendeten. Doch in zwei Dritteln der Schulen, die schlecht abschnitten, praktizierte der Leiter nur einen oder zwei – meist dissonante – Führungsstile. Das Geheimnis war auch hier das Klima: Wenn die Schulleiter über ein breit gefächertes Führungsrepertoire verfügten – also zum Beispiel die Lehrer in Einzelgesprächen zu coachen, inspirierende Ziele für die gesamte Gruppe zu formulieren oder einfach nur zuhören zu können –, war das Klima unter den Lehrern positiv. Wenn sie jedoch nur einen Führungsstil beherrschten, der noch dazu auf Kommando und Kontrolle beruhte, waren die Lehrer demoralisiert.

Je mehr der sechs Führungsstile eine Führungskraft einsetzen kann, desto besser. Laut unseren Daten bewirken Führungskräfte, die vier oder mehr Führungsstile beherrschen – vor allem die Resonanz erzeugenden Stile – das beste Klima und die besten Leistungen. Darüber hinaus waren unter den Managern, die flexibel zwischen verschiedenen Stilen wechselten, sowohl erfahrene Veteranen, die genau erklären konnten, wie und warum sie in einer bestimmten Situation einen bestimmten Stil anwenden, als auch Führungskräfte, die erklärten, dass sie sich ausschließlich auf ihre Intuition verließen.

Der richtige Stil zur rechten Zeit

Als Joan zur Bereichsleiterin bei einem internationalen Lebensmittel- und Getränkekonzern ernannt wurde, befand sich ihr Geschäftsbereich in einer schweren Krise. Die Gewinnziele waren seit sechs Jahren nicht mehr erreicht worden. Die Moral unter den Spitzenmanagern war miserabel. Die Beziehungen waren von Misstrauen und Ablehnung geprägt. Die Anweisung von oben lautete: Joan sollte den Geschäftsbereich wieder auf Erfolgskurs bringen.

Joan machte sich an die Arbeit und wechselte dabei je nach Bedarf zwischen verschiedenen Führungsstilen – eine Fähigkeit, die herausragende Führungskräfte auszeichnet. Von Anfang an war ihr klar, dass sie sich rasch als effektive Vorgesetzte etablieren, Beziehungen und Vertrauen aufbauen und dringend herausfinden musste, wo die Probleme des Geschäftsbereichs lagen. Deshalb führte sie in der ersten Woche Einzelgespräche mit allen Mitgliedern des Managementteams. Joan bat alle um eine Einschätzung der Situation aus geschäftlicher und organisatorischer Sicht. Dabei ging es ihr aber nicht so sehr darum, wie ein bestimmter Manager die Probleme beurteilte, als vielmehr darum, ihn persönlich kennen zu lernen.

Sie setzte den gefühlsorientierten Stil ein, um sich über das Leben, die Träume und die Ambitionen ihrer Manager zu informieren.

Den Coachingstil wendete sie an, um sie bei ihrer persönlichen Entwicklung zu unterstützen. So vertraute ihr ein Manager an, dass sich andere immer wieder über seine mangelnde Teamfähigkeit beklagten. Er selbst hielt sich für einen guten Teamspieler, wusste aber, dass er die Beschwerden ausräumen musste, um weiter aufzusteigen. Joan erkannte, dass der Mann ein talentierter Manager und von großem Wert für das Unternehmen war. Sie bot ihm an, ihn auf Verhaltensweisen aufmerksam zu machen, mit denen er sich als Teamspieler disqualifizierte. Sie spürte, dass er manchmal schroff wirkte und unabsichtlich etwas sagte, das andere verärgerte. Sie versprach, ihn darauf hinzuweisen, wenn er ein solches Verhalten an den Tag legte, um ihm zu helfen, seine Selbstwahrnehmung zu verbessern.

Nach diesen Einzelgesprächen hielt Joan außerhalb des Unternehmens mit dem gesamten Managementteam ein dreitägiges Meeting ab. Ihr Ziel war es, die Kommunikation im Team zu verbessern und gemeinsam Lösungen für die Probleme des Geschäftsbereichs zu finden. Sie wendete eine Technik des demokratischen Stils an und forderte alle auf, ihre Frustration und Beschwerden offen auszusprechen.

Am nächsten Tag hatte Joan das Gefühl, die Gruppe sei bereit, sich auf Lösungen zu konzentrieren, und bat jeden, drei Maßnahmen vorzuschlagen. Als Joan die Vorschläge nach Themen ordnete, kristallisierte sich ein natürlicher Konsens über die Prioritäten heraus. Als Nächstes erarbeitete die Gruppe gemeinsam konkrete Aktionspläne für die einzelnen Prioritäten. Damit sicherte sich Joan das Engagement und die Zustimmung ihrer Führungsmannschaft.

Da es nun eine Vision für die Zukunft gab, wechselte Joan zum visionären Stil. Sie übertrug ihren Managern die Verantwortung für bestimmte Ziele und zog sie für ihre Leistungen zur Rechenschaft. So hatte die Abteilung die Produktpreise gesenkt, aber dadurch keine Umsatzsteigerung erzielt. Eine offensichtliche Lösung bestand darin, die Preise ein wenig zu erhöhen. Der frühere Verkaufsleiter hatte die Entscheidung hinausgezögert und das Problem damit vergrößert. Der neue hatte nun die Verantwortung, die Preise so zu gestalten, dass der Umsatz sich erholte.

In den folgenden Monaten praktizierte Joan vor allem den visionären Stil. Immer wieder betonte sie die neue Mission der Gruppe und erinnerte jeden Einzelnen daran, wie wichtig sein Beitrag war. Dennoch hielt Joan es für angebracht, besonders in den ersten Wochen nach der Entwicklung des neuen Geschäftsplans, gelegentlich den befehlenden Stil einzusetzen, wenn jemand seiner Verantwortung nicht gerecht wurde. Sie selbst sagte dazu: »Ich musste in dieser Phase hart durchgreifen. Die Reformierung des Geschäftsbereichs erforderte viel Disziplin und einen klaren Fokus.«

Als unser Forschungsteam Joan sieben Monate später befragte, war der Geschäftsbereich seinem Gewinnziel für dieses Jahr bereits um fünf Millionen US-Dollar voraus – während er im Jahr, bevor Joan die Leitung übernahm, 50 Millionen US-Dollar zu wenig Gewinn gemacht hatte. Es war das erste Mal seit sechs Jahren, dass das Unternehmen sein Gewinnziel erreichte.

Die richtigen Werkzeuge

Wie können Sie wissen, wann Sie welchen Führungsstil anwenden sollen?

Die resonantesten Führungskräfte brauchen keine lange Checkliste, um den richtigen Führungsstil zu finden. Sie sind wesentlich flexibler: Sie beobachten die Leute einzeln und in Gruppen, empfangen Signale, die sie darauf hinweisen, welcher Stil gerade notwendig ist, und passen ihn entsprechend an. Das bedeutet, dass sie nicht nur die vier Resonanz erzeugenden Stile anwenden, sondern bei Bedarf auch den fordernden und den befehlenden Stil einsetzen können. Doch wenn sie diese riskanteren Führungsstile verwenden, tun sie es mit der nötigen Selbstdisziplin. Sie vermeiden es, Dissonanz zu erzeugen, indem sie Ärger und Ungeduld kontrollieren und persönliche Angriffe unterlassen. Deshalb erzielen diese Führungskräfte nicht nur ausgezeichnete Leistungen, sondern fördern auch das Engagement und die Begeisterung ihrer Mitarbeiter.

Da ein breit gefächertes Repertoire an Führungsstilen für effektive Führung entscheidend ist, sollte es bei Einstellungen, Beförderungen und Nachfolgeplänen berücksichtigt werden. Wenn es um die Besetzung einer Führungsposition geht, zahlt es sich aus, jemanden mit einem flexiblen Repertoire von vier oder mehr Stilen zu finden. Ist das nicht möglich, sollte zumindest festgestellt werden, ob ein Kandidat jene Stile beherrscht, die für das Unternehmen am wichtigsten sind.

So muss zum Beispiel eine Führungskraft, die in einem Unternehmen einen radikalen Kurswechsel durchführen soll, den visionären Stil beherrschen, also über die Fähigkeit verfügen, eine neue Vision zu formulieren, die diese Veränderung vorantreibt. Wenn die Position drastische Maßnahmen wie die schnelle und radikale Entfernung inkompetenter Mitarbeiter erfordert, muss eine Führungskraft imstande sein, vorübergehend den befehlenden Stil einzusetzen – um dann zu anderen Stilen zu greifen. Wenn es notwendig ist, einen Konsens zu erreichen, Engagement zu wecken oder einfach neue Ideen hervorzubringen, muss ein Vorgesetzter demokratisch führen können. Geht es nur darum, ein hoch kompetentes und motiviertes Team zu leiten, sollte das Repertoire einer Führungskraft den umsichtigen Einsatz des fordernden Stils umfassen.

Welches Repertoire an Stilen eine Führungskraft auch haben mag, sie kann es immer erweitern. Der Schlüssel liegt in der Stärkung der zugrunde liegenden EI-Fähigkeiten, die einen bestimmten Stil ausmachen. Führung ist erlernbar – wie wir im nächsten Teil des Buches sehen werden. Es ist kein einfacher Prozess. Er braucht Zeit und vor allem Engagement. Bedenkt man jedoch die Vorteile emotional intelligenter Führung sowohl für die einzelnen Mitarbeiter als auch für die Organisation, ist er nicht nur die Mühe wert, sondern eine unschätzbare Bereicherung.

Teil II
Führungskompetenz entwickeln

6
Eine resonante Führungskraft werden: Die fünf Erkenntnisse

Das gesamte Führungsteam einer Einzelhandelskette war in Aufruhr. Im Zuge einer dringend notwendigen Neuorientierung wurden täglich Manager befördert, versetzt, herabgestuft oder entlassen. Kein Wunder also, dass Gerüchte, Intrigen und politische Ränke das übliche Maß überschritten. Bill, der Personalchef, war in seinem Element. Er beteiligte sich an jedem Gespräch und jeder Debatte, hatte zu allem eine Meinung und tat sie jedem kund, der ihm über den Weg lief.

Einige Mitglieder des Führungsteams tolerierten seine Wichtigtuerei, weil sie ihren eigenen Interessen diente. Andere mieden ihn einfach. Mitten in der chaotischen Übergangsphase forderte der Board ein prominentes, aber sehr autoritäres Mitglied des Leitungsausschusses zum Rücktritt auf – ein Schritt, der das gesamte Team in Aufregung versetzte. Und wie reagierte Bill? Er analysierte die Situation bis zum Überdruss mit jedem, der ihm zuhörte. Er warf mit Beschuldigungen um sich und setzte Gerüchte in Umlauf. Als sein Chef von einer dieser Tiraden erfuhr, sagte er nur mitleidig: »Bill ist einfach ein Ausbund an Ignoranz.«

Dennoch nahmen weder sein Vorgesetzter noch irgendein anderes Mitglied des Topmanagements Bill je zur Seite, um ihm ehrlich ihre Meinung über sein Verhalten zu sagen – was ihm geholfen hätte, sich zu verändern. Bill sah sich selbst als wichtiges und geschätztes Mitglied des Teams. Er war nicht imstande, sein komplexes Umfeld zu verstehen, geschweige denn seine Position in diesem Umfeld richtig einzuschätzen. Sein

Mangel an Selbstwahrnehmung wurde nur noch durch sein Defizit an taktischem Geschick und Einfühlungsvermögen übertroffen.

Wie kann eine hochrangige Führungskraft wie Bill sich selbst so falsch einschätzen? Das kommt häufiger vor, als man denken würde. Je höher der Rang einer Führungskraft, desto weniger zutreffend ist ihre Selbsteinschätzung. Das Problem ist ein Mangel an Feedback – wie es auch bei Bill der Fall war. Für Führungskräfte ist es besonders schwierig, ehrliches Feedback zu bekommen – besonders wenn es um ihre Führungsqualitäten geht. Doch da Emotionale Intelligenz entscheidend zu effektiver Führung beiträgt, müssen Führungskräfte wissen, in welchen Bereichen sie ihre EI-Kompetenzen verbessern können. Bill erzeugte Spannungen in der Organisation, indem er ständig Gerüchte verbreitete, und seine exzessiven Analysen waren nichts als langweilig. Das hatte zur Folge, dass die Leute ihn nicht ernst nahmen.

Je höher die Position einer Führungskraft in einer Organisation, desto weniger kann sie auf Feedback verzichten.

Die Geschäftsführerkrankheit

»Ich habe so oft das Gefühl, dass man mir nicht die Wahrheit sagt«, erzählte uns der Geschäftsführer eines europäischen Unternehmens. »Die Leute erzählen mir keine direkten Lügen, aber ich spüre, dass sie Informationen zurückhalten oder wichtige Fakten verschleiern. Sie sagen mir nicht alles, was ich wissen muss. Ich muss immer erraten, was wirklich los ist.«

Das ist ein eindeutiger Fall der »Geschäftsführerkrankheit«: das Informationsvakuum rund um eine Führungskraft, das entsteht, wenn Mitarbeiter wichtige (oder unangenehme) Informationen zurückhalten.[1] Warum werden Führungskräften genaue Informationen über wichtige Angelegenheiten vorenthalten?

Manchmal fürchten die Mitarbeiter, die ihrem Vorgesetzten Bericht erstatten sollen, seinen Zorn – vor allem wenn sein Führungsstil befehlend oder fordernd ist. Der Überbringer schlechter Nachrichten könnte symbolisch »geköpft« werden. Einige Mitarbeiter liefern ihren Vorgesetzten nur positive Informationen, um als gute Teamspieler dazustehen – oder aus Angst, als blasphemische Ketzer zu gelten, wenn sie sich gegen die Parteilinie aussprechen. Oder sie möchten einfach optimistisch wirken und lassen deshalb negative Fakten unter den Tisch fallen.

Das Ergebnis ist jedenfalls eine Führungskraft, die nur teilweise darüber informiert ist, was rund um sie vorgeht. Diese »Krankheit« kann sich zu einer Epidemie entwickeln, die nicht nur den Geschäftsführer, sondern fast alle hochrangigen Führungskräfte betrifft. Sie wird durch den natürlichen Instinkt genährt, dem Chef gefallen zu wollen.

Geht es darum, dass Führungskräfte hilfreiches Feedback über ihre eigenen Leistungen erhalten, wird das Problem noch größer. Es mag ein wenig Mut erfordern, den Chef mit schlechten Nachrichten über das Unternehmen zu konfrontieren – aber es braucht sehr viel mehr Mut, dem Chef zu sagen, dass er keine Ahnung hat, wie es den Mitarbeitern wirklich geht, oder dass seine »motivierenden« Gespräche nichts bringen.

Natürlich beklagen sich viele Leute – und nicht nur Führungskräfte –, dass sie zu wenig nützliches Leistungsfeedback bekommen. Doch die Informationen, die Topmanager über ihre Leistungen erhalten, sind im Allgemeinen am wenigsten verlässlich. Eine Analyse von 177 verschiedenen Untersuchungen, in denen über 28 000 Manager beurteilt wurden, ergab, dass Leistungsfeedback immer weniger aufschlussreich wurde, je höher die Position oder je komplexer die Rolle eines Managers war.[2] Noch größer ist dieses Problem für Manager, die weiblich sind oder einer Minderheit angehören.[3] Frauen bekommen generell in jeder Position weniger nützliches Feedback als Männer. Dasselbe gilt für erkennbare Angehörige von Minderheiten, ob es nun chinesische Manager in Malaysia oder indische Führungskräfte in London sind.

Warum enthalten wir Menschen, mit denen wir zusammenarbeiten – ob es nun ein Vorgesetzter oder ein Untergebener ist –, ehrliches Leistungsfeedback vor?

Weil es unangenehm sein kann. Wir haben Angst, die Gefühle dieser Menschen zu verletzen oder sie auf andere Weise aufzuregen. Doch während wir im Allgemeinen dazu neigen, die Wahrheit über die Leistungen anderer für uns zu behalten (merkwürdigerweise nicht nur Negatives, sondern auch Positives), wünschen wir uns alle diese Rückmeldungen über unsere eigenen Leistungen. Aufrichtiges Feedback ist von besonderer Bedeutung.

Kann jeder besser als der Durchschnitt sein?

Doch welche Rolle spielt die Selbsteinschätzung für die Geschäftsführerkrankheit? Zweifellos ist die Selbstwahrnehmung und die Fähigkeit einer Führungskraft, ihre Leistungen selbst zutreffend zu beurteilen, ebenso wichtig wie das Feedback, das sie von anderen bekommt. Doch genau darin besteht die vielleicht schädlichste Form dieser Krankheit: Während die meisten Menschen dazu neigen, ihre eigenen Fähigkeiten bis zu einem gewissen Grad zu überschätzen, überbewerten gerade jene Menschen, die die schwächsten Leistungen erbringen, ihre Fähigkeiten am meisten.[4] Diese allzu menschliche Schwäche kann gravierende Folgen haben, nicht nur für Führungskräfte, sondern auch für die Unternehmen, die sie leiten.

So zeigte zum Beispiel eine Untersuchung von Geschäftsführern medizinischer Unternehmen, die Eric Harter, selbst Geschäftsführer von Health Care Partners in Lexington (Kentucky), durchführte, dass die Selbstwahrnehmung von Führungsqualitäten bei den Geschäftsführern der erfolgreichsten Unternehmen am besten war – und am schlechtesten bei den Geschäftsführern der am wenigsten erfolgreichen Unternehmen.[5] Harter, ein Geschäftsführer mit wissenschaftlichen Ambitionen, wollte die Fähigkeiten identifizieren, die die effektivsten Topmanager von den am wenigsten effektiven unterscheiden. Er untersuchte Führungskräfte medizinischer Unternehmen, die zehn Jahre lang positive finanzielle Ergebnisse erzielt hatten (gemessen an der Bilanz und der Eigenkapitalrendite), und verglich sie mit ihren Kollegen bei Unternehmen, die im selben Zeitraum in vielen Jahren negative finanzielle Ergebnisse verbuchen mussten.

Er konzentrierte sich auf die Selbstwahrnehmung und verglich, wie die Geschäftsführer selbst ihre Leistung im Hinblick auf zehn Führungsqualitäten einschätzten und wie ihre Untergebenen sie bezüglich dieser Fähigkeiten (zum Beispiel Selbstvertrauen und Empathie) beurteilten. Die Geschäftsführer der Firmen mit den schlechtesten Ergebnissen gaben sich selbst für sieben der zehn Führungsqualitäten die höchste Bewertung. Die Bewertungen ihrer Mitarbeiter ergaben jedoch das Gegenteil: Sie gaben diesen Geschäftsführern niedrige Bewertungen für dieselben Fähigkeiten. Andererseits wurden den Geschäftsführern der erfolgreichsten Unternehmen von ihren Mitarbeitern am häufigsten alle zehn Fähigkeiten attestiert.

Harters Daten stimmen mit unseren Untersuchungen von 787 Personen überein, die in sehr unterschiedlichen Organisationen Positionen quer durch alle Ebenen innehatten.[6] Als wir die Daten nach Organisationsebenen analysierten, zeigte sich ein verblüffender Effekt: Im Vergleich zu Mitarbeitern mit niedrigerem Rang neigten hochrangige Führungskräfte eher dazu, sich bei 20 EI-Kompetenzen besser einzuschätzen als sie von anderen bewertet wurden. Je höher der Rang einer Führungskraft, desto größer die »Inflationsrate« – das heißt, desto öfter war ihre Selbsteinschätzung im Hinblick auf eine Kompetenz besser als die Einschätzung durch andere. Führungskräfte mit dem höchsten Rang schätzten ihren Umgang mit anderen am wenigsten zutreffend ein.

Ehrliche Informationen über Führungsqualitäten können also entscheidend für die Selbstwahrnehmung einer Führungskraft und damit für ihre Entwicklung und Effektivität sein. Warum fordern Spitzenmanager dieses Feedback dann nicht ein? Es liegt nicht daran, dass sie eitel sind oder sich für unfehlbar halten. Bei Gesprächen mit Führungskräften kamen wir zu dem Schluss, dass sie kein Feedback einholen, weil sie glauben, dass sie sich ohnehin nicht verändern können. Selbst wenn das Feedback positiv war und sie es selbst für zutreffend hielten, glaubten sie nicht, dass sie Verhaltensweisen ändern konnten, die sie so viele Jahre praktiziert hatten. Hier zeigt sich oft eine Parallele zu den direkten Mitarbeitern einer solchen Führungskraft. Wenn sie glauben, dass ihr Vorgesetzter sich nicht ändern kann, warum sollten sie sich dann die Mühe machen, ihm unangenehmes Feedback zu geben?

Dennoch haben wir Fälle gesehen, die das Gegenteil beweisen: Jede Führungskraft, auch wenn sie bereits älter ist, kann ihren Führungsstil ändern. Oft übertragen sich diese Veränderungen auf ihr Team und lösen in der Folge wichtige Veränderungen in der gesamten Organisation aus.

Training und Talent

Nick Mimken war der Star seiner Versicherungsagentur gewesen und hatte immer wieder Auszeichnungen für seine herausragenden Leistungen als Verkäufer erhalten. Doch als er zum Leiter einer Agentur in einer anderen Stadt ernannt wurde, in der ihm 25 Verkäufer direkt unterstanden, hätte er für seine Führungskompetenzen keine einzige Auszeichnung bekommen. Er erkannte das selbst sehr bald – und wusste, dass er sich keinen Fehler leisten konnte: Von allen Filialen des Unternehmens in ganz Amerika gehörten die Verkaufszahlen seiner neuen Agentur zu den schlechtesten.

Als die Führungsberater McBer & Company (inzwischen die Hay Group) nach einigen Monaten begannen, mit ihm zu arbeiten, zeigte das Feedback seiner Mitarbeiter, dass Mimkens Erfolg als Verkäufer sich nun in einem fordernden Führungsstil manifestierte. Als Führungskraft zeigte er dieselbe hohe Motivation, die Ergebnisse zu verbessern, die ihn zu einem herausragenden Verkäufer gemacht hatte. Doch in seiner neuen Position demotivierte er seine Mitarbeiter damit. Als der Stress größer wurde und Termine näher rückten, begann Mimken, einen befehlenden Stil anzuwenden. Er sagte den Leuten, welche Verkaufsziele sie haben *sollten*, statt gemeinsam realistische Ziele festzulegen. Die Atmosphäre in der Agentur wurde immer angespannter.

Als Erstes forderten die Führungsberater Mimken auf, sich auf die Leistung seiner Verkäufer zu konzentrieren statt auf seine eigene. Das bedeutete, dass er seine Mitarbeiter bei ihrer Entwicklung unterstützen, also kurz gesagt den coachenden und den visionären Stil einsetzen musste. Zum Glück beruhen diese Stile auf vielen Fähigkeiten, über die Mimken bereits verfügte – dieselben, die ihn als Verkäufer so effektiv gemacht hatten: Empathie, Selbstmanagement und inspirierende Führung. Nun musste er lernen, sie für die Führung seiner Mitarbeiter einzusetzen.

Er begann, Coachinggespräche mit Mitarbeitern zu führen, bei denen er auch auf ihre Ziele und Leistungen einging. Er arbeitete daran, seinen Impuls zu kontrollieren, die Arbeit eines Verkäufers selbst zu übernehmen, wenn er mit dessen Leistungen nicht zufrieden war. Außerdem achtete er darauf, nicht nur zu kritisieren, sondern auch positives Feedback zu geben. Und er bettete die Ziele der Agentur in Werte und eine Vision ein, die alle teilten.

Klare Anzeichen einer Verbesserung gab es 18 Monate später. Bewertungen durch seine Mitarbeiter ergaben, dass Mimken den fordernden und befehlenden Stil zugunsten eines Coachingstils aufgegeben hatte und bereits die ersten Ansätze eines visionären Stils erkennen ließ. Eine Befragung zeigte, dass diese Veränderungen sich bezahlt machten: Die Verkäufer gaben an, dass sie nun wesentlich mehr als früher das Gefühl hatten, die Entlohnung sei fair und die Arbeit motivierend. Außerdem waren ihnen auch ihre Prioritäten deutlich klarer.

Innerhalb von drei Jahren, während derer Mimken seine Führungskompetenzen weiterentwickelte, erhielt seine Agentur eine Auszeichnung für Wachstum, die unter den 100 Agenturen in ganz Amerika nur acht Mal vergeben wurde. Mimken war der jüngste Empfänger dieser Auszeichnung in der Geschichte des Unternehmens. In den fünf Jahren, seit er die Leitung der Agentur übernommen hatte, waren die Verkaufszahlen so dramatisch gestiegen, dass die Filiale nun zu den produktivsten gehörte.

Geschichten wie diese gibt es viele. (Siehe den Text »Führungskompetenz ist erlernbar, nicht angeboren« auf S. 131.) Sie zeigen, dass nicht nur Führungskompetenz sondern auch Emotionale Intelligenz erlernbar ist – so wie Mimken mehr resonante Führungsstile erlernen und anwenden konnte.

Dennoch bleibt die Frage: Haben manche Menschen von Geburt an ein gewisses Maß an Empathie – oder erlernen sie diese Fähigkeit? Die Antwort lautet: sowohl als auch. Es gibt tatsächlich eine genetische Veranlagung zu Emotionaler Intelligenz, doch der Lernprozess spielt ebenfalls eine wichtige Rolle. Obwohl die angeborenen EI-Fähigkeiten unterschiedlich stark ausgeprägt sind, können alle Menschen diese Fähigkeiten entwickeln, unabhängig davon, in welchem Maß sie von Geburt an darüber verfügen.

Manchmal müssen sie dazu nur Fähigkeiten weiterentwickeln, die sie bereits haben. So hatte zum Beispiel Mimken als Verkäufer jahrelang Empathie im Umgang mit seinen Kunden bewiesen. Doch als Vorgesetzter zeigte er die typische Schwäche der fordernden Führungskraft, sich auf die Fehler seiner Mitarbeiter zu konzentrieren statt darauf, was sie besser machen konnten. Durch Übung konnte er die Empathie mit seinen Verkäufern dramatisch verbessern, sodass sie das Gefühl hatten, er verstehe ihre Bedürfnisse. Mimken eignete sich auch Werkzeuge an, die seine neuen Führungsstile unterstützten. So lernte er, Leistungspläne zu erstellen, und half seinen Mitarbeitern durch Coaching, diese Pläne umzusetzen. Sie begannen an seine Fähigkeit zu glauben, den Mitarbeitern bei ihrem Erfolg zu helfen. Darüber hinaus machte sich Mimkens berufliche Entwicklung auch in seinem Privatleben bemerkbar. Seine Frau berichtete, dass er viel mehr auf ihre Bedürfnisse und die der Familie eingehe als früher.

Mimkens Geschichte veranschaulicht einen weiteren entscheidenden Aspekt: Emotionale Intelligenz lässt sich nicht nur erlernen, sondern auch langfristig aufrechterhalten. Unsere Forschungen zeigen, dass es bestimmte Maßnahmen gibt, mit denen Führungskräfte sicherstellen können, dass sie das Gelernte behalten. Wir haben Führungskräfte, die ihre Führungskompetenzen verbesserten, bis zu sieben Jahre lang beobachtet – lange über den so genannten »Flitterwocheneffekt« hinaus.

»Führungskompetenz ist erlernbar, nicht angeboren«

Mit 13 kam er in eine neue Schule, und um Anschluss zu finden, trat er dem Hockeyteam bei. Da er sich als durchschnittlicher Spieler erwies, beschloss er, lieber die neuen Spieler zu coachen. Damals wurde ihm zum ersten Mal bewusst, was es bedeutet, anderen bei der Entwicklung ihrer Möglichkeiten zu helfen. Nach dem College nahm er einen Job als Leiter eines Verkaufsteams an. Er musste sich die Grundlagen dieses Metiers selbst erarbeiten – niemand zeigte ihm, wie man ein Verkaufsgespräch führt. Doch als er den Bogen heraus hatte, begann er, mit seinen Teammitgliedern Verkaufssituationen durchzuspielen, um ihnen zu helfen, ihre Fähigkeiten zu verbessern. Als er später eine Stelle bei einem Pharmaunternehmen annahm, war er bereits ein so guter Lehrer, dass er gebeten wurde, ein Video für das Verkaufstraining aufzunehmen. Als man ihm schließlich eine Führungsposition übertrug, beherrschte er die Kunst der Mitarbeiterentwicklung meisterhaft.

Im College gehörte die junge Frau einem internationalen Wirtschaftsclub an. Es fiel ihr auf, dass die Ziele vieler Mitglieder nicht mit denen des Clubs übereinstimmten – und sie fand einen Weg, um alle von einem gemeinsamen Ziel zu überzeugen. Nach dem College arbeitete sie als Vertreterin und musste über Telefon und E-Mail ein virtuelles Team mit anderen Vertretern aufbauen. So lernte sie, wie man Menschen zur Zusammenarbeit motiviert. Als sie dann Teamleiterin wurde, lernte sie von einem direkten Mitarbeiter, wie man den Beitrag der Teammitglieder zur gemeinsamen Aufgabe würdigt und damit den Teamgeist fördert. Als sie schließlich in ein funktionsübergreifendes Topmanagementteam aufstieg, sprach sie vor wichtigen Entscheidungen mit den Betroffenen, sodass sie fast immer einen Konsens erreichte.

Diese beiden kurzen Geschichten zeigen, wie viele ausgezeichnete Führungskräfte die EI-Kompetenzen entwickeln, die sie so effektiv machen. Der Verkaufsmanager und die Teamleiterin waren zwei von neun herausragenden Führungskräften, die ein Forschungsteam bei Johnson & Johnson unter der Leitung von Matthew Mangino und Christine Dreyfus untersuchte, um herauszufinden, wie sich Führungskompetenz entwickelt.[7] Das Team stellte fest, dass sich ein bestimmtes Muster immer wiederholte: Die Untersuchten bemerkten zum ersten Mal in der späten Kindheit oder in der Adoleszenz, dass sie über eine bestimmte Fähigkeit verfügten. Wenn sie dann ins Berufsleben eintraten oder eine andere radikale Veränderung es erforderte, setzten sie diese Kompetenz bewusster ein. Im Lauf der Jahre und durch ständige Übung verbesserten sie diese Fähigkeit immer weiter. Dieser Verlauf von der ersten Wahrnehmung einer Kompetenz bis zu ihrem bewussten und effektiven Einsatz ist typisch für die Entwicklung von Führungskompetenzen. Obwohl die zwei Manager in unseren Beispielen vielleicht wie »geborene« Führungskräfte wirkten, weil sie ihre Führungskompetenzen scheinbar mühelos oder beiläufig erwarben, wurde keiner von beiden mit dem Wissen geboren, wie man ein Team leitet oder die Entwicklung von Mitarbeitern fördert. Sie lernten es. Untersuchungen zeigen, dass gute Führungskräfte die Kompetenzen, die sie so effektiv machen, im Lauf ihres Lebens und ihrer Karriere schrittweise *erlernen*. Und sie können von jeder Führungskraft zu jedem Zeitpunkt erlernt werden.

Führungskompetenzen lassen sich ebenso erlernen wie Golf oder Gitarre spielen. Jeder, der den Willen und die Motivation hat, kann seine Führungsqualitäten verbessern, wenn er die nötigen Schritte unternimmt.

Eine Analyse von Daten des ECI ergab, dass die Menschen im Lauf ihrer Karriere automatisch dazu neigen, ihre EI-Kompetenzen zu verbessern – das heißt, die Führungsqualität nimmt mit dem Alter zu.[8] So wird mit der Zeit nicht nur die Selbsteinschätzung, sondern auch die Bewertung durch andere besser.

Doch Vorsicht: Diese allgemeine Verbesserungstendenz garantiert nicht, dass jede Führungskraft die nötigen EI-Kompetenzen automatisch in ausreichendem Maß entwickeln wird. Deshalb ist eine umfassende Diagnose der Stärken und Schwächen einer Führungskraft – und ein Plan für ihre Entwicklung – unerlässlich.

Nach dem Flitterwocheneffekt

Bei unserer Arbeit sehen wir immer wieder dauerhafte Lernerfolge – und ihre Auswirkung auf die geschäftliche Leistung –, denken Sie nur an die Geschichte von Mimken. Es sind dramatische Ergebnisse im Vergleich zum »Flitterwocheneffekt« der meisten Schulungen, bei denen nach drei bis sechs Monaten von der anfänglichen Verbesserung fast nichts mehr zu bemerken ist. Der übliche Verlauf sieht etwa so aus: Ein Manager beendet eine Schulung voller Begeisterung und mit dem festen Vorsatz, von nun an alles anders zu machen. Doch im Büro warten Dutzende E-Mails, Briefe und Anrufe auf ihn. Sein Vorgesetzter und einer seiner Mitarbeiter haben wegen eines Notfalls angerufen. Er steht vor einem Berg von Aufgaben, die alle schnell erledigt werden müssen. Er vergisst, was er in der Schulung gelernt hat, und fällt in seine alten Verhaltensweisen zurück – obwohl er sich am Ende des Trainings etwas ganz anderes vorgenommen hatte. Seine Flitterwochen sind abrupt zu Ende.

Personalleiter frustriert dieses Phänomen seit Jahrzehnten. Sie erleben immer wieder, dass Leute voller Enthusiasmus aus einem Training kommen, ihre guten Absichten mit der Zeit aber vergessen. Obwohl Studien zeigen, dass eine Schulung echte Veränderungen bewirken kann, sind sie meist nicht nachhaltig.[9] In Anbetracht der Tatsache, dass allein in Nordamerika über 60 Milliarden US-Dollar für Schulungen ausgegeben werden, ist dies eine ernüchternde Beobachtung.

Vermutlich wegen der weit verbreiteten Ansicht, dass die Wirkung von Schulungen nicht anhält, gibt es relativ wenige Studien über den Einfluss von Schulungen auf das Verhalten der Teilnehmer.[10] Und unter diesen wenigen Studien findet man noch weniger, die die Leute vor und nach einem Training testeten oder die Wirkung mit dem Verhalten von Leuten verglichen, die keine Schulung absolvierten.[11]

Es gibt aber Ausnahmen. So zeigte sich zum Beispiel, dass die Präsentations- und Kommunikationsfähigkeiten eines Menschen verbessert werden können. Bei einer Untersuchung von Verkaufsfilialleitern konnte eine Woche nach einer Schulung eine Verbesserung der Kommunikationsfähigkeiten um 37 Prozent festgestellt werden.[12] Von einer Woche können wir allerdings nicht auf eine nachhaltige Veränderung schließen.

Doch wenn eine breitere Palette von Fähigkeiten in den Domänen Selbstmanagement und Beziehungsmanagement untersucht wird, erzielen Trainingsprogramme meist eine weniger dramatische Wirkung.[13] Untersuchungen hinsichtlich dieser EI-Fähigkeiten zeigten eine Verbesserung um rund zehn Prozent, als sie drei Monate bis eineinhalb Jahre nach einem Training gemessen wurden.[14] Warum sind die Ergebnisse so dürftig, obwohl so viel Geld und Arbeit investiert wird?

Bei der Entwicklung dauerhafter Führungskompetenzen spielt unsere Motivation und unsere Einstellung zum Lernen eine immens wichtige Rolle. Die Menschen lernen das, was sie lernen wollen. Zwingt man uns zum Lernen, vergessen wir das Gelernte bald wieder, selbst wenn wir es uns vorübergehend merken (etwa für eine Prüfung). Das könnte das Ergebnis einer Studie erklären, dass nämlich die Halbwertszeit von Wissen, das während eines MBA-Programms erworben wird, etwa sechs Wochen beträgt.[15] Wenn also Mitarbeiter die Weisung von oben erhalten, an einem Programm für Führungskräfteentwicklung teilzunehmen, kann es reine Geld- und Zeitverschwendung sein – außer sie wollen tatsächlich lernen. Wird eine Person zur Veränderung gezwungen, verschwindet die Veränderung, sobald der Druck von außen aufhört.[16]

Doch es gibt eine gute Nachricht: Obwohl viele Schulungen für Führungskräfte ihre Wirkung mit der Zeit verlieren, können dauerhafte Verbesserungen erreicht werden, wenn die richtigen Grundprinzipien befolgt werden. Die Voraussetzung dafür sind bewusste Bemühungen, Motivation und emotionales Engagement. Und wir wissen sogar, wie diese Art des Lernens im Gehirn abläuft.

Die Vorgänge im Gehirn

Wie in Kapitel 2 und 3 bereits angesprochen, beruht Emotionale Intelligenz auf Schaltungen zwischen den ausführenden Zentren des Gehirns in den präfrontalen Lappen und dem limbischen System, das Gefühle, Impulse und Triebe steuert. Laut Forschungen lassen sich Fähigkeiten, die in den limbischen Regionen ihren Sitz haben, am besten durch Motivation, Übung und Feedback erlernen.[17]

Sehen wir uns im Vergleich dazu den Lernprozess im Neokortex an, der analytische und technische Fähigkeiten steuert. Der Neokortex erfasst Konzepte sehr schnell und ordnet sie in ein wachsendes Netzwerk von Assoziationen und Einsichten ein. Dieser Teil des Gehirns kann zum Beispiel aus der Lektüre eines Buches die richtige Verwendung eines Computerprogramms oder die Grundlagen eines Verkaufsgesprächs ableiten. Wenn es um das Erlernen technischer oder analytischer Fähigkeiten geht, arbeitet der Neokortex mit beeindruckender Effizienz.

Das Problem ist, dass die meisten Trainingsprogramme für die Verbesserung von EI-Fähigkeiten auf den Neokortex ausgerichtet sind – statt auf das limbische Gehirn. Deshalb ist der Lerneffekt begrenzt und kann manchmal sogar einen negativen Einfluss haben. Unter dem Mikroskop zeigt sich, dass die Gehirnzellen in den limbischen Regionen – dem emotionalen Gehirn – primitiver organisiert sind als im Neokortex, dem denkenden Gehirn. Die Struktur des Neokortex macht ihn zu einer höchst effizienten Lernmaschine, die uns hilft, etwas zu verstehen, indem sie neue Ideen oder Fakten mit einem ausgedehnten kognitiven Netzwerk verbindet. Diese assoziative Art des Lernens erfolgt mit außerordentlicher Schnelligkeit: Das denkende Gehirn kann etwas verstehen, nachdem wir es einmal gehört oder gelesen haben.

Im Gegensatz dazu läuft der Lernprozess im limbischen Gehirn wesentlich langsamer ab – besonders wenn es darum geht, alte Gewohnheiten zu ändern. Dieser Unterschied ist sehr bedeutsam für die Verbesserung von Führungskompetenzen, da es sich um Fähigkeiten handelt, die früh erlernt wurden. Sind diese Gewohnheiten nicht mehr zielführend oder sogar hinderlich, braucht das emotionale Gehirn länger, um neue Fähigkeiten zu erlernen. Das Modell, das für das denkende Gehirn funktioniert, ist für das limbische Gehirn, das viel Übung und Wiederholung braucht, nicht geeignet.

Wenn bei einer Schulung das richtige Modell verwendet wird, kann sie eine Veränderung in den Gehirnzentren bewirken, die negative und positive Emotionen regulieren – die Verbindungen zwischen Mandelkern und präfrontalem Lappen. So gelang es Forschern an der University of Wisconsin, F&E-Wissenschaftler bei einem Biotechnologieunternehmen, die sich über das rasante Tempo ihrer Arbeit beklagten, »Aufmerksamkeit« zu lehren.[18] Aufmerksamkeit ist eine Fähigkeit, die Menschen hilft, sich auf den gegenwärtigen Moment zu konzentrieren und ablenkende Gedanken (wie Sorgen) auszublenden – was eine beruhigende Wirkung hat. Nach nur acht Wochen berichteten die Wissenschaftler, dass sie sich deutlich weniger gestresst fühlten und kreativer und mit mehr Freude arbeiten konnten. Besonders bemerkenswert ist jedoch, dass sich die dominante Aktivität im Gehirn von den rechten präfrontalen Regionen (die unangenehme Emotionen erzeugen) in die linken verlagert hatte, wo das Zentrum für begeisterte, optimistische Gefühle liegt.

Diese Ergebnisse – und viele ähnliche – entkräften die weit verbreitete Ansicht, dass Nervenverbindungen schon früh im Erwachsenenalter anfangen sich zurückzubilden und nicht erneuert werden können (gleich der Ansicht, dass Erwachsene ihre grundlegenden Fähigkeiten nicht mehr ändern können). Neurologische Forschungen haben das Gegenteil gezeigt. Unser Gehirn *kann* auch im Erwachsenenalter neues Nervengewebe bilden, ebenso wie neue Nervenverbindungen und Nervenbahnen. So untersuchten Gehirnforscher Londoner Taxifahrer, die für ihr Navigationsgeschick berühmt sind, und stellten fest, dass im Lauf der Jahre die Größe und Aktivität jener Gehirnregion zunimmt, die für räumliche Beziehungen zuständig ist.[19] In jedem Alter werden sehr häufig verwendete Nervenverbindungen stärker, während selten oder gar nicht verwendete schwächer werden.[20]

Lernen ist daher eindeutig der Schlüssel für die Stimulierung neuer Nervenverbindungen.[21] Geht es um die Entwicklung von Führungskompetenzen, ist ein emotional intelligenter Ansatz erforderlich, um diese neuralen Veränderungen zu bewirken. Ein Ansatz, der direkt auf die emotionalen Zentren einwirkt. Wissenschaftler sind zu folgendem Schluss gekommen: »Wenn eine limbische Verbindung ein neurales Muster etabliert hat, kann dieses Muster nur durch eine limbische Verbindung verändert werden.«[22]

Die neurologischen Voraussetzungen, um Führungskompetenzen zu erlernen, sind bis Anfang 20 am besten. Bis zu diesem Alter baut das Gehirn – das sich anatomisch als letztes

Körperorgan entwickelt – die ursprünglichen Schaltungen für emotionale Gewohnheiten auf. Menschen, die in dieser Zeit eine Fähigkeit perfektionieren, Mitglied eines Teams sind oder ihre rhetorischen Fähigkeiten entwickeln, schaffen ein neuronales Gerüst, das ihnen im späteren Leben Führungsaufgaben wesentlich erleichtern wird.

Alles, was sie bis zu diesem Alter gelernt haben, wird Fähigkeiten wie Selbstbeherrschung, Leistungsmotivation, Zusammenarbeit und Überzeugungskunst unterstützen. Doch auch wenn uns diese frühen Erfahrungen fehlen, ist es nie zu spät, um Führungskompetenzen zu erlernen. Aber dazu braucht es ein gewisses Maß an Motivation. Es erfordert einfach mehr Anstrengung und Energie, um als Erwachsener die Lektionen zu lernen, die wir uns in jüngeren Jahren ohne großen Aufwand aneignen.

Das liegt daran, dass die neuen Lektionen sich gegen die seit Jahren etablierten Muster durchsetzen müssen. Wir müssen Gewohnheiten, die nicht mehr funktionieren, ablegen und sie durch neue ersetzen. Deshalb ist Motivation so entscheidend für die Entwicklung von Führungskompetenzen. Die Emotionale Intelligenz eines Menschen zu erhöhen, ist nur möglich, wenn er den aufrichtigen Wunsch dazu hat und seine Bemühungen darauf konzentriert. Ein kurzes Seminar wird ebenso wenig bringen wie ein Handbuch. Da das limbische Gehirn langsamer lernt und mehr Übung braucht als der Neokortex, erfordert es mehr Anstrengung, eine Fähigkeit wie Empathie zu stärken als ein Experte für Risikoanalyse zu werden.

Aber es ist möglich.

Nachhaltiges Lernen: Der Beweis

Da Lernprozesse im limbischen Gehirn mehr Zeit und Übung erfordern, ist es auch wahrscheinlicher, dass das Gelernte behalten wird. EI-Kompetenzen können also nicht nur verbessert werden, sondern sogar nachhaltig verbessert werden. Das beweisen eine Reihe von Langzeitstudien, die die Weatherhead

School of Management der Case Western Reserve University seit 1990 im Rahmen einer Lehrveranstaltung über die Entwicklung von Führungskompetenzen durchführt.[23] Bei diesen Studien können Studenten ihre emotional intelligenten (sowie einige kognitive) Fähigkeiten bewerten lassen und dann jene auswählen, die sie verbessern wollen, und sie mithilfe eines individuellen Lernplans gezielt entwickeln. Die objektive Bewertung der Studenten zu Beginn der Lehrveranstaltung, am Ende ihrer Universitätsausbildung und Jahre später im Berufsleben bietet eine einzigartige Möglichkeit, die langfristige Wirkung dieser Methode der Kompetenzentwicklung zu messen.[24]
Die Ergebnisse sind beeindruckend. Im Gegensatz zu dem Flitterwocheneffekt der meisten Programme für die Entwicklung von Führungskompetenzen hielten die Verbesserungen bei diesen MBA-Studenten über Jahre an. Bis zu zwei Jahre nach dem Lernprozess zeigten sie immer noch eine Verbesserung von 47 Prozent bei Fähigkeiten im Bereich der Selbstwahrnehmung (wie Selbstvertrauen) und im Bereich des Selbstmanagement (wie Anpassungsfähigkeit und Leistungsmotivation). Die Verbesserungen in den Domänen soziales Bewusstsein und Beziehungsmanagement waren sogar noch größer: 75 Prozent bei Kompetenzen wie Empathie und Teamführung.

Diese Verbesserungen stehen in krassem Gegensatz zu den Ergebnissen bei den üblichen MBA-Programmen, die EI-Fähigkeiten wenig oder gar nicht fördern. Die besten Ergebnisse wurden von einem Forschungsausschuss der American Assembly of Collegiate Schools of Business vorgelegt.[25] Eine Untersuchung von zwei sehr renommierten Wirtschaftsuniversitäten ergab, dass Studenten am Ende des MBA-Programms ihre EI-Fähigkeiten um nur zwei Prozent verbessert hatten. Und als man Teilnehmer vier anderer hoch angesehener MBA-Programme einer Reihe von Tests unterzog, zeigte sich, dass sich ihre Fähigkeiten in den Domänen Selbstwahrnehmung und Selbstmanagement um vier Prozent verbessert, in den Domänen soziales Bewusstsein und Beziehungsmanagement jedoch um drei Prozent verschlechtert hatten.[26]

Verbesserung von EI-Kompetenzen (in Prozent)

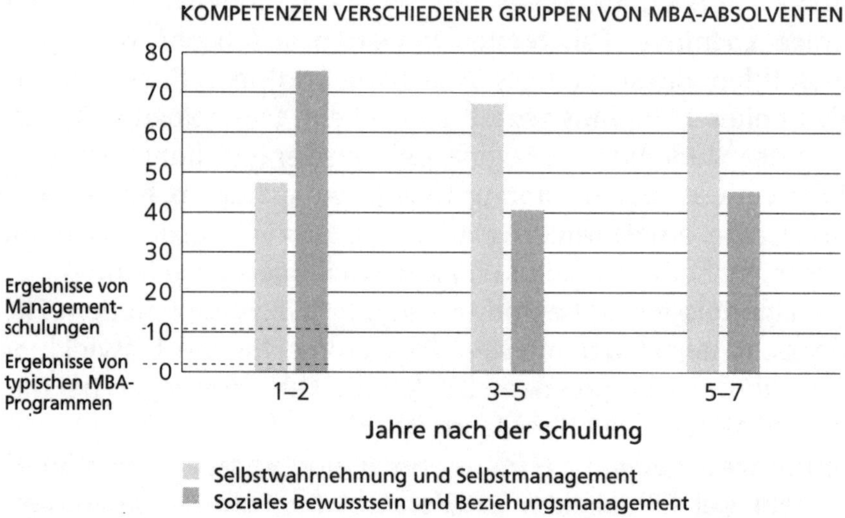

Die Weatherhead-Studie zeigte auch Verbesserungen der Emotionalen Intelligenz bei Teilzeitstudenten, die meist drei bis fünf Jahre bis zum Abschluss des MBA-Programms brauchen. Am Ende der Ausbildung hatten sich bei den Gruppen Fähigkeiten in den Domänen Selbstwahrnehmung und Selbstmanagement um 40 Prozent verbessert. Doch selbst zwei Jahre nachdem diese Teilzeitstudenten das Programm abgeschlossen hatten, also fünf bis sieben Jahre nach ihrer Teilnahme an der Lehrveranstaltung, stellte Jane Wheeler, Professorin an der Bowling Green State University, fest, dass die Verbesserungen anhielten: 63 Prozent zeigten eine Verbesserung in den Domänen Selbstwahrnehmung und Selbstmanagement, und 45 Prozent hatten ihre Fähigkeiten in den Domänen soziales Bewusstsein und Beziehungsmanagement verbessert.

Bei den Vollzeitstudenten stellte man in diesen Studien Verbesserungen bei allen 14 bewerteten EI-Kompetenzen fest. Es gab keine einzige Kompetenz, in der sich die Studenten nicht verbessern konnten, vorausgesetzt sie gehörte zu ihrem Lernplan.[27]

Diese bemerkenswerten Ergebnisse belegen erstmals eine über Jahre andauernde Verbesserung der EI-Kompetenzen. Sie geben Anlass zur Hoffnung. Doch Jane Wheeler entdeckte in ihren Daten noch einen anderen, unerwarteten Bonus: Fünf bis sieben Jahre nach der ursprünglichen Schulung stellte sie Verbesserungen bei weiteren Kompetenzen fest. Das bedeutet, wenn die Leute einmal gelernt hatten, wie sie EI-Kompetenzen verbessern konnten, entwickelten sie ohne Anleitung weitere Stärken. Das beweist, dass Kompetenzen ein ganzes Leben lang erlernt werden können.

Weitere Beweise für diese Art des lebenslangen Lernens liefert eine andere Studie mit Teilnehmern des »Professional Fellows Program« der Case Western Weatherhead School of Management. Dieses Programm für erfahrene Führungs- und Fachkräfte (das Durchschnittsalter der Teilnehmer liegt bei 48 Jahren im Vergleich zu 27 Jahren bei MBA-Studenten) wird von Topmanagern, Anwälten und Ärzten belegt, die ihre geschäftlichen und Führungskompetenzen erhöhen möchten. Bei Untersuchungen der Teilnehmer bis zu drei Jahre nach dem Programm stellte man bei zwei Drittelen der EI-Kompetenzen eine Verbesserung fest.[28]

Führungskräfte können also lernen, effektiver zu werden – wenn man ihnen für den Lernprozess die richtigen Hilfsmittel zur Verfügung stellt. Doch diese Art des Lernens geht über die Verwendung der richtigen Hilfsmittel hinaus. Dieser Lernprozess läuft nicht unbedingt linear und reibungslos ab. Er ist vielmehr eine Reise voller Überraschungen und Aha-Erlebnisse.

Ein aufrüttelnder Moment

Als er auf »Senden« klickte, erkannte Nolan Taylor, dass er gerade eine ätzende E-Mail, in der er die angekündigten Entlassungen und die Rolle seines Chefs heftig kritisierte, nicht an seinen Freund in einer anderen Abteilung, sondern an seinen Chef geschickt hatte. Doch noch während er hektisch überlegte, wie er die Nachricht abfangen konnte, bevor sein Chef sie las, wurde ihm die eigentliche Bedeutung dieses Lapsus schlagartig bewusst. Es war ein schockierender Moment der Erkenntnis: Er war nicht die Person, die er sein wollte.

Seit Jahren schwor sich Nolan Taylor, seine Ausbrüche zu kontrollieren und seine Selbstbeherrschung zu verbessern. Der Schock über seinen Fehler und die möglichen Konsequenzen führte dazu, dass er diesen Vorsatz neu formulierte und ihm Priorität einräumte: Er wollte optimistischer werden, in beängstigenden Situationen die positiven Möglichkeiten sehen statt sofort in Zynismus und Kritik zu verfallen.

Nachdem er dieses E-Mail abgeschickt hatte, musste er sich einer *Diskontinuität* stellen – der Kluft zwischen dem Ideal, das er von sich selbst hatte, und der Realität. Taylor begann ernsthaft, sich um eine Veränderung zu bemühen.

Solche Diskontinuitäten können tief greifende Veränderungen zur Folge haben. Plötzliche, schockierende Erkenntnisse über unser Leben können uns aufrütteln und zum Handeln veranlassen, weil sie uns die Wahrheit über uns selbst vor Augen führen und uns neue Klarheit über unser Leben verschaffen. Sie können erschreckend oder erleuchtend sein. Manche Menschen laufen vor diesen Erkenntnissen davon. Manche leugnen ihre Kraft und tun sie als unwichtig ab. Andere schreiten entschlossen zur Tat und beginnen, kontraproduktive Gewohnheiten in neue Stärken zu verwandeln. Doch wie erreichen sie diese Veränderung?

Selbstbestimmtes Lernen

Der springende Punkt bei der Entwicklung von Führungskompetenzen ist selbstbestimmtes Lernen, das heißt, gezielt einen Aspekt der Persönlichkeit oder der gewünschten Persönlichkeit zu entwickeln oder zu stärken. Dazu muss man zuerst eine kla-

Boyatzis' Theorie des selbstbestimmten Lernens

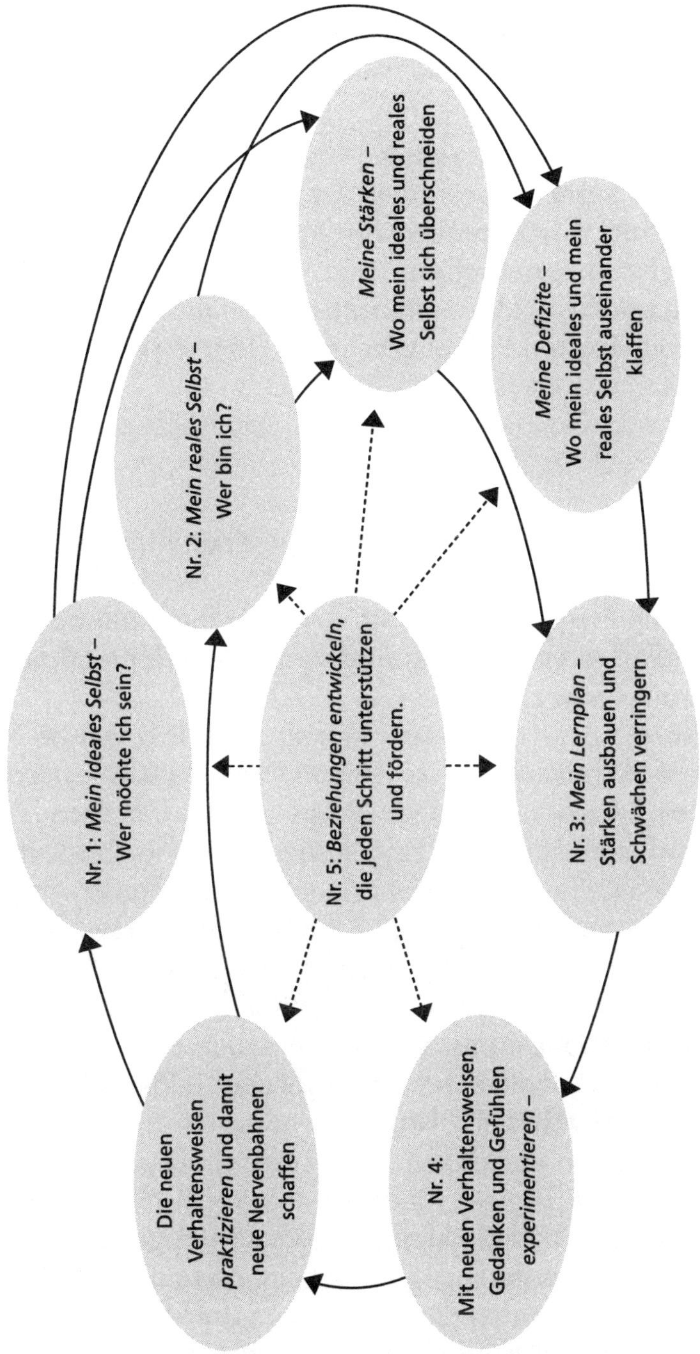

re Vorstellung des »idealen« Selbst und des »realen« Selbst erlangen. Selbstbestimmtes Lernen ist am effektivsten und dauerhaftesten, wenn man den Prozess der Veränderung versteht, während man ihn durchläuft.

Dieses Lernmodell wurde von Richard Boyatzis auf der Grundlage seiner 30-jährigen Erfahrung mit der Entwicklung von Führungskompetenzen erstellt, die er im Rahmen seiner Arbeit als Unternehmensberater und wissenschaftlicher Forscher sammelte.[29] Wie sieht selbstbestimmtes Lernen also aus? Die Abbildung auf S. 143 gibt einen Überblick.[30]

Die fünf Erkenntnisse

Selbstbestimmtes Lernen umfasst fünf Erkenntnisse, die jeweils auf einer Diskontinuität beruhen. Das Ziel besteht natürlich darin, jede Erkenntnis als Instrument für die Veränderungen zu verwenden, die notwendig sind, um eine emotional intelligente Führungskraft zu werden.

Diese Art des Lernens ist rekursiv: Der Prozess besteht aus mehreren Schritten, die verschieden viel Zeit und Anstrengung erfordern. Werden neue Gewohnheiten über längere Zeit praktiziert, werden sie zu einem Teil des neuen realen Selbst. Veränderungen der Gewohnheiten, der Emotionalen Intelligenz und der Führungsstile bringen oft Veränderungen der Bestrebungen und Träume mit sich: Veränderungen des idealen Selbst. Und damit geht der Kreislauf weiter – ein lebenslanger Prozess des Wachstums und der Anpassung.

Die erste Erkenntnis betrifft Ihr ideales Selbst. Wenn Sie eine ideale Vision von sich selbst haben, fühlen Sie sich motiviert, Ihre Führungskompetenzen zu entwickeln. Das heißt, Sie sehen die Person, die Sie sein möchten. Ob Sie in einem Traum oder einfach durch Nachdenken zu dieser Vision gelangen, das Bild ist jedenfalls stark genug, um Ihre Leidenschaft und Hoffnung zu wecken. Es wird Ihnen die Kraft geben, die Sie für den schwierigen und oft frustrierenden Veränderungsprozess brauchen.

Bei der zweiten Erkenntnis geht es um Ihr reales Selbst – wer Sie eigentlich sind, wie Sie handeln, wie andere Sie sehen und welche tiefen Überzeugungen Sie haben. Einige dieser Aspekte werden sich mit Ihrem idealen Selbst decken und können als Stärken betrachtet werden. Bei anderen wird eine Diskrepanz zwischen Ihrem realen und Ihrem idealen Selbst bestehen. Diese Erkenntnis Ihrer Stärken und Schwächen ebnet den Weg für die Veränderung Ihres Führungsstils. Sie ist das Gegenmittel zu der bereits erwähnten Geschäftsführerkrankheit.

Doch um diese Veränderung erfolgreich durchzuführen, werden Sie einen Plan für die Verbesserung Ihrer Fähigkeiten aufstellen müssen – einen detaillierten Aktionsplan, der vorgibt, welche neuen Dinge Sie Tag für Tag probieren werden, der auf Ihren Stärken aufbaut und Sie Ihrem Ideal näher bringt. Dieser Plan sollte Ihre Lernpräferenzen ebenso wie die realen Gegebenheiten Ihres Lebens und Ihrer Arbeit berücksichtigen.

Die vierte Erkenntnis stellt sich mit dem Praktizieren neuer Führungskompetenzen ein.

Die fünfte Erkenntnis, die zu jedem Zeitpunkt des Prozesses kommen kann, besteht darin, dass wir andere brauchen, um unser ideales oder reales Selbst zu finden, um unsere Stärken und Schwächen zu entdecken, um eine Agenda für die Zukunft zu entwickeln, um zu experimentieren und zu üben. Die Entwicklung von Führungskompetenzen ist nur mithilfe unserer Beziehungen möglich. Andere helfen uns, Defizite und Fortschritte zu erkennen und unsere Wahrnehmung zu prüfen. Sie bieten den erforderlichen Kontext, wenn wir mit neuen Verhaltensweisen experimentieren und sie in der Praxis anwenden. Obwohl das Modell als »selbstbestimmter Lernprozess« bezeichnet wird, kann er nicht im Alleingang bewältigt werden. Ohne die Mitwirkung anderer ist eine dauerhafte Veränderung nicht möglich.

Menschen, die sich nachhaltig verändern, durchlaufen die folgenden Phasen:

- Die erste Erkenntnis: Mein ideales Selbst – Wer möchte ich sein?

- Die zweite Erkenntnis: Mein reales Selbst – Wer bin ich? Welche Stärken und Schwächen habe ich?
- Die dritte Erkenntnis: Mein Lernplan – Wie kann ich meine Stärken ausbauen und meine Schwächen verringern?
- Die vierte Erkenntnis: Mit neuen Verhaltensweisen, Gedanken und Gefühlen experimentieren und sie in der Praxis anwenden.
- Die fünfte Erkenntnis: Beziehungen entwickeln, die die Veränderung unterstützen und fördern.

Im Idealfall wird der Prozess durch eine Diskontinuität – einen Moment der Erkenntnis – ausgelöst, die nicht nur das Bewusstsein schärft, sondern auch ein Gefühl von Dringlichkeit bewirkt. In den folgenden Kapiteln werden wir uns diese Erkenntnisse und die damit verbundenen Prozesse ansehen, denn sie ermöglichen die Entwicklung von Führungskompetenzen.

7
Die Motivation zur Veränderung

Abdinasir Ali stand kurz vor der Verwirklichung seines Traumes. Ali arbeitete seit acht Jahren als Hydrogeologe bei einem internationalen Energieunternehmen in den USA. Er galt als liebenswerter Kollege und guter Familienvater. Doch fast niemand wusste, dass Ali einen großen Plan hatte – den er allerdings erst nach seiner Pensionierung verwirklichen wollte.

Er war als eines von 25 Geschwistern im nordkenianischen Mandera aufgewachsen und nach Amerika ausgewandert, um seinen eigenen Kindern die Vorteile einer besseren Ausbildung und besseren medizinischen Versorgung bieten zu können. Doch wenn die Kinder erwachsen waren und er selbst in Pension war, wollte er mit seiner Frau nach Kenia zurückkehren, um mit seinem Fachwissen zu einer besseren Wasserversorgung in seinem Dorf beizutragen.

Dieser Traum hatte seinen Ursprung in Alis Kinderjahren, als er lange Dürreperioden in seinem Dorf erlebt hatte, das in einer trockenen Region in der Nähe der Grenze zu Äthiopien und Somalia lag. Während einer besonders schweren Dürreperiode sah er Hunderte Rinder, Ziegen und Kamele sterben. Seine Familie, die sich normalerweise von Fleisch und Milch ernährte, musste von geringen Mengen Getreide leben.

In jüngerer Zeit hatte der Wassermangel die Bewässerungsprojekte und die Stromversorgung in Mandera sehr stark beeinträchtigt.

Ali war gerade 40 Jahre alt geworden, sodass der Traum, seinem Dorf in Kenia zu helfen, noch mindestens 20 Jahre warten musste. Obwohl er seine Arbeit mochte und die Vorteile schätzte, die die Tätigkeit für einen internationalen Konzern mit sich brachte, fühlte er sich rastlos. Bei einem Coachinggespräch kam diese Problematik zur Sprache.

»Warum warten, Ali?«, fragte sein Coach.

Als Ali antwortete, er wolle die Vorteile seiner Arbeit nicht aufgeben, fragte sein Coach: »Gibt es internationale Energiekonzerne, die in Kenia oder Ostafrika operieren?« Als Ali verneinte, fragte der Coach weiter. Ob Ali seinem Unternehmen – oder einem anderen – je vorgeschlagen habe, eine Niederlassung in Ostafrika einzurichten. Ali erwiderte, das sei ein derart teures Projekt, dass er nie gewagt habe, es vorzuschlagen.

»Sie könnten es dem Unternehmen doch als eine Möglichkeit präsentieren, zur Entwicklung der Region beizutragen«, sagte der Coach.

Bei diesem Vorschlag verstummte Ali. Dann hellte sich sein Gesicht auf, als ob er gerade eine Erleuchtung gehabt hätte. Er nickte, lehnte sich zurück und lächelte. Und er begann die strategischen Vorteile aufzuzählen, die ein solches Projekt für sein Unternehmen bringen würde. Es fiel ihm ein, dass es in seinem Unternehmen bereits ein Projekt unter dem Motto »Globale soziale Initiative« gab, das ihm bei der Verwirklichung seines Planes helfen konnte. Er sprach mit so viel Leidenschaft, als hielte er eine Rede vor einem faszinierten Publikum. Ali hatte eine Verbindung zu seinem Traum gefunden, und in diesem Moment wurde ein größerer Traum daraus, als er je gedacht hätte.

Das war eine erste wichtige Erkenntnis für Ali – der Moment, in den die Veränderung begann. Er hatte Zugang zu seiner Leidenschaft gefunden, und plötzlich fühlte er die starke Motivation, seinen Traum zu verwirklichen. Diese hatte ihm zuvor gefehlt. Während Ali früher nur einen einzigen Weg gesehen hatte – nämlich hart zu arbeiten, bis er genug Geld gespart hatte, um in Pension zu gehen –, sah er nun viele Wege mit vielen Möglichkeiten.

In der anschließenden Diskussion mit dem Coach erkannte Ali, wie seine Emotionale Intelligenz ihm bei der Verwirklichung seiner Vision helfen konnte – vor allem seine Stärken in den Domänen soziales Bewusstsein und Beziehungsmanagement. Er hatte immer gut und gerne mit anderen zusammengearbeitet. Als ehemaliger Ingenieur hatte er viele Fähigkeiten im Bereich Selbstmanagement entwickelt, obwohl es ihm manchmal an Selbstvertrauen und Anpassungsfähigkeit mangelte.

Ali war klar, dass er als Veränderungskatalysator fungieren musste, als Visionär, der die Unternehmensführung von den Vorteilen eines Projekts für die Wasserversorgung in Ostafrika überzeugen konnte. Das bedeutete, dass er an seinem Selbstvertrauen arbeiten musste. Und um seine Kollegen für eine neue Strategie zu gewinnen und ihre innovativen Fähigkeiten zu wecken, musste er selbst flexibler werden. Als seine Vision konkrete Formen angenommen hatte, begann Ali, in größeren Dimensionen zu denken, was sein mangelndes Selbstvertrauen bisher nicht zugelassen hatte. Statt sich auf sein Dorf zu beschränken, konnte er dem ganzen Land und sogar der gesamten Region in Ostafrika helfen.

Ali hatte nur ein paar Sekunden gebraucht, um eine neue Vision für sein Lebenswerk zu entwickeln. Seine Begeisterung und Hoffnung waren spürbar – er hatte eine neue Vorstellung von seinem »idealen Selbst« gefunden. Schon nach einer Woche konnte Ali seinem Coach berichten, dass er im Unternehmen gute Fortschritte mit seiner Idee machte, und zwar schneller, als er es je für möglich gehalten hätte. Auch wenn er für seine neue Rolle neue EI-Kompetenzen erlernen musste, hatte er den entscheidenden ersten Schritt bereits hinter sich: eine klare Vorstellung von seinem idealen Selbst zu entwickeln.

Sie in fünfzehn Jahren

Stellen Sie sich vor, wo Sie dieses Buch in 15 Jahren lesen würden, wenn Sie Ihr *ideales* Leben führten. Welche Menschen wären bei Ihnen? Wie würde Ihre Umgebung aussehen? Was könnten Sie an einem typischen Tag tun? Machen Sie sich keine Gedanken darüber, ob dieses ideale Leben plausibel ist. Lassen Sie einfach ein Bild entstehen.

Formulieren Sie diese Vision schriftlich, nehmen Sie sie auf Band auf oder sprechen Sie mit einem guten Freund darüber. Viele Leute berichten, dass sie bei dieser Übung einen Energieschub spüren und sich optimistischer fühlen als noch Sekunden vorher. Sich eine ideale Zukunft auszumalen, ist eine sehr wirkungsvolle Methode, um Zugang zu den realen Veränderungsmöglichkeiten in unserem Leben zu finden.

Die erste Erkenntnis: Das ideale Selbst – der Ausgangspunkt der Veränderung

Wenn wir eine Verbindung zu unseren Träumen finden, werden Leidenschaft, Energie und Begeisterung für das Leben freigesetzt. Und bei einer Führungskraft kann diese Leidenschaft die Begeisterung ihrer Mitarbeiter wecken. Der Schlüssel ist die Entdeckung unseres idealen Selbst – jener Person, die wir gerne sein würden. Das ist die »erste Erkenntnis« des selbstbestimmten Lernprozesses, den wir im letzten Kapitel bereits erwähnten. Um dieses ideale Selbstbild zu entwickeln, müssen wir Zugang zu unserer Intuition finden. Wir wissen, dass uns das gelungen ist, wenn wir wie Ali plötzlich voller Begeisterung für die Möglichkeiten sind, die das Leben bereithält.

Um Ihre Emotionale Intelligenz zu entwickeln – oder aufrechtzuerhalten –, müssen Sie zuerst diese Kraft Ihres idealen Selbst finden. Dafür gibt es einen einfachen Grund: Gewohnheiten zu ändern, ist harte Arbeit. Denken Sie nur an all die guten Vorsätze an Silvester, die wir meist nach kurzer Zeit wieder aufgeben. Wenn wir versuchen, alte Denk- und Verhaltensweisen zu ändern, müssen wir jahrzehntelanges Lernen rückgängig machen, das in neuralen Schaltungen gespeichert ist, die durch tausendfaches Wiederholen dieser Gewohnheiten entstanden sind. Deshalb erfordern dauerhafte Veränderungen eine kraftvolle Zukunftsvision von uns selbst, die uns besonders in Zeiten großer Belastung motiviert.

Über Veränderungen nachzudenken, kann uns mit Sorge über mögliche Hindernisse erfüllen. Manche Menschen verlieren ihre anfängliche Begeisterung sofort wieder, weil sie darüber frustriert sind, dass sie diesen Traum nicht schon jetzt leben. Wenn das geschieht, ist es hilfreich, sich an die Rolle des Gehirns für Gefühle zu erinnern. Wie wir in Kapitel 2 gesehen haben, lässt uns die Aktivierung des linken präfrontalen Kortex Hoffnung empfinden. Wir erinnern uns daran, wie gut wir uns fühlen werden, wenn wir unser Ziel erreichen. Das motiviert uns, trotz aller Hindernisse an unserem Ziel festzuhalten.

Wenn wir uns hingegen auf die Hindernisse konzentrieren – statt auf das kraftvolle Bild unseres idealen Lebens –, aktivieren wir anscheinend die rechte präfrontale Region. Das führt zu einer pessimistischen Sicht der Dinge, die uns demotiviert und unseren Erfolg behindern kann.

Das »geforderte« und das ideale Selbst

In dem Buch *Gute Egoisten, Die Suche nach Sinn jenseits des Profitdenkens* beschreibt Charles Handy, wie schwierig es für ihn war, eine Verbindung mit seinem idealen Selbst herzustellen:

Jahrzehntelang versuchte ich mit aller Macht, anders zu sein als ich bin. In der Schule wollte ich ein großartiger Sportler sein, an der Universität ein Mitglied der oberen Zehntausend, später ein gewiefter Geschäftsmann und schließlich Leiter ei-

ner renommierten Institution. Obwohl mir bald klar war, dass ich in keiner dieser Rollen erfolgreich sein würde, versuchte ich weiterhin, ihnen gerecht zu werden – und war ständig von mir selbst enttäuscht.

Ich war so sehr darauf fixiert, jemand anderer zu sein als ich bin, dass ich mich nie mit der Person beschäftigte, die ich sein könnte. Diese Vorstellung war damals zu beängstigend. Lieber beugte ich mich den Konventionen, maß meinen Erfolg an meinem Einkommen und Status, verfolgte Ziele, die andere mir vorgegeben hatten, sammelte Dinge und Kontakte, statt meinen eigenen Überzeugungen und meiner Persönlichkeit Ausdruck zu verleihen.[1]

Dieses aufschlussreiche Geständnis stammt von einem Mann, der als Manager in der Wirtschaft, Leiter der London Business School, Vorsitzender der Royal Society of the Arts sowie als Autor und Professor durchaus erfolgreich war. Wie Charles Handy werden viele Menschen von dem Streben nach Macht und Ruhm geleitet oder erfüllen die Erwartungen anderer.

Wenn ein Elternteil, Partner, Vorgesetzter oder Lehrer uns sagt, was wir tun sollten, vermitteln sie uns *ihre* Vorstellung von unserem idealen Selbst, ein Bild, das zu unserem »*geforderten*« Selbst beiträgt – also wer wir sein sollten. Wenn wir dieses geforderte Selbst akzeptieren, wird es zu einem Gefängnis – unserem »eisernen Käfig«, wie der Soziologe Max Weber es nannte –, in dem wir wie Schauspieler agieren und gegen unsichtbare Wände stoßen. Derselbe Effekt stellt sich ein, wenn wir automatisch davon ausgehen, dass jeder, der in einem Unternehmen arbeitet, die Karriereleiter hinaufklettern möchte, statt anzuerkennen, dass die Menschen ihre eigenen Träume und Vorstellungen von Erfolg haben können. Solche Annahmen können leicht zu Elementen des geforderten Selbst werden.

Mit der Zeit können wir den Kontakt zu unserem idealen Selbst verlieren, unsere Vision verschwimmt – und wir verlieren unsere Träume aus den Augen. Finanzielle Verpflichtungen wie die Abzahlung eines Kredits, eine teure Ausbildung für die Kinder oder der Wunsch, einen bestimmten Lebensstil aufrechtzuerhalten, können dazu führen, dass wir einen Weg weiterverfolgen, ohne zu überlegen, ob er uns zu unseren Träumen führt. Wir spüren unsere Leidenschaft nicht mehr und machen einfach weiter wie bisher.

Das klassische Beispiel ist eine Person, die einen Beruf nur deshalb ergreift, weil es ihre Eltern wollen. Häufig ist das bei Fachkräften der Fall, die in sehr traditionsbewussten Kulturen aufgewachsen sind. So kennen wir zum Beispiel einen Inder, der Musik über alles liebte, aber dennoch dem Wunsch seiner Familie entsprach und wie sein Vater Zahnarzt wurde. Eines Tages gab er seine Praxis in Mumbai auf, zog nach New York und verdiente seinen Lebensunterhalt – mit viel Freude – als Sitarspieler.

Viele Menschen verwechseln das geforderte mit dem idealen Selbst – und verhalten sich nicht authentisch. Deshalb ist bei der Entwicklung von Führungskompetenzen der erste Schritt so wichtig – die Erkenntnis des idealen Selbst. Doch viele derartige Programme beruhen auf der Annahme, dass die Teilnehmer einfach ihre Arbeitsleistung verbessern möchten. Sie verabsäumen es, eine Verbindung zwischen den Lernzielen der Teilnehmer und ihren Träumen und Wünschen herzustellen. Wird die Diskrepanz zwischen dem idealen Selbst und dem im Training geforderten Selbst offensichtlich, ist Apathie oder Rebellion die Folge.[2]

Keine Vision, keine Leidenschaft

Sofia, Managerin bei einem europäischen Telekommunikationsunternehmen, wusste, dass sie Führungskompetenzen entwickeln musste. Sie hatte Seminare belegt, Bücher gelesen und mit Mentoren gearbeitet. Sie hatte Entwicklungspläne aufgestellt sowie kurz- und langfristige Ziele festgelegt. Sie wusste, was sie zu tun hatte – doch keiner dieser Pläne schien Sofias

Entwicklung zu fördern, und nach einigen Wochen verschwanden sie unweigerlich in der untersten Schublade ihres Schreibtisches. »Sie dürfen mich nicht missverstehen«, sagte sie uns. »Ich möchte beruflich weiterkommen. Doch keiner dieser Karrierepläne hatte etwas damit zu tun, was mir wirklich wichtig ist. Diese oder jene Kompetenz zu entwickeln, nur weil sie für meinen Job nötig ist, motiviert mich einfach nicht genug.«

Diese Erfahrung machen viele Menschen, die an Schulungen für Führungskräfte teilnehmen. Die Entwicklung von Führungskompetenzen erfordert viel mehr als »Karriereplanung«: Sie beginnt mit einer ganzheitlichen Vision des Lebens mit all seinen Möglichkeiten. Um ihre berufliche Leistung zu verbessern, muss eine Führungskraft emotional motiviert sein. Und dazu muss eine Verbindung zwischen ihren Bemühungen und dem, was ihr wirklich wichtig ist, geschaffen werden.

Deshalb forderten wir Sofia auf, sich ihr Leben zu einem bestimmten Zeitpunkt in der Zukunft vorzustellen und sich auszumalen, wie ein typischer Tag aussehen würde – was sie tun, wo sie wohnen, wer bei ihr sein und wie sie sich fühlen würde. Als Nächstes baten wir sie, ein Datum in acht bis zehn Jahren auszuwählen. Sofia entschied sich für den August 2007, der für sie besondere Bedeutung hatte, weil dann ihr ältestes Kind von zu Hause ausziehen und an die Uni gehen würde. Dann schrieb Sofia auf, wie sie sich ihr Leben im August 2007 vorstellte. Wir baten sie, alle Bereiche ihres Lebens, ihre Werte und ihre Träume zu berücksichtigen. Die Vision, die sie formulierte, war kraftvoll und überzeugend:

Ich sehe mich in meinem eigenen Unternehmen, einem kleinen, gut funktionierenden Betrieb mit zehn Mitarbeitern. Ich habe ein gesundes, offenes Verhältnis zu meiner Tochter und gute Beziehungen mit meinen Freunden und Kollegen. Ich fühle mich meinen Aufgaben als Mutter und als Führungskraft gewachsen, bin entspannt und zufrieden und kann den Menschen in meiner Umgebung Liebe und Kraft geben.

Indem sie eine umfassende Vision ihres Lebens entwickelte, wurde Sofia klar, dass sich die verschiedenen Bereiche ihres Lebens überschnitten. Und sie erkannte, dass die Erstellung eines Plans, um diesen Traum zu verwirklichen, nicht nur motivierend, sondern auch inspirierend sein konnte. Am Ende dieses Prozesses sagte Sofia: »Jahrelang musste ich daran arbeiten, wie ich mit Leuten umgehe, wenn ich unter Stress stehe. In der Arbeit trete ich manchmal zu fordernd auf. Wenn ich mir nun das Gesamtbild ansehe, wird mir klar, dass einige Probleme mit meiner Tochter denselben Grund haben.« Als Nächstes konnte Sofia darüber nachdenken, wie sie diese Einsichten in konkrete Entwicklungsziele umsetzen würde.

Meine Leitprinzipien

Denken Sie an die verschiedenen Bereiche Ihres Lebens, die Ihnen wichtig sind – zum Beispiel Familie, Beziehungen, Arbeit, Ihre spirituelle Entwicklung und Ihre körperliche Gesundheit. Welche Werte sind Ihnen in jedem dieser Bereiche am wichtigsten? Führen Sie fünf oder sechs Prinzipien an, die Sie in Ihrem Berufs- und Privatleben leiten – und überlegen Sie sich, ob Sie an diese Werte wirklich glauben oder ob Sie nur darüber sprechen. Schreiben Sie nun eine oder zwei Seiten darüber, was Sie mit dem Rest Ihres Lebens anfangen möchten. Sie können auch eine Liste der Dinge erstellen, die Sie tun oder erleben möchten, bevor Sie sterben. Machen Sie sich keine Gedanken über Prioritäten oder Durchführbarkeit – schreiben Sie einfach alles auf, was Ihnen einfällt.

Diese Übung ist schwieriger als sie auf den ersten Blick wirkt, weil wir uns meist darauf konzentrieren, was wir tun *müssen* – bis morgen, bis nächste Woche, bis nächsten Monat. Wenn wir über diesen begrenzten Horizont hinausdenken, eröffnet sich ein ganzes Spektrum neuer Möglichkeiten. Bei unserer Arbeit mit Führungskräften stellten wir eine überraschende Tendenz fest: Die meisten führen bei dieser Übung ein paar Karriereziele an, doch 80 Prozent oder mehr der Punkte auf der Liste haben nichts mit der Arbeit zu tun. Wenn Sie nach der Übung Ihre Liste noch einmal durchgehen, sehen Sie Muster, die Ihnen helfen, Ihre wahren Träume und Ziele zu erkennen.

Wir stellten fest, dass Führungskräfte unter 40 im Vergleich zu älteren Generationen häufiger Lernziele haben, die nicht nur ihre Arbeit, sondern viele Aspekte ihres Lebens betreffen. Diese Tendenz wird durch Untersuchungen der Generationen X und Y bestätigt, die darauf schließen lassen, dass die Generation der heute 20- bis 40-Jährigen ein ausgewogeneres Verhältnis zwischen Berufs- und Privatleben anstrebt als frühere Generationen. Sie ist nicht bereit, die Opfer zu erbringen, die ihre Eltern erbrachten. Sie wartet nicht darauf, dass ihr ein Herzanfall, eine Scheidung oder der Verlust des Arbeitsplatzes bewusst macht, wie wichtig ihre Beziehungen, ihr spirituelles Leben, ihre Verantwortung für die Gemeinschaft und ihre körperliche Gesundheit sind.

Philosophie: Die Grundlage unserer Werteordnung

Werte spielen natürlich eine wichtige Rolle für die Erkenntnis des idealen Selbst. Doch während sich unsere Werte im Lauf des Lebens immer wieder ändern, bedingt durch Ereignisse wie eine Heirat, die Geburt eines Kindes oder eine Kündigung, hat die Philosophie, die ihnen zugrunde liegt, länger Bestand.[3] Unsere Philosophie bestimmt, wie wir Werte festlegen – und zu welchen Führungsstilen wir tendieren. Eine Führungskraft, die dem Erreichen von Zielen den größten Wert beimisst, wird den fordernden Führungsstil anwenden und einen demokratischeren Ansatz als Zeitverschwendung betrachten. Unsere Philosophie zu verstehen, kann uns erkennen helfen, dass unser ideales Selbst unsere Werte widerspiegelt.

So führt zum Beispiel ein Unternehmensberater »Familie« als dominanten Wert an, verbringt aber aufgrund seiner Arbeit nur die Wochenenden mit seiner Frau und seinen beiden Kindern. Er sieht darin jedoch keinen Widerspruch, weil es ihm vor allem darum geht, die materiellen Bedürfnisse seiner Familie zu befriedigen. Im Gegensatz dazu lehnte ein Produktionsmanager, der ebenfalls »Familie« als dominanten Wert nennt, mehrere Beförderungen ab, damit er jeden Abend mit seiner Frau und seinen Kindern verbringen kann.

Der Unterschied zwischen diesen beiden Männern könnte darin bestehen, wie bewusst sie sich ihrer wahren Werte sind, wie weit ihr Verhalten mit diesen Werten übereinstimmt oder wie sie diese Werte interpretieren. Deshalb unterscheidet sich ihre Bewertung von Menschen, Organisationen und Aktivitäten deutlich. Solche Unterschiede sind oft auf verschiedene Philosophien zurückzuführen. Am häufigsten sind die pragmatische, die intellektuelle und die humanistische Philosophie.[4] Und obwohl keine Philosophie »besser« als eine andere ist, führen sie zu unterschiedlichen Handlungen, Gedanken und Gefühlen.

Im Zentrum der **pragmatischen Philosophie** steht die Überzeugung, dass *Nützlichkeit* den Wert einer Idee, Bemühung, Person oder Organisation bestimmt.[5] Menschen mit dieser Philosophie messen Dinge, um ihren Wert zu beurteilen, und sie glauben, dass sie für die Ereignisse in ihrem Leben größtenteils selbst verantwortlich sind. Kein Wunder also, dass Pragmatiker in der Domäne Selbstmanagement sehr gute Fähigkeiten aufweisen. Leider führt ihre individualistische Orientierung oft – aber nicht immer – dazu, dass sie dem fordernden Führungsstil den Vorzug geben.

Nehmen wir als Beispiel den Geschäftsführer der Oracle Corporation, Larry Ellison, einen typischen Vertreter des fordernden Führungsstils. Er ist unablässig darum bemüht, den Marktanteil seines Unternehmens zu erhöhen, und fordert seine Mitarbeiter auf, die Konkurrenten zu »vernichten« oder zu »eliminieren«. Seine pragmatische Philosophie manifestiert sich unter anderem darin, dass er ständig Vergleiche mit der Konkurrenz anstellt, die er in seinen Reden und Interviews häufig zitiert.[6]

Im Zentrum der **intellektuellen Philosophie** steht der Wunsch, ein logisches Schema zu finden, das erklärt, wie Menschen, Dinge und die Welt funktionieren.[7] Deshalb bietet diese Philosophie im Hinblick auf die Zukunft eine gewisse emotionale Sicherheit. Menschen mit dieser Weltsicht verlassen sich bei Entscheidungen auf ihr logisches Denken und definieren Werte nach einer Reihe von rationalen Richtlinien. Ihre kognitiven Fähigkeiten sind meist sehr ausgeprägt, während sie bei den sozialen Fähigkeiten Defizite aufweisen können. Ein Anhänger dieser Philosophie könnte zum Beispiel sagen: »Wenn man eine elegante Lösung hat, werden die anderen sie akzeptieren. Es ist nicht notwendig, sie von ihren Vorteilen zu überzeugen.« Führungskräfte mit dieser Philosophie verwenden häufig einen visionären Führungsstil, wenn die Vision eine rational schlüssige Zukunft beschreibt.

Der Geschäftsführer von Cisco Systems, John Chambers, lässt seine intellektuelle Weltanschauung erkennen, wenn er eine Zukunft beschreibt, in der die Technologie unsere Lebensqualität verbessern wird. Als Beispiel führt er intelligente Kleidung an, die mithilfe integrierter elektronischer Systeme den Temperaturunterschied ausgleichen wird, wenn wir im Winter von der Wohnung zum Auto gehen. Chambers, der manchmal wie ein fanatischer Prediger klingt, spricht offen von seiner Überzeugung, dass sein Unternehmen dieses Modell der Zukunft erschaffen kann und damit allen Mitarbeitern die Möglichkeit gibt, zu einer besseren Gesellschaft beizutragen.[8]

Im Zentrum der **humanistischen Philosophie** steht die Überzeugung, dass enge persönliche Beziehungen dem Leben seinen Sinn geben.[9] Die Anhänger dieser Philosophie sind menschlichen Werten verpflichtet. Familie und enge Freunde sind ihnen wichtiger als andere Beziehungen. Sie beurteilen den Wert einer Tätigkeit nach der Auswirkung auf ihre Beziehungen. Loyalität hat für sie größeren Wert als fachliche Qualifikationen. Während ein Pragmatiker sich wohl entscheiden wird, »wenige zu opfern, um viele zu retten«, ist für humanistische Führungskräfte das Leben jedes einzelnen Menschen wichtig und wertvoll. Deshalb verfügen sie in den Domänen soziales Bewusstsein und Beziehungsmanagement meist über sehr gute Fähigkeiten. Sie bevorzugen den demokratischen, den gefühlsorientierten und den coachenden Führungsstil, die die Interaktion mit anderen in den Vordergrund stellen.

Nehmen wir als Beispiel Narayana Murthy, den Geschäftsführer und Gründer von Infosys Technologies Limited, das seinen Sitz in Bangalore in Indien hat. Ein Teil seiner Vision besteht darin, mithilfe seines demokratischen Führungsstils das Engagement seiner Mitarbeiter zu fördern. Damit hat er Infosys zu einem der begehrtesten Arbeitgeber der Branche gemacht. Murthy sagt über sich selbst, er sei »im Kopf ein Kapitalist, im Herzen aber ein Sozialist«.[10]

Das Ideal im Wandel

Im Lauf unserer Karriere verändern sich unsere Träume und Bestrebungen und damit auch unsere Prioritäten im Privat- und Berufsleben. Ebenso wandelt sich unser ideales Selbst im Lauf des Lebens. Diese Veränderungen bestimmen nicht nur, welche unserer Talente und Fähigkeiten wir nutzen, sondern auch wo wir sie mit dem größten Engagement einsetzen und wo wir Resonanz erzeugen können. Manchmal verlieren wir unsere Berufung aus den Augen, wenn wir einen Weg weiterverfolgen, ohne darauf zu achten, ob er noch mit unseren Träumen und Prioritäten übereinstimmt.

Deshalb gibt es viele Führungskräfte mittleren Alters, die eine neue berufliche Laufbahn einschlagen. Wenn Führungskräfte an einen Punkt in ihrer Karriere gelangen, an dem sie praktisch alle Ziele erreicht haben, können sie die Begeisterung für ihre Tätigkeit verlieren. Oft gibt ihnen ein neues Ideal – zum Beispiel einen Beitrag zum Gemeinwohl zu leisten – wieder Energie.

Peter Lynch, Leiter des unerhört erfolgreichen Fidelity Magellan Fund, war eine solche Führungskraft. Auf dem Höhepunkt seiner Karriere gab er seinen Rücktritt bekannt – nicht um die Leitung eines anderen Unternehmens zu übernehmen, sondern um gemeinsam mit seiner Frau eine wohltätige Stiftung einzurichten. Er sagte, er habe nach all seinen guten Leistungen nun das Bedürfnis, »Gutes zu tun«.[11]

Es gibt viele erfolgreiche Führungskräfte, die in einem anderen Umfeld neue Energie finden, wenn der Schwerpunkt ihres Lebens sich verlagert. Der ehemalige Geschäftsführer von Celanese, John Macomber, übernahm mit der Leitung der amerikanischen Einfuhr-Ausfuhr-Bank eine öffentliche Funktion.[12] Rex Adams, Personalchef von Mobil, wurde Dekan an der Fuqua School der Duke University. All das sind Beispiele dafür, dass das ideale Selbst sich im Lauf der Karriere verändern kann.

Unser ideales Selbstbild weckt unsere Leidenschaft, unsere Emotionen und unsere Motivation. Eine persönliche Vision drückt aus, was wir im Leben wollen. Dieses Selbstbild dient uns als Richtlinie für Entscheidungen und als Barometer für unsere Zufriedenheit im Leben.[13]

Doch um eine Organisation zu führen, ist eine persönliche Vision nicht genug. Eine Führungskraft braucht eine Vision für die Organisation, die die Mitarbeiter inspiriert und motiviert. Das ideale Selbstbild muss sich zu einer gemeinsamen Vision entwickeln. Um eine Übereinstimmung mit der Vision anderer zu erreichen, müssen wir offen für ihre Hoffnungen und Träume sein.

Führung mit Leidenschaft

Jürgen, der Leiter einer Schweizer Bank, hatte Probleme mit seiner Führungsmannschaft: Die Geschäfte liefen zwar gut, doch einigen Topmanagern mangelte es an Engagement und andere waren für eine Führungsposition einfach nicht geeignet. Jürgen brachte nicht den Mut auf, diese langjährigen Mitarbeiter zu entlassen. Darüber hinaus hatte er kaum Einfluss auf die Vorgänge in der Bank. Niemand gab ihm die Informationen, die er brauchte, als ob die Leute Angst hätten, etwas Falsches zu sagen. Jürgen war der Ansicht, nicht effektiv zu sein, und hatte deshalb auch keine Freude mehr an seiner Arbeit. Schließlich gelangte er zu dem Schluss, dass er nur eine Option hatte: Er musste zurücktreten.

Doch als wir etwa sechs Monate mit Jürgen arbeiteten, konnte er eine Vision von seinem Leben und der Leitung der Bank entwickeln, die ihn mit Energie erfüllte und inspirierte. Und sie inspirierte auch seine Mitarbeiter, was genauso wichtig war. Als Erstes dachte Jürgen über sein Leben und seine persönliche Vision in und außerhalb der Arbeit nach. Darüber hinaus definierte er die Situation in der Bank und was ihm daran genau missfiel. Durch den Vergleich von Realität und Ideal wurde ihm klar, was er ändern musste. Gleichzeitig wurde ihm aber auch bewusst, dass er vor diesen Veränderungen Angst hatte. Also stellte er sich die alles entscheidende Frage: »Schätze ich dieses Unternehmen und die Menschen hier genug, um eine Menge harter Arbeit durchzustehen?«

An einem Sommermorgen ging Jürgen mit einem Freund spazieren und sprach offen über seine Angst, dass er die nötigen Veränderungen nicht schaffen würde. Er dachte an die Vergangenheit, die Gegenwart, die Zukunft und an die Menschen, mit denen er teilweise seit Jahren zusammenarbeitete. Er dachte an die Probleme und an sein eigenes Engagement – und wie gut es laufen könnte, wenn sie es richtig anstellten. Er dachte über seine persönliche Vision nach und konzentrierte sich darauf, was sich verändern könnte, wenn er wirklich darum kämpfte. Am Ende des Spaziergangs hatte er die Antwort gefunden: »Ich bin dabei.«

Diese Entscheidung gab Jürgen neue Energie. Irgendwo tief drinnen hatte er die Leidenschaft für seine Arbeit wieder gefunden. Und Leidenschaft macht Mut – genug Mut, fand Jürgen, um die schwierigen Aufgaben, die vor ihm lagen, in Angriff zu nehmen.

Um unser ideales Selbst zu erkennen, jenen Weg, dem wir im Leben wirklich folgen wollen, müssen wir über ein gewisses

Maß an Selbstwahrnehmung verfügen. Doch die Klarheit über unser ideales Selbst stimuliert ein Gefühl der Hoffnung – ein wirksames Gegenmittel für die Trägheit der Gewohnheit. Napoleon sagte: »Wer Menschen führt, handelt mit Hoffnung.«[14] Die Herausforderung für jede Führungskraft besteht darin, die Quelle der Hoffnung zu erschließen. Sie birgt die Kraft, unser ideales Selbstbild und die gemeinsamen Ideale, die daraus entstehen, zu erkennen und mit Leben zu erfüllen – und andere in dieselbe Richtung zu führen.

Die zweite Erkenntnis: Das reale Selbst

Wenn Sie einen Frosch in kochendes Wasser fallen lassen, wird er instinktiv herausspringen. Doch wenn Sie einen Frosch in kaltes Wasser fallen lassen und die Temperatur langsam erhöhen, wird der Frosch nicht bemerken, dass das Wasser immer wärmer wird. Er wird sitzen bleiben, bis das Wasser kocht – und er selbst gekocht wird. Das Schicksal dieses gekochten Frosches ähnelt dem mancher Führungskräfte, die der Routine verfallen oder kleine Annehmlichkeiten zu festgefahrenen Gewohnheiten werden lassen – und zulassen, dass Trägheit sich breit macht.

Nehmen wir zum Beispiel John Lauer. Als er zum President von BF Goodrich ernannt wurde, konnte sich niemand vorstellen, dass eines Tages eine derartige Trägheit im Unternehmen herrschen würde. Lauer war ein gut aussehender Mann mit einem charmanten Lächeln, der seine Führungsaufgaben energisch in Angriff nahm und als demokratische und visionäre Führungskraft besonderes Talent bewies. Ein Beispiel: Kurz nachdem er die Leitung des Unternehmens übernommen hatte, hielt er ein Meeting mit den Topmanagern eines wichtigen Geschäftsbereichs ab. Er hörte der Diskussion aufmerksam zu und formulierte dann eine Vision für das Unternehmen, die seine Stärken berücksichtigte, es aber für den internationalen Markt besser positionierte. Das zustimmende Nicken aller Anwesenden zeigte, dass seine Vision sie überzeugt hatte. In den nächsten Jahren, als das Unternehmen neu strukturiert wurde, erwies sich Lauer als effektive Führungskraft – und in der Zusammenarbeit mit seiner Führungsmannschaft als guter Teamspieler.

Nach sechs Jahren an der Spitze von BF Goodrich hielt Lauer eine Rede vor MBA-Studenten, bei der offensichtlich wurde, dass von seinem Charisma nicht mehr viel übrig war. Er sprach über Geschäft und Management, doch es klang nach Routine und sogar ein wenig langweilig. Von der Begeisterung, mit der er früher so viele Menschen anstecken konnte, war nichts mehr zu spüren.

Wie ein Frosch, der langsam gekocht wird, hatte sich Lauer langsam an die Enttäuschungen, die Frustration und die Langeweile der Praktiken und Taktiken in einem großen Unternehmen gewöhnt und die Begeisterung für seine Arbeit verloren. Wenige Monate nach dieser wenig überzeugenden Rede verließ Lauer das Unternehmen. Da er eine Tätigkeit suchte, in der er einen Sinn sah, begann er wie seine Frau Edi für eine ungarische Hilfsorganisation zu arbeiten.

Als Lauer sich eingestanden hatte, dass er die Energie und das Interesse für seine Arbeit als Führungskraft verloren hatte, begann ein Prozess, der ihn zur zweiten Erkenntnis führen würde. Nachdem sie eine Vision von ihrem idealen Leben entwickelt haben, müssen Führungskräfte ihr »reales Selbst« erkennen, um ihre Emotionale Intelligenz zu erhöhen. Im Lauf dieses Prozesses würde Lauer in sich gehen und die Freude für seine Arbeit als Führungskraft wieder entdecken.

Zwei Jahre, nachdem er BF Goodrich verlassen hatte, nahm er im Rahmen eines Doktorandenprogramms für Manager an einem Führungsseminar teil.[15] Er war immer noch überzeugt, dass er mit der Leitung von Unternehmen nichts mehr zu tun haben wollte. Diese Phase seines Lebens war vorbei. Die Promotion war eine Tür zu einem neuen Leben. Er wusste noch nicht genau, was er tun wollte, aber er sah der Zukunft sehr zuversichtlich entgegen.

Bei diesem Führungsseminar musste sich Lauer intensiv mit seinen Werten, seiner Philosophie, seinen Bestrebungen und seinen charakteristischen Stärken auseinander setzen. Als er über die nächsten zehn Jahre seines Lebens nachdachte und sich seine Fähigkeiten vor Augen führte, wurde ihm klar, wie sehr ihm seine Arbeit als Führungskraft gefallen hatte. Er erinnerte sich wieder an die Begeisterung, die er an der Spitze eines Unternehmens gespürt hatte, als er mit einem Führungsteam zusammenarbeitete und etwas Bedeutsames aufbaute. Als er eines Tages aufwachte, wusste er, dass er wieder bereit war, ein Unternehmen zu leiten.

Er kontaktierte einige Headhunter, und nach einem Monat wurde ihm die Leitung von Oglebay Norton angeboten, einem Rohstoffunternehmen mit einem Umsatz von 250 Millionen US-Dollar. Dort perfektionierte er seinen demokratischen Führungsstil. Er hörte aufmerksam zu, was die Angestellten zu sagen hatten, und forderte sein Führungsteam auf, dasselbe zu tun. Und er formulierte eine überzeugende Vision für das Unternehmen, die er so oft wie möglich wiederholte. Einer seiner Manager erzählte uns: »John vermittelt uns Optimismus, Begeisterung und die Motivation, unser Bestes zu geben.«[16] Lauer bewirkte bereits im ersten Jahr derart beeindruckende Verbesserungen, dass *Fortune, Business Week* und das *Wall Street Journal* über Ogleby Norton berichteten, obwohl das Unternehmen mit unspektakulären Waren wie Kiesel und Sand handelte.

Lauer hatte BF Goodrich verlassen, weil ihm klar geworden war, dass er eine andere Vision für sein Leben hatte. Das war die erste Erkenntnis – die des idealen Selbst. Nachdem er sich eingestanden hatte, dass er in Routine verfallen war, und sich seiner charakteristischen Stärken bewusst geworden war – die zweite Erkenntnis –, fand er die Begeisterung für seine Arbeit als Führungskraft wieder. Und das führte ihn auf den richtigen Weg zurück und ließ ihn in einer anderen Führungsposition Erfüllung finden.

Der »Logan«-Test

Als der neunjährige Logan in den Sommerferien eine Woche bei seinem Onkel verbrachte, stellte er seinen Wecker jeden Tag auf kurz vor fünf Uhr. Wenn er dann hörte, dass sein Onkel aufgestanden war und die Treppe hinunterschlich, sprang Logan aus dem Bett, um ja nichts zu verpassen. Das überraschte seinen Onkel, der gedacht hatte, dass er ein wenig arbeiten könnte, bis der Junge aufwachte. (Logans Mutter hatte gesagt, dass er normalerweise zwischen halb und acht Uhr aufwachte.) Doch davon konnte keine Rede sein. Kaum dass der Onkel aufgewacht war, stand Logan schon voller Tatendrang da.

Der »Logan«-Test könnte Sie darauf hinweisen, ob der Vergleich mit dem gekochten Frosch auf Sie zutrifft. Stellen Sie sich die folgenden Fragen:

- Wachen Sie jeden Morgen voller Vorfreude auf den Tag auf?
- Lachen Sie so oft wie früher?
- Haben Sie in Ihrem Privatleben so viel Spaß wie früher?
- Macht Ihnen Ihre Arbeit so viel Freude wie früher? – Wenn Sie zu dem Schluss kommen, dass Ihre Arbeit, Ihre Beziehungen und das Leben im Allgemeinen Sie nicht mehr mit Elan und Zukunftsfreude erfüllen, haben Sie wahrscheinlich die Verbindung mit Ihrem realen Selbst verloren und sollten sich mit der Person auseinander setzen, die Sie geworden sind.

Das reale Selbst ist schwer zu fassen

Eine Bestandsaufnahme Ihres realen Selbst beginnt mit der Inventur Ihrer Talente und Leidenschaften – der Person, die Sie als Führungskraft sind. Das ist gar nicht so einfach. Es erfordert nämlich ein hohes Maß an Selbstwahrnehmung, allein schon um die Trägheit festgefahrener Gewohnheiten zu überwinden. Die Veränderungen, die Routine mit sich bringt, stellen sich schleichend und unauffällig ein. Deshalb ist die Realität unseres Lebens oft schwer zu definieren. Und wenn wir sie dann erkennen – oft in einem Moment der Erleuchtung –, kann sie sehr unangenehm sein. Ein Manager, mit dem wir arbeiteten, drückte es so aus: »Ich sah, dass ich genau die Person geworden war, die ich nie sein wollte.«

Wie ist es möglich, dass ein intelligenter Mensch sein reales Selbst aus den Augen verliert? Warum bemerken wir nicht, dass wir uns verändert haben? Einer der Hauptgründe besteht darin, dass Kompromisse und Selbstzufriedenheit sich langsam und unauffällig einschleichen und das Selbstbild immer mehr verschwimmen lassen. Das heißt, wir erkennen nicht, dass wir uns verändert haben – obwohl die Menschen in unserer Umgebung dies meist sehr deutlich sehen.

Es gibt so vieles, das uns davon abhält, unser reales Selbst zu sehen. Unsere Psyche schirmt uns gegen Informationen ab, die unser Selbstbild ins Wanken bringen könnten. Diese Abwehrmechanismen des Ego helfen uns, unangenehme und bedrohliche Erfahrungen besser zu bewältigen. Allerdings gehen bei diesem Prozess, der unserem emotionalen Schutz dient, essenzielle Informationen verloren – etwa wie andere auf unser Verhalten reagieren. Mit der Zeit kann diese unbewusste Selbsttäuschung zu einem stark verzerrten Selbstbild führen, das trotz der daraus entstehenden Schwierigkeiten aufrechterhalten wird.[17]

Natürlich haben Abwehrmechanismen ihre Vorteile. So sehen Menschen mit gesunden Abwehrmechanismen ihre Aussichten und Möglichkeiten positiver als der Durchschnitt.[18] Diese optimistische Grundeinstellung gibt ihnen Begeisterung und Energie für ihre Tätigkeit. Problematisch wird es, wenn unsere Abwehrmechanismen zu weit gehen und die Wahrnehmung unseres realen Selbst unmöglich machen.

Henrik Ibsen nannte diese Selbsttäuschung »Lebenslügen«: angenehme Unwahrheiten, die wir der unangenehmen Realität vorziehen.

Lebenslügen

Selbsttäuschung ist eine gefährliche Falle, die eine realistische Selbsteinschätzung verhindert. Wenn wir in diese Falle tappen, nehmen wir nur noch das wahr, was unser verzerrtes Selbstbild bestätigt – und ignorieren alles andere. Überraschend ist, dass viele Menschen nicht das Negative, sondern das Positive ausblenden.

Bei Coachinggesprächen mit Führungskräften haben wir oft erlebt, dass ausgezeichnete Manager sich selbst nicht für effektiv halten – obwohl ihre Kollegen sie in den höchsten Tönen loben. Es mag den Anschein haben, dass solche Führungskräfte sich aus Bescheidenheit unterbewerten, doch normalerweise liegt es an ihren extrem hohen Leistungsstandards. Sie richten ihre Aufmerksamkeit nicht auf ihre zahlreichen Erfolge, sondern auf das, was sie für ihre Misserfolge halten.

Die offensichtlichste Möglichkeit, ein verzerrtes Selbstbild zu korrigieren, ist Feedback von den Menschen in unserer Umgebung. Das klingt so einfach, nicht wahr? In Anbetracht der vielen Menschen in unserem Leben, die unser Verhalten kommentieren könnten, würde man annehmen, dass wir Feedback in Hülle und Fülle bekommen und unser Selbstbild laufend korrigieren können. Warum ist das nicht der Fall?

Ein Grund ist die »Geschäftsführerkrankheit«, die wir im letzten Kapitel beschrieben haben.

Diese Krankheit betrifft nicht nur den Geschäftsführer, sondern Führungskräfte auf allen Ebenen. Oft liegt es einfach daran, dass es den Leuten unangenehm ist, jemandem ehrliches Feedback über sein Verhalten zu geben. Sie befürchten, die Gefühle des anderen zu verletzen. Viele Menschen wissen nicht, wie man produktives Feedback gibt, das dem Empfänger hilft, statt ihn vor den Kopf zu stoßen. Deshalb tendieren sie zu sehr in die andere Richtung und geben sich die größte Mühe, »nett« zu sein. Doch wenn wir nett mit ehrlich verwechseln, ist unser Feedback für den Empfänger nutzlos.

Das Problem mit »nettem« Feedback

Der Besitzer und Küchenchef eines Pariser Bistros stand gerade in der Nähe des Eingangs, als ein Paar ins Lokal kam, freundlich lächelte und fragte: »Sind Sie der Besitzer?«

»Ja«, antwortete er.

Die beiden blickten sich im Lokal um, sahen die geschmackvolle Einrichtung, das gepflegte Ambiente und die angerichteten Speisen und sagten: »Ein wunderbares Lokal – wunderbare Atmosphäre und großartiges Essen!«

Daraufhin meinte der Besitzer: »Sie sollten mit diesem Urteil bis nach dem Essen warten!« Natürlich freute er sich als Inhaber des Lokals über Lob, doch es sollte ehrlich sein und nicht nur freundliche Geste. Dasselbe gilt für Feedback in Organisationen.

Jahrelang rieten Verhaltensforscher dazu, leistungsbezogenes Feedback »nicht evaluativ« zu formulieren. Ohne klare Bewertung sei es leichter verdaulich – und daher auch nützlicher. Wenn man dem Feedback die Spitze nahm, würden die Empfänger es eher annehmen.

Doch laut einer Studie des Massachusetts Institute of Technology wurde Feedback dadurch weniger nützlich. Durch eine unverbindliche, möglichst neutrale Formulierung von Feedback gingen wichtige emotionale Botschaften verloren.[19] Bei dieser Studie, die ihm Rahmen einer Einführungsvorlesung über Verhalten in Organisationen durchgeführt wurde, forderte man MBA-Studenten auf, ein Veränderungsziel zu definieren, an dem sie in den 15 Wochen des Programms arbeiten würden. Die Studenten wurden in Gruppen unterteilt. Bei der wöchentlichen Lehrveranstaltung gaben die Mitglieder der Gruppen einander Feedback über ihre Fortschritte. Am Ende der Lehrveranstaltung führte jeder Student drei Feedbackbeispiele an, die er an diesem Tag besonders nützlich gefunden hatte.

Im Gegensatz zu der damals vorherrschenden Auffassung wurde »evaluatives Feedback« – also eine offene, konkrete

Rückmeldung zum Verhalten eines anderen – als hilfreicher empfunden als nicht evaluatives Feedback. Dieses Ergebnis ist durchaus plausibel: Wir alle wissen, dass andere uns beobachten und beurteilen. Deshalb möchten die meisten von uns lieber die ganze Wahrheit hören als eine nichts sagende Variante. Wenn uns jemand »nettes« Feedback gibt, erweist er uns einen schlechten Dienst, denn er enthält uns wichtige Informationen vor, die wir brauchen, um uns zu verbessern.

Wir stellten fest, dass die Führungskräfte mit der höchsten Emotionalen Intelligenz aktiv negatives und positives Feedback einholen. Sie verstehen, dass sie ein vollständiges Spektrum von Informationen brauchen, um bessere Leistungen zu erbringen – egal ob diese Informationen angenehm sind oder nicht.

Zur Wahrheit vordringen

Um effektiver zu werden, müssen Führungskräfte die Informationsquarantäne rund um ihre Person durchbrechen. Es gibt nicht viele Mitarbeiter, die den Mut aufbringen, einem befehlenden Vorgesetzten zu sagen, er sei zu schroff oder könnte visionärer oder demokratischer sein. Deshalb müssen emotional intelligente Führungskräfte die Wahrheit selbst herausfinden.

Wie stellen sie das an? Eine Untersuchung unter fast 400 Führungskräften zeigte, dass sie ihre Selbstwahrnehmung und ihre Empathie einsetzen, um ihre eigenen Handlungen und die Reaktion der anderen zu überwachen. Sie sind offen für Kritik, sei es an ihren Ideen oder an ihrem Führungsstil. Sie suchen aktiv negatives Feedback und schätzen die Meinung des »Advocatus Diaboli«. Im Gegensatz dazu suchen weniger effektive Führungskräfte meist bestätigendes Feedback. Kein Wunder also, dass ihre Selbsteinschätzung wesentlich weniger zutreffend war. Die effektivsten Führungskräfte schätzten sich selbst sehr ähnlich wie ihre Mitarbeiter ein.[20]

Bei der Auswertung mehrerer Tausend Fragebögen, die von Vorgesetzten, Kollegen und Mitarbeitern ausgefüllt worden waren, zeigte sich, dass die Aufforderung zu *negativem* Feedback – und nicht nur zu positiven Bemerkungen – bei Führungskräften auf ein hohes Maß an Selbstwahrnehmung und Effektivität hinwies. Wenn eine Führungskraft weiß, was sie verbessern muss, weiß sie, worauf sie ihre Aufmerksamkeit richten muss. Auf der anderen Seite war die Selbstwahrnehmung und die Effektivität jener Führungskräfte, die vor allem positives Feedback suchten, geringer.[21]

Negative Informationen einzuholen, kann also entscheidend für unsere Entwicklung und Effektivität sein. Doch bei wem holen Sie Rat ein – und Feedback, das Ihre Selbsteinschätzung nicht unbedingt bestätigt? Mit anderen Worten: Wie prüft eine Führungskraft die Realität?[22]

Die zweite Erkenntnis abschließen

Die erste Erkenntnis, die durch einen selbstbestimmten Lernprozess erlangt wird, betrifft das ideale Selbstbild. Die zweite Erkenntnis – das reale Selbst – umfasst zwei Schritte: Als Erstes müssen wir uns damit auseinander setzen, wie wir selbst uns sehen und wie andere uns sehen. Als Zweites müssen wir uns damit beschäftigen, wo sich unser ideales und unser reales Selbst überschneiden und wo sie auseinander klaffen – also unsere Stärken und Schwächen verstehen.[23]

Das ist der eigentliche Ausgangspunkt des selbstbestimmten Lernprozesses: eine Bestandsaufnahme jener Teile von uns, die wir schätzen und bewahren wollen sowie jener Teile, die wir verändern oder neuen Umständen anpassen möchten. Unsere Selbstwahrnehmung führt zu der Bereitschaft, uns zu verändern. Plötzlich verstehen wir, was wir an uns selbst schätzen und deshalb beibehalten möchten.[24] Gleichzeitig können wir uns aber auch eingestehen, was wir verbessern müssen. Beides ist eng miteinander verbunden. Manchmal bewirkt eine Stärke eine Schwäche, wenn Sie zum Beispiel so viel Initiative zeigen, dass Sie nicht genügend emotionale Selbstkontrolle aufbringen. Ebenso kann eine Schwäche auf einer Stärke beruhen: Ein Mangel an »Anpassungsfähigkeit« kann zum Beispiel daher rühren, dass Sie eine inspirierende Führungskraft sind, die übereifrig und zu sehr auf eine Vision fixiert ist.[25]

Unsere Führungsstärken liegen also dort, wo unser reales und unser ideales Selbst sich überschneiden, während unsere Schwächen dort entstehen, wo die Realität sich nicht mit unserem Ideal deckt. Um ein komplettes Bild davon zu erlangen, wer wir sind und wer wir gerne sein würden, müssen wir wie bei einem Puzzle vorgehen. Man beginnt mit den Eckteilen und fügt dann Teil um Teil hinzu. Vermutlich werden Sie zu Beginn noch nicht das gesamte Bild sehen können. Doch irgendwann werden Sie genügend Puzzleteile zusammengefügt haben, um es in aller Klarheit zu erkennen.

Abhilfe für blinde Flecken

Wie wir bereits im Zusammenhang mit der Geschäftsführerkrankheit festgestellt haben, ist es nicht einfach für Führungskräfte, ihre Stärken und Schwächen ohne fremde Hilfe zu erkennen. Eine Führungskraft, die ihre Fähigkeiten verbessern möchte, muss die Meinung anderer einholen, um sich ein zutreffendes Bild von sich selbst zu machen. Die 360-Grad-Methode, bei der Sie Informationen von vielen verschiedenen Leuten sammeln – Vorgesetzten, Kollegen und Mitarbeitern –, bietet Ihnen diese Möglichkeit. Sie erhalten ein Profil Ihrer Kompetenzen, das auf einem Konsens beruht. Ob dieser Konsens ein Bild von Ihrem *wahren* Selbst ist, hängt von zwei Faktoren ab: erstens, ob die Leute, die an der 360-Grad-Bewertung teilnehmen, regelmäßig mit Ihnen zu tun haben, und zweitens, ob Sie sich ihnen so präsentieren, wie Sie sind, oder ihnen etwas vorspielen.[26]

Es gibt einen guten Grund, viele verschiedene Leute zur Teilnahme an einer 360-Grad-Bewertung aufzufordern: Viele unterschiedliche Sichtweisen ermöglichen ein vollständigeres

Bild von uns selbst. Schließlich hängt unser Verhalten davon ab, mit wem wir gerade zusammen sind. Forschungen über verschiedene Feedbackquellen bestätigen, was auf der Hand zu liegen scheint: Vorgesetzte, Kollegen und Mitarbeiter sehen verschiedene Aspekte des Verhaltensrepertoires eines Menschen. Deshalb können verschiedene Bewertungen sehr unterschiedliche Bilder von einer Führungskraft ergeben.

So kam eine Untersuchung, die Gene Harris und Joyce Hogan von der University of Tulsa in einem Lkw-Transportunternehmen durchführten, zu folgendem Ergebnis: Bei einer 360-Grad-Evaluation gaben Mitarbeiter ihren Vorgesetzten die höchste Bewertung für Gewissenhaftigkeit, während deren Vorgesetzte diesen Führungskräften die höchste Bewertung für emotionale Stabilität gaben.[27] Die Manager selbst bewerteten ihre »interpersonelle Reife« am höchsten – die von ihren Mitarbeitern und ihren Vorgesetzten sehr niedrig bewertet wurde. Die schlechteste Bewertung erhielten diese Führungskräfte für ihr Feedback, und zwar sowohl von ihren Mitarbeitern als auch von ihren Vorgesetzten. Die vielen verschiedenen Perspektiven dieser 360-Grad-Bewertung boten die Lösung für zwei Probleme: die blinden Flecken der Manager und die beschränkte Sicht einer einzelnen Feedbackquelle.

Bei einer anderen Untersuchung von Managern prüften Fred Luthans und einige seiner Kollegen von der University of Nebraska, ob »Erfolg« und »Effektivität« sich decken.[28] Während sie Erfolg über Beförderungen, Gehaltserhöhungen und Arbeitsentgelt definierten, sahen sie als Maßstab für Effektivität die Meinung von Leuten, die mit diesen Managern zusammenarbeiteten. Sie stellten fest, dass die Vorgesetzten den Aufbau von Beziehungen, Kommunikation und Einfluss als hervorstechende Kompetenzen dieser Manager nannten – also jene Fähigkeiten, die sie im Umgang mit ihren Vorgesetzten verwendeten. Währenddessen gaben ihnen ihre Untergebenen die höchste Bewertung für Mitarbeiterentwicklung, Teamwork, Kooperation und Empathie – also jene Kompetenzen, die die Manager im Umgang mit ihren Mitarbeitern einsetzten.

Da Vorgesetzte und Untergebene die Stärken einer Führungskraft sehr unterschiedlich bewerten, empfiehlt sich die Durchführung einer 360-Grad-Bewertung. Die besten Führungskräfte setzen Kompetenzen selektiv ein, je nachdem, mit wem sie gerade zu tun haben. Das heißt, jede Gruppe – Mitarbeiter, Kollegen, Vorgesetzte, Kunden, Familie und Freunde – sieht nur einen Teil des Repertoires dieser Führungskraft.

Von allen diesen Perspektiven scheinen die der Mitarbeiter und Kollegen am meisten über die tatsächliche Effektivität einer Führungskraft auszusagen.[29] Bei einer Langzeitstudie über Effektivität von Führungskräften in einer Behörde zeigte sich bei einer Überprüfung nach zwei beziehungsweise vier Jahren, dass die Bewertung durch Untergebene der verlässlichste Indikator für den Erfolg und die Effektivität einer Führungskraft gewesen war. Selbst nach sieben Jahren erwies sich diese Bewertung durch die Mitarbeiter als verlässliche Prognose für den Erfolg einer Führungskraft – und als wesentlich zutreffender als deren Selbsteinschätzung. Darüber hinaus zeigte sich, dass die Bewertungen der Mitarbeiter den Erfolg von Führungskräften ebenso zuverlässig prognostizierten wie wesentlich komplexere Bewertungen auf der Grundlage von Leistungssimulationen in einem Assessmentcenter.[30]

Die Diktatur der Schwächen

Sobald eine Führungskraft über Feedback ein vollständiges Bild von sich selbst erlangt hat, ist sie bereit, sich mit ihren Stärken und Schwächen auseinander zu setzen. Die meisten Menschen wissen aus eigener Erfahrung, dass man sich allzu oft ausschließlich auf seine Schwächen konzentriert. Schließlich wird in Organisationen ständig darüber gesprochen, besonders wenn es um Führungskompetenzen geht. Eine Arbeitskultur kann diese Ausrichtung auf Schwächen fördern, vor allem wenn eine Führungskraft nur die Probleme in der Organisation sieht. Oft haben solche Führungskräfte eine »pragmatische« Philosophie, die durch eine extrem hohe Leistungsmotivation gekennzeichnet ist.

Manche Menschen konzentrieren sich auf ihre Schwächen, weil ihr Selbstvertrauen zu gering ist. Sie unterschätzen ihre Fähigkeiten und neigen deshalb dazu, positivem Feedback zu misstrauen. Meist übertreiben solche Führungskräfte ihre Schwächen und ignorieren ihre Stärken.

Die Konzentration auf Schwächen aktiviert den rechten präfrontalen Kortex – und damit Angst und Abwehr. Diese Gefühle wirken demotivierend und können den selbstbestimmten Lernprozess unterbrechen oder sogar beenden.

Die persönliche Bilanz

Viele Schulungen für Führungskräfte – oder Manager, die eine Leistungsbewertung vornehmen – versäumen es, Stärken anzuerkennen, und konzentrieren sich ausschließlich auf die Bereiche, die einer Verbesserung bedürfen.

Doch das bedeutet, dass die Fähigkeiten, die einen Menschen mit Selbstvertrauen, Freude und Stolz erfüllen, unter den Tisch fallen. Eine ausschließliche Konzentration auf die Schwächen ist nicht nur deprimierend und demotivierend, sie führt auch zu einer verzerrten Bilanz. Stärken stehen für die wichtigen Dinge, die eine Führungskraft im Lauf ihres Lebens und ihrer Karriere gelernt hat. Sie sind der Endgewinn unserer Erfahrungen, der sich mit dem Endgewinn in der Bilanz eines Unternehmens vergleichen lässt.

Es gibt Stärken, die zum Charakter einer Führungskraft gehören, angeborene Ressourcen, auf die sie bei Bedarf zurückgreifen kann. So hatte Herb Kelleher, der ehemalige Geschäftsführer der Southwest Airlines, schon immer einen ausgeprägten Sinn für Humor. Er lachte gern und konnte andere zum Lachen bringen. Er nutzte diese Gabe, indem er Humor zu einer Stärke des Unternehmens machte, mit der es sich von der Konkurrenz abhob.

Wenn eine Führungskraft ihre Wirkung auf Menschen nicht nur in der Arbeit, sondern in verschiedenen Lebensbereichen beobachtet, wird es ihr leichter fallen, ihre charakteristischen Fähigkeiten zu erkennen.

Die ersten beiden Erkenntnisse – unseres idealen und realen Selbst, unserer Stärken und Schwächen – motivieren uns zu einer Veränderung. Doch wie erreichen wir diese Veränderung? Dazu brauchen wir einen Plan, wie wir unsere Stärken ausbauen, unsere Schwächen verringern und unsere Bestrebungen und Träume verwirklichen.

8
Die Metamorphose: Führungskompetenzen nachhaltig verbessern

Juan Trebino, der Marketingleiter der lateinamerikanischen Niederlassung einer großen Energiegesellschaft, erhielt die Aufgabe, das Unternehmen zu vergrößern – und zwar nicht nur in seinem Heimatland Venezuela, sondern in der gesamten Region. Als er bei einem Führungsseminar von den anderen Teilnehmern Feedback zu seinen Führungskompetenzen erhielt, erkannte er jedoch, dass er für diese Herausforderung nicht wirklich gerüstet war. Als ehemaliger Ingenieur war Trebino ziel- und leistungsorientiert. Doch für die Aufgabe, die er nun zu bewältigen hatte, würde er einen coachenden Führungsstil einsetzen müssen. Ob es ihm gelingen würde, in seiner Region neue Geschäftsmöglichkeiten zu schaffen, hing nämlich unter anderem von seiner Fähigkeit ab, seine Mitarbeiter zu kooperativem Verhalten zu bewegen.

Trebino stand kurz vor der »dritten Erkenntnis« des selbstbestimmten Lernprozesses: einen praktischen Plan zu entwickeln, mit dessen Hilfe er sich jene Fähigkeiten aneignen konnte, die er für seine Herausforderung brauchte. Bei einem solchen Plan geht es um Verbesserungen, die dem Betreffenden auch auf emotionaler Ebene wichtig sind. Er enthält realistische, überschaubare Schritte, die es ermöglichen, die aufgezeigten Chancen zu realisieren. Und er sollte auf Stärken aufbauen und gleichzeitig Schwächen verringern.

Trebino wusste, dass er sein Einfühlungsvermögen verbessern musste, wenn er sich einen coachenden Führungsstil aneignen wollte. Er entschloss sich, diese Fähigkeit in mehreren Bereichen seines Lebens gleichzeitig zu üben. Ein Vorhaben in seinem Lernplan bestand zum Beispiel darin, alle seine Mitarbeiter persönlich kennen zu lernen. Wenn er sie besser kannte, konnte er ihnen besser helfen, ihre Träume und Ziele zu verwirklichen. Er vereinbarte mit allen Mitarbeitern private Gesprächstermine in informeller Atmosphäre, bei denen sie ganz ungezwungen erzählen konnten, was sie in ihrem Leben zu erreichen hofften.

Außerdem hielt Trebino nach Bereichen außerhalb seiner Arbeit Ausschau, in denen er seine Empathie und seine Coaching-Qualitäten üben konnte. So begann er, das Fußballteam seiner Tochter zu trainieren und ehrenamtlich in einem lokalen Familienkrisenzentrum zu arbeiten. Beide Tätigkeiten boten ihm die Möglichkeit zu überprüfen, wie gut er sich in andere einfühlen konnte, und mit seinen neu erworbenen Fähigkeiten als Coach zu experimentieren.

Dank dieser neuen Aktivitäten gelang es ihm, seine Lernziele besser im Auge zu behalten. Es war, als hätte er sich eine neue Brille angeschafft – neue Linsen, durch die er die Welt anders sah und die ihm die Möglichkeit boten, sensibler auf Situationen zu reagieren, in denen er Verbesserungsbedarf hatte.

Je mehr Bereiche ihres Lebens eine Führungskraft in die Erreichung eines Lernziels einbezieht, desto mehr Übungsmöglichkeiten hat sie. Eine Studie, die von Jane Wheeler von der Weatherhead School of Management der Case Western Reseve University durchgeführt wurde, kam zu folgendem Ergebnis: In einer Gruppe von Personen, die Lernpläne entwickelt hatten, erzielten diejenigen die besten Erfolge, die ihre neuen Fähigkeiten an vielen verschiedenen Menschen und in möglichst vielen Lebensbereichen – nicht nur im Beruf, sondern auch in der Familie, in der Kirche, in Gemeindegruppen et cetera – ausprobierten. Die Verbesserungen waren noch Jahre später messbar.[1]

Lernchancen zu erkennen und sie spontan zu nutzen, um neue Fähigkeiten zu üben, ermöglicht schnellere Verbesserungen. Das Leben ist ein Labor des Lernens. Dabei sollten wir nicht vergessen, dass Pläne, die sich lediglich auf spezifische

Leistungsziele konzentrieren, weniger wirkungsvoll sind als solche, bei denen wir unser ideales Selbstbild mit der Realität vergleichen.

Die dritte Erkenntnis: Ein Lernplan

Nur allzu oft wird das Coachen von Führungskräften mit einem »Leistungsverbesserungsplan« gleichgesetzt – ein Wort, das Assoziationen mit einem Rehabilitationsprojekt weckt. Doch Lernziele sollten keine rationalen Vorgaben sein, sondern Vorsätze, in denen sich unsere Träume widerspiegeln. Da es bei einer reinen »Leistungsagenda« nur um die Erreichung unpersönlicher Erfolgskennzahlen geht, empfinden wir sie oft als aufgezwungen und das kann uns defensiv machen. Solche Agenden bringen die Träume des Lernenden nicht mit dem Ziel in Einklang.[2] Eine *Lernagenda* hingegen konzentriert sich auf die Möglichkeit der Veränderung, was letzten Endes zu besseren Leistungen in der Arbeit (und vermutlich auch zu mehr Zufriedenheit im Leben im Allgemeinen) führt.

Kein Wunder also, dass Verbesserungspläne, bei denen das Lernen – und nicht die Leistung – im Vordergrund steht, als die effektivsten gelten. So führte die Lernagenda eines Programms zur Verbesserung der Kommunikationsfähigkeit zu unvergleichlich besseren Präsentationen. Eine Leistungsagenda, die konkrete Schritte zur Verbesserung der tatsächlichen Leistung vermissen ließ, löste hingegen eher defensive Reaktionen aus (die Betroffenen wollten nicht »schlecht dastehen«).

Der optimale Lernplan hilft uns, uns auf das zu konzentrieren, was wir werden wollen – unser ideales Selbst –, statt auf das Ideal anderer. Er sollte sinnvolle Leistungsstandards enthalten, statt einen willkürlichen, »normativen« Erfolgsstandard vorzugeben, der mit unseren persönlichen Zielen übereinstimmen kann oder auch nicht.[3] Bei der Ausarbeitung spezifischer, überschaubarer

Ziele ist es am besten, nach Zielen Ausschau zu halten, die motivierend sind und die ganze Palette unserer Talente nutzen.

Ein oktroyiertes Leistungsziel bewirkt im Allgemeinen das genaue Gegenteil: Es untergräbt unsere Motivation, löst Ängste und Zweifel über unsere Verbesserungsfähigkeit aus und wirkt daher nicht unbedingt leistungssteigernd.[4] So zeigt sich sogar in der zielorientierten Verkaufsbranche, dass Lernziele größere Verbesserungen herbeiführen als Leistungsziele.[5] Bei der Festlegung wirklich sinnvoller Entwicklungsziele reicht es nicht aus, die Veränderung ins Auge zu fassen. Vielmehr müssen konkrete Schritte definiert werden, die uns auf die Veränderung vorbereiten.[6] Unsere Lernziele sind eine Art geistiger Übung, die den Weg für eine Veränderung unserer Verhaltensweisen bereitet.

Der achtsame präfrontale Kortex

Wie wir bei Juan Trebino gesehen haben, verwandelt eine Agenda mit spezifischen Zielen unser Leben in ein Laboratorium des Lernens. Die Fußballmannschaft seiner Tochter zu trainieren, in einem Krisenzentrum zu arbeiten und seine Kollegen persönlich kennen zu lernen – all diese Aktivitäten erwiesen sich für Trebino als Chancen, seine Emotionale Intelligenz zu schulen. Die Ziele halfen ihm, sich selbst zu beobachten und festzustellen, wie gut er vorankam. Sie erinnerten ihn daran, aufmerksam zu bleiben.[7]

Da sich die Gewohnheiten, die er zu überwinden versuchte, verselbständigt hatten und ihm mit der Zeit unbemerkt zur zweiten Natur geworden waren, musste er sie sich zunächst einmal bewusst machen, um sie überwinden zu können.[8] Je aufmerksamer er war, desto öfter fand er in verschiedenen Situationen (ob er nun einem Kollegen zuhörte, als Fußballtrainer arbeitete oder mit jemandem sprach, der sich in einer Krisensituation befand) einen Lernanstoß, der es ihm ermöglichte, sich von alten Gewohnheiten zu trennen und neue Reaktionen auszuprobieren.

Ein solcher Anstoß zur Veränderung von Gewohnheiten wird sowohl auf der Nerven- als auch auf der Wahrnehmungsebene registriert. Forscher der University of Pittsburgh und der Carnegie Mellon University wiesen nach, dass Menschen, die sich geistig auf eine Aufgabe vorbereiten, den präfrontalen Kortex aktivieren, jenen Teil des Gehirns, der uns aktiv werden lässt. Ohne Vorbereitung wird der präfrontale Kortex nicht im Voraus aktiv. Das bedeutet, dass wir eine Aufgabe umso besser erledigen, je intensiver die vorhergehende Aktivierung war.[9]

Diese geistigen »Proben« sind besonders wichtig, wenn wir versuchen, alte Führungsgewohnheiten zu überwinden und sie durch bessere Methoden zu ersetzen. Ein an der Studie beteiligter Neurologe stellte fest, dass der präfrontale Kortex besonders aktiv wird, wenn wir uns auf die Überwindung einer gewohnheitsmäßigen Reaktion vorbereiten. Die Erregung des präfrontalen Kortex deutet darauf hin, dass sich das Gehirn auf die bevorstehenden Ereignisse konzentriert. Ohne eine solche Erregung handelt die betreffende Person so, wie sie es seit Jahren tut. Die Führungskraft, die einfach nicht zuhören kann, wird ihrem Untergebenen wieder einmal das Wort abschneiden; der ständig gereizte Chef wird sich die nächste überkritische Bemerkung nicht verkneifen können.

Da Führungsfähigkeiten zu einem unbewussten Repertoire alter Gewohnheiten gehören, verschwinden die unerwünschten Reaktionen nicht wie von Zauberhand. Es braucht Entschlossenheit und ständige Erinnerungshilfen, um sie loszuwerden. Mit der Zeit verlieren die Erinnerungshilfen an Bedeutung, und die neuen Verhaltensweisen verankern sich im Gehirn.

Ziele setzen: Eine neue Perspektive

Ziele festzulegen und Pläne zu entwickeln, um sie zu erreichen, ist nichts Neues.[10] Benjamin Franklin beschrieb, wie man sich durch die Festlegung täglicher und wöchentlicher Ziele

Schritt für Schritt erstrebenswerte Verhaltensweisen aneignen und sich zu einem tugendhaften Menschen entwickeln kann. Heute kann dieser Prozess wissenschaftlich erklärt werden.

In den 60er Jahren bewies David McClelland, Universitätsprofessor in Harvard, dass Unternehmer erfolgreicher waren, wenn sie spezifische Ziele für sich definierten.[11] David Kolb, ein ehemaliger Student McClellands, führte später am MIT eine Reihe von Studien durch, die zeigten, welche Phasen der Zielsetzung wesentlich für Verbesserungen waren.[12]

Heute sind Manager mit Zielen nur allzu vertraut. Sie müssen nicht nur ihren eigenen Tagesablauf planen und Agenden für die Erreichung ihrer jährlichen Leistungsziele festlegen, sondern sie müssen dies auch für ihre Mitarbeiter tun. Dazu kommt, dass sie bei der Planung der strategischen Geschäftseinheiten, der Abteilungen und des Gesamtunternehmens mitwirken. Und sie werden mit Werkzeugen für die Erstellung dieser Pläne überschwemmt, von Tagesplanern bis hin zu elektronischen Palm Pilots. Kein Wunder, dass die Manager darüber klagen, so viel Zeit für das Planen aufwenden zu müssen und so wenig Zeit für die eigentliche Arbeit zu haben.

Welche neuen Informationen oder Werkzeuge könnten angesichts dieses Planungswahnsinns noch von Nutzen sein? Aktuelle Studien über Menschen, die ihre Emotionale Intelligenz verbesserten, ergaben mehrere wichtige Erkenntnisse darüber, was funktioniert – und was nicht.[13] Obwohl einige logisch – sogar selbstevident – zu sein scheinen, haben sie noch nicht Eingang in die allgemeine Praxis gefunden. Diese Studien führten unter anderem zu den folgenden Erkenntnissen:

- Ziele sollten auf den Stärken eines Menschen aufbauen und nicht auf seinen Schwächen.
- Ziele sollten nicht von Außenstehenden auferlegt, sondern von der betreffenden Person selbst festgelegt werden.
- Pläne sollten es den Menschen gestatten, sich auf verschiedene Weise auf die Zukunft vorzubereiten – eine einzelne »Planungsmethode«, die von einer Organisation auferlegt wird, ist oft kontraproduktiv.

- Pläne müssen realistisch sein und aus überschaubaren Schritten bestehen: Pläne, die sich nicht nahtlos in das Leben und die Arbeitswelt einfügen, werden innerhalb weniger Wochen oder Monate fallen gelassen.
- Pläne, die nicht zum Lernstil des Betreffenden passen, sind demotivierend und führen zu einem schnellen Verlust der Aufmerksamkeit.

Sehen wir uns nun an, inwieweit diese Punkte den Prozess der Zielsetzung, wie wir ihn kennen, verändern.

Ziele sollten auf Stärken aufbauen, nicht auf Schwächen

Demetrios, President einer schnell wachsenden Beratungsfirma mit Forschungsschwerpunkt, war eine effektive, demokratische Führungspersönlichkeit. Er hatte eine gute Selbstwahrnehmung und ein ausgeprägtes soziales Bewusstsein, dazu Kompetenzen im Aufbau von Beziehungen, in Teamarbeit und in der Mitarbeiterentwicklung. Dank seines Talents, aus anderen Menschen Ideen herauszulocken, gelang es ihm, das Unternehmen durch eine schwierige Phase zu führen und seine Marktanteile weiter zu vergrößern.

Aber sobald das Unternehmen auf Erfolgskurs war, stand Demetrios plötzlich vor einem Führungsdilemma. Die Partner und Mitarbeiter des Unternehmens begannen sich zu fragen, welchen Kurs die Firma nun wohl nehmen würde. Gefragt war visionäre Führung – und jemand, der bereit war, harte Entscheidungen über die Prioritäten zu treffen, die den Schwung aufrechterhalten würden. Der Führungsstil, auf den Demetrios setzte, war zu sehr auf Laisser-faire ausgerichtet: Er gestattete den Partnern, Teile der Firma in jede von ihnen gewünschte Richtung zu führen, und das konnte die Firma zerreißen.

Der Plan, den Demetrios in der Folge gemeinsam mit einem Führungscoach erarbeitete, zeigt sehr gut, wie Lernziele ein

Defizit verringern und gleichzeitig auf Stärken aufbauen können. Gemeinsam entdeckten sie charakteristische Schwächen in Demetrios' Führungsstil, die besonders stark zutage traten, wenn es um Durchsetzung ging, wie in den Bereichen Einfluss und Konfliktmanagement. Der Coach öffnete Demetrios die Augen dafür, dass er seine Kompetenzen als inspirierende Führungskraft und als Veränderungskatalysator, die er in der Arbeit mit seinen Klienten oft anwendete, an der Tür abgab, wenn er ins Büro ging.

Um diese Kompetenzen in Zukunft auch im Unternehmen einzusetzen, entschied sich Demetrios für ein neues Lernziel: seine Firma ab sofort so zu behandeln, als wäre sie sein »wichtigster Klient«. Er wollte sein ausgeprägtes soziales Bewusstsein nutzen, um Probleme im Unternehmen wie Probleme eines Klienten zu betrachten. Zu seinem Aktionsplan gehörte es, darüber nachzudenken, wie dieser neue »Klient« – seine eigene Firma – an Probleme herangehen sollte. Er machte sich sogar die Mühe, sich jeden Tag ein Beratungsmemo zu schreiben, in dem er spezifische Lösungen vorschlug.

Sein zweites Lernziel betraf die Führungskrise: Er wollte seine Kollegen bei jedem Meeting motivieren und inspirieren. So erinnerte er zum Beispiel die Teilnehmer aller Kleingruppenmeetings als Erstes daran, warum sie eigentlich da waren – wegen ihrer Vision, ihrer Werte und ihrer Mission. Obwohl ihm das zu Beginn unangenehm, ja peinlich war, gewöhnte er sich rasch daran. Hier konnte er auf zwei seiner Stärken aufbauen: auf seinem Talent, Klienten zu inspirieren, und auf seinen Fähigkeiten im Aufbau von Teams. Wenn er zum Beispiel zu Beginn eines Meetings die Mission ansprach, konnte er einen Schritt weiter gehen und bei dieser Gelegenheit die gemeinsamen Vorstellungen von der Vision der Firma besprechen.

Indem sich Demetrios auf seine Stärken stützte, konnte er seinen Lernplan selbstbewusst und zielstrebig verfolgen. Es wurde ihm bewusst, dass er für seine Klienten bereits seit langem tat, was er nun für seine Firma tun musste. Im Lauf der nächsten sechs Jahre verdreifachte das Unternehmen seinen

Umsatz. Demetrios gelang es nicht nur, Stärken aufzubauen, die ihm halfen, seinen Führungsstil zu verändern, er entwickelte auch Kompetenzen, die bereits dicht unter der Oberfläche schlummerten – ein Stadium, in dem eine relativ geringfügige Verbesserung oder der vermehrte Einsatz der betreffenden Kompetenz, ein »Antippen« sozusagen, ausreicht, um herausragende Leistungen zu erzielen.

David McClelland war der erste Forscher, der für Kompetenzen so genannte »Tipping Point«-Analysen verwendete.[14] Frühere Studien hatten die Frage geklärt: *Welche* Kompetenzen sind notwendig, um herausragende Leistungen zu erzielen? Dieser neue Ansatz beantwortete eine andere Frage: *Welches Maß* an Kompetenzen ist notwendig, um herausragend zu sein? Demetrios hatte zwei Kompetenzen, die nur »angetippt« zu werden brauchten – die Fähigkeit, andere durch Inspiration zu führen, und die Fähigkeit, ein Veränderungskatalysator zu sein – beides Fähigkeiten in den Bereichen Einfluss und Konfliktmanagement.

Hätte sein Lernziel darin bestanden, allein oder mit einer kleinen Gruppe von Partnern eine Vision zu entwickeln und diese dann dem Personal zu »verkaufen«, hätte er seine Schwachstellen in den Bereichen Einfluss und Konfliktmanagement verbessern müssen. Aber indem er versuchte, sich neue Gewohnheiten anzueignen, die seinem Stil näher standen, vergrößerte er seine Chancen, einen effektiven visionären Führungsstil zu entwickeln.

Sind Ihre Ziele tatsächlich Ihre eigenen Ziele?

Als Mark Scott, Leiter der PR-Abteilung einer Hypothekenbank, darüber nachdachte, wie weit er sich durch ein Entwicklungsprogramm für Führungskräfte geändert hatte, kam er auf drei Verbesserungen, die er erzielt hatte: Er hatte nun das Gefühl, Menschen mit verschiedenem Hintergrund besser zu verstehen; er hatte seine Fähigkeit verbessert, effektive Arbeitsbeziehungen mit einer Vielzahl verschiedener Leute aufzubauen, und er war in neuen und unsicheren Situationen flexibler geworden. Diese Verbesserungen spiegelten die ersten drei Lernziele der Agenda wider, die er vor zwei Jahren entwickelt hatte.

Aber als er gefragt wurde, was aus dem vierten und fünften Ziel seines Planes geworden sei, konnte er nicht einmal auf Anhieb sagen, worin diese Ziele eigentlich bestanden hatten. »Oh, das waren die Ziele meiner Chefin«, sagte er. »Sie bestand darauf, dass ein guter Lernplan alle Schwächen in Angriff nehmen müsse, die in meinen Beurteilungen zutage getreten waren.«

Es liegt auf der Hand, dass die Vorstellungen anderer keinen Widerhall bei Scott fanden. Aber solche Fehler bei der Festlegung von Zielen sind keine Seltenheit: Die Leute stimmen Entwicklungszielen zu, weil ein Chef, ein Mentor, ein Coach – oder der Ehepartner – sie zu dieser Veränderung drängt. Dabei sollte man aber bedenken, dass die Wahrscheinlichkeit, ein Ziel zu erreichen, um so höher ist, je *persönlicher* das Bekenntnis zu diesem Ziel ist.[15] Hier kommen nämlich Leidenschaft und Hoffnung ins Spiel, die motivierenden Gehirnaktivitäten, die uns zum Träumen anregen und die so wichtig für nachhaltiges Lernen sind. Und je schwieriger ein Ziel zu erreichen ist, desto wichtiger ist das persönliche Bekenntnis dazu.[16]

Welche Zukunftsvorstellungen haben Sie?

»Ich setze mir nie Ziele – weder berufliche noch private. Aber ich habe immer gewusst, dass alles, was ich tue, im Einklang mit dem steht, was ich für wichtig halte.« Das antwortete ein Unternehmer auf unsere Frage, wie er für die Zukunft plane. Als Alleineigentümer einer Beratungsfirma ist er beruflich unbestreitbar erfolgreich – ebenso wie in seinem Privatleben.

Er »plant« seine Zukunft aufgrund seiner sehr klaren Vorstellungen darüber, was ihm wichtig ist – seine Werte, seine Überzeugungen, die Art und Weise, wie er sein Leben führen möchte. Er hat für sich einen Weg entworfen, der keine spezifischen Meilensteine enthält, wie zum Beispiel einen bestimmten Job. Es gibt darin allerdings Wegweiser, an denen er sich orientiert, wenn es um Lebensentscheidungen geht. Dabei kommen ihm seine gute Selbstwahrnehmung und ein Talent für das Erkennen von Chancen zugute.

Vergleichen wir den Ansatz dieses Unternehmers mit dem von Denise Cesare, die als Wirtschaftsprüferin begann und später die Niederlassung der Krankenversicherung Blue Cross im Nordosten Pennsylvanias leitete. Seit ihrer Jugend hatte Cesare immer klare, spezifische Ziele verfolgt, und sie hatte stets eine Vision davon gehabt, was sie in ihrem Leben erreichen wollte. »Wirtschaftsprüfer ist ein Beruf, in dem man entweder aufsteigt oder untergeht. Das heißt, dass ich am Anfang natürlich das Ziel verfolgte, Partnerin zu werden. Als ich dann in den Gesundheitsbereich wechselte, sah ich mich irgendeines fernen Tages an der Spitze des Unternehmens. Ich konzentrierte mich auf das, was ich erreichen wollte, vergaß meinen Sinn für Humor nicht, blieb meinen Werten treu und bewegte mich Schritt für Schritt auf mein Ziel zu.«

Und genau so ging sie vor. Bei jeder Weggabelung wählte sie den Weg zum Erfolg für diese Phase ihrer Karriere, immer das Ziel vor Augen. Sie ist zielstrebig, leistungsorientiert und weiß mit den Höhen und Tiefen der Veränderung umzugehen.

Am anderen Ende des Spektrums stehen die Leute, die sich überhaupt keine Gedanken über die Zukunft machen, zumindest nicht anhand solcher Pläne. Sie erschaffen die Zukunft »unterwegs« und halten fast störrisch an dem Recht fest zu tun, was ihnen gefällt. »Ich will meine Zeit nicht damit verschwenden, darüber nachzudenken, was als Nächstes sein wird«, sagt der Leiter eines Konsumgüterunternehmens. Das bedeutet aber nicht, dass er in seinem Berufs- und Privatleben erfolglos ist. Aber er beurteilt den Erfolg hier und jetzt und lässt sich in seinem Verhalten von seiner Sicht der aktuellen Dynamik leiten.

Daraus folgt, dass es keine »richtige« Methode gibt, um die Zukunft zu planen; Studien haben gezeigt, dass dies ein äußerst persönlicher Prozess ist.[17] Wenn jemand versucht, einem vorgegebenen Modell zu folgen, verschwinden seine Lernpläne über kurz oder lang meist in der Schublade.

Es gibt kein Modell, das sich für alle eignet, wenn es um die Formulierung eines nützlichen Zukunftsplans geht. Trotzdem haben wir herausgefunden, dass in jedem der verschiedenen Planungsstile Kompetenzen stecken, die es wert sind, erlernt zu werden. Zielgerichtete oder »visionäre« Planer sind zum Beispiel gut darin, ein aussagekräftiges Bild eines fernen zukünftigen Zustands zu entwerfen, ein Bild, das seine Wurzeln in Werten, Überzeugungen und einem tief verankerten Gefühl für das hat, was im Leben wichtig ist.[18] Zielorientierte Planer erreichen das, was sie anstreben. Die Sozialwissenschaft sagt uns, dass spezifische, messbare Ziele öfter erreicht werden als vage.[19] Das Wissen, wie man solche Ziele festlegt, kann uns helfen, unsere Energie dorthin zu lenken, wo sie am meisten gebraucht wird.

Im Gegensatz dazu führt ein aktionsorientiertes Vorgehen kurzfristig zu hohen Leistungen. Dazu kommt, dass das Gefühl der Freiheit, das mit einem solchen Planungsansatz verbunden ist, für eine gewisse Leichtigkeit sorgt, die der Kreativität überaus zuträglich ist. Die »Pflichten«, die in der reflektierenden Planung berücksichtigt werden, sind für die meisten von uns ohnehin ein Faktum des Lebens, auch wenn es verlockend ist, das zu ignorieren. Deshalb ist es am besten, sie von vornherein in unsere Zukunft einzubeziehen.

Pläne müssen realistisch sein

Der vielleicht größte Fehler, den wir beim Festlegen von Zielen machen, besteht darin, dass wir uns auf Aktivitäten versteifen, die sich mit unserem täglichen Leben oder mit unserem bisherigen Arbeitsstil nur schwer vereinbaren lassen. Ein Aktionsplan muss zur Struktur und zum Rhythmus unseres Lebens passen. Wir haben in den letzten Kapiteln gesehen, dass Verbesserungen dauerhafter sind, wenn wir spezifische Kompetenzen im Bereich der Emotionalen Intelligenz zu erwerben trachten statt uns nur vage Ziele zu setzen.[20] Schon ein einziges Verbesserungsziel anzustreben, kann dramatische Effektivitätssprünge bewirken.

Lernpläne, die konkrete, praktische Schritte enthalten, bewirken die größten Verbesserungen. So haben Menschen, die versuchen, ihre Fähigkeiten als Redner zu verbessern – eine unabdingbare Kommunikationsfähigkeit für Führungskräfte und wichtig für viele Kompetenzen –, sich unter anderem die folgenden Ziele gesetzt:

- Ich werde jeden Monat mindestens zwei formelle Präsentationen abhalten und die Meinung eines Kollegen darüber einholen, von dem ich viel halte.
- Ich werde mit einer Freundin üben, bevor ich eine Präsentation abhalte.
- Ich werde eine meiner Reden auf Video aufnehmen und sie mit meinem Chef kritisch analysieren.
- Ich werde einer Rednervereinigung beitreten, um meine Rhetorik zu verbessern.
- Ich werde mich mit Menschen unterhalten, die ihre Vorträge ungezwungen und interessant gestalten, und mich informieren, wie sie sich vorbereiten – vor allem, was sie gegen das »Lampenfieber« tun und wie sie sich vor dem Vortrag entspannen.

Welche dieser Ziele für Sie am besten geeignet sind, hängt von Ihren Lebensumständen ab. Damit Sie an einem Entwicklungsziel arbeiten können, müssen Sie es wahrscheinlich in einen ohnehin bereits überfüllten Terminkalender zwängen. Und da Aktionsschritte oft zusätzliche Zeit beanspruchen, erhebt sich die Frage: Was werden Sie streichen, um genügend Zeit für Ihre Ziele zu haben? Es gibt eine Alternative: Gestalten Sie Ihre Schritte so, dass sie sich nahtlos in Ihre alltäglichen Aktivitäten einfügen.

Statt sich zum Beispiel einer Rednervereinigung anzuschließen, machte eine Managerin der mittleren Ebene ihr tägliches Stabsmeeting zu ihrer Mikroplattform. Außerdem übernahm sie Aufgaben, die ihr die Möglichkeit gaben, den übrigen Gruppenmitgliedern Berichte zu präsentieren. So baute sie ihre Lernerfahrungen in ihren Alltag ein und nutzte ihre Arbeitsumgebung als Laboratorium, in dem sie ihre Führungsfähigkeiten schulte.

Kennen Sie Ihren Lernstil?

Die meisten Führungskräfte haben eine bevorzugte Art zu lernen, eine Methode, die ihnen von Natur aus liegt. Statt gegen diesen Lernstil anzukämpfen oder zu versuchen, sich einen fremden Lernstil aufzuzwingen, ist es sinnvoll, auf den von Ihnen bevorzugten Lernstil zu setzen.

Nehmen Sie zum Beispiel zwei Freunde, die beide innerhalb weniger Jahre zu Unternehmensleitern aufstiegen und sich eines Sommers entschlossen, segeln zu lernen. Einer ging sofort los und kaufte sich ein vier Meter langes Dingi, mit dem er einen Monat lang an der Küste von Maine üben wollte. Sein Freund meldete sich erst einmal für einen Segelkurs im Bostoner Hafen an.

Während der frisch gebackene Dingi-Eigentümer sein winziges Boot vom Stapel ließ, saß sein Freund in einem Klassenzimmer, wo er mit dem ABC des Segelns vertraut gemacht wurde. Nachdem er sich die theoretischen Grundlagen angeeignet hatte, begann er gleich mit einem großen Boot zu segeln. Sein Freund war hingegen vom ersten Tag an draußen im Wasser, wenn auch in einem kleinen Boot, und entdeckte auf eigene Faust, warum zum Beispiel ein Kielschwert eine nützliche Sache ist. In den folgenden Jahren erprobte er seine neu erworbenen Fähigkeiten an immer größeren Booten.

Letztlich lernten beide segeln, wenn auch auf völlig verschiedene Weise. Der Eigentümer des Dingis zog es vor, durch praktische Erfahrung zu lernen, während sein Freund besser lernte, indem er zuerst ein mentales Modell entwickelte.

Studien zeigen, dass die Menschen am besten lernen, wenn sie Methoden verwenden, die zu ihnen passen.[21]

Das von David Kolb in seiner Zeit am MIT entwickelte Learning Style Inventory, eine Lernstildiagnose, wird seit über 30 Jahren verwendet, um Lernprozesse im Management und in anderen Bereichen von der Medizin bis zum Recht zu verstehen. Kolb stellte fest, dass die Menschen am häufigsten anhand einer der folgenden Methoden lernen:

- *Konkrete Erfahrung* – Erfahrungen, die es ihnen gestatten zu sehen und zu erfahren, wie sich etwas anfühlt;
- *Reflexion* – Nachdenken über eigene Erfahrungen und die der anderen;
- *Aufbau eines Modells* – Entwicklung einer Theorie, die die von ihnen gemachten Beobachtungen erklärt;
- *Lernen durch Versuch und Irrtum* – Experimentieren mit einem neuen Ansatz.

Das Lernen klappt oft am besten, wenn eine Kombination von zwei oder drei dieser Modelle verwendet wird.[22] Andererseits setzen einige Menschen auf Stile, die ihre Lernprozesse nicht fördern, sondern behindern – vor allem, wenn sie zu früh oder zu intensiv eingesetzt werden. Solche Lernstile halten die Menschen entweder vom Lernen ab oder dämpfen ihre Begeisterung, weil sie ein Gefühl der Langeweile oder der Irrelevanz entstehen lassen.

Viele Führungskräfte werden zu irgendeinem Zeitpunkt aufgefordert, ihre Teams effektiver zu führen. Wenn sie sich in einen einschlägigen Universitätskurs einschreiben, wird ihnen vielleicht einige Stunden lang die Theorie der Gruppenbildung und der Gruppenentwicklung erläutert. Möglicherweise geht es in dem Kurs auch um die verschiedenen philosophischen Perspektiven von Gruppen und Teams. Dabei bräuchten sie in Wirklichkeit vielleicht ein Werkzeug, das sie am Montagmorgen einsetzen können, um ein störendes Teammitglied zur Raison zu bringen. So kann es sein, dass sie nach einigen Stunden das Gefühl bekommen, der Kurs sei irrelevant, und das Interesse an ihm verlieren.

Kursleiter gestalten ihre Kurse meist auf der Grundlage des von ihnen selbst bevorzugten Lernstils, der bei Akademikern vorwiegend abstrakt und reflektierend ist. Führungskräfte, deren Lernstil aktiver und konkreter ist, sollten jedoch mit einigen praktischen Techniken beginnen, die sie sofort ausprobieren können.

Allzu oft wird in Führungskursen und Workshops ein fixer Lernplan vorgegeben. Um diese »Lernfalle« zu vermeiden, sollten Sie herausfinden, welche Lernstile für Sie am besten geeignet sind. Mit einem falschen Lernstil werden Sie vermutlich nur Zeit und Energie verschwenden. Falls Sie Schwierigkeiten haben, Ihren optimalen Lernstil zu finden, können Sie ihn durch einfache Tests ermitteln.[23]

Lassen Sie uns die wichtigsten Punkte noch einmal zusammenfassen: Sie können mithilfe der ersten drei Erkenntnisse des selbstbestimmten Lernens einen inspirierenden, aber trotzdem realistischen Plan entwickeln, der Ihnen dabei hilft, Ihre Führungsziele zu erreichen. Sie vergleichen Ihre ideale Vision mit der Realität Ihres Stils und Ihres Verhaltens und identifizieren auf diese Weise Ihre Stärken und Schwächen. Mit diesem Profil vor Augen erstellen Sie dann einen Lernplan, mit dem Sie spezifische Führungskompetenzen gezielt verbessern können.

Der Prozess der beiden letzten Erkenntnisse beginnt, wenn Sie eine konkrete Agenda erstellt haben und sich auf das konzentrieren können, was zu tun ist. Sie experimentieren mit neuen Ansätzen, wenden sie in der Praxis an und entdecken, wie Sie diese Art zu lernen zu einem kontinuierlichen Bestandteil Ihres Lebens als Führungskraft machen können.

Die vierte Erkenntnis: Neukonfiguration des Gehirns

Jack war Marketingleiter einer Niederlassung eines globalen Lebensmittelunternehmens. Energiegeladen und ergebnisorientiert, war Jack ein klassisches Beispiel für den fordernden Führungsstil. Er suchte ständig nach Möglichkeiten, um die Dinge zu verbessern, und sprang allzu bereitwillig ein, wenn er meinte, jemand sei einer Aufgabe nicht gewachsen. Außerdem neigte er dazu, Mitarbeiter, die seinem hohen Standard nicht entsprachen, heftig zu kritisieren und ausfällig zu werden, wenn jemand die Dinge anders machte als er es für richtig hielt. Seine direkten Untergebenen beklagten sich hinter Jacks Rücken, dass er »ein echter Kontrollfreak« sei.

Bei einer Befragung seiner direkten Mitarbeiter stellten wir fest, dass sein Verhalten die üblichen katastrophalen Auswirkungen auf das Betriebsklima hatte. Die Leute kannten die Vision – wohin sie sich bewegen mussten – aber sie wussten nicht, wie sie dorthin gelangen sollten. Für Jack war klar, was er von den Leuten erwartete, aber er sagte ihnen nie, wenn sie etwas richtig machten, und gab ihnen kein positives Feedback. Dieses Verhalten wirkte lähmend auf seine Mitarbeiter: Die Leute hatten das Gefühl, keinen Spielraum zu haben, ihre Arbeit so zu machen, wie sie es für sinnvoll hielten. Stattdessen glaubten sie erraten zu müssen, was sie nach Jacks Meinung tun sollten. Es war also nicht weiter verwunderlich, dass die positive Entwicklung zwei Jahre nach Jacks Jobantritt zum Stillstand kam. Auf Vorschlag seines Vorgesetzten engagierte Jack einen Coach.

Der erste Schritt bestand darin, mithilfe einer 360-Grad-Evaluierung von Jacks EI-Kompetenzen eine genaue »Diagnose« seiner Stärken und Schwächen zu erstellen. Seine Stärken kannte er: Ausgeprägtes Selbstbewusstsein, viel Energie, Leistungsorientiertheit, Initiative und Gewissenhaftigkeit. Überraschend war hingegen die Bewertung von zwei seiner Führungskompetenzen – Selbstkontrolle und Einfühlungsvermögen. In diesen beiden Bereichen klafften seine Selbsteinschätzung und die Bewertung durch seine direkten Untergebenen am weitesten auseinander.

Um Jack bei der Ausarbeitung eines Lernplans zu helfen, der seine Fähigkeiten in den betroffenen Bereichen entwickeln würde, half sein Coach ihm zuerst, dieses Feedback zu verdauen. Der Coach brachte die Schwächen in den Bereichen Selbstkontrolle und Empathie in Verbindung mit zwei seiner besonderen Stärken: seiner Fähigkeit, schnell alternative Lösungen zu sehen, und seinem leidenschaftliches Bestreben, Probleme sofort zu lösen. Da Jack zu sehr auf diese Stärken setzte, vernachlässigte er konsequent positivere Führungsstile wie den visionären und den coachenden Stil, bei denen Selbstkontrolle und Einfühlungsvermögen an erster Stelle stehen.

Sobald Jack erkannte, dass ihn seine Schwächen an der Erreichung seiner idealen Vision von sich selbst – als effektive Führungskraft – hinderten, konnte er sich auf die Dinge konzentrieren, die er verbessern musste. Er nahm sich also vor, das Gleichgewicht zwischen seinen Stärken und seinen Schwächen zu verschieben, und arbeitete gemeinsam mit seinem Coach einen Lernplan aus. Der Plan zeigte auf, wie er alltägliche Arbeitssituationen als Lernmöglichkeiten nutzen konnte.

So erkannte Jack, dass er sich gut in Menschen einfühlen konnte, solange alles ruhig war. Doch wenn er gestresst war, geriet er schnell außer sich. Dieser Mangel an Selbstkontrolle untergrub seine Fähigkeit, den Leuten in den Augenblicken zuzuhören, in denen es am wichtigsten war. Jacks Lernplan konzentrierte sich daher darauf, seine Gefühle besser unter Kontrolle zu bringen. Der Coach zeigte ihm, wie er sich auf die Gefühle, die in ihm auftauchten, einstellen konnte. Außerdem konnte er nach Warnsignalen Ausschau halten, die ihn darauf aufmerksam machten, dass er demnächst wieder einmal ausrasten würde. Jedes Mal, wenn er zu explodieren drohte, musste er vier Dinge tun:

1. Einen Schritt zurücktreten – zuhören, nicht unterbrechen;
2. den anderen reden lassen;
3. versuchen, objektiv zu sein – sich fragen: »Gibt es einen Grund für meine Reaktion, oder ziehe ich voreilige Schlüsse?«;
4. klärende Fragen stellen statt Fragen, die voreingenommen oder feindlich klingen.

Diese bewusste Änderung in seinem Verhalten ermöglichte es Jack, sich in seine Mitarbeiter hineinzuversetzen und ihnen zuzuhören. Dabei konnte er umfassendere Informationen sammeln, sie besser verstehen und einen vernünftigen Dialog mit ihnen führen, statt sich beim geringsten Anlass in ein Rumpelstilzchen zu verwandeln. Er musste nicht der gleichen Meinung sein wie sein Gegenüber – aber nun gab er ihm wenigstens die Chance, seine Argumente vorzubringen.

Um diese Veränderungen zu erreichen, musste Jack jedoch erst einmal lernen, problematische Situationen überhaupt zu erkennen. Nur wenn wir bewusst nach den Situationen Ausschau halten, die in der Vergangenheit unsere alten, dysfunktionalen Verhaltensweisen auslösten, können wir sie durch neue, positivere Reaktionen ersetzen.[24] Das auf diese Weise entstehende Frühwarnsystem signalisiert uns, genauer auf unsere Reaktionen zu achten. So rückt unser Handeln in den Bereich der bewussten Entscheidung, wir können üben, richtig zu reagieren statt wieder einmal eine Chance auf Veränderung zu verpassen.

Jack übte seine neuen Verhaltensweisen immer wieder. Er achtete bewusst darauf, seinen direkten Untergebenen positives Feedback über gute Arbeit zu geben statt sie nur für Fehler zu kritisieren. Er machte ihnen bewusst, dass sie mit ihrer Arbeit einen Beitrag zur Mission der Firma leisteten, und hörte auf, sich in ihre Arbeitsweise einzumischen. Schritt für Schritt entwickelte er einen visionären und coachenden Führungsstil. Im Lauf von sechs Monaten erzielte Jack echte Fortschritte. Seine Aufzeichnungen zeigten, dass er seine Wutausbrüche von einem oder zwei täglich auf nur noch einen oder zwei pro Monat reduziert hatte. Das Klima innerhalb der Abteilung verbesserte sich zusehends, und die Zahlen begannen endlich nach oben zu weisen.

Ein neues Lernmodell

Wenn eine Führungskraft wie Jack eine Bestandsaufnahme ihrer Führungsqualitäten vornimmt, bewertet sie in einem gewissen Sinn die Gesamtheit ihrer lebenslangen Lernergebnisse. Die Führungslektionen, die wir lernen, beginnen sehr früh im Leben. Zunächst beobachten wir Lehrer, Trainer oder Geistliche – eben alle Menschen, die in unserem Leben die Rolle einer Führungskraft einnehmen. Diese Vorbilder bieten uns ein Grundgerüst für die Entwicklung unserer eigenen Führungsgewohnheiten, unserer Vorstellung vom Verhalten einer Führungskraft. Wenn wir dann in Klubs, Teams, Studentenvereinigungen oder Kollegengruppen unsere ersten eigenen Führungsrollen wahrnehmen, setzen wir diese Modelle in die Praxis um. Im Berufsleben begegnen wir neuen Führungskräften und versuchen, über dieses Grundgerüst hinaus neue Führungsverhaltensweisen zu entwickeln.

Praktisch keine dieser Lektionen erfordert eine spezielle Unterweisung in Führungsqualitäten. Sie alle ergeben sich im Lauf unseres Lebens auf natürliche Weise. Aber sie prägen in unserem Gehirn die Schaltkreise für Führungsgewohnheiten und bestimmen, was wir in Zukunft in ähnlichen Situationen tun werden. Wenn jemand ein Team leitet, wird er wahrscheinlich ziemlich genau das wiederholen, was er zuvor als Teamleiter tat, und jedes Mal, wenn er frühere Verhaltensweisen wiederholt, werden die Nervenverbindungen für diese Gewohnheit stärker.

Kognitionswissenschaftler nennen eine solche automatische Stärkung einer Gewohnheit *implizites Lernen.* Dieser Art zu lernen steht die explizite Vielfalt dessen gegenüber, was in Schulkursen angeboten wird.

Im Gehirn prägen sich Führungskompetenzen – von Selbstvertrauen und emotionalem Selbstmanagement bis zu Empathie und Überzeugungskraft – in erster Linie durch implizites Lernen ein. Sie erinnern sich vielleicht, dass implizites Lernen nicht in den obersten Schichten des Neokortex – dem denkenden Teil des Gehirns – stattfindet, sondern weiter unten in den Basalganglien. Im Führungsbereich erfolgt dieses Lernen hauptsächlich durch Verbindungen in den präfrontal-limbischen Schaltkreisen der Emotionalen Intelligenz.[25] Dieser primitive Teil des Gehirns erlernt jene Gewohnheiten, die wir ständig einsetzen. Hier findet das Erlernen der grundlegenden Aufgaben unseres Lebens statt – von der Bildung eines Satzes bis zur Abhaltung eines effektiven Meetings.

Alle diese Lernprozesse laufen im Hintergrund ab, meist ohne dass es uns überhaupt bewusst ist. Es handelt sich also um unbemerktes Lernen – ein alles in allem durchaus elegantes System. Das Problem daran ist jedoch, dass wir uns unsere Führungseigenschaften auf diese Weise im Lauf unseres Lebens eher zufällig aneignen, indem wir die Verhaltensweisen unserer Vorbilder nachahmen oder indem wir unsere eigenen Führungsversuche wiederholen. Wenn der erste Manager, der uns so sehr beeindruckte, einen extrem fordernden Führungsstil praktizierte, kann es sein, dass wir dieses Modell nachahmen, wenn wir selbst in eine Führungsposition kommen. Wenn unser Vorbild eine coachende Führungskraft war, werden wir möglicherweise einen ganz anderen Weg einschlagen. Das Ergebnis: Am Ende halten wir einen Sack mit einer Mischung verschiedener Führungsqualitäten in der Hand – als hätten wir zwar einige Golfschläge erlernt, wären beim Einlochen aber miserabel.

Aber wie wir gesehen haben, ist Verbesserung möglich. Dazu müssen wir drei Dinge tun: uns schlechte Gewohnheiten bewusst machen, bewusst bessere Methoden anstreben und die neuen Verhaltensweisen bei jeder Gelegenheit üben, bis sie uns zur zweiten Natur werden – das heißt, bis wir sie auf der Ebene des impliziten Lernens gemeistert haben.

Die Verbesserung einer EI-Kompetenz dauert nicht Tage, sondern Monate. Um sich eine neue Fähigkeit anzueignen, müssen unsere Basalganglien und ihre Verbindungen zu den emotionalen Zentren sie wiederholen und üben.[26]

Deshalb ist es so schwierig, sich im Unterricht effektive Führungsqualitäten anzueignen. Ein Lehrer kann unsere Gehirnschaltungen, in denen alte Führungsgewohnheiten gespeichert sind, nicht dazu bewegen, neue zu erlernen. Wir verdrahten unser Gehirn beim Üben buchstäblich neu: Das Erlernen neuer Gewohnheiten stärkt die Bahnen zwischen den Nervenzellen und fördert sogar die Neurogenese, die Entstehung neuer Nervenzellen.[27]

Wenn Jack zum Beispiel seinen fordernden Stil ablegen und sein Führungsrepertoire erweitern möchte, wird er viel üben müssen. Je öfter er diese neue Art zu denken, zu fühlen und zu handeln praktiziert, desto flexibler und stärker werden die neuen Schaltungen. Irgendwann wird Jack feststellen, dass er seine emotionalen Reaktionen mühelos unter Kontrolle hat und einfühlsam zuhören kann. Das ist der Augenblick, in dem die neuen Nervenbahnen zur Standardeinstellung des Gehirns geworden sind.

Und dieses Niveau hält jahrelang, wenn nicht ein ganzes Leben lang an.

Kein Training, nur Wettkampf

Jack wäre in der Entwicklung seines coachenden Stils jedoch nicht weit gekommen, ohne neue Verhaltensweisen auszuprobieren. Er musste vor allem lernen, sich zurückzuhalten, zuzuhören und Fragen zu stellen. Das war nicht leicht. Wenn ein Problem auftauchte, spannte sich jeder Muskel seines Körpers an. Er bereitete sich darauf vor, die Kontrolle zu übernehmen und das Problem auf eigene Faust zu lösen. Für Jack war diese Reaktion so automatisch wie das Fahrradfahren – etwas, was genauso unbewusst und fest verankert ist.

Deshalb ist es so wichtig, mit positiven Alternativen zu experimentieren. Die neue Art zu denken, zu fühlen oder zu handeln kommt einem zuerst unnatürlich vor, etwa als schlüpfte man in jemand anderes Kleidung. Auf der Nervenebene zwingen wir unser Gehirn damit, einen wenig benutzten Pfad einzuschlagen. Kein Wunder, dass Jack in der ersten Zeit wie auf glühenden Kohlen saß, wenn er versuchte, anderen zuzuhören, statt einfach aufzuspringen und das Steuer zu übernehmen. Die neue Verhaltensweise fühlte sich unnatürlich an – zunächst jedenfalls.

Große Sportler wenden viel Zeit für das Training auf und wenig für den entscheidenden Wettkampf. Ganz anders ist es bei Führungskräften: Sie trainieren nicht und stehen ständig im Wettkampf, wie Jim Loehr und Tony Schwartz im *Harvard Business Review* feststellten.[28] Kein Wunder, dass Führungskräfte ihre Probleme so oft »recyceln«: In der Eile, ihre Ziele zu erreichen und ihre Aufgaben zu erfüllen, vergessen sie, ihre Führungsqualitäten zu verbessern. Oft probieren Führungskräfte einen neuen Ansatz ein- oder zweimal aus und wenden ihn dann sofort an, ohne sich Zeit zum *Üben* zu nehmen.

Der Schlüssel zum Erlernen neuer Gewohnheiten liegt für Führungskräfte darin, die neuen Fertigkeiten bis zur Meisterschaft zu üben. Wenn sie das nicht tun, riskieren sie einen Rückfall in die alten Gewohnheiten. Wenn Sie in Ihrer Kindheit ein Instrument spielten, kamen Sie in der Stunde einigermaßen über die Runden, wenn Sie Ihr Stück zu Hause so weit geübt hatten, dass Sie es fehlerfrei spielen konnten. Aber unter der Belastung einer Aufführung konnte es passieren, dass Sie einen Teil des Stückes vergaßen. Professionelle Musiker gehen einen entscheidenden Schritt weiter: Sie üben und üben, und dann üben sie noch mehr. Sie üben so lange, bis sie das Stück im Schlaf beherrschen. Sie üben, bis sie es spielen können, ohne darüber nachzudenken. Sie spüren es einfach.

Um sich Führungsfähigkeiten anzueignen, müssen Sie ganz ähnlich vorgehen: Sie ändern die Standardeinstellung Ihres Gehirns, indem Sie sich von alten Gewohnheiten trennen und neue erlernen. Dazu müssen Sie längere Zeit üben, um neue Nervenbahnen zu schaffen und diese dann zu stärken.[29] Dass die neue

Gewohnheit »sitzt«, wissen Sie, wenn Sie sie über lange Zeit – nicht nur eine Woche oder einen Monat – beibehalten können.

Der Erwerb von Selbstregulierungskompetenzen, besonders der emotionalen Selbstkontrolle, kann anfänglich sehr mühsam sein. Einigen Studien zufolge ist es harte mentale Arbeit, unsere emotionalen Impulse kontrollieren zu lernen: Der Stress der bewussten Bemühung, unsere Stimmung zu ändern, kann die Energie, die wir für die Selbstkontrolle brauchen, erschöpfen.[30] Trotzdem ist Selbstkontrolle manchmal genau das, was wir brauchen, wenn wir einen neuen Führungsstil trainieren – wenn zum Beispiel eine Führungskraft wie Jack versucht, ihren Drang zu beherrschen, die Leute anzutreiben oder zu kommandieren, und ihn durch einen verbindlicheren Stil zu ersetzen. In diesem Fall erfordert das Lernen eine spezielle Bemühung: Wir müssen das Bestreben unterdrücken, auf die alte Weise zu reagieren. Außerdem müssen wir unsere emotionalen Impulse beherrschen und das verstärkt die Last des Lernens und kann dazu führen, dass wir unser Ziel aus den Augen verlieren.

Dies legt eine Lernstrategie nahe, die sich zuerst auf die Überwindung der impulsiven Führungsgewohnheiten konzentriert, die wir ablegen möchten. Erst dann können wir unsere gesamte Aufmerksamkeit den neuen Gewohnheiten zuwenden, durch die wir die alten ersetzen wollen. Indem wir unsere Selbstkontrolle durch Übung immer weiter verbessern, wird das, was einst anstrengend war, zum Automatismus und das nimmt den Druck von uns. Sobald wir diesen wichtigen Schritt getan haben, werden unsere geistige Energie und unsere Aufmerksamkeit frei für neue Arten des Führens.

Unbemerktes Lernen

Da ein großer Teil, wenn nicht der Löwenanteil der typischen Führungskräfteentwicklung in Wochenendseminaren oder vielleicht in einer Schulungswoche außer Haus stattfindet, kommt der Prozess in dieser Zeit kaum in Gang.

Statt also zu versuchen, sein Einfühlungsvermögen in irgendeinem Wochenendtraining zu verbessern, nutzte Jack alltägliche Situationen und machte seine Mitarbeiter und Kollegen zu Trainingspartnern. Er besprach seinen Lernplan auch mit seiner Frau und engagierte sie als informellen Coach. Sein Ziel dabei war, seinen Familienangehörigen und Freunden besser zuhören zu lernen. Indem er seinen Übungsbereich auf diese Weise erweiterte, gelang es Jack, mehr aus seinen tagtäglichen Aktivitäten herauszuholen und die Effizienz seines Lernens zu maximieren.

Der Trick besteht also darin zu lernen, während man andere Dinge tut – eine Strategie, die man als »unbemerktes Lernen« bezeichnen könnte und mit der sich Emotionale Intelligenz und insbesondere Führungsqualitäten verbessern lassen. In ihren Studien über hervorragende Manager im Wissenschafts- und Technologiebereich – Führungspersönlichkeiten, die zum Beispiel regelmäßig Kompetenzen wie Einfühlungsvermögen einsetzten – stellte Christine Dreyfus fest, dass sie diese Talente in den verschiedensten Situationen geschult hatten.[31] Ihre Fähigkeiten waren besonders beeindruckend, weil sie in Branchen arbeiteten, in denen diese Kompetenzen nicht gang und gäbe sind.

Wie wir in Kapitel 6 im Zusammenhang mit der Studie bei Johnson & Johnson bereits erwähnten, hatten die meisten der von Dreyfus untersuchten Führungskräfte schon in ihrer Kindheit angefangen, diese Fähigkeiten anzuwenden, zum Beispiel bei den Pfadfindern. Dann, in der Schule und im College, nutzten sie sportliche Aktivitäten, Klubs, Musikgruppen und das Leben im Studentenheim, um diese Fähigkeiten zu verbessern. Als sie später als Wissenschaftler und Ingenieure in relativer Isolation an Problemen arbeiteten, praktizierten sie diese Fähigkeiten in Aktivitäten außerhalb ihrer Arbeit. Sie übten den Aufbau von Teams in der Kirche oder in Gemeindeorganisationen oder indem sie Konferenzen für Fachverbände organisierten. Der übliche fordernde Stil der Technikkultur wurde ein wenig weicher, als sie sich in anderen Milieus bewegten, in denen Beziehungen eine wesentlich wichtigere Rolle spielten.

So erzählte uns ein Techniker, der sich zu einer ausgezeichneten Führungskraft entwickelt hatte, es sei ihm gelungen, die extrem fordernde und hierarchische Kultur seiner Branche zu überwinden, und zwar an einem Ort, den man nicht unbedingt mit der Entwicklung von Führungsqualitäten in Zusammenhang bringen würde: in seiner Kirche. »In meiner Kirchengruppe war es üblich, dass die Leute ihre Meinungen und ihre Gefühle zum Ausdruck brachten«, erzählte er. »Während ich als Techniker immer bestrebt war, logisch zu argumentieren, machte es mir in der Gruppe nichts aus, dass es keine starren Strukturen gab. Mit der Zeit übertrug sich diese Akzeptanz auf mein Verhalten als Führungskraft. Ich kümmerte mich weniger um den logischen Fluss und um den Inhalt, sondern mehr um die Gruppenprozesse.«

Die meisten der von Dreyfus untersuchten Techniker gaben an, dass ihnen frühe Erfahrungen mit der Leitung von Projekten als Lernlabor für wichtige Führungsqualitäten gedient hätten. Im Lauf der Jahre übernahmen sie immer mehr Führungsverantwortung, arbeiteten mit Coaches und nahmen an Trainingsprogrammen teil, die von ihrer Firma bezahlt wurden. Sie verfeinerten ihre Führungsqualitäten immer weiter und zeigten den anderen Firmenangehörigen schließlich, dass »unbemerktes« Lernen immer und überall möglich ist.[32]

Die Kraft des mentalen Übens

Je mehr Zeit wir für das Üben unserer neuen Verhaltensweisen aufwenden, desto mehr werden wir letzten Endes profitieren. Es gibt noch eine weitere Methode, um sich zusätzliche Möglichkeiten zum Trainieren von Führungsqualitäten zu schaffen: geistiges Üben.

Kehren wir zurück zu Jack. Wie in seinem Lernplan vorgesehen, begann er, während der Fahrt zur Arbeit darüber nachzudenken, wie seine Begegnungen an diesem Tag ablaufen sollten. Als er eines Tages zu einem Frühstückstreffen mit einem Mitarbeiter fuhr, der ein Projekt zu sabotieren schien, ließ Jack vor seinem geistigen Auge ein positives Szenario ablaufen: Er stellte Fragen und hörte zu, um sicher zu gehen, dass er die Situation in ihrer Gesamtheit erfasste, bevor er sich der Lösung des Problems zuwendete. Er wusste, dass er ungeduldig werden würde, und übte den Umgang mit diesen Gefühlen, statt wie früher zu explodieren.

Solche mentalen Übungen können dazu beitragen, dass wir neue Fähigkeiten leichter und besser erlernen. Es ist zum Beispiel eine bekannte, durch wissenschaftliche Studien bestätigte Tatsache, dass Sportler ihre Leistungen durch mentales Üben verbessern. Viele Spitzensportler wie die amerikanische Turmspringerin Laura Wilkinson wenden diese Technik an. Als sie sich auf die Olympischen Spiele 2000 vorbereitete, brach sie sich drei Zehen und konnte nicht ins Wasser. Statt ihre Vorbereitungen zu unterbrechen, setzte sich Wilkinson jeden Tag stundenlang auf die Sprungrampe und ließ vor ihrem geistigen Auge jeden ihrer Sprünge im kleinsten Detail ablaufen. Der Erfolg blieb nicht aus: Sie gewann die Goldmedaille im Zehn-Meter-Turmspringen.[33]

Es gibt Dutzende solcher beeindruckender Geschichten von Sportlern, die die Kraft der Visualisierung nutzen und sich ihren Erfolg bildlich vorstellen. Solche Visualisierungen setzen starke biologische Kräfte frei. Seit 30 Jahren zeigen Studien immer wieder, dass man durch mentales Training, das richtige Feedback und die richtige Vorstellung von dem, was man erreichen möchte, die Temperatur bestimmter Körperteile heben und seinen Atem oder Herzschlag verlangsamen kann. Demgemäß hängt der Führungserfolg von unserer Fähigkeit ab, uns klar vorzustellen, wie wir unseren Idealzustand erreichen, und dieses Ideal dann nicht aus den Augen zu verlieren. Die Visualisierung hat noch einen anderen Vorteil: Wie wir wissen, motiviert uns das Gehirn, indem es uns vor Augen führt, wie gut wir uns fühlen werden, wenn wir unser Ziel erreichen.

Aber das sind noch nicht alle Vorteile. Gehirnstudien haben gezeigt, dass wir, indem wir uns etwas in lebhaften Details vorstellen, dieselben Gehirnzellen aktivieren wie jene, die an der tatsächlichen Aktivität beteiligt sind.[34] Anders ausgedrückt: Die neuen Schaltungen im Gehirn werden aktiviert, die Verbindungen werden stärker. Dazu reicht es aus, dass wir die Sequenz im Geiste wiederholen. Das legt den Schluss nahe, dass eine Taktik existiert, mit der sich die Ängste mindern lassen, die mit dem Ausprobieren neuer, riskanterer Führungsmethoden verbunden sein können. Wenn Sie sich Situationen in der Arbeit oder zu Hause zuerst vorstellen, werden Sie deutlich weniger Hemmungen haben, die neuen Fähigkeiten in die Praxis umzusetzen.

Das bedeutet, dass wir in unserem Gehirn die Nervenverbindungen schaffen, die für echte Veränderungen notwendig sind, indem wir mit neuen Verhaltensweisen experimentieren, im Beruf und im Privatleben Chancen ergreifen, sie zu trainieren, und Methoden wie das mentale Üben anwenden.

Die fünfte Erkenntnis: Die Kraft der Beziehungen

Anfang der 90er Jahre traf sich eine Gruppe von Frauen, Partnerinnen des damaligen Revisionsunternehmens Coopers & Lybrand, um eine Studiengruppe zu gründen. Zuerst trafen sie sich monatlich, um über ihre Karriere zu sprechen und über Führung im Unternehmen und in einer traditionell von Männern geprägten Branche zu diskutieren. Aber nach einigen Meetings begann den Frauen bewusst zu werden, dass sie sich trafen, um über ihre Arbeit *und* über ihr allgemeines Leben zu sprechen. Sie entwickelten großes Vertrauen zueinander und stellten fest, dass sie offenes Feedback über ihr Führungsverhalten voneinander erwarten konnten.

Viele Frauen, die heute Führungspositionen anstreben oder in ihren Organisationen bereits Führungspositionen innehaben, gründen ähnliche Gruppen – und das aus gutem Grund. Wie bereits in Kapitel 6 erwähnt, erhalten Frauen ebenso wie Minderheiten generell weniger hilfreiches Leistungsfeedback. Noch wichtiger ist vielleicht, dass uns Menschen, denen wir vertrauen, ein Experimentierfeld bieten, auf dem wir neue Verhaltensweisen ohne Risiko ausprobieren können.

Jeder, der effektive Methoden zur Entwicklung von Führungsqualitäten anwendet, weiß, dass man Leute braucht, die einem weiterhelfen. Im letzten Meeting einer Kollegengruppe, die einen zweijährigen Entwicklungsprozess hinter sich hatte, fasste einer der Manager seine Erfahrung so zusammen: »Entscheidend war nicht das Programm, sondern die Menschen und die Beziehungen, die wir aufbauten.« Es mag paradox erscheinen, dass wir uns bei jedem Schritt des selbstbestimmten Lernprozesses – von der Definition des idealen Selbst bis zur Beurteilung unseres Fortschritts – auf andere stützen. Unsere Beziehungen bieten uns den Kontext, in dem wir unseren Fortschritt verstehen und die Nützlichkeit des Gelernten erkennen.[35] Wie das Beiziehen eines Rechtsanwalts ist ein Gespräch mit einem vertrauenswürdigen Coach, Mentor oder Freund eine Sicherheitszone. Dort können wir offen über unangenehme Erfahrungen am Arbeitsplatz sprechen oder Dinge infrage stellen, die uns nicht sinnvoll erscheinen. Um mit neuen Gewohnheiten zu experimentieren und sie in der Praxis anzuwenden, brauchen wir einen Rahmen, in dem wir uns sicher fühlen.

Wir haben oft erlebt, dass eine solche Unterstützung nicht nur die Hoffnung auf Veränderung mit sich bringt, sondern auch die *Zuversicht,* diese Hoffnung verwirklichen zu können. So berichteten sehr erfolgreiche Führungskräfte und Freiberufler am Ende eines Trainings, dass ihr Selbstvertrauen *sehr stark gestiegen* sei.[36] Wie ließ sich das erklären, vor allem, wo ihre Kollegen sie bereits vor dem Training als selbstbewusst eingestuft hatten? In Interviews erklärten die Führungskräfte, was gestiegen war: ihre Zuversicht, sich *verändern zu können* – ein Gefühl, das sie in ihrem Berufsleben lange Zeit nicht gehabt hatten. Sie erzählten, viele Menschen in ihrer Umgebung – in der Arbeit und sogar in der Familie – seien daran interessiert, dass sie blieben, wie sie waren, obwohl sie sich verändern wollten. In dem Führungsprogramm fanden sie jedoch eine Referenzgruppe – andere, denen es ähnlich ging –, die sie zu diesen Veränderungen ermutigte. Dieses Ergebnis sehen wir in vielen Studien: Positive Gruppen helfen den Leuten, positive Veränderungen vorzunehmen, vor allem dann, wenn die Beziehungen von Offenheit, Vertrauen und psychologischer Sicherheit geprägt sind.[37]

Der Stress des Führens

Für Führungskräfte kann eine solche Sicherheit eine entscheidende Voraussetzung für authentisches Lernen sein. Oft fühlen sich Führungskräfte unsicher, als würde jede ihrer Handlungen genau unter die Lupe genommen. Deshalb trauen sie sich nie, neue Verhaltensweisen zu erforschen. Das Bewusstsein, von anderen kritisch beobachtet zu werden, verleitet uns dazu, unseren Fortschritt vorschnell zu beurteilen, die Experimente einzustellen und unsere Risikofreudigkeit zu ersticken.

Führung ist an sich mit Stress verbunden. Frühe Studien über Menschen, die ein ausgeprägtes Machtbedürfnis haben, zeigten, dass dieser Wunsch nach Macht dieselbe aufputschende Wirkung auf sie hat, als stünden sie tatsächlich unter biologischem Stress.[38] Wenn unser Stress zunimmt oder unsere Motive, Macht ausüben zu wollen, angesprochen werden, reagiert unser Körper mit einer vermehrten Ausschüttung der Stresshormone Adrenalin und Noradrenalin. Das lässt den Blutdruck steigen, und der Körper bereitet sich auf Aktion vor. Gleichzeitig schüttet der Körper das Stresshormon Cortisol aus, dessen Wirkung noch länger anhält als die des Adrenalin, und das Lernen hemmt.[39]

Wenn wir unter Stress stehen, fühlen wir uns nicht mehr sicher, und unsere Fähigkeit, neue Wege des Handelns zu üben, wird weiter beeinträchtigt. Wir werden defensiv und verharren in unseren vertrautesten Gewohnheiten. Der Führungsstress bringt noch ein weiteres Problem mit sich: Wenn er stark und anhaltend ist, reagiert das Gehirn mit einer nachhaltigen Ausschüttung von Cortisol. Dieses Hormon hemmt das Lernen, indem es Gehirnzellen im Hippocampus, der für neue Lernerkenntnisse zuständig ist, abtötet.

Aus diesen Gründen erlernen wir neue Führungsqualitäten am besten unter Bedingungen, in denen wir uns sicher fühlen, aber nicht so entspannt sind, dass uns die Motivation dabei abhanden kommt.[40] Es gibt einen optimalen Erregungspegel des Gehirns, der uns beim Lernen hilft, einen Zustand, in dem sowohl unsere Motivation als auch unser Interesse hoch sind. Das Gefühl psychologischer Sicherheit schafft eine Atmosphäre, in der wir uneingeschränkt experimentieren können, ohne Angst vor Blamage oder den Folgen eventueller Fehler.

Teil einer resonanten Gruppe zu sein, zum Beispiel einer Gruppe von Führungskräften, die gemeinsam neue Führungsstile erkunden will, bietet die besten Voraussetzungen für Veränderung. Wenn wir sehen, dass andere, die sich in einer ähnlichen Situation befinden wie wir selbst, ihre Hemmungen über Bord werfen und Risiken eingehen, macht uns das frei, selbst etwas auszuprobieren, das uns riskant erscheint.[41]

Beziehungen zu pflegen, deren einziger Zweck es ist, uns auf unserem Weg weiterzuhelfen, ist entscheidend für kontinuierliche Entwicklung. Wie wir gesehen haben, helfen uns Mentoren oder Coaches, unsere Träume zu erforschen, unsere Stärken und Schwächen kennen zu lernen und unsere Wirkung auf andere zu erkunden. Außerdem geleiten sie uns durch die Schritte unseres Lernplans. Aber es reicht nicht aus, jemanden einen »Mentor« oder »Coach« zu nennen. Die Beziehung muss von Offenheit, Vertrauen und Unterstützung geprägt sein.

Mentoren und Coaches

Bei einer Untersuchung hochrangiger Führungskräfte eines großen Energiekonzerns erzählten uns diejenigen, bei denen wir ein gesundes Repertoire an Führungsstärken feststellten, alle dieselbe Geschichte: Sie hatten bereits in einer frühen Phase ihrer Karriere begonnen, ihre Stärken aufzubauen, und dazu die Hilfe eines Mentors in Anspruch genommen. Diese Erkenntnis bestätigt Studien des Center for Creative Leadership in Greensboro, North Carolina, die seit langem darauf hinweisen, wie wichtig ein Mentor für die Entwicklung der Fähigkeiten einer Führungskraft ist.[42]

Die von uns interviewten Führungskräfte, die ihre Karriere rekapitulierten, meinten, dass die wichtigsten Erfahrungen in ihrer Entwicklung jene Jobs gewesen waren, bei denen sie das Gefühl gehabt hatten, den Herausforderungen nicht gewachsen zu sein – jedenfalls zunächst. Sie brauchten einen unterstützenden Mentor, der sie dazu drängte, den Job anzunehmen und sie dann vor der Einmischung »hilfreicher Hände« in der Zentrale schützte. Der Schutzschild, den ihnen ihre Mentoren boten, war so wichtig, dass das Unternehmen diese Mentorkompetenz als das Schaffen von »Handlungsspielraum« zu bezeichnen begann. Die Mentoren schufen für ihre zukünftigen Führungskräfte einen sicheren Raum, in dem sie ihre Flügel erproben und mit neuen Stilen und Stärken experimentieren konnten. Diese Mentorenbeziehungen förderten nicht nur die Führungsqualität im Unternehmen, sondern brachten auch zwei Geschäftsführer hintereinander hervor, die beide auf einen beeindruckenden Karriereverlauf verweisen können.

Wenn es darum geht, gemeinsam mit dem Mentor bestimmte Führungsstärken zu kultivieren, ist es wichtig, diese Absicht klar zum Ausdruck zu bringen. Ein Mentor, der weiß, worauf sein Schützling hinauswill, und der seine Ambitionen und seinen Lernplan mit ihm teilt, wird zu einem Coach.

Es gibt die verschiedensten Arten von Coaches:[43] Offizielle Führungscoaches, informelle Coaches und Coaches, die im

Grunde nichts weiter sind als Kollegen oder Freunde. Der Geschäftsführer und Gründer der Instill Corporation, Mack Tilling, hat einen Mentor, der Geschäftsführer eines anderen Unternehmens ist: David Garrison von Verestar Communications. Tilling ist der Meinung, dass ihm Gespräche mit einer anderen Führungskraft mit ähnlicher Erfahrung besser helfen, sich über Probleme klar zu werden, als Gespräche mit einem Coach.[44]

Andererseits kann das Engagement eines professionellen Coaches – es gibt heute Tausende von ihnen – die Möglichkeit bieten, freier zu sprechen als mit einem Chef oder einem Kollegen. Einen Coach (oder einen Mentor) zu haben, bietet Vorteile, die über die bloße Entwicklung von Führungsqualitäten hinausgehen: Wir bekommen sozusagen zusätzliche Augen und Ohren und können durch sie die Informationsquarantäne durchbrechen, unter der so viele Führungskräfte leiden. Ein Coach hilft uns, über den Tellerrand unserer tagtäglichen Erfahrungen hinauszublicken.

Ein guter Coach kennt die Dilemmas der Organisation und ihrer Kultur sowie die persönlichen Stärken und Schwächen der Führungskraft und wendet selbst Emotionale Intelligenz an.[45] Ein wirklich hilfreicher Coach ist in der Lage, die Dilemmas einer Führungskraft aus verschiedenen Blickwinkeln zu sehen: auf individueller Ebene (aus Sicht des Betroffenen); auf Teamebene (der Ebene der Führungskräfte- oder Mitarbeitergruppen); und auf Organisationsebene (Zusammenhang mit Kultur, Systemen und Strategie). Ein Coach kann das Entwicklungsprogramm individuell auf die Führungskraft zuschneiden. Das bietet den Luxus, den gesamten hier skizzierten Prozess in einer Zweierbeziehung durchzugehen.

Das ganze Team auf Kurs bringen

Einer einzelnen Führungskraft dabei zu helfen, mehr Resonanz zu erzeugen, ist ein Anfang.

Aber für die gesamte Organisation ist die Wirkung viel größer, wenn die Verbesserungen der Führungsqualitäten über die individuelle Ebene hinausgehen.

Nehmen wir den Fall von Rozano Saad von Huntsman Tioxide, einem Chemikalienhersteller in Malaysia. Kurze Zeit nachdem er zum Betriebsleiter ernannt worden war, erhielt er von seinen Mitarbeitern ein Feedback, das ihn schockierte: Er galt als fordernd und befehlend. Irgendwie überraschte ihn das nicht – schließlich war Rozano ausgebildeter Techniker und diese Verhaltensweisen waren in der Kultur der Technologiebranche, in der er in den letzten 16 Jahren gearbeitet hatte, an der Tagesordnung.

Das Problem war nur, dass er jetzt ein breiteres Repertoire brauchte, wenn er in seinem Job Erfolg haben wollte. Huntsman Tioxide schrieb schon seit vier Jahren rote Zahlen. Obwohl die Einrichtung in Malaysia das modernste Werk des Unternehmens war, hatte es die schwächste Produktivität und Qualität in der weltweiten Gruppe aufzuweisen. Die Folge war, dass die Huntsman Group, ein Konzern mit Sitz in Salt Lake City (Utah), das malaysische Unternehmen (zuvor ICI Tioxide) »für ein Butterbrot« kaufte, wie es ein Berater ausdrückte.

Um dem Werk aus seiner verhängnisvollen Lage zu helfen, wendete Rozano sein neues Führungsbewusstsein an und legte Lernziele für die Entwicklung eines visionären und coachenden Führungsstils fest. Sein übergeordnetes Ziel bestand in einer drastischen Verbesserung des Firmenklimas, insbesondere was die Klarheit der Aufgaben und der erwarteten Standards anbelangte. Da er wusste, dass Selbstwahrnehmung nicht zu seinen Stärken zählte, machte er auch sie zu einem seiner persönlichen Lernziele.

Um sich von der Geschäftsführerkrankheit zu heilen, machte Rozano seine persönlichen Lernziele unter den Mitarbeitern bekannt. Indem er die vielen Leute, mit denen er täglich zu tun hatte, in seinen Plan einband, machte er sie zu einem Teil seines Lernlaboratoriums. Außerdem nahm er sein gesamtes Managementteam zu dem Führungsprogramm mit, das er absolvierte. Alle sollten dieselbe Sprache sprechen, sodass der neue Lernplan für alle nachvollziehbar und überzeugend war. Darüber hinaus war es Rozano wichtig, gemeinsam mit seinen Managern eine Vision für die Zukunft des Unternehmens zu formulieren. Teil seiner eigenen Lernagenda war es zum Beispiel, den Werksangehörigen die neu definierte Vision von Perfektion in jedem Meeting nahe zu bringen.

Unter den Managern bildeten sich Teams, und jede Führungskraft hatte einen »persönlichen Kontakt« (ihre Bezeichnung für interne Coaches), der sie unterstützen und ihren Fortschritt im Hinblick auf ihre Lernpläne überwachen sollte. Bei den monatlichen Managementmeetings ging es nun neben den üblichen Themen wie Leistung und Sicherheit auch um den Managementstil, das Klima im Unternehmen und um Lernpläne. Es wurden auch spezielle Referenzgruppen gegründet, die sich monatlich trafen und in denen über die persönlichen Lernpläne und die Fortschritte gesprochen wurde. Außerdem holten sich die Führungskräfte in diesen Gruppen kontinuierliches Feedback.

Bereits zwei Jahre später fühlten sich Rozano und seine Manager von den Veränderungen so ermutigt, dass sie ihr Werk für Besichtigungen und Besuche durch andere Führungskräfte öffneten. Die Umgebung veränderte sich ebenfalls. Wenn man zu Beginn dieses Prozesses einen Produktionsmitarbeiter nach seinen persönlichen Zielen fragte, bekam man irgendeine vage Antwort wie »50 000 Tonnen Pigment produzieren«. Wenn man heute dieselbe Frage stellt, wird deutlich, dass die Qualität in den Vordergrund getreten ist. »Ich muss dafür sorgen, dass alle vier Stunden Proben gezogen und mit den Normen verglichen werden. Wenn ich Abweichungen von den akzeptierten Parametern feststelle, muss ich die Fehler beheben. Ich versuche, möglichst schnell den Konformitätslevel wiederherzustellen, indem ich ...«

Darüber hinaus begann das Unternehmen, starke Rentabilitätszuwächse zu erzielen und seine Produktivitätskennzahlen zu verbessern. Die regelmäßigen Klimastudien, die zur Überwachung des Fortschritts durchgeführt wurden, zeigten eine Verbesserung um fast 200 Prozent, wenn das Klima von allen Managern des Unternehmens bewertet wurde, und um fast 300 Prozent, wenn es von Rozanos direkten Untergebenen beurteilt wurde. Die größten Verbesserungen wurden dabei in den Bereichen Klarheit, Flexibilität, Standards und Teamengagement festgestellt.

Was war geschehen? Die handelnden Personen hatten sich nicht geändert. Es hatte in dieser Zeit keine besondere Personalfluktuation gegeben. Was sich geändert hatte, war die Art ihrer Zusammenarbeit: Das Klima ermunterte nun alle, ihre Emotionale Intelligenz anzuwenden und ihre Führungskompetenzen zu erweitern. Jeder Manager hatte die Möglichkeit, seine Träume und Bestrebungen zu artikulieren (erste Erkenntnis), sich selbst und die anderen im Licht eines 360-Grad-Feedbacks zu sehen, seine Stärken und Schwächen zu erkennen (zweite Erkenntnis), einen persönlichen Lernplan zu entwickeln (dritte Erkenntnis) und mit neuen Führungsgewohnheiten in der Arbeit zu experimentieren und sie anzuwenden (vierte Erkenntnis). Die Manager erledigten diese Arbeit gemeinsam mit anderen (fünfte Erkenntnis) und schufen so ein neues Führungsklima. Ihre Mission und ihre Entwicklung als Führungskräfte erzeugten emotionale Resonanz.

Die Veränderung einer einzelnen Führungskraft ist nur der erste Schritt. Als Nächstes muss sich eine kritische Masse resonanter Führungskräfte entwickeln. Das verändert die Qualität der Zusammenarbeit und fördert die kontinuierliche Entwicklung solcher Führungskräfte. Die effektivste Form der Führungskräfteentwicklung geht Hand in Hand mit Veränderungen in der gesamten Organisation. Damit werden wir uns im nächsten Teil dieses Buches beschäftigen.

Teil III

Emotional intelligente Organisationen schaffen

9
Die emotionale Realität eines Teams

Das Führungsteam einer Produktionsfirma stand vor einer großen Herausforderung: Das Team musste einen Weg finden, um das Unternehmen aus der »flachen Wachstumsphase« zu führen, in der es seit geraumer Zeit feststeckte. Im Klartext hieß das: Es musste endlich etwas geschehen. Das Problem war, dass das Team scheinbar nicht imstande war, Entscheidungen zu treffen, wie wichtig sie auch waren. Je dringender eine Entscheidung anstand, desto mehr wich es ihr aus. Sorgfältig vermied es alle Themen, über die es sich nicht einig war. Manchmal gaben Manager bei einer Besprechung auch vor, dass sie einer Entscheidung zustimmten, nur um sie danach still und heimlich zu sabotieren. Die Notwendigkeit, eine Strategie festzulegen, wurde indessen immer größer.

Was war mit diesem Team los? Als die Teammitglieder einem Test unterzogen wurden, kam die Wahrheit zutage: Da die EI-Kompetenz Konfliktmanagement bei allen sehr gering war, empfanden sie Meinungsverschiedenheiten als extrem unangenehm. Plötzlich war klar, warum das Team keine Entscheidungen treffen konnte. Es war nie zu der Einsicht gelangt, dass offene Diskussionen und verschiedene Meinungen zu einem Thema – im Gegensatz zu persönlichen Angriffen auf Leute, die eine andere Ansicht vertreten – die Entscheidungsfindung fördern. Stattdessen hatte das Team sich angewöhnt, Kontroversen prinzipiell zu vermeiden.

Für diese Gruppe war die Erkenntnis, dass ihr Defizit zu ineffizienten Teamgewohnheiten geführt hatte, eine Erleuchtung. Sie hatte entdeckt, dass ihre Scheu vor Konflikten und ihr Umgang damit eine emotionale Realität bewirkten, die sie lähmte. Als sie das erkannt hatte, konnte sie sehen, was sie als Team und als Einzelpersonen verändern musste. Darüber hinaus wurde ihnen klar, dass eine echte Lösung nicht nur eine Änderung ihres Verhaltens, sondern ihrer *Einstellung* zu Konflikten erfordern würde.

Wenn Teams (und Organisationen) sich ihrer *emotionalen Realität* stellen – also wenn sie erkennen, welche Gefühle die Zugehörigkeit zur Gruppe bewirkt –, beginnen sie oft, sich mit den Gewohnheiten auseinander zu setzen, die diese Realität bewirken und aufrechterhalten. Dort müssen Führungskräfte ansetzen, um Emotionale Intelligenz in ihrem Team oder ihrer Organisation zu verbreiten. Als Erstes gilt es, der *Realität* ins Auge zu sehen. Die Beschäftigung mit einer idealen Vision kommt erst danach. Anders als bei Einzelpersonen (siehe Kapitel 7) muss bei Teams und Organisationen die Erkenntnis der Realität vor der Erkenntnis des Ideals erfolgen.

Warum diese Reihenfolge umgekehrt ist? Aus Motivationsgründen. Als Individuen fühlen wir uns am meisten motiviert, wenn wir Zugang zu unseren Träumen und zu einer idealen Vision unseres Lebens haben. Sie verleihen uns die Energie, unser Verhalten zu ändern. Die ideale Vision für eine Gruppe ist jedoch oft ein Konzept in weiter Ferne, sodass sie einfach nicht genug Motivation für eine Veränderung bewirkt. Ein gutes Beispiel sind die abgehobenen Mission Statements vieler Unternehmen, die oft Lichtjahre vom Arbeitsalltag der Mitarbeiter entfernt sind.

Gruppen beginnen sich erst zu verändern, wenn sie die Realität erkannt haben, besonders, wenn den Mitgliedern der Gruppe klar wird, dass sie ihre Arbeitssituation als unharmonisch oder unangenehm empfinden. Es ist wichtig, dass sie diese Realität auf emotionaler Ebene verstehen. Doch das allein reicht für eine Veränderung noch nicht aus. Die Gruppenmitglieder müssen den Grund ihrer Unzufriedenheit finden – eine emotionale Realität, die gewöhnlich über offensichtliche Ursachen wie »ein schlechter Chef« hinausgeht. Das eigentliche Problem liegt oft in fest verankerten Grundregeln oder Gewohnheiten, die das Verhalten der Gruppe bestimmen. Im Zusammenhang mit Teams bezeichnen wir diese Regeln als *Normen*, im Zusammenhang mit Organisationen als *Kultur*.

Wenn ein Verständnis der emotionalen Realität und der Normen eines Teams beziehungsweise der Kultur einer Organisation erlangt wurde, kann dies als Grundlage verwendet werden, um eine ideale Vision für die Gruppe zu entwickeln, die im Einklang mit der persönlichen Vision jedes Einzelnen stehen muss, um wirklich überzeugend zu sein. Der nächste Schritt besteht darin, die Diskrepanzen zwischen Realität und Vision zu erforschen und einen Plan zu erstellen, um das, was heute geschieht, auf die Vision der Zukunft auszurichten. Je besser die Realität auf das Ideal abgestimmt wird, desto wahrscheinlicher ist es, dass die Veränderungen von Dauer sein werden. Diese Abstimmung des Ideals mit der Realität schafft einen Rahmen für die Entwicklung zu einer emotional intelligenten, resonanten und effektiveren Gruppe.

Doch bevor wir uns mit dem Erreichen dieser Veränderung beschäftigen, wollen wir uns das Konzept der emotionalen Realität genauer ansehen. Zunächst werden wir dieses Konzept im Hinblick auf Teams und anschließend im Hinblick auf Organisationen untersuchen, da Teamsituationen den täglichen Erfahrungen der meisten Menschen näher sind. Außerdem sind Veränderungen in Teams leichter zu erreichen und spiegeln gleichzeitig die Realität in der gesamten Organisation wider.

Wenn Teams scheitern: Die Macht der Normen

In den letzten 20 Jahren haben viele Untersuchungen bewiesen, dass Gruppen bessere Entscheidungen fällen als einzelne Gruppenmitglieder, wie intelligent sie auch sein mögen.[1] Es gibt eine Ausnahme von dieser Regel. Wenn es der Gruppe an Harmonie oder Kooperationsfähigkeit mangelt, leidet sowohl die Qualität als auch die Schnelligkeit der Entscheidung. Forschungen an der Cambridge University zeigten, dass selbst Gruppen mit brillanten Mitgliedern schlechte Entscheidungen fällten, wenn die Gruppe durch Streitereien, persönliche Rivalitäten und Machtspiele gespalten war.[2]

Kurz gesagt sind Gruppen nur dann klüger als Einzelpersonen, wenn sie die Qualitäten Emotionaler Intelligenz aufweisen. Jedes Gruppenmitglied trägt zur Emotionalen Intelligenz der Gruppe bei, doch der Anführer spielt eine besonders wichtige Rolle. Emotionen sind ansteckend, und es ist ganz natürlich, dass die Gruppe auf die Gefühle und das Verhalten des Anführers besonders achtet.[3] Deshalb hat der Anführer großen Einfluss auf die emotionale Realität der Gruppe.[4] Eine Führungskraft mit ausgeprägten Kooperationsfähigkeiten kann die Resonanz in der Gruppe aufrechterhalten und damit sicherstellen, dass ihre Entscheidungen es wert sind, durchgeführt zu werden. Solche Führungskräfte sorgen dafür, dass ein Team sich auf eine Aufgabe konzentriert und die Mitglieder sich gut verstehen. Sie schaffen ein freundliches, kooperatives Klima, das eine positive Sicht der Zukunft fördert.[5]

Deshalb kann eine Führungskraft, der es an Emotionaler Intelligenz fehlt, in einem Team verheerenden Schaden anrichten. Zwei Beispiele:

- Eine Geschäftseinheit eines medizinischen Unternehmens machte enorme Verluste. Ihre Dienstleistungen waren mangelhaft und alle Ebenen überbesetzt. Das Managementteam wurde von einer kurzsichtigen Führungskraft geleitet und hielt endlose Meetings ab, um zu einem Konsens zu gelangen, bevor es wichtige Veränderungen wie die Entlassung von Mitarbeitern beschloss. Innerhalb weniger Jahre brachte die marode Geschäftseinheit das gesamte Unternehmen in finanzielle Schwierigkeiten.
- Janet, eine brillante Managerin in einem großen Versicherungsunternehmen, fiel wie ein Tornado in einen verschlafene Geschäftsbereich ein und zeigte keinerlei Toleranz für die

bisherige Arbeitsweise. Für Leute im Team, die mit ihren Plänen nicht einverstanden waren, hatte sie eine klare Botschaft: »Für Sie ist kein Platz hier. Suchen Sie sich eine andere Arbeit.« Janet bemerkte nicht, dass sie ihr Team nur für ein Ziel motivierte – sie um jeden Preis scheitern zu sehen. Innerhalb weniger Monate fielen die Leistungen eines bisher recht erfolgreichen Bereichs drastisch ab und nach einem Jahr wurde er aufgelöst.

Leider sind vielen von uns solche Szenarien nur allzu vertraut. In beiden Fällen bestand das Problem darin, wie die Führungskraft mit Emotionen und Normen umging. Wir halten Normen für selbstverständlich, sind uns aber oft nicht darüber im Klaren, welche Macht sie haben. Sie stehen für implizites Lernen in der Gruppe – die unausgesprochenen Regeln, die wir durch die täglichen Interaktionen lernen und automatisch übernehmen, um uns einzufügen.

Letzten Endes entscheiden die Normen einer Gruppe, ob sie ein leistungsstarkes Team ist oder lediglich eine Ansammlung von Leuten, die zusammenarbeiten.[6] In einigen Teams sind hitzige Auseinandersetzungen an der Tagesordnung. In anderen können die Höflichkeit und das Interesse, die die Mitglieder demonstrieren, ihre Langeweile kaum verschleiern. In anderen, effektiveren Teams ist die Kommunikation von gegenseitigem Respekt geprägt, die Mitglieder unterstützen einander in Wort und Tat und tragen Meinungsverschiedenheiten offen und mit Humor aus. Wie die Grundregeln auch lauten, wir spüren sie automatisch und passen unser Verhalten meist an. Mit anderen Worten diktieren Normen, was sich in einer bestimmten Situation »richtig anfühlt«, und bestimmen daher, wie wir handeln.

Manchmal können Normen, die hilfreich und sinnvoll scheinen, destruktiv werden. Das war in der Geschäftseinheit des medizinischen Unternehmens der Fall, die wir vorhin als Beispiel anführten. Eine der wichtigsten Normen bestand darin, Entscheidungen durch Konsens zu erlangen. Doch obwohl dies meist das Engagement und die Motivation der Teammitglieder fördert, nutzte der Leiter der Einheit dies, um Entscheidungen hinauszuzögern, besonders solche, die in eine neue Richtung geführt hätten.

Im Fall des verschlafenen Versicherungsbereichs führte Janets Unfähigkeit, die emotionale Realität des Teams zu erkennen und die zugrunde liegenden Normen zu berücksichtigen, zu katastrophalen Ergebnissen. Sie unterschätzte die Macht des Stammes: den starken Zusammenhalt, den Leute empfinden, wenn sie langjährige gemeinsame Gewohnheiten und Werte haben.

Janet, die den Auftrag hatte, den Bereich auf Vordermann zu bringen, hatte ehrgeizige Pläne und einen scharfen Blick für alles, was verändert werden musste. Sie setzte einen befehlenden Führungsstil ein, scharte ein paar Manager um sich, die sie für fähige Führungskräfte hielt (weil sie ihr sehr ähnlich waren), und begann, »Ordnung« zu schaffen. Dass die Mitarbeiter ihre Vorgehensweise ablehnten, ließ Janet kalt. Sie war überzeugt, dass die leitenden Angestellten den Veränderungsbedarf erkennen und ihrer Vision zustimmen würden – andernfalls mussten sie gehen.

Janet machte den Fehler, die unausgesprochenen aber mächtigen Normen dieses Geschäftsbereichs außer Acht zu lassen. Die wichtigste dieser Normen war eine ausgeprägte Loyalität unter den Teammitgliedern, die stolz darauf waren, auch in schwierigen Zeiten zusammenzuhalten. Darüber hinaus hatten sie einen Umgang mit Konflikten gefunden, der niemanden verletzte. Mit ihrer kompromisslosen, barschen Art verstieß Janet gegen diese Normen. Die Teammitglieder sahen ihre Leitprinzipien – Zusammenarbeit, Freundlichkeit und Respekt – bedroht und wehrten sich dagegen. Die allgemeine Empörung über Janets Verhalten schweißte die Gruppe noch enger zusammen. Während einige Teammitglieder offen gegen sie opponierten, entschlossen sich andere zu gehen. Letztlich führte das zur Schließung des Bereichs.

Janets Verhalten ist ein gutes Beispiel für einen der größten Fehler, den eine Führungskraft begehen kann: die Grundregeln und die kollektiven Emotionen einer Gruppe zu ignorieren und davon auszugehen, dass die Kraft ihrer Führung ausreicht, das Verhalten der Leute zu bestimmen. Dennoch ist dieser Fehler weit verbreitet: Eine Führungskraft übernimmt eine neue Position – oft mit dem Auftrag, eine Kehrtwende zu vollziehen – und ignoriert die Macht der Gruppennormen und die Bedeutung von Gefühlen. Statt Resonanz erzeugenden Führungsstilen setzt sie eine verheerende Kombination aus befehlendem und forderndem Stil ein. Das Ergebnis ist eine vergiftete und rebellische Atmosphäre.

Den Führungskräften in den beiden Beispielen fehlte offensichtlich die Emotionale Intelligenz, um der Realität der Gruppe Rechnung zu tragen und die Interaktionen des Teams produktiver zu gestalten. Im Gegensatz dazu können Führungskräfte, die die Normen einer Gruppe berücksichtigen und positive Emotionen fördern, emotional hoch intelligente Teams schaffen.

Kollektive Emotionale Intelligenz hebt Hochleistungsteams von durchschnittlichen Teams ab. Das zeigte eine Arbeit von Vanessa Druskat, Professorin an der Weatherhead School of Management, und Steven Wolff, Professor an der School of Management des Marist College. Laut dieser Studie bestimmt die Emotionale Intelligenz von Gruppen die Fähigkeit des Teams, mit ihren Emotionen auf eine Art umzugehen, die »Vertrauen, die Gruppenidentität und die Gruppeneffektivität« fördert und daher die Kooperation und Effizienz maximiert.[7] Kurz gesagt bewirkt Emotionale Intelligenz eine positive emotionale Realität.

Die Emotionale Intelligenz der Gruppe maximieren

Die Emotionale Intelligenz einer Gruppe umfasst dieselben Fähigkeiten wie die einer Einzelperson: Selbstwahrnehmung, Selbstmanagement, soziales Bewusstsein und Beziehungsmanagement. Allerdings sind die EI-Kompetenzen der einzelnen

Mitglieder und der Gruppe als Ganzes entscheidend.[8] Gruppen haben Stimmungen und Bedürfnisse und handeln kollektiv. Erinnern Sie sich, als Sie das letzte Mal zu spät zu einem Meeting kamen und sofort die Spannung im Raum spürten. Sie wussten, dass es einen Konflikt gegeben hatte, bevor irgendjemand ein Wort sagte. Die Gruppe als Ganzes war angespannt und kampfbereit. Sie wussten auch, dass bald etwas passieren musste, damit sich die Stimmung wieder entspannte und die Situation nicht entgleiste. Das meinen wir mit Stimmungen und Bedürfnissen einer Gruppe.

Wie bei Einzelpersonen bauen auch bei Teams die EI-Fähigkeiten aufeinander auf. Wenn beispielsweise Teammitglieder beginnen, die Stimmungen und Bedürfnisse der Gruppe zu bemerken (Selbstwahrnehmung), reagieren sie meist mit Empathie aufeinander. Diese Empathie ermöglicht dem Team, positive Normen zu schaffen und aufrechtzuerhalten und seine Beziehungen mit der Außenwelt effektiver zu managen. Auf der Teamebene ist soziales Bewusstsein – vor allem Empathie – die Grundlage, die es dem Team gestattet, effektive Beziehungen mit dem Rest der Organisation zu führen.

Die Selbstwahrnehmung eines Teams

Das Managementteam eines technischen Unternehmens hatte für seine wöchentliche Besprechung diesmal einen Ort außerhalb des Unternehmens gewählt. Kurz nach Beginn des Meetings stürmte ein Teammitglied in den Raum und murmelte, dass ihm der Ort und der Zeitpunkt der Sitzung sehr ungelegen kämen. Der Leiter des Teams erkannte, wie verärgert dieser Manager war. Er machte die anderen auf die Mühe aufmerksam, die dieses Teammitglied auf sich genommen hatte, und dankte ihm dafür. Das Ergebnis: Der Ärger war im Handumdrehen verflogen.

Ein Team mit guter Selbstwahrnehmung achtet sowohl auf die Stimmung der Gruppe als auch auf die Emotionen der einzelnen Mitglieder. Die Teammitglieder zeigen Empathie füreinander, und es gibt Normen, die die Aufmerksamkeit und das gegenseitige Verständnis fördern. Die Reaktion dieses Teamleiters mag unspektakulär wirken, doch oft kann eine geschickte und subtile Vorgehensweise wie diese mehr dazu beitragen, die Dissonanz zu verringern und die Resonanz wiederherzustellen, als eine aufwändige, auffällige Maßnahme.

Wir wissen bereits, dass Emotionen ansteckend sind. Das gilt natürlich auch für Teams. Wenn ein Team die Verärgerung eines Mitglieds ignoriert, kann diese Emotion eine negative Kettenreaktion auslösen. Doch wenn es gelernt hat, mit solchen Situationen effektiv umzugehen, verhindert es, dass eine negative Emotion die ganze Gruppe erfasst.

Diese Intervention des Teamleiters verdeutlicht den engen Zusammenhang zwischen der Selbstwahrnehmung und der Empathie eines Teams, die wiederum die Grundlage für sein Selbstmanagement bilden. Das Beispiel zeigt auch, wie eine Führungskraft die emotionale Realität beeinflussen kann. In diesem Fall zeigte er Empathie für die Emotionen eines Teammitglieds und machte die anderen darauf aufmerksam. Eine solche Vorgehensweise bewirkt ein Gefühl von Vertrauen und Zugehörigkeit, das die gemeinsame Mission unterstreicht: Wir sitzen alle im selben Boot.

Zur Selbstwahrnehmung eines Teams kann es auch gehören, Normen zu schaffen, die sich positiv auf seine emotionale Realität auswirken, zum Beispiel der Meinung jedes Teammitglieds Gehör zu schenken, bevor eine Entscheidung getroffen wird, oder zu erkennen, wenn ein Teammitglied Probleme mit der Arbeit hat, und Unterstützung anzubieten.

Die Untersuchungen von Teams, die Susan Wheelan von der Temple University und Fran Johnston vom Gestalt Institute of Cleveland durchführten, weisen darauf hin, dass oft ein emotional intelligentes Teammitglied – nicht nur der Teamleiter – Probleme aufzeigen und damit die Selbstwahrnehmung der Gruppe verbessern kann.[9] Das war zum Beispiel bei einer strategischen Planungssitzung bei Lucent Technologies, Inc., der Fall.

Das Meeting verlief erwartungsgemäß. Wie üblich hatte die Teamleiterin die Gruppe aufgefordert, ein »ambitioniertes Ziel« für die Zahlen des kommenden Jahres festzulegen. Das Team reagierte mit der üblichen Begeisterung: »Zweistelliges Wachstum! Wir können alles erreichen, was wir uns vornehmen!« Doch Michel Deschapelles, Vice President für Lateinamerika, war frustriert. Er wusste, dass die Norm des Teams, nach außen hin Begeisterung zu zeigen, seit langem seine ineffektive Zielsetzung verschleierte und die Tendenz der Mitarbeiter reflektierte, Verantwortung zu vermeiden, indem sie sich hinter vagen Zielen versteckten.

Er beschloss, seine Teamkollegen herauszufordern: »Ist das euer Ernst?«, fragte er. »Dann setzen wir uns doch für dieses Jahr 400 Prozent als Ziel!« An den Gesichtern der Leute konnte man ihre Reaktion ablesen: Sie dachten, er sei verrückt geworden. Einen Moment war die Gruppe vor Schreck wie gelähmt. Doch danach begannen die Leute zu lachen: Deschapelles hatte die Norm der Gruppe, Begeisterung vorzutäuschen, zutage gebracht und ihren Bluff entlarvt.

Dank Deschapelles konnte das Team endlich offen darüber sprechen, dass es die Wahrheit über seine Leistungen hinter leeren Phrasen versteckt hatte. Bald war das Team imstande, realistisch über messbare Ziele und konkrete Schritte zu ihrer Erreichung zu diskutieren und jedem Mitglied Aufgaben zuzuweisen, für die es zur Verantwortung gezogen wurde. Diese klare Verteilung der Verantwortung wirkte sich ausgesprochen positiv auf die Leistung aus. Im darauffolgenden Geschäftsjahr konnte das Team seine finanziellen Ergebnisse wesentlich verbessern und zum ersten Mal seinen Wert für das Unternehmen beweisen.

Deschapelles' Vorgehen bewirkte kollektive Aufmerksamkeit. Das heißt, das Team nahm wahr, was es tat und warum.[10] Dieses Maß an Selbstwahrnehmung gestattet es einem Team, selbst zu entscheiden, was es tun wird und wie, statt blindlings ineffektiven Normen zu folgen oder sich von den Emotionen eines Teammitglieds (oder des Teamleiters) beeinflussen zu lassen.

Selbstmanagement in Teams

Cary Cherniss, Vorsitzender einer bekannten Forschungsgruppe, misst der Selbstwahrnehmung des Teams größte Bedeutung bei. Darüber hinaus überträgt er dem Team die Verantwortung für die effektive Zusammenarbeit. Zu Beginn eines Meetings, das den ganzen Tag dauern wird, gibt er die Agenda für diesen Tag vor – und verteilt eine Liste mit »Prozessnormen« für den Ablauf des Meetings. Zum Beispiel:

Jeder, nicht nur Cary, sollte die Verantwortung dafür übernehmen, dass wir

- *wieder zum eigentlichen Thema zurückkehren, falls wir abschweifen;*
- *den Input der Gruppe fördern;*
- *unsere Vorgehensweise überprüfen (zum Beispiel die Gruppe auffordern, ihr Ziel klarzustellen, und die einzelnen Punkte der Diskussion zusammenfassen, um sicherzustellen, dass alle dasselbe darunter verstehen);*
- *effektiv kommunizieren: entweder zur laufenden Diskussion beitragen oder klar signalisieren, dass wir das Thema ändern wollen, und fragen, ob alle einverstanden sind ...*

Die Mitglieder dieser Gruppe, die aus aller Welt kommen, sagen, es gäbe wenige Meetings, die so fokussiert, produktiv und angenehm sind.

Dieses Beispiel zeigt, wie ein Team mit einem emotional intelligenten Leiter lernen kann, sich selbst zu managen. Natürlich sollte Cherniss wissen, was er tut – schließlich leitet er das Consortium for Research on Emotional Intelligence in Organizations an der Rutgers University. Doch keine der Prozessnormen, die Cherniss festlegte, war besonders ungewöhnlich. Ungewöhnlich war eigentlich nur, dass Cherniss das Team an die Normen für die Zusammenarbeit erinnerte – und sie schriftlich formulierte, sodass alle sie anwenden konnten.

Das führt uns zu einem wichtigen Aspekt des Selbstmanagements von Teams: Positive Normen werden nur Bestand haben, wenn die Gruppe sie häufig anwendet. Die Gruppe unter der Leitung von Cherniss maximierte laufend ihr Potenzial für emotional intelligente Interaktion, erhöhte ihre Effektivität und achtete darauf, dass alle Teammitglieder jedes Meeting positiv erlebten. Diese Offenlegung der Normen erleichterte auch die Integration neuer Mitglieder. Einmal verdoppelte das Konsortium die Zahl seiner Mitglieder. Diese Vergrößerung der Gruppe lief jedoch völlig reibungslos ab, weil die Leute die Normen kannten und sich deshalb schnell in die Gruppe einfügen konnten.

Sind den Mitgliedern eines Teams seine zentralen Werte und Normen klar, wird es auch effektiv arbeiten, wenn der Leiter nicht anwesend ist. Das ist für die Tausenden Manager von Bedeutung, die »virtuelle Teams« leiten, deren Mitarbeiter oft über den ganzen Erdball verstreut sind. In Teams mit guter Selbstwahrnehmung und gutem Selbstmanagement werden die Mitglieder sich bemühen, resonante Normen zu etablieren und auf ihre Einhaltung achten. So wurde zum Beispiel in einem Forschungslabor bei den Meetings der F&E-Gruppen folgender Brauch eingeführt: Wenn jemand eine kreative Idee vorbringt, muss die Person, die als nächstes das Wort ergreift, die Rolle des »Engelsadvokaten« übernehmen und die Idee unterstützen. Dadurch steigen die Überlebenschancen einer Idee, weil der innovative Gedanke zumindest kurzfristig gegen unvermeidliche Kritik geschützt wird. Diese Norm erfüllt einen doppelten Zweck: Sie trägt zum Schutz neuer Ideen bei und sorgt dafür, dass jemand mit einem kreativen Einfall sich gut fühlt. Das führt dazu, dass Menschen kreativer sind und die Resonanz im Team laufend gestärkt wird.

Das Selbstmanagement des Teams ist also die Verantwortung aller Mitglieder. Nur eine starke, emotional intelligente Führungskraft kann eine Gruppe dazu bringen, diese Verantwortung wahrzunehmen, besonders wenn das Team nicht an den proaktiven Umgang mit Emotionen und Gewohnheiten gewöhnt ist. Doch wenn die wichtigsten Werte und die Mission des Teams klar und die Grundregeln für das Selbstmanagement explizit sind und angewendet werden, verbessert sich nicht nur die Effektivität, sondern auch die emotionale Realität des Teams drastisch. Die Zugehörigkeit zum Team wird als positiv erlebt – und diese positiven Emotionen liefern die Energie und Motivation, um die Ziele des Teams zu erreichen.

Empathie in Teams

Ein Team in einer Produktionsanlage wusste, dass sein Erfolg unter anderem ganz wesentlich davon abhing, dass das Wartungsteam seinen Maschinen Priorität einräumte. Also nominierte das Produktionsteam das Wartungsteam für eine Auszeichnung zum »Team des Quartals« und schrieb Briefe, die zum Sieg des Wartungsteams beitrugen. Auf diese Weise konnte das Produktionsteam seinen Ruf als einer der Spitzenproduzenten der Anlage wahren.

Der Effekt war offensichtlich: Indem das Produktionsteam dem Wartungsteam half, eine Auszeichnung zu erlangen, sorgte es für eine wohlwollende Beziehung zwischen den beiden Gruppen – und den Wunsch, einander zu helfen. Das Produktionsteam setzte seine Fähigkeiten ein, um eine andere Gruppe und die Wechselwirkung zwischen den beiden Gruppen zu verstehen, und schuf damit eine für beide Seiten vorteilhafte Beziehung – mit dem Ergebnis, dass beide Teams erfolgreicher waren als jedes für sich hätte sein können.

Ein emotional intelligentes Team verfügt also kollektiv über Empathie, die Grundlage aller Beziehungsfähigkeiten. Es findet andere Gruppen in der Organisation (und darüber hinaus), die für seinen Erfolg eine Rolle spielen, und bemüht sich konsequent um eine gute Arbeitsbeziehung mit diesen Gruppen. Auf der Teamebene Empathie zu zeigen, heißt allerdings nicht, einfach nett zu sein. Es bedeutet, die Bedürfnisse anderer Gruppen herauszufinden und sie zu erfüllen, sodass alle Beteiligten erfolgreicher und mit den Ergebnissen zufrieden sind.[11] Die proaktive Haltung des Produktionsteams zeigte sich auf zwei Ebenen: Es erzeugte Resonanz zwischen den beiden Gruppen und half dem Wartungsteam, für seine gute Leistung offiziell anerkannt zu werden.

Empathie über Organisationsgrenzen hinweg – zum Beispiel von Team zu Team – ist ein wirkungsvoller Katalysator für die Effektivität und Effizienz von Organisationen. Darüber hinaus trägt diese Art der Empathie zur Schaffung eines gesunden emotionalen Klimas in der gesamten Organisation und eines positiven emotionalen Umfelds in den Teams bei.

Die Grundregeln festlegen: Die Aufgabe des Teamleiters

Mehr als alle anderen hat der Teamleiter die Macht, Normen zu etablieren und Harmonie und Zusammenarbeit zu maximieren, sodass das Team von den größten Stärken jedes Mitglieds profitieren kann. Wie schafft das eine Führungskraft? Indem sie die Grundstimmung der Gruppe verbessert, mit positiven Bildern, optimistischen Interpretationen und Resonanz erzeugenden Normen und Führungsstilen (siehe Kapitel 4).

Führungskräfte können das Verhalten der Gruppe durch ihre eigenen Handlungen beeinflussen oder indem sie Mitglieder bestärken, die zur emotionalen Kompetenz der Gruppe beitragen. Sie können zum Beispiel zu Beginn eines Meetings eine kurze Befragung durchführen, bei der Mitarbeiter mit Sorgen oder Problemen ihre Gefühle zur Sprache bringen können. Wie Kenwyn Smith von der University of Pennsylvania und David Berg, stellvertretender Herausgeber des *Journal of Applied Behavior Sciences*, bei Untersuchungen feststellten, sind solche Emotionen in einer Gruppe ein wichtiges Signal für den Leiter, »dass eine Angelegenheit oder ein Ereignis angesprochen und nicht vermieden werden sollte«. Das heißt, er sollte das Problem gleich in Angriff nehmen und damit verhindern, dass es größer wird.[12] Der Leiter eines Teams könnte zum Beispiel Mitglieder, die sich bei einem Meeting schlecht verhalten haben, nachher anrufen und mit ihnen darüber sprechen. Er könnte auch Mitglieder, die sich nicht geäußert haben, nach ihrer Meinung über eine bestimmte Entscheidung fragen.

Um die richtigen Grundregeln festzulegen, muss eine Führungskraft über Emotionale Intelligenz verfügen – auch das ist offensichtlich, wird aber nicht allgemein praktiziert. Die besten Führungskräfte achten darauf, was in der Gruppe vor sich geht und handeln entsprechend. Sie können das auf subtile Weise tun, zum Beispiel jemanden unter vier Augen daran erinnern, bei einem Brainstorming die Ideen anderer nicht anzugreifen. Teams, die so geleitet werden, entwickeln mit der Zeit automatisch positive Normen für die Zusammenarbeit.

Die emotionale Realität eines Teams erkennen

Eine Führungskraft, die ein emotional intelligentes Team schaffen möchte, sollte der Gruppe als Erstes helfen, ihre kollektive Selbstwahrnehmung zu erhöhen. Wie einige der oben angeführten Beispiele deutlich machten, ist dies die wahre Aufgabe eines Teamleiters: den emotionalen Zustand der Gruppe überwachen und ihren Mitgliedern helfen, Dissonanzen zu erkennen. Nur wenn ein Team sich seiner emotionalen Realität stellt, wird es motiviert genug sein, sich zu verändern. Wenn ein Team ein Gefühl anerkennt, das alle teilen, auch wenn es einfach nur ein undefinierbares Unbehagen ist, macht es einen wichtigen ersten Schritt im Veränderungsprozess.

Wie kann der Leiter eines Teams dazu beitragen, dass dieser Prozess in Gang kommt? Indem er darauf achtet, was in der Gruppe wirklich vor sich geht. Dazu muss er nicht nur beobachten, was die Teammitglieder tun und sagen, sondern auch verstehen, was sie fühlen. Wenn er dem Team geholfen hat, seine weniger produktiven Normen aufzudecken, kann die Gruppe gemeinsam neue Normen entwickeln.

Es gibt viele Strategien, um die emotionale Realität einer Gruppe zu erkennen. Eine Bereichsleiterin bei einem Finanzdienstleistungsunternehmen erzählte uns zum Beispiel: »Als Erstes versuche ich, die Dinge nicht aus meiner Perspektive, sondern aus der der Teammitglieder zu sehen. Ich frage mich: ›Was ist mit diesem Menschen los? Warum tut er diese schrecklichen Dinge? Wovor hat er Angst oder worüber ärgert er sich? Oder was begeistert ihn und gibt ihm ein Gefühl der Sicherheit und Zufriedenheit?‹«

Indem diese Bereichsleiterin in ihrem Team die Schlüsselkompetenz Selbstwahrnehmung förderte, trug sie dazu bei, dass ihr Bereich herausragende Leistungen erbrachte. Und da Empathie und die Berücksichtigung der Wünsche und Bedürfnisse anderer zu den Normen der Gruppe gehörten, konnte die Einheit über ihre Grenzen hinaussehen und Führungs- und Managementprobleme erkennen, die das Unternehmen als Ganzes in Angriff nehmen musste. Daher waren einige Programme und Initiativen, die die Einheit initiierte, ein großer Erfolg, darunter auch ein »Management Assessment Center«, das in der Branche als maßgebend gilt.

Eine andere Managerin achtet auf die Gruppe als Ganzes. Sie weiß, dass Teams sich in verschiedenen Phasen ihres »Lebenszyklus« unterschiedlich verhalten, und gibt den Mitgliedern deshalb die Möglichkeit, über Themen zu sprechen, die in neuen Teams problematisch sind.[13] Wenn sie ein Projektteam zusammenstellt, fordert sie die Leute auf, über ihre Stärken und ihren Beitrag zu dem Projekt zu sprechen. Subtil macht sie den Teammitgliedern zwei Aspekte der emotionalen Realität der Gruppe bewusst: die Integrationsdynamik (wer ist in die Gruppe integriert und wer nicht) und die Rollen der einzelnen Mitglieder (wer tut was und warum). Die Offenheit, die sie in diesen neu gegründeten Teams von Anfang an etabliert, hilft bei der Entwicklung »guter« Normen – Gewohnheiten, die es dem Team ermöglichen werden, unvermeidliche Konflikte zu bewältigen.

Eine andere Möglichkeit, die emotionale Realität einer Gruppe zu erkennen, besteht darin, wichtige Signale zu beobachten. Bei der Fusion von zwei europäischen Pharmakonzernen behielt eine Managerin als Barometer für die kollektiven Emotionen ihrer Geschäftseinheit die Zahl der Autos auf dem Parkplatz im Auge.

Als die Fusion bekannt gegeben wurde, war der Parkplatz immer voll, und viele Autos blieben bis spät abends stehen. Sie wusste, dass die Leute besonders hart arbeiteten, weil sie begeistert von den Möglichkeiten waren, die sich durch die Fusion eröffneten. Als der Veränderungsprozess sich immer weiter verzögerte, sah die Managerin immer weniger Autos auf dem Parkplatz. Offensichtlich ließ die anfängliche Begeisterung und Motivation der Leute zusehends nach, während ihre Besorgnis weiter stieg.

Doch was war mit den Autos, die weiterhin jeden Tag bis lange nach Büroschluss auf dem Parkplatz stehen blieben? Einige Leute schafften es anscheinend, auch während dieses schleppenden Prozesses produktiv und relativ zufrieden zu bleiben. Es stellte sich heraus, dass viele dieser Leute persönlich motiviert waren – entweder durch die Arbeit selbst wie die F&E-Wissenschaftler oder weil ihr emotionales Selbstmanagement gut funktionierte. Doch die meisten Leute, die sich von der Veränderung nicht beirren ließen, wurden durch effektive Vorgesetzte geschützt. Diese emotional intelligenten Führungskräfte bezogen ihre Teams in den Veränderungsprozess ein und gaben ihnen so viel Information und Kontrolle wie möglich. Sie bemerkten, wie ihre Teammitglieder sich fühlten, respektierten diese Gefühle und gaben den Leuten die Möglichkeit, sie auszudrücken.

So bemerkte zum Beispiel ein F&E-Manager sehr früh, dass die Moral sank, nachdem ein beliebter Manager das Unternehmen verlassen hatte. Statt das Problem zu ignorieren (schließlich konnte er an der Situation ja nichts ändern), sprach er mit jedem Teammitglied über seine Angst und Besorgnis. Diese persönliche Aufmerksamkeit verbesserte die Stimmung in der

Gruppe. Danach konnte das Team seine Energie auf die positiveren Veränderungen konzentrieren, die mit der Fusion einhergingen. Ein anderer Manager hielt »Teamschließungen« ab. Statt sein Team, dessen Mitglieder in neue Positionen versetzt worden waren, sang- und klanglos aufzulösen, veranstaltete er mehrere Treffen, um sich an die gemeinsame Vergangenheit zu erinnern, das Ende einer Ära zu betrauern und über Hoffnungen für die Zukunft zu sprechen.

Diese Teamleiter sind gute Beispiele für Führungskräfte, die ihre eigenen Gefühle und die kollektiven Gefühle in ihren Teams effektiv managen.

Die Emotionale Intelligenz des Teams erkennen

Der Geschäftsführer eines mittelgroßen Unternehmens bat uns, mit drei Mitgliedern seines Führungsteams zu arbeiten, die nicht gut kooperierten. Der Geschäftsführer dachte, ein paar teambildende Maßnahmen würden ausreichen, um die Probleme zu lösen. Wir beschlossen, uns mehr Informationen zu beschaffen. In Coachinggesprächen mit den Teammitgliedern versuchten wir, die emotionale Realität des Teams und dessen Normen zu erkennen, ebenso wie die Wirkung des Teamleiters auf die Gruppe. Außerdem prüften wir mithilfe des Emotional Competence Inventory (ECI) die Emotionale Intelligenz des Teams und bewerteten den Führungsstil und den Einfluss der Führungskräfte auf das Klima ihrer Organisation.[14] Unsere Ergebnisse überraschten den Geschäftsführer. Das Team arbeitete tatsächlich nicht gut zusammen, doch was es brauchte, hatte nichts mit *Teambuilding* zu tun. Unsere Interviews und ein 360-Grad-Feedback von der Gruppe wiesen auf eine Reihe von Problemen hin, die eine ganz andere Lösung erforderten. Wie erwartet gab es einige Probleme mit bestimmten Teammitgliedern. So stellten wir bei einem Teammitglied ein sehr geringes Maß an Selbstwahrnehmung fest. Er war blind und taub für die Hinweise, die ihm andere gaben. Bei Meetings vertrat er seinen Standpunkt vehement und sah nicht, wie seine aggressive Art auf andere wirkte. Wenn jemand versuchte, mit ihm darüber zu sprechen, sagte seine Körpersprache: »Lass mich in Ruhe.«

Ein anderes Teammitglied, das bis vor kurzem in einem Werk im Ausland gearbeitet hatte, zeigte wenig Verständnis für die Organisationspolitik in der Zentrale und stieß mit seinem unangepassten Verhalten seine Teamkollegen ebenso vor den Kopf wie seine Mitarbeiter. Das Problem war für seine Kollegen (und ihn selbst) noch schwerer zu verstehen, weil er auf interpersoneller Ebene sowohl Empathie als auch Beziehungsfähigkeiten zeigte – er war einfach nicht in der Lage, die emotionale Realität des Teams zu erkennen und sein Verhalten entsprechend anzupassen.

Meistens wird versucht, solche Probleme durch teambildende Maßnahmen zu beheben. Doch als wir uns genauer mit dem Team beschäftigten, stellten wir fest, dass das eigentliche Problem eine Kombination aus ineffektiven Normen und einer negativen Stimmung im Team war. Was den Gruppenprozess betraf, fehlte es sowohl den einzelnen Teammitgliedern als auch dem Team als Ganzem an Selbstwahrnehmung. Ihr Umgang mit den Emotionen der einzelnen Teammitglieder und mit der Stimmung der Gruppe war mangelhaft. Und sie wendeten viel Zeit und Energie auf, um die negativen Emotionen des Teams zu managen. Kurz gesagt war die Zugehörigkeit zum Team mit eher negativen Gefühlen verbunden, und die Leute versuchten, die Zusammenarbeit so weit wie möglich zu vermeiden.

Ein Teil des Problems bestand darin, dass das Team als Reaktion auf den fordernden Führungsstil des Geschäftsführers einige ineffektive Normen etabliert hatte. Der starke Leistungsdruck, den der Geschäftsführer ausübte, und seine Unfähigkeit, Empathie zu zeigen, führten zu einem dysfunktionalen Wettbewerbsklima im Team. Und obwohl der Geschäftsführer davon ausging, dass seine Vision und seine Strategie für alle offensichtlich waren, zeigten unsere Daten, dass dies ganz und gar nicht der Fall war: Die Teammitglieder strebten in verschiedene Richtungen, weil sie nicht sicher waren, welches Ziel die Organisation verfolgte.

Die üblichen teambildenden Maßnahmen hätten diesem Führungsteam wenig geholfen. Als es erkannte, dass sein kollektives »Defizit« an Emotionaler Intelligenz zu unproduktiven Interaktionsgewohnheiten geführt hatte, konnte es sehen, was sich in Wirklichkeit ändern musste. Außerdem erkannte das Team, dass es sich als Gruppe nur ändern konnte, wenn jedes einzelne Mitglied bereit war, sich zu ändern. Als wir über die nötigen Informationen verfügten, konnten wir den Veränderungsprozess für das Team und die einzelnen Mitglieder in Angriff nehmen.

Dieses Beispiel zeigt, wie wichtig es ist, sich ein klares Bild von der emotionalen Realität eines Teams zu verschaffen – *bevor* man Maßnahmen ergreift.Dazu ist es unter anderem auch erforderlich, die Gewohnheiten eines Teams oder einer Organisation zu verstehen, die das Verhalten beeinflussen. Oft sind den Leuten diese Gewohnheiten gar nicht bewusst. Dennoch handeln sie danach, weil es in ihrem Team eben so üblich ist. Emotional intelligente Führungskräfte halten nach Zeichen Ausschau, die erkennen lassen, ob solche Gewohnheiten und die Systeme, die sie unterstützen, produktiv sind. Nur wenn eine Führungskraft ungesunde Gewohnheiten einer Gruppe identifiziert und offen legt, kann sie effektivere Normen etablieren.

Das Beispiel des Führungsteams weist auf eine wichtige Voraussetzung für Veränderungen in *Organisationen* hin – mit denen wir uns im nächsten Kapitel beschäftigen werden. Die Mitarbeiter eines Führungsteams zusammenzubringen, um ehrlich darüber zu sprechen, was funktioniert und was nicht, ist ein wichtiger erster Schritt, um resonantere Teams zu schaffen. In solchen Gesprächen zeigt sich, welche Stimmung in einer Organisation herrscht und was ihre Mitglieder eigentlich tun.

Das Problem ist, dass diese Gespräche »heiß« sind, und viele Führungskräfte Angst haben, den Dialog auf einer emotionalen Ebene zu führen. Da sie nicht sicher sind, ob sie mit den Emotionen umgehen können, die bei einem ehrlichen Gespräch unweigerlich hochkommen, halten sie sich an die sicheren Themen: einheitliche Ausrichtung, Koordination der Aufgaben und Pläne für die Implementierung der Strategie. Während diese Themen den Weg für die nächste Diskussion ebnen können – über das Team selbst, die Organisation und die Mitarbeiter –, beenden die meisten Teams die Diskussion an diesem Punkt. Sie finden es zu schwierig, ehrlich zueinander zu sein, um sich mit der emotionalen Realität und den Normen des Teams auseinander zu setzen. Und das verursacht Dissonanz im Team – schließlich spürt jeder, wenn die Normen nicht funktionieren und das emotionale Klima unproduktiv ist. Wenn der Leiter des Teams das Problem nicht anspricht, vergrößert er es noch. Es braucht Mut, um diese Grenze zu überschreiten, und einen emotional intelligenten Teamleiter, um die Gruppe durch diesen Prozess zu führen.

An der Spitze einer Organisation bringt ein solcher Prozess drei Vorteile: Erstens entsteht eine neue und gesunde Berechtigung, die Wahrheit zu sagen und Kultur und Führung im Hinblick auf Verhaltens- und emotionale Aspekte ehrlich zu bewerten. Zweitens führt schon die Beteiligung an dem Prozess zu neuen Gewohnheiten. Wenn die Mitarbeiter der Organisation sehen, dass ihre Vorgesetzten versuchen, die Wahrheit herauszufinden, andere an ihren Träumen teilhaben lassen und einen gesunden Umgang miteinander pflegen, übernehmen sie dieses Verhalten. Und wenn drittens der Versuch, die Wahrheit herauszufinden, von der Spitze ausgeht, sind andere eher bereit, dieses Risiko ebenfalls einzugehen.

Wie wir in diesem Kapitel gesehen haben, können Führungskräfte ihr Team nicht mit Resonanz führen, wenn sie in den Normen des Teams gefangen sind. Und sie können diese Normen nur ändern, wenn sie bereit sind, die wichtigste Aufgabe einer Führungskraft wahrzunehmen: mit den Emotionen der Menschen und der emotionalen Realität des Teams zu arbeiten. Diese Wahrheit ist auf der Ebene der Organisation sogar noch offensichtlicher, wo Normen für eine ganze Unternehmenskultur gelten. Schließlich wird es auch dem Mutigsten schwer fallen, gegen ein ganzes System anzukämpfen. Der nächste Schritt, um eine neue Art der Führung zu entwickeln, besteht also darin, den *realen* und den *idealen* Zustand der Organisation zu erkennen.

10
Realität und ideale Vision: Die Zukunft der Organisation gestalten

Viele Jahre lang wurde die Restaurantkette Shoney's von einer Gruppe von Managern geleitet, die einander gut kannten, eine gemeinsame Geschichte und dieselben Überzeugungen hatten und generell der Meinung waren, sie wüssten, wie man ein Unternehmen leitet. Das Problem war, dass dieser enge Zusammenhalt mit Vetternwirtschaft verbunden war. Die Unternehmensführung bestand aus einem Netzwerk von weißen, männlichen Spitzenmanagern, das Menschen anderer Hautfarbe ausschloss.

All das änderte sich jedoch im Jahr 1992, als das Unternehmen 132 Millionen US-Dollar zahlen musste, nachdem es von 20 000 Angestellten und abgewiesenen Bewerbern wegen diskriminierender Einstellungs- und Beförderungspraktiken verklagt worden war. Seit damals hat ein Kader neuer Führungskräfte die Kultur des Unternehmens gezielt verändert und unter anderem eine Kampagne gestartet, um die Chancen qualifizierter farbiger Mitarbeiter und Bewerber zu erhöhen.[1] In nur zehn Jahren verwandelte sich Shoney's von einem Club weißer Männer zu einem der »Top-50-Unternehmen für Minderheiten«, die das Magazin *Fortune* jedes Jahr kürt.

Diese Veränderung erfolgte natürlich nicht über Nacht. Der Prozess begann mit einem aufrüttelnden Moment (der Klage), der die Realität der dissonanten Unternehmenskultur zutage brachte. Als dann die neuen Führungskräfte das Ruder übernahmen, mussten sie eine *ideale Vision* formulieren, die in Zukunft bei Einstellungen und Beförderungen als Richtlinie dienen würde. Und schließlich musste das Unternehmen als Ganzes sich zu dieser Vision bekennen – sich *emotional* darauf einstellen –, bevor eine nachhaltige Veränderung stattfinden konnte.

Die Führungskräfte bei Shoney's stellten sich der Realität und führten das Unternehmen in eine völlig andere Zukunft. Sie wussten, dass der Veränderungsprozess in einem Unternehmen ebenso wie in Teams mit der Erkenntnis ihrer emotionalen Realität und Normen beginnt. Führungskräfte können eine Erhöhung der Emotionalen Intelligenz eines Unternehmens einleiten, wenn sie seine emotionale Realität und seine Gewohnheiten aufdecken. (Was tun die Leute in der Organisation und wie tun sie es?)

Während die Komponenten individueller Emotionaler Intelligenz auf Teams direkt übertragen werden können, ist ein Unternehmen komplexer und das Ziel umfassender: emotional intelligente Führung auf jeder Ebene etablieren und systematisch Normen und eine Kultur schaffen, die Wahrheit und Transparenz, Integrität, Empathie und gesunde Beziehungen fördern. Eine solche Veränderung beginnt mit Führungskräften, die offen für die Wahrheit sind, die die emotionale Realität der Organisation zutage bringen und andere für eine überzeugende Vision ihrer eigenen Zukunft begeistern können. Wenn ein Unternehmen diese Art der emotional intelligenten Führung auf allen Ebenen entwickelt, und wenn die Führungskräfte der Realität ins Auge sehen, wird ein von Grund auf verändertes Unternehmen entstehen.

Wenn Führungskräfte nicht zuhören

Dieser erste Schritt – die Realität einer Organisation zu erkennen – gehört zu den wichtigsten Aufgaben einer Führungskraft. Leider sind viele Geschäftsführer nicht imstande oder nicht bereit, die Wahrheit herauszufinden, und haben deshalb oft keine

Ahnung, was in ihrem Unternehmen tatsächlich vor sich geht. Manchmal nehmen sich solche Führungskräfte einfach keine Zeit für wichtige Gespräche. Sie versäumen es, Beziehungen aufzubauen, die einen aufrichtigen Dialog über die Stärken und Schwächen der Organisation ermöglichen würden. Und sie haben zu wenig Kontakt mit den Mitarbeitern, um die emotionale Realität ihres Arbeitsalltags zu erkennen.

Noch schlimmer ist es aber, wenn Unternehmensleiter einen befehlenden und fordernden Stil praktizieren und die Leute davon abhalten, die Wahrheit zu sagen. Sie haben keine Ahnung von der Realität in ihrer Organisation oder leugnen sie. Während sie vielleicht glauben, dass alles in Ordnung sei, haben sie eine Kultur geschaffen, in der niemand es wagt, ihnen die Wahrheit zu sagen. Und dieses Schweigen hat einen sehr hohen Preis.

Jedes Jahr sterben in amerikanischen Krankenhäusern schätzungsweise 100 000 Menschen aufgrund von Fehlern des medizinischen Personals – etwa einer falschen Dosierung eines Medikaments oder einer falschen Infusionsflasche. Oft sind diese Fehler eine Folge der streng hierarchischen Kultur, die in den meisten medizinischen Organisationen herrscht.[2] Ein Arzt, der einer Sonderkommission der Academy of Medicine angehört, die sich mit derartigen Fällen beschäftigt, erzählte uns: »Eine Krankenschwester, die einen Arzt korrigiert, indem sie ihn zum Beispiel darauf aufmerksam macht, dass er sich bei der Verordnung eines Medikaments um eine Null geirrt hat, muss mit dem Schlimmsten rechnen. Wenn man in der Medizin dieselbe Nulltoleranz für Fehler einführte, die in der Luftfahrtindustrie die Norm ist, könnten wir die Häufigkeit medizinischer Fehler drastisch senken.«

Natürlich sagt niemand einer Krankenschwester, dass sie den Zorn der Ärzte riskiert, wenn sie deren Anweisungen infrage stellt. Das sind Lektionen über die Organisationskultur, die wir implizit lernen, indem wir unsere Umgebung beobachten und Hinweise unbewusst verarbeiten. Solche Kulturen sind schwer zu ändern. In einem Krankenhaus eine Kultur zu schaffen, in der keine Toleranz für Fehler herrscht, würde zum Beispiel ein wesentlich umfassenderes Kontrollsystem erfordern, als es der medizinische Bereich bisher akzeptierte. Es würde auch bedeuten, den fordernden und befehlenden Führungsstil abzuschaffen, der in hierarchischen Unternehmenskulturen üblich ist, und dafür zu sorgen, dass eine Krankenschwester einen Arzt korrigieren kann, ohne einen Wutausbruch befürchten zu müssen.

Die vergiftete Organisation

Wenn Führungskräfte dissonante Stile anwenden, vergiften sie damit unweigerlich die Kultur. Wie wirkt sich die Arbeit in einer Organisation aus, der es an Emotionaler Intelligenz fehlt?

Eine Managerin, die in einem solchen Unternehmen arbeitete, erzählte uns, dass sie mit der Zeit gesundheitliche Probleme bekam und das Gefühl hatte, ihre Kompetenz, Zuversicht und Kreativität verloren zu haben. Der Grund war klar: ein fordernder Vorgesetzter, der mit Drohungen und massivem Leistungsdruck arbeitete.

Obwohl dieses Unternehmen, das Fortbildungsprogramme anbot, den Dienst an der Öffentlichkeit zu seiner Mission erklärt hatte, konzentrierte sich der Geschäftsführer auf kurzfristigen Profit. Da es wenig Konkurrenz gab, konnten seiner Ansicht nach Abstriche bei der Qualität gemacht werden, ohne Kunden zu verlieren. Das Wohl seiner Mitarbeiter war ihm gleichgültig, und daraus machte er auch keinen Hehl. »Einstellen, das Letzte aus ihnen herausholen, entsorgen«, pflegte er zu sagen. Darüber hinaus hatte er keinen Respekt für seine Mitarbeiter.

Die folgende Geschichte ist ein typisches Beispiel für sein tyrannisches Verhalten: Eine junge Mitarbeiterin nahm an ihrem Geburtstag eine Torte mit ins Büro und bot einigen Leuten, darunter auch dem Geschäftsführer, ein Stück an. Während alle anderen ihr gratulierten und sich bedankten, sagte der Geschäftsführer laut zu einem Manager, der neben ihm stand: »Was soll dieser Quatsch? Können Sie Ihre Leute nicht zur Arbeit anhalten?« Dann drehte er sich zu der Mitarbeiterin, musterte sie von oben bis unten und sagte: »Und Sie können die Kalorien in dieser Torte doch sicher nicht brauchen.«

Der negative Stil dieser Führungskraft unterstützte eine Reihe von äußerst destruktiven kulturellen Normen. So sollten die Mitarbeiter den Kunden das Gefühl geben, dass sie sehr privilegiert seien und zur gesellschaftlichen Elite gehörten, und dass die (teuren) Dienstleistungen des Unternehmens die besten der Welt seien. In Wahrheit waren die Kunden ganz normale Leute und die Dienstleistungen bestenfalls durchschnittlich. Das gezwungene Lächeln der Mitarbeiter konnte ihre Anspannung kaum verbergen – und die Kunden wurden immer fordernder, als sie erkannten, dass man sie mit mittelmäßigen Dienstleistungen abspeisen wollte. Darüber hinaus gestalteten renommierte Persönlichkeiten, die oft für Tagungen engagiert wurden, ihre Auftritte möglichst kurz, da ihnen die Zusammenarbeit mit dem Unternehmen ebenfalls keinen Spaß machte. Das frustrierte sowohl die Mitarbeiter (die diese Zugpferde brauchten) als auch die Kunden (die oft nur wegen dieser Stars gekommen waren). Da sie die Realität und die Phantasiewelt, die sie aufrechterhalten mussten, nicht in Einklang bringen konnten, empfanden viele Mitarbeiter ihre Arbeit als sinnlos und emotional belastend.

Die destruktiven Gewohnheiten dieses Unternehmens schufen eine Kultur, in der die Leute nicht mehr infrage stellten, wie und warum etwas getan wurde, sondern nur noch versuchten, den Arbeitstag irgendwie durchzustehen. Und da die Führungskräfte in dieser vergifteten Organisation systematisch alle Versuche, die Kultur zu verändern, im Keim erstickten, war eine Veränderung unmöglich. Mittlerweile genießt das Unternehmen einen sehr schlechten Ruf in der Branche und die Mitarbeiterfluktuation ist höher denn je.

Wo die Veränderung beginnt

Diese traurige Geschichte bedeutet nicht, dass vergiftete Organisationen sich nicht verändern können. Ganz im Gegenteil: Die Veränderung beginnt, wenn emotional intelligente Führungskräfte sich mit der emotionalen Realität und den kulturellen Normen, die den täglichen Aktivitäten und Verhaltensweisen der Gruppe zugrunde liegen, aktiv auseinander setzen. Um Resonanz zu erzeugen – und Ergebnisse zu erzielen –, muss eine Führungskraft auf die verborgenen Dimensionen achten: die Emotionen der Mitarbeiter, die Unterströmungen der emotionalen Realität in der Organisation und die Kultur, die alles zusammenhält.

In einer großen Forschungsklinik, mit der wir arbeiteten, war diese Erkenntnis mit einem hohen Preis verbunden, aber die Führung lernte die Lektion – und veränderte die Kultur der Organisation.

In dieser Klinik zeigten sich viele der Probleme, die Ende der 90er Jahre typisch für das amerikanische Gesundheitswesen waren: Während die Patienten immer höhere Ansprüche an die medizinische Betreuung stellten, drängten Versicherungsgesellschaften und Behörden auf eine Senkung der Kosten – zwei scheinbar unvereinbare Forderungen.

Die regionalen Gemeinden waren mit den Leistungen der Klinik unzufrieden, was zu einem Rückgang der Auslastung führte. Daraufhin entwickelte die Führung einen Fünf-Jahres-Plan, der umfassende organisatorische und administrative Änderungen vorsah. Man gab die Entwicklung eines komplizierten Softwareprogramms für die Verwaltung der finanziellen Daten in Auftrag, lagerte eine Reihe von Funktionen aus und versetzte oder entließ Mitarbeiter, um die Effizienz zu steigern.

Doch die Führung dieser Klinik vergaß die Grundlage jeder Veränderung: Die Erkenntnis der emotionalen Realität und der Kultur der Organisation.[3] Ebenso wenig achtete man darauf, wie die Mitarbeiter zu der Veränderung standen. Sie wurde von oben verordnet – rationale Ziele, klare Mandate und logische Prozesse. Dabei übersah man die Kraft der Emotionen: Nach zwei Jahren zeichnete sich ein klarer Abwärtstrend ab. Die neuen Systeme zeigten wenig Wirkung, und die Mitarbeiterfluktuation hatte sich verdoppelt.

Bei unserer Arbeit mit dem Klinikmanagement halfen wir den Führungskräften zunächst, die Dissonanz in der Organisation zu erkennen – und dass der Preis dieser Dissonanz ein Scheitern der Veränderungsinitiative sein konnte. Mit der Einführung eines Prozesses, der als *Dynamische Erhebung* bezeichnet wird, erhielten die Mitarbeiter die Möglichkeit, ihre Meinung über die Vorgänge in der Organisation kundzutun. Zur Überraschung des Managements stellte sich heraus, dass die Mitarbeiter nicht glaubten, die Kultur – oder die Führung selbst – unterstütze echte Veränderung, Risikobereitschaft und Lernprozesse.

So wurden die Leute aufgefordert, ihre Arbeitsweise zu ändern, doch die Schulungen, die man anbot, waren nicht nur unzureichend, sondern auch altmodisch und irrelevant. Dazu kam, dass Schulungen in der Organisation lange Zeit gering geschätzt worden waren, sodass die Leute neuen Programmen sehr skeptisch gegenüberstanden. Darüber hinaus glaubten die Mitarbeiter, der Veränderungsprozess werde durch langjährige kulturelle Gewohnheiten behindert. So artete der schroffe Umgang, den die Mitarbeiter untereinander pflegten, oft in Grobheit aus, sodass die Leute sich verletzt fühlten und in die Defensive gingen. Die Atmosphäre wurde von Verleumdungen, Fehden und Kleinkriegen bestimmt – Dissonanz, die jedes positive Veränderungsprogramm unterminierte.

Indem die Klinikführung die Leute in den Prozess einbezog, der zur Erkenntnis der Realität führen sollte, machte sie einen Schritt in die richtige Richtung. Sie erkannte an, dass die Gefühle der Mitarbeiter wichtig waren und die Kultur selbst sich vielleicht verändern musste, und sie bot den Leuten ein Forum, um über die geeignete Vorgehensweise zu sprechen. Das führte dazu, dass der Prozess in Schwung kam und die Grundstimmung positiver wurde. Als die Gespräche fortgesetzt wurden und das Managementteam sich für entscheidende Veränderungen engagierte, begannen auch die Mitarbeiter, Verantwortung für die Schaffung der neuen Kultur zu übernehmen. Bald standen sie dem Veränderungsprozess positiver gegenüber: Die Vision erzeugte immer mehr Resonanz, und die Mitarbeiter reagierten mit Begeisterung. Die Teilnahme und Aufmerksamkeit bei Meetings, die mit der neuen Strategie zu tun hatten, stieg markant, und die Atmosphäre in der Klinik wurde wesentlich angenehmer. Mit anderen Worten begannen sich die Kultur und die emotionale Realität zu verbessern, und das bewirkte positive Energie statt Widerstand, Resonanz statt Dissonanz.

Heute ist die Klinik fast nicht wiederzuerkennen: Die Organisationssysteme wurden rationalisiert, die Mitarbeiterfluktuation ist gesunken und die Patientenzufriedenheit ist gestiegen. Die Resonanz erzeugenden Normen, die während des Veränderungsprozesses etabliert wurden, fördern weiterhin das Engagement, die Energie und die Flexibilität der Mitarbeiter. Vor der Kehrtwende war die Klinik ein gutes Beispiel dafür, wie die Kultur einer Organisation selbst die besten Pläne zunichte machen kann. Wenn die kulturellen Normen Engagement, Innovation oder Resonanz nicht unterstützen, werden Führungskräfte gegen Windmühlen kämpfen.

Doch am verheerendsten wirkt sich Dissonanz in Organisationen wahrscheinlich auf die Mitarbeiter aus: Mit der Leidenschaft schwinden auch ihre Fähigkeiten. Statt ausgezeichneter Leistungen und Selbstvertrauen haben wir in solchen Unternehmen gespielte Begeisterung, gedankenlose Zustimmung oder offene Ablehnung erlebt. Die Leute kommen zwar Tag für Tag zur Arbeit – doch ihr Herz und ihre Seele bringen sie nicht mit.

Wie kann man eine vergiftete Organisation, die den Menschen jede Motivation raubt, in einen Arbeitsplatz verwandeln, an dem die Leute sich voller Energie fühlen und einen Sinn in ihrer Tätigkeit sehen? Für diese Art der Veränderung ist ein großer Schritt notwendig: von einem profunden Verständnis der

Realität zu einem emotionalen Engagement der Mitarbeiter für eine ideale Vision – von sich selbst als Individuen und als Organisation. Doch manchmal muss eine Führungskraft zuerst die Trägheit der Organisation überwinden, um Resonanz erzeugen zu können. Wie stellt sie das an? Wie legt eine Führungskraft die emotionale Realität offen – und ebnet damit den Weg für die Verwirklichung des Ideals – und zwar auf eine Art, die die Mitarbeiter motiviert und nicht lähmt?

Die Realität der Organisation durch Dynamische Erhebungen erkennen

In vielen großen Unternehmen gibt es Prozesse für die systematische Auswertung der Einstellung, Werte und Überzeugungen der Mitarbeiter. Sie können sehr hilfreich sein, doch das Problem ist, dass Befragungen nur über das Aufschluss geben, was gemessen wird – und die wenigsten Befragungen gehen auf subtilere Bereiche wie latente Gefühle und komplexe Normen in einer Organisation ein. Und selbst wenn Befragungen problematische Aspekte der Kultur und der Führung berücksichtigen, erfordert es fokussierte Bemühungen und Mut, diese Probleme in Angriff zu nehmen. Allzu oft werden aufschlussreiche Befragungsergebnisse einfach beiseite gelegt.

Mit einem Prozess, der von Cecelia McMillen von der University of Massachusetts und Annie McKee entwickelt wurde und als *Dynamische Erhebung* bezeichnet wird, lässt sich der selektive Ansatz der meisten Befragungen umgehen. Er ermöglicht Führungskräften, kulturelle Probleme zu identifizieren, die ihre Arbeit behindern.[4] Diese Methode bringt die emotionale Realität einer Organisation zutage – was den Mitarbeitern wichtig ist, was ihnen, ihrer Gruppe und der Organisation hilft, erfolgreich zu arbeiten, und was sie daran hindert.

Während die Leute die Wahrheit über ihre Organisation herausfinden, beginnen sie eine *gemeinsame Sprache* zu entwickeln, in der sie ausdrücken können, was tatsächlich vor sich geht und was sie gerne hätten – ihre ideale Vision des Unternehmens.

Eine Dynamische Erhebung umfasst fokussierte Gespräche und Fragen, die gezielt die emotionale Ebene ansprechen. Einige Führungskräfte sehen vielleicht nicht, wie das zur Lösung der geschäftlichen Probleme beitragen soll. Nur wenn Menschen über ihre Gefühle sprechen, erkennen sie die wahren Ursachen der Probleme einer Kultur und die wahren Inspirationsquellen in ihrer Umgebung. Und wenn Menschen authentische Gespräche über ihre Gefühle in Bezug auf die Organisation führen, sind sie sich meist darüber einig, was funktioniert und was nicht. McMillen sagt dazu: »Die Leute fangen an, ein Bild von der Seele der Organisation zu zeichnen.« Sie entwickeln eine Sprache, mit der sie die Kräfte definieren können, die sich auf den Arbeitsalltag der Menschen in der Organisation und auf ihre Hoffnungen für die Zukunft auswirken.

Aus diesen anfänglichen Gesprächen (die üblicherweise mit offiziellen und inoffiziellen Führungskräften auf allen Ebenen geführt werden) kristallisieren sich Themen heraus, die meist wesentlich bedeutsamer und weniger allgemein sind, als es bei derartigen Befragungen sonst der Fall ist. Wenn diese Themen dann in kleineren Gruppen besprochen werden, lösen sie meist angeregte Diskussionen über die Realität der Organisation aus. Darüber hinaus führen Gespräche über kulturelle Probleme, die emotionale Realität einer Organisation und die Gefühle, die mit der Arbeit in dieser Organisation verbunden sind, oft dazu, dass die Menschen Verantwortung für die Probleme, die Träume und den Weg von der Realität zum Ideal übernehmen. Und indem sie sich nicht nur auf die Schwächen, sondern auch auf die Stärken der Organisation konzentrieren, entwickeln sie eine Vision der Veränderung und sehen, wie ihre Träume und ihr persönlicher Beitrag zum Veränderungsprozess in das Gesamtbild passen.

Wenn die Menschen diesen offenen Dialog über ihre Kultur und ihre Träume einmal begonnen haben, ist es sehr schwierig, ihn abzubrechen. Im Gegensatz zu den üblichen Befragungen und einmaligen Gesprächen über Visionen initiiert eine Dynamische Erhebung ein Gespräch, das seine eigene Dynamik hat. Die Entwicklung einer gemeinsamen Sprache sorgt für ein Gefühl der Einheit und Resonanz und die Dynamik, die dadurch entsteht, hilft den Menschen, von Worten zu Taten überzugehen. Sie fühlen sich inspiriert und verantwortlich und sind bereit, gemeinsam an der Lösung ihrer kollektiven Probleme zu arbeiten. Genau das geschah in einer nicht staatlichen Organisation in Asien, als dort eine Managerin, die wir Lang Chen nennen wollen, die Leitung übernahm.

Der Arbeit Sinn geben: Lang Chen und die asiatische NGO

Stellen Sie sich vor, Ihre Organisation hat 220 Mitarbeiter und 150 Millionen Kunden. Es versteht sich von selbst, dass der bürokratische Aufwand einer Organisation dieser Größe gewaltig ist. Und genau das war das Problem, als Lang Chen die Leitung des asiatischen Geschäftsbereichs einer internationalen NGO übernahm.

Obwohl die Mission dieser NGO, die Gesundheit von Frauen und Kindern in aller Welt zu verbessern, für neue Mitarbeiter inspirierend und sehr motivierend war, bemerkte Lang Chen, dass die anfängliche Begeisterung im Arbeitsalltag verloren ging. Leidenschaft und Kreativität blieben auf der Strecke, und Lang Chen hatte das Gefühl, dass die Art der Zusammenarbeit und die Systeme, die die Menschen leiteten, schuld daran waren. Die Mission der Organisation schien unter den vielen Regeln und Vorschriften begraben zu sein.

Die Arbeit ging langsam voran und die Qualität war mittelmäßig, obwohl die Anforderungen an die Organisation und die Kritik der Behörden und Regierungen, die sie finanzierten, immer größer wurden. Nichts schien dann zu passieren, wenn es passieren sollte. Die Mitarbeiter zeigten jene träge Selbstzufriedenheit, die ein »Job auf Lebenszeit« oft bewirkt (ein Problem vieler großer NGOs), und es schien kaum ein Zusammenhang zwischen Kompetenz und Erfolg zu bestehen. Es war unklar, welche Kompetenzen für eine Aufgabe erforderlich waren, und die Organisation hatte anscheinend die Fähigkeit verloren, sich selbst zu beurteilen. Solange die Regeln befolgt wurden, kümmerte sich niemand um die Stärken und Schwächen der Mitarbeiter. Abgesehen davon gab es sehr wenige Frauen unter den Mitarbeitern und noch weniger in führenden Positionen, und das in einer Organisation, die sich für die Bedürfnisse von Frauen engagiert.

Darüber hinaus gab es eine strikte Trennung zwischen den unterstützenden Mitarbeitern und den Mitarbeitern, die die Dienstleistungen erbrachten, wobei die zweite Gruppe das gesamte Lob einheimste. In beiden Gruppen waren die Leute zufrieden mit dem Status quo und sträubten sich gegen Veränderungen, selbst wenn dringende Umstände es erforderten.

Dieses Umfeld führte dazu, dass einige der zentralen Werte der NGO – wie Mitgefühl und Integrität – von Missverständnissen und alten Gewohnheiten überlagert wurden. Lang Chen war klar, dass die Mitarbeiter sich nicht als Team fühlten und dass die Resonanz schwand, die früher ein natürliches Nebenprodukt der überzeugenden Mission gewesen war. Chen stand vor derselben Aufgabe wie alle Führungskräfte: Sie musste herausfinden, was funktionierte und was nicht, und die Mitarbeiter zu Lösungen führen. Doch wie bekämpft eine Führungskraft die Trägheit eines Systems? Wie entwickelt sie die Fähigkeit einer Organisation, sich selbst zu beobachten und zu bewerten und in einem komplexen Umfeld gut zu funktionieren? Wie bewirkt eine Führungskraft die Veränderung einer Organisation?

Lang Chen folgte zwei einfachen Prinzipien. Sie verwendete einen integrierenden Ansatz, führte eine Dynamische Erhebung durch und bezog die Mitarbeiter in die Entdeckung der Wahrheit über sich selbst und die Organisation ein. Sie appellierte an die Leidenschaft der Mitarbeiter für die Arbeit und an die Träume, die sie für die Organisation hatten: Sie sahen sie als Visionärin und folgten ihr. Lang Chen wurde zum Vorbild für die Veränderungen, die sie erreichen wollte. Schließlich führte sie Systeme ein, die die neuen Gewohnheiten und Vorgehensweisen unterstützten. Diese letzte Maßnahme – die Veränderung der Systeme – war wichtig, um die Veränderungen aufrechtzuerhalten. Ruth Jacobs von der Hay Group wies darauf hin, dass die Etablierung von Personalpraktiken, die die Emotionale Intelligenz fördern – zum Beispiel bei der Einstellung von Mitarbeitern oder dem Leistungsmanagement –, entscheidend ist, um langfristig Resonanz und ein gesundes emotionales Klima zu gewährleisten.[5]

Emotional intelligente Führungskräfte wissen, dass sie sich zuerst mit der Realität der Organisation auseinander setzen und die Probleme gemeinsam mit den Mitarbeitern identifizieren müssen. Sie integrieren die gesamte Organisation in das Gespräch und arbeiten mit Prozessen, die eine emotionale Beteiligung der Mitarbeiter bewirken – und appellieren an ihre individuellen und kollektiven Hoffnungen für die Zukunft. Wie Lang Chen ermöglichen solche Führungskräfte den Mitarbeitern, sowohl die Stärken als auch die Schwächen der Organisation zu erkennen und eine gemeinsame Sprache für die Realität zu finden. Damit setzen sie die nötige Energie für die Entwicklung einer gemeinsamen Vision der Zukunft frei.

Die entscheidende Wende: Von Dissonanz zur idealen Vision

Der nächste Schritt auf dem Weg zu einer emotional intelligenten Organisation besteht darin, eine ideale Vision für die Organisation zu definieren, die in Einklang mit den individuellen Hoffnungen und Träumen ihrer Mitglieder steht. Führungskräfte können ihren Mitarbeitern helfen, eine ideale Vision für die Gruppe zu finden, indem sie ihre Emotionale Intelligenz einsetzen und als Vorbild dienen. Wie sieht eine Organisation aus, deren Mitglieder eine gemeinsame Vision verbindet? Ein gutes Beispiel ist LucasFilm mit Sitz in Marin County in Kalifornien, die Muttergesellschaft einer Reihe von kreativen Medienunternehmen des Filmproduzenten George Lucas.

Das Erste, was an Gordon Radley, dem President von LucasFilm, Ltd., auffällt, sind die Tätowierungen auf seinen Wangen. Sie kennzeichnen Radley als Mitglied eines Stammes in Malawi, mit dem er Ende der 60er zwei Jahre als freiwilliger Mitarbeiter des Friedenskorps lebte.

30 Jahre später ist er immer noch in Kontakt mit diesem Stamm und unterstützt ihn sogar finanziell. »Das Leben dieses Stammes ist so völlig anders als unseres. Es ist eine in sich geschlossene Welt, die sich kaum verändert hat«, erzählt Radley nach seinem letzten Besuch in Malawi. »Als ich dort war, wurde mir wieder bewusst, wie sehr ich diese Menschen liebe. Zu einem Stamm zu gehören, hatte immer eine ganz besondere Bedeutung für mich.«

Dieses starke Zugehörigkeitsgefühl zu einer bestimmten Gruppe charakterisiert Organisationen, in denen Menschen gerne arbeiten. Für Radley gehört es zu seiner Verantwortung als Führungskraft, die gute Unternehmenskultur bei LucasFilm zu fördern und aufrechtzuerhalten. In dem Imperium, das George Lucas aufbaute, ist LucasFilm die Muttergesellschaft von Industrial Light and Magic, der legendären Werkstätte für Spezialeffekte, und einigen anderen kreativen Medienunternehmen, deren Spektrum von Videospielen über Tonanlagen bis zu Kinos reicht.

Radley strebt eine Unternehmenskultur an, die dem Stammesgefühl ähnelt, das er beim Friedenskorps in Malawi erlebte. Radleys Mission: »Wie erzeugt man dieses Stammesgefühl? Es ist schwierig, weil es sofort verschwindet, sobald man die Aufmerksamkeit darauf lenkt. Doch wir achten darauf, dass uns die Gefühle, die die Arbeit bei uns auslöst, ebenso wichtig sind wie die Arbeit selbst.«

Solche Gefühle können zum Beispiel durch außergewöhnliche gemeinsame Erlebnisse positiv beeinflusst werden, die Teil der gemeinsamen Geschichte werden. »Vor ein paar Jahren hatte das Unternehmen interne Probleme«, erzählt uns Radley. »Also organisierte ich ein Meeting aller Mitarbeiter. Es war das erste Mal, dass alle in einem Raum zusammenkamen – wir mussten uns im Auditorium eines lokalen Gemeindezentrums treffen. In den ersten 20 Minuten sprach ich über die Themen, die bei solchen Meetings üblich sind – finanzielle Ergebnisse, Neuigkeiten im Unternehmen und Ähnliches. Und dann zog ich plötzlich einen Vorhang auf, und auf der Bühne dahinter stand das Ensemble des Broadway-Musicals *Stomp!*. Damit hatte niemand auch nur im Entferntesten gerechnet.« In den nächsten zwei Stunden war das gesamte Unternehmen gefesselt von der Show, bei der eine Person mit Alltagsgegenständen wie Besen, Eimer oder Mopp einen Rhythmus erzeugt, den andere übernehmen und variieren – in wunderbarer, kreativer Synchronie. Es ist eine wortlose Ode an die Kraft einer Gruppe, die sich in Resonanz befindet.

»Es war ein elektrisierendes Erlebnis, das alle verband, ohne dass ein Wort gesprochen wurde«, sagt Radley. »Ich organisierte dieses Meeting, weil ich alle zusammenbringen wollte, um ein Gefühl zu erzeugen, dass wir alle gemeinsam für etwas arbeiten, das größer ist als wir selbst. Wir wollen eine Kultur schaffen, in der die Leute Mitgefühl füreinander empfinden. Es ist wie im Friedenskorps: Wir dienen einander.« In einer guten Unternehmenskultur herrscht Empathie. Man tut diese kleinen symbolischen Dinge und hofft, dass sie die Kultur prägen.

Dieses Erlebnis war ein Beispiel für die »Guerillaentwicklung«, wie Radley es nennt, die subtile Gestaltung der Unternehmenskultur. Doch da die Kultur einer Gruppe sehr empfindlich reagiert, kann sie nicht durch Zwang gestaltet werden. In Radleys Worten: »Man deckt den Tisch und hofft, dass die Leute kommen und Platz nehmen.«

So musste Radley bei einem der ersten Meetings des Führungsteams erst durchsetzen, dass die Stühle in einem großen Kreis aufgestellt wurden. »Mir war es wichtig, weil diese Sitzordnung jenes Stammesgefühl signalisiert«, erinnert er sich.

»Jeder stellte sich vor und erzählte, wo er herkam. Nach dieser Vorstellungsrunde hatten alle das Gefühl, dass wir von überall her zusammengekommen waren, um in diesem Moment Teil dieser Gruppe zu sein.«

Radleys Bemühungen, ein besonderes Gefühl der Zusammengehörigkeit zu erzeugen und eine starke, positive Kultur zu schaffen, scheinen sich bezahlt zu machen. Unter seiner Leitung stieg die Zahl der Mitarbeiter von 400 während einer Flaute in der Branche Anfang der 90er Jahre auf über 1800. Und die Einnahmen haben sich verzehnfacht. Darüber hinaus gehören die Unternehmen des LucasFilm-Konzerns zu den wenigen, die von Zeitschriften wie *Fortune* und *Working Mother* zu den »Besten Arbeitgebern« gezählt werden.

Wie stark das »Stammesgefühl« einer Organisation ist, lässt darauf schließen, wie klar seine ideale Vision ist und wie überzeugt die Mitarbeiter von diesem gemeinsamen Ziel sind. Doch wie können Führungskräfte ihrer Organisation helfen, eine ideale Vision zu entwickeln? Zunächst einmal müssen sie herausfinden, welche Träume und Visionen sie selbst von ihrer Organisation haben.

Inspiration und die Stunde der Ratte

Um eine Vision zu entwickeln, die Resonanz erzeugt, muss man bei sich selbst beginnen, erklärte uns Antony Burgmans, einer der beiden Chairmen von Unilever:

Als wir unsere Wachstumsstrategie festlegten, wurde mir klar, dass ich kein gutes Gefühl hatte: Irgendetwas fehlte und ich wusste, dass wir unsere Pläne noch einmal überdenken mussten. Ich vertraute meinem Gefühl – man lernt mit der Zeit, auf diese innere Stimme zu hören. Also suchte ich nach der Ursache meines Unbehagens. An unserem Vorgehen war nichts auszusetzen: eine neue fokussierte Strategie, eine neue Organisationsstruktur und die richtigen Mitarbeiter in den richtigen Posi-

tionen. Doch irgendetwas stimmte nicht – das entscheidende Element fehlte. Dann wurde mir klar, dass wir zwar eine ausgezeichnete Veränderungsstrategie und eine inspirierende Vision hatten, doch was wir wirklich brauchten, um eine Veränderung bei Unilever zu bewirken, waren eine neue Kultur, eine neue Auffassung von Führung und neue Verhaltensweisen.

Niall FitzGerald, der zweite Chairman und Mitgestalter des Transformationsprozesses, fügte hinzu:

Wir wussten, wo wir hinwollten. Das war völlig klar. Wir hatten auch alle nötigen Vorbereitungen getroffen – doch es war, als ob wir am Rand des Grand Canyon stünden. Du willst auf die andere Seite, weißt aber, dass du dazu eine Brücke bauen musst. Du fürchtest dich vor dieser Aufgabe, empfindest ein tiefes Unbehagen, doch die Begeisterung für die Vision gibt dir die Kraft, diese Brücke zu bauen. Ich achtete sehr sorgfältig auf meine Gefühle – besonders solche, die mir sagten, dass etwas nicht stimmte, noch nicht. Diese Gefühle waren wichtig – sie ließen mich als Führungskraft erkennen, was wir tun mussten. Die Brücke, die wir bei Unilever bauen mussten, hatte mit den Menschen im Unternehmen zu tun: Wir mussten ihre Leidenschaft wecken, sie mussten eine ganz neue Perspektive ihrer Arbeit entwickeln, und sie mussten sich ein völlig anderes Führungsverhalten aneignen.

Diese Einsichten der beiden Unternehmensleiter führten zu einem radikal neuen Veränderungsansatz. Und der erste Schritt bestand darin, die Einstellung der Spitzenmanager zu verändern. Heute befindet sich Unilever mitten in einem tief greifenden Veränderungsprozess – doch im Gegensatz zu vielen anderen Veränderungsinitiativen herrscht in der gesamten Organisation Klarheit darüber, was getan wird und warum. Die Mitarbeiter wissen, dass sie Teil der Veränderung sind und auch sich selbst verändern müssen. Im Hinblick auf die finanziellen und organisatorischen Maßnahmen sind sie dem Zeitplan sogar voraus. Und all das, weil zwei Führungskräfte auf ihre innere Stimme hörten.

Um Zugang zu der Vision zu finden, die in einer Kultur Resonanz bewirken kann, achten emotional intelligente Führungskräfte zuerst darauf, was sie selbst über ihre Organisation denken und fühlen. Sie erkennen die Diskrepanzen zwischen Realität und Vision. Das hat nichts mit Intuition zu tun. Vielmehr setzen sie ihre Emotionale Intelligenz ein, um die subtilen Hinweise auf das, was in der Organisation wirklich vor sich geht, wahrzunehmen und zu interpretieren. Das eröffnet ihnen eine Perspektive, die über alle anderen Unternehmensdaten hinausgeht.

Es wird einer Führungskraft leichter fallen, diesen Einblick in ihre Organisation zu erlangen, wenn sie es sich zur Gewohnheit macht, sich zum Nachdenken an einen ruhigen Ort zurückzuziehen. Der Zugriff auf die Weisheit des Unbewussten lässt sich mit dem Versuch vergleichen, aus einem tiefen Brunnen Wasser zu pumpen. Es hilft, wenn man die Pumpe in Schuss hält – indem man sich regelmäßig Zeit zum Nachdenken nimmt. Oft kommt diese Weisheit mitten in der Nacht, in der Stunde der Ratte, wie wir es nennen – jener dunklen, stillen Phase der Nacht, wenn nichts Sie ablenkt und jene Fragen auftauchen, die an Ihnen nagen. Diese Zeit der stillen Reflexion kann einer Führungskraft die Antwort auf diese Fragen eröffnen:

- Was beschäftigt mich so sehr, dass ich es nicht loslassen kann, nicht einmal zu Hause?
- Was ist für mich verwirrend, zwiespältig oder einfach nur ärgerlich?
- Was weckt meine Leidenschaft und Begeisterung für meine Arbeit?
- Worin liegt ihr Sinn?
- Woran glaube ich wirklich?

Wenn Führungskräfte ihren Ängsten und ihrer Leidenschaft auf den Grund gehen – und sich auf ihre eigenen Träume konzentrieren –, fangen sie an, jene Aspekte der Kultur, der Mission und Vision sowie der Führung (einschließlich ihrer eigenen) zu erkennen, die einer Veränderung bedürfen. Nur wenn sie für sich selbst klarstellen, was die Mitarbeiter in der Organisation hält – über ihren »Job« hinaus –, können sie Zugang zu einer resonanten Vision finden, die die Menschen sehen und fühlen können.

Um die Vision eines Unternehmens zu entwickeln, müssen emotional intelligente Führungskräfte aber auch die kollektive Weisheit der Menschen, die sie führen, nutzen. Seite an Seite mit dem Rest der Organisation schaffen Führungskräfte die Vision, die die Gruppe vereinen und mit Energie erfüllen wird. Die Mitarbeiter in die Auseinandersetzung mit der Organisation einzubeziehen – zuerst mit der Realität und dann mit der idealen Vision –, bewirkt Resonanz und nachhaltige Veränderung.

In diesem Zusammenhang möchten wir einige Beispiele von Führungskräften anführen, die ihrer Organisation halfen, eine gemeinsame, überzeugende Vision zu entwickeln. Im folgenden Abschnitt werden wir zunächst einen kurzen Blick auf drei Führungskräfte werfen, um dann noch einmal genauer auf ihre Maßnahmen und ihr emotionales Potenzial einzugehen.

Einstimmung, nicht Ausrichtung

Als Keki Dadiseth zum Chairman von Hindustan Lever Limited (HLL) ernannt wurde, befand sich die indische Geschäftswelt in einer Phase schneller Veränderungen. Obwohl die Managementpraktiken des Unternehmens lange Zeit erfolgreich gewesen waren, musste es nun seine Kultur verändern, die für das neue geschäftliche Umfeld zu bürokratisch und zu wenig kooperativ und transparent war. Die kulturellen Normen unterstützten die Hierarchie statt eine Verteilung der Befugnisse auf alle Ebenen. Deshalb war es oft schwierig, Aufgaben rasch zu erledigen. Obwohl das Unternehmen über einen genau definierten Prozess für die Managemententwicklung verfügte, gab es Beschwerden über die Vorgehensweise bei Beförderungen oder Belohnungen, weil es in diesem Bereich an Transparenz mangelte.

Keki Dadiseth ging diese Aufgabe frontal an: Um das Unternehmen näher an sein Ideal zu bringen, ging er mit gutem Beispiel voran. Er gestaltete die Veränderung, die er erreichen wollte, und bezog die Mitarbeiter in die Entwicklung einer neuen Vision und einer neuen Realität ein. Sein Konzept lautete zentrifugierte Führung: Das Zentrum der Schwerkraft bildete nicht der Chairman allein. Alle hatten zentrale Bedeutung für den Erfolg. Innerhalb eines Jahres veränderte sich die Kultur und war nun von Offenheit, Vertrauen und einer Verteilung der Macht geprägt. Hindustan Lever Limited ist weiterhin eines der rentabelsten und angesehensten Unternehmen der Unilever-Gruppe.

Das Impfprojekt der UNICEF in Indien leistete gute Arbeit, doch die Projektleiterin Monica Sharma war der Meinung, das Projekt könne eine Motivationsspritze gebrauchen. Es inspirierte zwar die Mitarbeiter, die eng mit den medizinischen Teams zusammenarbeiteten, doch die meisten der 400 Mitarbeiter der Organisation – Bürokräfte, Buchhalter, Verwaltungspersonal – waren zu weit von der Front entfernt, um sich inspiriert zu fühlen. Sharma beschloss, diese Menschen näher ans Geschehen zu bringen. Sie ermunterte sie, regelmäßig einige Tage in einem Bezirk zu verbringen, in dem die eigentliche Arbeit – die Impfung der Kinder – geleistet wurde. Die Leiter des UNICEF-Büros, Representative Eimi Watanabe und ihre beiden Stellvertreter Thomas McDermott und Lukas Hendratta, leisteten einen entscheidenden Beitrag zum Erfolg dieser Idee, da sie Sharma und die Initiative persönlich unterstützten. Die Bürokräfte hatten nun die Möglichkeit, die Mission und die ideale Vision, die ihrer Arbeit zugrunde lagen, hautnah zu erleben. Diese »Fronteinsätze« förderten die Motivation und die Zusammenarbeit mit den Ärzten und Krankenschwestern.

Eine Umstrukturierung, die die University of Pennsylvania in den 90er Jahren durchführte, war für viele Mitarbeiter schwer zu verkraften. Die meisten hatten sich der Universität, die zur Ivy League gehörte, sehr verbunden gefühlt und ihren Arbeitsplatz als Anstellung auf Lebenszeit betrachtet. Doch als man Rollen und Verantwortungsbereiche völlig neu definierte, geriet ihre selbstzufriedene Sicherheit ins Wanken. Sie fühlten sich demoralisiert, weil sie das Bild, das sie jahrelang von sich selbst gehabt hatten, nicht mehr aufrechterhalten konnten. Um die Veränderungsinitiative auf Kurs zu halten, suchten President Judith Rodin und Executive Vice President John Fry nach neuen Inspirationsquellen, die mit der gesamten Gemeinde geteilt werden konnten. Das Wort *Gemeinde* war der Ausgangspunkt für einen Prozess, der Resonanz erzeugte und der die Menschen innerhalb und außerhalb der Universität durch eine gemeinsame Vision verband.

Führungskräfte erklären oft, dass sie eine einheitliche Ausrichtung der Mitarbeiter auf die Strategie bewirken möchten. Diese Formulierung lässt an Bleistifte denken, die alle in dieselbe Richtung zeigen. Doch so einfach ist es nicht. Strategien, die in die trockene Sprache von Unternehmenszielen verpackt sind, sprechen vor allem das rationale Gehirn, den Neokortex, an. Strategische Visionen (und die anschließenden Pläne) sind meist linear und begrenzt. Sie enthalten keine Elemente, die das Herz und die Leidenschaft der Menschen ansprechen, was für ihr emotionales Engagement aber wesentlich ist.

Die oben angeführten Beispiele verdeutlichen, dass Mitarbeiter eine Veränderung nur dann annehmen, wenn sie damit einverstanden sind – also jene Art von Resonanz empfinden, die die Menschen sowohl emotional als auch intellektuell bewegt. Es geht also darum, wie eine Führungskraft die Mitarbeiter auf ihre Vision und in der Folge auf ihre Strategie einstimmt, um ihre Leidenschaft zu wecken. Emotional intelligente Führungskräfte wissen, dass zu dieser Einstimmung mehr gehört, als den Leuten die Strategie klarzumachen. Sie erfordert eine direkte Verbindung mit dem emotionalen Zentrum der Menschen.

Wird diese Einstimmung erreicht, spüren wir die kollektive Energie von Menschen, die Begeisterung für die Vision ihrer Organisation und damit auch für ihre Arbeit empfinden. Eine Vision, die die Menschen in Einklang bringt – die Resonanz erzeugt –, schafft Harmonie und lässt die Menschen als Gruppe handeln.

Die unsichtbaren Fäden einer überzeugenden Vision binden die Menschen stärker aneinander als jeder strategische Plan. Und die Menschen, nicht allein der Geschäftsplan, bestimmen das Ergebnis. Erfolg hängt davon ab, was den Mitarbeitern einer Organisation wichtig ist, was sie tun und wie sie zusammenarbeiten.

Warren Bennis, Professor an der University of Southern California und ein anerkannter Führungsexperte, bezeichnete diese Einstimmung der Mitarbeiter als »Management der Aufmerksamkeit durch die Vision«. Er sagt, dies gehöre zur grundlegenden Verantwortung einer Führungskraft, ebenso wie der Einsatz des Gruppenideals, um die Anstrengungen der Gruppe zu fokussieren.[6] Einstimmung ist besonders wichtig, wenn sich die Arbeitsweise der Organisation verändert. Sie ist aber ebenso entscheidend, wenn eine Vision ihre Kraft verliert und eine Auffrischung braucht.

Einstimmung beginnt damit, dass die Mitarbeiter in den Prozess einbezogen werden, der zur Erkenntnis der Diskrepanzen zwischen der emotionalen Realität und der idealen Vision der Organisation führt.

Eine Führungskraft muss jedoch noch einen Schritt weiter gehen und den Menschen in der Organisation Verantwortung für den Veränderungsprozess übertragen, wie es die Führungskräfte in den oben angeführten Beispielen taten. Wir wollen uns diese Szenarien genauer ansehen, um festzustellen, wie diese Führungskräfte ihre Organisation auf eine gemeinsame Vision einstimmten – und eine dauerhafte Veränderung bewirkten.

Die Veränderung mit gutem Beispiel anführen: Keki Dadiseth und Hindustan Lever

Kehren wir also noch einmal zurück zu Keki Dadiseth und Hindustan Lever Limited (HLL). Wie bereits erwähnt, übernahm er das Ruder in einer Zeit, in der sich die indische Geschäftswelt rasch veränderte. HLL hatte sich jahrelang durch hervorragendes Management und Geschäftswachstum ausgezeichnet und galt in der Branche als beispielgebend.

Dennoch war Dadiseth bald klar, dass sich das Unternehmen angesichts der »Liberalisierung« der indischen Wirtschaft rasch ändern musste, da seine Kultur zu bürokratisch und zu wenig kooperativ und transparent war. Dadiseth wusste, dass es nicht ausreichen würde, Reden zu halten, neue Regeln einzuführen oder Schulungen abzuhalten, um eine Änderung der fest verankerten Gewohnheiten zu erreichen und das Unternehmen auf seine Vision einzustimmen. Er musste die Verhaltensweisen, die er bewirken wollte, selbst demonstrieren. Also machte er ein japanisches Sprichwort, das in seinem Büro an der Wand hing, zu seinem Motto: »Keiner von uns ist so klug wie alle zusammen«.

Von Anfang an setzte er einen gefühlsorientierten Führungsstil ein, den er mit dem demokratischen Stil kombinierte – eine Mischung, die bei HLL alles andere als üblich war. Er hörte auf, Termine zu vergeben. Die Tür zu seinem Büro stand immer offen, und jeder Mitarbeiter, der mit ihm sprechen wollte, wurde vorgelassen. Und er hörte ihnen wirklich zu: Er nahm Ratschläge von ihnen an und berücksichtigte ihre Ansichten bei seinen Entscheidungen. Er setzte sich über die Hierarchie hinweg, aß mit den Mitarbeitern in der Kantine und baute eine persönliche Beziehung zu ihnen auf. Er erfuhr, wessen Sohn krank war und wessen Tochter in der Schule einen Preis gewonnen hatte. Und er erfuhr, welchen Mitarbeitern ihre Arbeit wirklich wichtig war, und lobte sie öffentlich. Wenn er Probleme sah, ermunterte und ermächtigte er die Leute, selbst Lösungen zu finden. Er delegierte die Entscheidungsfindung so weit wie möglich nach unten. Er forderte die Mitarbeiter auf, auf ihre innere Stimme zu hören, um herauszufinden, was richtig für das Unternehmen war – und danach zu handeln.

Obwohl sein neuartiger Führungsstil anfänglich vielen Leuten suspekt war, erkannten sie bald, dass er keine Show abzog: Er meinte es ernst. Er war verfügbar, zugänglich und transparent. Seine Beziehungen mit den Mitarbeitern waren ehrlich, positiv und sehr menschlich und bewirkten gegenseitiges Vertrauen und Respekt. Darüber hinaus begann sein Beispiel Schule zu machen: Andere Führungskräfte erkannten, wie vorteilhaft sich das Verhalten des Unternehmensleiters auf das Klima auswirkte. Die Leute fingen an, seinem Beispiel zu folgen, sodass sich die Normen der Kultur langsam in Richtung Offenheit und gegenseitiger Unterstützung entwickelten. Da keine Zeit mehr mit unnötigen Spekulationen verschwendet wurde, konnten Aufgaben schneller und besser erledigt werden.

Die Leute begannen, Erfolge und Misserfolge miteinander zu teilen, sodass die Zusammenarbeit mit der Zeit immer besser wurde. Nun war es nicht mehr so riskant, Verantwortung zu übernehmen, was es den Leuten erleichterte, innovativ und kreativ zu arbeiten. Vom Fabrikarbeiter bis zum Spitzenmanager steuerten alle ihre Ideen bei, und die Effizienz und Effektivität stieg.

Während Dadiseth starke, offene Beziehungen im Unternehmen aufbaute, behielt er stets sein Ziel im Auge: die Leistung des Unternehmens zu verbessern. Er achtete darauf, dass die Beziehungen nicht zu vertraulich wurden. Auch als er die Führungskräfte aufforderte, ihre Beziehung zu den Mitarbeitern als wichtig für das Geschäft zu sehen, betonte er, dass die Mitarbeiter ihren Teil der Verantwortung übernehmen mussten: für das Unternehmen, füreinander und für ihre eigenen Werte.

Bald liefen Prozesse schneller und reibungsloser ab. Entscheidungen, die sich früher über Wochen hingezogen hatten, dauerten nur ein paar Stunden oder sogar Minuten, obwohl mehr Mitarbeiter beteiligt waren. Die Leute engagierten sich mehr für Entscheidungen als früher. Das lag zum Teil daran, dass sie beteiligt waren, aber auch daran, dass sie größeres Vertrauen in die Führung hatten. Außerdem war es nicht mehr so einfach, sich zu verstecken oder anderen die Schuld zu geben. Die Beziehungen waren von mehr Vertrauen geprägt, und die Führungskräfte begannen, mehr Verantwortung für sich selbst zu übernehmen.

Innerhalb eines Jahres verbesserte sich die an einer Reihe von Verhaltenskriterien gemessene Leistung beträchtlich. Die Schnelligkeit und Effektivität der Strategieimplementierung ist deutlich gestiegen, und alle Mitarbeiter fühlen sich für das Wachstumsprogramm verantwortlich und handeln entsprechend. Keki Dadiseth führte durch Taten. Er demonstrierte Prinzipien der neuen Organisation, die er und sein Team schaffen wollten: Transparenz, Integration, Aufrichtigkeit, Konsequenz und Ergebnisse; eine genaue und ehrliche Beurteilung der Stärken und Schwächen; und eine leistungsorientierte Entlohnung. Dadiseth hatte das mächtige Symbol, das sein Büro darstellte, eingesetzt, um die Veränderung zu gestalten, und den Mitarbeitern damit geholfen, ihre Verantwortung zu verstehen und wahrzunehmen. Kurz gesagt veränderte er die Normen, stimmte die Menschen auf eine neue Vision für die Organisation ein und erzeugte Resonanz.

Dabei hielt er sich an einige Grundregeln, die eine Veränderung auslösen können:

- Führungskräfte sollten die Aufmerksamkeit der Mitarbeiter auf die zugrunde liegenden Probleme und Lösungen lenken, damit alle verstehen, was verändert werden muss und warum. Wenn sie helfen, Probleme zu artikulieren und die verborgenen Normen aufdecken, wird der »reale« Zustand der Organisation erkennbar und zu einer Motivation für die Veränderung. Die Offenlegung des Verborgenen gibt den Menschen eine gemeinsame Sprache, um zu diskutieren, was funktioniert und was nicht, und um einen gemeinsamen Ausgangspunkt für Veränderungen zu finden.
- Führungskräfte sollten sich auf das Ideal konzentrieren, mit Resonanz erzeugenden Führungsstilen die Mitarbeiter dazu

zu bringen, über ihre Hoffnungen für die Zukunft zu sprechen, und ihr Engagement für die Organisation wecken. Sie sollten die persönlichen Ziele der Mitarbeiter mit einer sinnvollen Vision verbinden und ihnen damit die nötige Sicherheit geben, um Wege zu erforschen, die sie zu dieser Vision führen.
- Von Worten zu Taten übergehen: Das beginnt beim Leiter des Unternehmens. Er sollte die Leute durch einen gemeinsamen Traum vereinen, von Worten zu Taten übergehen und neue Verhaltensweisen gestalten – das ist die Aufgabe einer Führungskraft.

Monica Sharma von der UNICEF war sich dieser Verantwortung bewusst.

Die Mission leben: Monica Sharma und UNICEF

Als Monica Sharma 1989 zum Chief of Health eines Impfprojekts der UNICEF in Indien ernannt wurde, wusste sie, wie wichtig die Arbeit der Organisation war. Viel zu viele Kinder in diesem Land starben an den üblichen Kinderkrankheiten wie Masern. Das Ziel ihres Projekts war es, diese traurige Tatsache zu ändern.[7] Doch schon bald bemerkte Monica etwas, das ihr Sorgen machte: Die meisten der 400 Mitarbeiter fühlten sich von der Mission der Organisation weit entfernt. Sie saßen im Hauptbüro am Schreibtisch und bekamen von der Arbeit der medizinischen Teams nichts mit.

Monica fand eine Lösung, um ihnen die gemeinsame Mission näher zu bringen. Sie erkannte, dass die Mitarbeiter einen *emotionalen* Bezug zu ihrer Arbeit brauchten, um sie als sinnvoll und inspirierend zu empfinden. »Ich entwickelte einen Plan, um alle Mitarbeiter in die Arbeit an der Front einzubeziehen«, erzählte uns Monica. Die UNICEF unterstützte diesen Plan. Representative Eimi Watanabe und ihre Stellvertreter Thomas McDermott und Lukas Hendratte erkannten, dass es in einer großen Bürokratie *besonders* wichtig war, Initiativen wie diese zu fördern, um damit Innovation und Veränderung zu bewirken.

Die Mitarbeiter konnten – oft zum ersten Mal – sehen, worum es bei dem Projekt wirklich ging. Sie begleiteten die medizinischen Teams und erlebten ihre Arbeit aus nächster Nähe. Zum ersten Mal konnten sie die Emotionen spüren, die ihrer täglichen Arbeit zugrunde lagen: Begeisterung und Hoffnung – und die Zweifel und Besorgnisse der Mütter, die sich selbst vor den Spritzen fürchteten und Angst um ihre Kinder hatten. Mit der Zeit erkannten die Büromitarbeiter, dass auch sie dazu beitrugen, das Leben von Kindern zu retten, und dass selbst scheinbar unwichtige Routinearbeiten dafür sehr wesentlich waren.

Die Geschichte eines UNICEF-Fahrers ist ein gutes Beispiel dafür. Früher hatte er einfach seine Arbeit verrichtet, die darin bestand, die Ärzteteams von einem Dorf zum nächsten zu bringen – und nie einen Bezug zu den Menschen in diesen Dörfern aufgebaut. Als er dann einige Zeit in einer Dorfklinik arbeitete, änderte sich seine Haltung. Er begann sich für die Geschehnisse zu interessieren, erkundigte sich bei den UNICEF-Mitarbeitern nach ihrer Arbeit und sprach mit den Menschen in den Dörfern. Er sah die Angst der Kinder und ihrer Mütter und wie schwierig es oft war, die Kinder zu beruhigen.

Der Fahrer begann, kleine Gruppen von Müttern um seinen Wagen zu versammeln, um sie über das Impfprogramm aufzuklären. Er erklärte ihnen, warum die Impfungen so wichtig waren, beruhigte sie wegen der Nebenwirkungen und gab ihnen Tipps, wie sie den Kindern die Angst nehmen konnten. Durch seine Miniseminare waren die Menschen ruhiger und besser informiert, was den Kliniken ihre Arbeit sehr erleichterte und spürbar zu ihrem Erfolg beitrug. Darüber hinaus erreichte er, dass die Ärzte und Krankenschwestern den Beitrag der Büromitarbeiter höher bewerteten. Und natürlich empfand er selbst seine Arbeit als sinnvoller und befriedigender als früher.

Eines Tages brachte der Fahrer ein Team von Ärzten und Krankenschwestern in ein Dorf, in dem man seit Stunden vergeblich auf den Impfstoff wartete. Früher hätte der Fahrer wahrscheinlich mit den Achseln gezuckt und das Team zurück ins Büro gefahren. Schließlich war es nicht seine Aufgabe, den Impfstoff zu besorgen, und außerdem würde ihm niemand die zusätzliche Arbeitszeit bezahlen. Doch inzwischen wusste er, wie enttäuscht seine »Seminarteilnehmer« sein würden, wenn die Impfungen, auf die sie gewartet hatten, verschoben werden mussten. Also machte er sich auf den Weg in ein größeres Dorf und kehrte nach ein paar Stunden mit dem Impfstoff wieder zurück.

Der Fahrer handelte nach den neuen kulturellen Normen: sich beteiligen, selbst nach Möglichkeiten suchen, um einen Beitrag zu leisten, und die Mission leben. Monica brachte die Mitarbeiter auf allen Ebenen dazu, sich persönlich mit der gemeinsamen Mission zu identifizieren, und erzeugte damit Resonanz, die jede Veränderungsinitiative lange überdauern würde. Ihr visionärer Führungsstil half den Leuten zu erkennen, dass ihre Arbeit – ob im Büro oder in den Dörfern – dazu beitrug, das Leben von Kindern zu retten. Monica wusste, dass die Mitarbeiter die Ergebnisse ihrer Arbeit selbst sehen mussten, um ihre Tätigkeit als sinnvoll zu empfinden.

Doch der einmalige Besuch eines Dorfes oder einer Klinik kann mit der Zeit in Vergessenheit geraten. Monica war klar, dass die Leute mehr brauchten, wenn diese inspirierenden Erlebnisse zu einer neuen Form der Zusammenarbeit – zu neuen, dauerhaften kulturellen Normen – führen sollten. Sie mussten die Gelegenheit haben, über ihre Erfahrungen zu sprechen, ihre Gefühle und das, was sie gelernt hatten, auszutauschen und einander Geschichten zu erzählen, die ihre neue Kultur definieren würden.

Zu diesem Zweck hielt Monica an den Wochenenden Meetings ab, zu denen alle Mitarbeiter eingeladen waren. Wenn sie dann von ihren Problemen in der Arbeit erzählten und um Rat baten, setzte Monica einen coachenden Führungsstil ein und machte damit Schule: Die Mitarbeiter lernten, einander zu coachen. Bei diesen Besprechungen wurde viel gelacht, und die Leute ermutigten und unterstützten sich gegenseitig. Sie waren engagiert und inspiriert – und genossen ihre Zusammenarbeit.

Selbst heute, Jahre später, haben einige Mitarbeiter Monicas Veränderungsinitiative als Wendepunkt in Erinnerung – als die vielleicht größte Inspiration in ihrem Arbeitsleben. Was ebenfalls eine wichtige Rolle spielte, war das Vertrauen, das Monica in sie setzte, ihre Überzeugung, dass sie in den Dörfern helfen konnten, obwohl sie keine entsprechende Ausbildung hatten. Dieses Vertrauen motivierte viele, über ihre selbst auferlegten Grenzen hinauszugehen. Und sie erinnern sich, dass Monica ihnen stets persönlich zur Verfügung stand und ihren Lernprozess unterstützte.

Natürlich wusste Monica genau, was sie tat: Sie stimmte die Mitarbeiter auf die Mission ein, die die Werte der UNICEF repräsentierte, und bot ihnen Möglichkeiten, diese Vision zu verwirklichen. Monica sprach die Emotionen und das Bedürfnis nach einer sinnvollen Tätigkeit an und brachte die Werte und den Beitrag der Mitarbeiter in Einklang mit der Mission.

So sieht resonante Führung in der Praxis aus: die Leidenschaft der Menschen wecken und sie mit einer Vision dessen, »was sein könnte«, verbinden.

Doch was ist, wenn in einer Organisation Veränderungen notwendig sind, die weit über die Einstellung der Mitarbeiter hinausgehen und eine grundlegende Reform ihrer Arbeitsweise erfordern? Bei einer solchen Veränderung ist die Resonanz mit einer Vision oft das, was die Leute zusammenhält, sie durchhalten lässt und dafür sorgt, dass sie fokussiert und zugleich positiv bleiben.

Wir erlebten das an der University of Pennsylvania, als sie sich in den 90er Jahren in einer schweren Krise befand.

Einklang mit der Gemeinde herstellen: Judith Rodin und John Fry und die University of Pennsylvania

Mitte bis Ende der 90er Jahre wurde die University of Pennsylvania einer umfassenden Umstrukturierung unterzogen, bei der sich die Rollen der Mitarbeiter komplett änderten. Viele Leute wurden dadurch aus ihrer jahrelangen Selbstzufriedenheit gerissen, weil ihre scheinbar sichere Zukunft nun gefährdet war. Neben der Angst, ihren Arbeitsplatz zu verlieren, machte den Menschen aber auch der Verlust ihres Selbstbilds als privilegierte Mitarbeiter einer Eliteuniversität zu schaffen. Obwohl die Umstrukturierung wichtig für die Zukunft der Universität war, bewirkte der Prozess selbst Angst und Abwehr bei den Mitarbeitern.[8]

Die Rektorin Judith Rodin und ihr Stellvertreter John Fry erkannten, dass sie etwas unternehmen mussten, um die Unterstützung ihrer Mitarbeiter für den Veränderungsprozess zu gewinnen. Sie mussten die Mission der Universität so formulieren, dass sie die Mitarbeiter inspirierte, ihr Herz und ihren Verstand ansprach und sie zugleich auf eine gemeinsame Vision einstimmte.

Zunächst verkündeten sie, dass es zur Verantwortung einer Universität gehöre, einen Beitrag zur Gemeinde zu leisten, statt nur von ihr zu profitieren. Das war eine Aussage, die man an der Universität – und in der Gemeinde in West Philadelphia – seit Jahren nicht mehr gehört hatte. Die Universität und die Stadt hatten seit langem ein angespanntes Verhältnis. Immer wieder gab es Diskussionen über Befugnisse und Zuständigkeiten, zum Beispiel wann und wo Land erschlossen und Bauarbeiten durchgeführt werden durften, wer dafür zuständig war, die Umwelt sauber zu halten, und welche Maßnahmen gegen die gestiegene Kriminalität zu ergreifen waren.

Die Vision, die Rodin und Fry hatten, war kein leeres Gerede. Sie führte zu konkreten Maßnahmen: Die beiden arbeiteten mit der Stadtverwaltung, den örtlichen Schulen, der Polizei und Grundstücksmaklern zusammen, um neue, gut beleuchtete

Straßen und Parks zu schaffen, die Qualität der Bildung in den Schulen zu verbessern und den Einwohnern der Gemeinde Mittel für die Renovierung ihrer Häuser zur Verfügung zu stellen. Sie initiierten ein Hypothekenprogramm, das den Professoren und Mitarbeitern der Universität einen Anreiz bot, in die Gegend rund um die Universität zu ziehen. Darüber hinaus engagierten sie sich für die Errichtung neuer Hotels und Läden und die Einführung von Dienstleistungen, die für Einwohner und Besucher gleichermaßen attraktiv waren. Außerdem starteten sie eine ambitionierte Initiative, um Einwohner der Gemeinde an der Universität zu beschäftigen und Bauprojekte und andere Aufträge an ortsansässige Unternehmen zu vergeben, die von Frauen oder Angehörigen einer Minderheit geführt wurden.

Als die Mitarbeiter der Universität die Vorteile der neuen Strategie sahen, begannen sie, den Veränderungsprozess zu unterstützen. Wer konnte schon etwas gegen freundliche Beziehungen mit der Gemeinde haben? Wer konnte gegen neue Parks und Straßenbeleuchtung sein, eine deutliche Verringerung der Kriminalität, die Renovierung von Häusern und die Chance, durch kreative Finanzierung in ein attraktives Stadtgebiet zu ziehen? Die überzeugenden Werte, die hinter der Strategie standen – städtische Erneuerung und das Engagement für eine lebendige, vielfältige Gemeinde –, ließen die Angst und Unsicherheit der Universitätsmitarbeiter schwinden. Sie waren wieder stolz darauf, für diese Institution zu arbeiten.

Der enorme Nutzen der Maßnahmen für West Philadelphia ist für jeden Besucher sofort ersichtlich. Doch die Auswirkungen innerhalb der Universität sind ebenso beeindruckend. Da es Rodin und Fry gelungen war, die Mitarbeiter der Universität von der Initiative in der Gemeinde zu überzeugen, konnten sie sie auch für andere, schwierigere Maßnahmen gewinnen. Die Mitarbeiter erkannten, dass ihre Vorgesetzten wirklich an die Werte glaubten, die dem Veränderungsprozess zugrunde lagen, und vertrauten darauf, dass sie die schwierigen internen Veränderungen mit Integrität durchführen würden. Rodin und

Fry erzeugten Resonanz bei den Mitarbeitern, die die Strategie unterstützten, weil sie mit ihren persönlichen Werten übereinstimmte.

Lektionen: Eine emotional intelligente Organisation schaffen

Die Ansicht, dass Emotionale Intelligenz eine wichtige Rolle für die Arbeit spielt, ist nicht neu, doch erst aus den jüngsten Untersuchungen geht hervor, wie entscheidend sie für den Erfolg jeder Organisation ist. Wie sich zeigte, könnten Emotionale Intelligenz und Resonanz am Arbeitsplatz auf das Organisationsprinzip der menschlichen Ur-Verbände zurückzuführen sein – jene Gruppen mit 50 bis 100 Mitgliedern, die gemeinsam umherzogen und nur überleben konnten, wenn sie zusammenhielten und zusammenarbeiteten.

In gewisser Weise unterscheidet sich eine Gruppe von Jägern und Sammlern in der Steinzeit gar nicht so sehr von den modernen Teams bei Hindustan Lever, der University of Pennsylvania oder der UNICEF. In jeder resonanten Gruppe empfinden Menschen ihre Verbindung und ihre Übereinstimmung als befriedigend und sinnvoll. In den besten Organisationen verbindet die Menschen eine gemeinsame Vision und eine besondere Chemie. Sie haben das Gefühl, gut zusammenzupassen, sich zu verstehen und sie empfinden die Gegenwart der anderen als angenehm.

Es ist die Verantwortung emotional intelligenter Führungskräfte, Organisationen mit dieser Resonanz zu schaffen. Diese Führungskräfte beziehen die Mitarbeiter in die Erkenntnis der Wahrheit über sich selbst und die Organisation ein: Sie stellen sich der Realität und helfen den Mitarbeitern, die Schwächen der Organisation zu identifizieren und auf den Stärken aufzubauen. Sie vereinen die Menschen durch eine gemeinsame Vision des Möglichen und demonstrieren eine neue Qualität der Zusammenarbeit. Sie erzeugen Resonanz und sorgen dafür, dass diese Resonanz durch die Systeme aufrechterhalten wird, die die Beziehungen und die Arbeit in der Organisation beeinflussen.

Bei unseren Forschungen und unserer Arbeit mit Organisationen kristallisierten sich Verhaltensregeln heraus, die bei der Schaffung einer resonanten, emotional intelligenten und effektiven Kultur helfen. Laut unseren Forschungen lässt sich dieser Prozess in drei Abschnitte unterteilen:

1. die Entdeckung der emotionalen Realität;
2. die Visualisierung des Ideals und
3. die Aufrechterhaltung Emotionaler Intelligenz.

Auf den folgenden Seiten finden Sie eine genaue Beschreibung dieser Abschnitte:

Die Entdeckung der emotionalen Realität

Respektieren Sie die Werte der Gruppe und die Integrität der Organisation. Wenn Visionen sich entwickeln und verändern, müssen Führungskräfte darauf achten, dass die Grundwerte, an die alle glauben, erhalten bleiben. Das ist die erste Herausforderung: zu wissen, welches diese Grundwerte sind – nicht nur aus eigener Sicht, sondern aus der Sicht der anderen. Die zweite Herausforderung: klar erkennen, was sich ändern muss, selbst wenn es sehr geschätzt wird, und auch den Mitarbeitern zu dieser Erkenntnis verhelfen. Wenn Grundüberzeugungen, die Geisteshaltung oder die Kultur wirklich einer Veränderung bedürfen, müssen die Mitarbeiter diese Veränderung selbst vollziehen. Das lässt sich nicht erzwingen. Wenn die Mitarbeiter einen solchen Veränderungsprozess beginnen, müssen sie persönlich stark motiviert sein – am besten durch Hoffnung und einen Traum und nicht durch Angst. Eine visionäre Führungskraft kann diesen Prozess positiv beeinflussen, indem sie die Gefühle und Überzeugungen ihrer Mitarbeiter respektiert und gleichzeitig den Nutzen demonstriert, den die Verwirklichung des Traums bringen wird.

Verringern Sie das Tempo, um schneller voranzukommen. Ein Coach, den wir kennen, sagt seinen Studenten stets: »Wenn Sie in einer Kampfsituation sind, können Sie Ihr Ziel nicht schnell genug verfehlen, um zu überleben.« Gleiches gilt für die Erzeugung von Resonanz und die Schaffung einer emotional intelligenten Organisation: Sie lassen sich nicht im Eiltempo erzwingen. Das Tempo zu verringern und die Mitarbeiter in Gespräche über ihre Systeme und Kultur einzubeziehen, ist ein Prozess, der sich nur in wenigen Organisationen beobachten lässt – obwohl er entscheidend ist. Prozesse wie die Dynamische Erhebung erfordern einen unterstützenden, coachenden Ansatz und einen demokratischen Stil: Eine Führungskraft muss aufmerksam zuhören, was die Leute über die Kultur und die emotionale Realität der Organisation sagen. Sowohl der coachende als auch der demokratische Stil stellen sicher, dass die Mitarbeiter auf eine Art in den Veränderungsprozess einbezogen werden, die ihr Engagement fördert. Emotional intelligente Führungskräfte wenden diese Stile an, um selbst ein Gefühl dafür zu entwickeln, welche Unterstützung die Mitarbeiter brauchen, um ihr Bestes geben zu können.

Beginnen Sie an der Spitze mit einer partizipativen Strategie. Die Führung einer Organisation *muss* es sich zur Aufgabe machen, die emotionale Realität der Organisation zu erkennen und Resonanz zu erzeugen. Doch das ist nicht genug: Sie braucht außerdem eine partizipative Strategie, denn Resonanz entsteht nur, wenn alle mitschwingen. Dazu müssen offizielle und inoffizielle Führungskräfte aus der gesamten Organisation in Gespräche über die Stärken und Schwächen einbezogen werden. Das bringt die Mitarbeiter zum Nachdenken und Reden und zeigt ihnen den Weg. Wenn sie einer Veränderung zustimmen, kann man von Worten zu Taten übergehen. Ihre Begeisterung wird dafür sorgen, dass Dinge in Bewegung geraten. Doch diese Bewegung muss gelenkt werden: in die Richtung des Traums, kollektiver Werte und neuer Arten der Zusammenarbeit. Transparente Ziele, ein offener Veränderungsprozess, die Beteiligung möglichst vieler Mitarbeiter und die Einführung neuer Verhaltensweisen sind ideale Voraussetzungen, um Resonanz zu erzeugen.

Die Visualisierung des Ideals

Achten Sie auf Emotionen. Um eine Vision zu formulieren, die bei anderen Resonanz erzeugt, müssen Führungskräfte aufmerksam und sensibel sein – für ihre eigenen Gefühle und die der anderen. Die Tatsachen allein – zum Beispiel die Entwicklung des Marktes – bieten nicht genug Information, um eine sinnvolle Vision zu schaffen, die die Menschen bewegt. Dazu muss eine Führungskraft die Emotionen in ihrem Umfeld wahrnehmen und dann eine Vision formulieren, mit der sich die Mitarbeiter persönlich und emotional identifizieren können.

Streben Sie nach Übereinstimmung. Damit eine Vision überzeugt, muss sie die Menschen emotional ansprechen. Sie müssen die Werte und die Vision der Organisation sehen und fühlen können, um den tieferen Sinn dieser Abstraktionen zu erkennen. Um die Menschen auf eine sinnvolle Vision einzustimmen, braucht es vor allem Integrität. Die Menschen müssen das Gefühl bekommen, dass der Traum der Organisation mit ihren eigenen Träumen, Überzeugungen und Werten übereinstimmt.

Stellen Sie Menschen über die Strategie. Führungskräfte, die Resonanz erzeugende Stile einsetzen, gestalten Normen, die das Engagement, die Beteiligung, die aktive Verfolgung der Vision und gesunde, produktive Arbeitsbeziehungen unterstützen. Sie schaffen eine Verbindung, indem sie sich auf die Wünsche und Bedürfnisse der Mitarbeiter konzentrieren und bewusst eine Kultur aufbauen, die die Gesundheit des Stammes fördert. Wenn eine Führungskraft sich auf die Menschen konzentriert, entstehen emotionale Bindungen, die den Nährboden für Resonanz bilden – und die Mitarbeiter werden ihrem Vorgesetzten in guten und in schlechten Zeiten folgen. Resonanz schafft eine unsichtbare aber starke Bindung zwischen Menschen, die auf dem Glauben an das, was sie tun – und dem Glauben aneinander –, beruht. Dazu müssen die Leute persönlichen Kontakt zueinander haben. Sie müssen miteinander sprechen, lachen, Geschichten austauschen und auch gemeinsam einen Traum entwickeln.

Die Aufrechterhaltung Emotionaler Intelligenz

Setzen Sie die Vision in die Tat um. Bei jeder Gelegenheit müssen Führungskräfte demonstrieren, wie die Vision aussieht, wie sie sich anfühlt und wie die Menschen sie heute und in der Zukunft leben können. Sie fungieren als Katalysatoren der Erkenntnis und Veränderung, behalten den Prozess stets im Auge und lassen erst locker, wenn sie das Ziel erreicht haben. Im Idealfall handeln Führungskräfte bei jeder Interaktion und jeder Entscheidung im Einklang mit ihren eigenen Werten und den Werten der Organisation, die sie etablieren wollen. Sie führen durch Coaching, Vision, Demokratie und Respekt für die Menschen in ihrer Umgebung. Und sie fordern andere auf, ihren eigenen Werten und der Mission der Organisation gerecht zu werden.

Neben der Haltung einer Führungskraft gibt es noch andere wichtige Schritte, um die Vision in die Tat umzusetzen: Veränderungen der Organisationsstruktur und der Arbeitsgestaltung, Veränderungen der Beziehungsnormen, der Systeme und der Kultur, um die Vision besser zu unterstützen und die Arbeit und das Verhalten der Mitarbeiter besser auf die Mission der Organisation abzustimmen.

Schaffen Sie Systeme, die emotional intelligente Praktiken aufrechterhalten: Menschen sind wichtig, doch Systeme, Regeln und Verfahren spielen ebenfalls eine wesentliche Rolle. Gedächtnisstützen, die die Leute daran erinnern, was akzeptabel ist und was nicht, bestimmen das Verhalten, ob das nun Regeln und vorgeschriebene Abläufe sind oder das richtige Führungsverhalten. Um emotional intelligente Praktiken in einer Organisation aufrechtzuerhalten, müssen die Regeln, Vorschriften und Personalpraktiken voll und ganz mit dem gewünschten Ergebnis übereinstimmen. Es ist sinnlos, auf emotional intelligente Führung zu hoffen, wenn die Systeme für das Leistungsmanagement und die Entlohnung nicht darauf ausgerichtet sind. Ändern Sie also wenn nötig die Regeln, um die Vision zu unterstützen.

Steuern Sie die Führungsmythen. Mythen und Legenden halten dem Auf und Ab des Arbeitsalltags stand – und den Umwälzungen, die eine Veränderung mit sich bringt. Wenn die »richtigen« Mythen kursieren – das heißt solche, die Emotionale Intelligenz und Resonanz fördern –, fällt es den Mitarbeitern leichter, auch in schwierigen Zeiten ein positives emotionales Klima aufrechtzuerhalten. Führungskräfte haben enormen Einfluss auf die Emotionen einer Organisation und sie stehen oft im Mittelpunkt ihrer Mythen. Die Steuerung der Mythen, Legenden und Symbole kann die Veränderung gewaltig vorantreiben. Wenn Führungskräfte die Symbolkraft ihrer Rolle einsetzen, um ein Beispiel für Emotionale Intelligenz zu geben, können sie selbst durch kleine Gesten und Taten neue, positive Mythen schaffen.

Die Schaffung einer emotional intelligenten Organisation ist die Aufgabe ihrer Führungskräfte. Sie müssen der Organisation helfen, ihre Realität zu erkennen – einschließlich der destruktiven kulturellen Normen –, eine ideale Vision der Organisation entwickeln und den Mitarbeitern helfen, ihre Rolle in dieser Vision zu finden. Und es ist die Aufgabe von Führungskräften, die Menschen auf diese Vision einzustimmen und den Veränderungsprozess in Gang zu bringen.

Emotional intelligente Führungskräfte, die Resonanz erzeugende Führungsstile einsetzen und Normen schaffen, die gesunde, effektive Arbeitsbeziehungen fördern (statt Stile, die Angst und Zynismus auslösen), werden eine gewaltige Kraft freisetzen: die kollektive Energie der Organisation, jede Geschäftsstrategie zu verfolgen. Solche Führungskräfte schaffen eine positive Grundlage für ihre Organisation: Sie entwickeln eine Vision mit Leidenschaft, fördern eine inspirierende Mission der Organisation und wissen, wie sie den Menschen das Gefühl vermitteln, dass ihre Arbeit sinnvoll ist, dass sie in das Gewebe der Organisation integriert ist und dass sie das Ende des Veränderungsprogramms lange überdauern wird.

11 Nachhaltige Veränderungen bewirken

Wie lässt sich in einer Organisation anhaltende Resonanz erzeugen? Das ist schwierig, aber machbar. Wichtig ist, dass das ganze »Gewebe« des Unternehmens mit emotional intelligenter Führung durchwirkt wird. Resonanz lässt sich in einer Organisation nur durch emotional intelligente Führung erzeugen. Das bedeutet, je mehr emotional intelligente Führungskräfte es gibt, desto besser greifen Veränderungen.

In jeder großen Organisation gibt es nicht nur Resonanz, sondern auch Dissonanz. Unserer Meinung nach bestimmt das allgemeine Verhältnis zwischen Resonanz und Dissonanz das emotionale Klima einer Organisation und wirkt sich direkt auf die Leistung aus. Um dieses Verhältnis in die richtige Richtung zu verschieben, müssen überall im Unternehmen Führungskräfte eingesetzt werden, die emotional intelligente Gruppen schaffen.

Organisationen sind ihrer Natur nach nicht gerade aufgeschlossen für neue Lernerkenntnisse.[1] Führungskräfte, die umfassende Veränderungen bewirken möchten, müssen zunächst erkennen, dass sie gegen ein Paradoxon ankämpfen müssen: Organisationen schätzen Routine und den Status quo. Die Leute halten an etablierten Systemen fest, um ihre Arbeit mit minimalem Widerstand und möglichst wenig Stress bewältigen zu können. Die Folge ist, dass sich viele Mitarbeiter seit langem nicht der Herausforderung gestellt haben, etwas Neues zu lernen.

Die Entwicklung eines neuen Führungsstils erfordert oft eine grundlegende Änderung des Umgangs mit anderen. Aber da sich Organisationen gegen das Lernen sträuben, ist eine solche

Änderung nur schwer zu erreichen und lässt sich nicht durch Schulungen allein bewirken. Bedauerlicherweise sind die meisten Bildungs- und Entwicklungsprogramme für Führungskräfte weit davon entfernt, ihre Ziele zu erreichen. Nicht einmal die besten Entwicklungsprogramme – jene, die auf den fünf Erkenntnissen basieren – tragen zur Veränderung der *Organisation* bei, wenn sie sich nur auf Personen konzentrieren und die Bedeutung der emotionalen Realität und der Kultur außer Acht lassen.

Nehmen wir die Situation, die im folgenden Abschnitt beschrieben wird. Hier waren die Absichten der Führung gut, aber das organisationsweite Lernen bewirkte kaum mehr, als dass sich einige wenige Leute änderten und jede Menge Zeit und Energie verschwendet wurde.

Wenn die Entwicklung von Führungskräften scheitert

Der Leiter einer Bank im pazifischen Raum wollte seine 600 Spitzenmanager in ein Entwicklungsprogramm für Führungskräfte schicken, nachdem er selbst ein solches Programm absolviert hatte: Mithilfe eines Coaches hatte er seine EI-Kompetenzen verbessert, sich einem 360-Grad-Feedback gestellt und seinen Führungsstil drastisch verändert. Nun wies er seinen Personalchef an, ein Programm für seine Spitzenmanager zu entwickeln, um ihnen ähnliche Entwicklungschancen zu eröffnen. Aber als die Personalabteilung das Programm anbot, meldeten sich nur wenige Manager an. Nur die Neugierigen und die Mutigen nahmen daran teil, während es jene, die am meisten davon profitiert hätten, ignorierten.

Das Problem war, dass das Programm den Mitarbeitern dieser Organisation einfach nicht sinnvoll schien. Es lag in der Kultur begründet, dass Schulungen generell als Zeitverschwendung betrachtet wurden. Einem Workshop räumte niemand Priorität ein. Wenn sichergestellt werden soll, dass das Lernen ernst genommen wird, muss der Unternehmensleiter persönlich dahinter stehen. Um erfolgreich zu sein, muss die Entwicklung von Führungskräften *die* strategische Priorität des Unternehmens sein, ein Anliegen, das auf höchster Ebene von der Geschäftsführung oder vom Vorstand forciert wird.

Genau das erkannte der Geschäftsführer der asiatischen Bank nicht. Er war schockiert, dass sich so wenige Leute für diese Art von Coaching und Feedback interessierten, die seinen Führungsstil so offensichtlich verändert hatte. Während er zuvor extrem leistungsorientiert und fordernd gewesen war, verfügte er nun über ein umfassenderes Führungsrepertoire, das Elemente des gefühlsorientierten, visionären und coachenden Stils beinhaltete. Außerdem hatte er Coachingsitzungen mit seinen direkten Untergebenen eingeführt und seine Mitarbeiter gebeten, ihn über wichtige Ereignisse in ihrem Leben zu informieren. Sein Wandel wurde sichtbar, als er ein Projektmeeting unterbrach, um eine Mitarbeiterin nach Hause zu schicken, deren Ehemann, wie er gehört hatte, plötzlich schwer erkrankt war – eine einfache menschliche Geste, die ihm früher nicht in den Sinn gekommen wäre.

Der Geschäftsführer hatte sich zwar verändert, aber nichts über den Prozess der Veränderung erzählt. Natürlich merkten die Leute, dass er anders geworden war, aber von dem Coaching, dem Feedback und dem Entwicklungsplan wusste niemand. So schien das neue Führungskräfteprogramm nur eines von den vielen Angeboten des Unternehmens für seine Mitarbeiter zu sein. Und noch etwas: Indem der Geschäftsführer das Programm vom Schulungsleiter der Personalabteilung ankündigen ließ, brachte er unbeabsichtigt zum Ausdruck, dass es für ihn keine Priorität habe.

Coaching von Führungskräften

Führungskräfte müssen ein Gleichgewicht zwischen dem Erwerb neuer Lerninhalte – was bedeutet, sich verwundbar zu machen – und ihrem Image als Führungskraft finden. Eine gute

Methode, dies zu erreichen, besteht im Engagieren eines so genannten Executive Coaches, eines Coaches für Führungskräfte. Die Arbeit mit einem solchen Coach bietet der Führungskraft die Möglichkeit, in einer »sicheren« Umgebung freier über ihre Träume und geschäftlichen Probleme zu sprechen als vielleicht jemals zuvor. Beim Executive Coaching können Führungskräfte über ihre Sorgen und Leidenschaften sprechen und zu den Kernfragen vordringen, die für sie selbst, für ihre Teams und für ihre Organisation wirklich zählen. In diesen Gesprächen kommen Emotionen natürlich weit mehr zum Tragen als sie es normalerweise im Geschäftsleben tun. Deshalb ist es wichtig, dass die Beziehung zum Coach vertrauensvoll, 100-prozentig vertraulich und fast sakrosankt ist.[2]

Meist beinhaltet ein solches Coaching eine Führungsbeurteilung und ist auf kontinuierliche Entwicklung ausgerichtet. Es wird aber auch an allgemeineren Fragen gearbeitet, die die Organisation betreffen, vor allem im Beziehungsbereich: die Probleme der Führungskraft mit ihrem Team, das Organisationsklima, die Kultur und die Politik – und wie all das zur Unternehmensstrategie passt.

Führungsbeurteilung und Feedback können auf unterschiedliche Weise erfolgen. Am besten ist es jedoch, mit einer Reihe von Interviews zu beginnen. Sie sollten weitgehend wie normale Gespräche verlaufen. Zwischen der Führungskraft und dem Coach sollte eine starke, vertrauensvolle Beziehung entstehen. Meist betreffen diese Gespräche Karriere und Lebensgeschichte der Führungskraft, aktuelle Management- und Führungsherausforderungen und Probleme der Organisation im Hinblick auf Klima, Politik und Systeme. Außerdem beobachtet der Coach die Führungskraft in dieser Phase bei Meetings, Reden und Leistungsbeurteilungen.

Ein solches Verfahren, das sich »Ein Tag im Leben« nennt, wurde von unserer Kollegin Fran Johnston vom Gestalt Institute in Cleveland entwickelt.[3] Dabei verbringt der Coach einen typischen Tag mit der Führungskraft. Er nimmt gemeinsam mit dem Manager an Meetings und Mitarbeitergesprächen teil und hört ihm sogar beim Telefonieren zu. Natürlich werden die Mitarbeiter über den Zweck dieser Vorgänge aufgeklärt, was den zusätzlichen Vorteil mit sich bringt, dass sie die aktive Beteiligung der Führungskraft am Lernprozess und der Führungskräfteentwicklung sehen.

Zu dem Coachingprozess gehört auch eine umfassende Beurteilung, die oft Gespräche über konkrete Verhaltensweisen und ein 360-Grad-Feedback über Emotionale Intelligenz, Managementstil, Klima und andere Faktoren beinhaltet, die für die jeweilige Führungskraft und ihre Organisation von Relevanz sind. Erstreckt sich das Coaching auf Teams und Organisationen, ist es für den Coach hilfreich, wenn er sich auf die Sichtweise mehrerer Leute, nicht nur der betreffenden Führungskraft, stützen kann. In praktisch jeder Organisation werden die Informationen gefiltert und viele Probleme verwässert oder verschleiert, bevor sie zur Spitze vordringen – ob der Leiter nun unter der Geschäftsführerkrankheit leidet oder nicht. Durch Interviews, Beobachtung und Beurteilung oder auch eine kurze Dynamische Erhebung kann ein Coach Informationen über die Geschehnisse in einer Organisation sammeln, die für die Führungskraft wirklich hilfreich sein können. Damit dieser Prozess auf lange Sicht funktioniert, muss der Coach natürlich die Vertraulichkeit aller Beziehungen wahren. Er muss die Leute schützen, von denen er Informationen über die Führungskraft erhält. Das bedeutet, dass der Coach die Führungskraft lediglich mit allgemeinen Themen konfrontieren kann, nicht mit Details.

Coaching ermöglicht es einer Führungskraft, in kurzer Zeit viel zu lernen und sich ein anderes – oft genaueres – Bild von den Vorgängen in der Organisation zu verschaffen. Interessante Erkenntnisse gewinnt sie vor allem darüber, wie die Mitarbeiter sie und das Führungsteam sehen.

Damit die Führungskräfteentwicklung erfolgreich sein kann, muss das Topmanagement beweisen, dass das Engagement ganz oben beginnt. Bedauerlicherweise haben wir in den meisten Unternehmen – wie bei der asiatischen Bank – genau das

Gegenteil festgestellt: Oft wird die Führungskräfteentwicklung der Personalabteilung zugeschoben, der es aber trotz ihres Fachwissens und ihres Beitrags zur Strategie meist nicht gelingt, eigenständig signifikante Veränderungen der Verhaltensweisen oder der Kultur herbeizuführen. Selbst die besten Personalfachleute müssen sich den Vorwurf gefallen lassen, dass sie keinen Einblick in die tagtäglichen Managementprobleme haben. Das zeigt, wie wichtig es ist, dass sich die Spitzenmanager einer Organisation aktiv an der Führungskräfteentwicklung beteiligen.

Es gibt aber noch einen anderen Grund, warum das Engagement von oben ausgehen muss: Die Veränderungen, von denen wir sprechen, erfordern nicht nur Geld, sondern auch Arbeit, Unterstützung und Ressourcen. Eine neue Art zu führen bedeutet eine andere Einstellung und andere Verhaltensweisen. Damit sie sich halten können, müssen sich auch die Kultur, die Systeme und die Prozesse der Organisation ändern. Für die Entwicklung Resonanz erzeugender Führungskräfte ist es notwendig, sich mit der emotionalen Realität der Organisation, der Kultur und tief verwurzelten Verhaltensweisen auseinander zu setzen – und sie zu verändern. Da die meisten Gruppen und Organisationen am Status quo festhalten und alles bekämpfen, was ihn gefährdet, erfordert ein solches Maß an Veränderung mutige Führung, Kraft und konsequentes Engagement.

Die Kultur lässt sich nicht ignorieren

Nicht einmal das Mandat von ganz oben garantiert, dass eine Initiative zur Entwicklung von Führungskräften die notwendigen Veränderungen bewirken wird. Nehmen wir den Fall eines Anbieters von Professional Services, mit dem wir arbeiteten: Die Topmanager dieses großen Unternehmens hatten erkannt, dass sich in ihrer Branche umwälzende Veränderungen vollzogen. Wenn es nicht gelang, die Mitarbeiter zu Verhaltensänderungen zu bewegen, würde das Unternehmen seinen Wettbewerbsvorteil verlieren. Statt zu versuchen, die gemeinsamen Gewohnheiten der gesamten Organisation zu verändern (das erschien doch zu gewagt), hoffte die Unternehmensleitung, dass sich die Kultur von selbst verändern würde, wenn sich genügend einzelne Manager neue Kompetenzen aneigneten.

Heute, einige Jahre später, ist klar, dass alle Bemühungen, Veränderungen im Unternehmen einzuführen, kläglich gescheitert sind. Die Führungsmethoden sind chaotisch, die Arbeitsmoral hat einen Tiefpunkt erreicht und die Mitarbeiterfluktuation ist so hoch wie nie. Nun wird das Unternehmen gegen den Willen der Führung verkauft.

Zunächst hatte die Unternehmensleitung alles richtig gemacht. Sie hatte klar gemacht, dass die Entwicklung von Führungskräften eine wichtige strategische Priorität war. Sie hatte Studien durchgeführt und ein einfaches Kompetenzmodell entwickelt, das davon ausging, dass die meisten Kompetenzen mit Emotionaler Intelligenz zu tun hatten. Außerdem hatte sie einen modernen Entwicklungsprozess entworfen, der die fünf Erkenntnisse in den Vordergrund stellte, und dann hoch motivierte Teilnehmer für das Programm ausgewählt.

Kurz gesagt: Die Spitzenmanager des Unternehmens entwarfen einen umfassenden Veränderungsprozess. Sie begannen sogar die Einstellungsverfahren zu überdenken und bei den Neueinstellungen die erwünschten neuen Führungskompetenzen zu berücksichtigen und zu fördern. Die Unternehmensleitung erkannte intuitiv, dass die Organisation negative kulturelle Normen verstärkte. Sie wusste auch, dass die alten Gewohnheiten nicht mehr den Erwartungen neuer Kunden, Verkäufer und Partner entsprachen. Aber sie war nicht ganz sicher, wie sich die Kultur verändern ließ. Da es fast unmöglich schien, die Gewohnheiten und die Kultur der gesamten Organisation zu verändern, entschloss sich die Unternehmensleitung, stattdessen auf die Entwicklung individueller Führungskräfte zu setzen. Die Hoffnung auf einen Dominoeffekt, der das gesamte Unternehmen mitreißen würde, verblasste jedoch schnell, als ein großer Fehler offenkundig wurde: Einige der neuen Führungskompetenzen standen in einem solchen Widerspruch zu der Kultur, dass die Leute, die sie anwendeten, in Schwierigkeiten gerieten.

Eine der neuen Kompetenzen verlangte zum Beispiel Mut, wenn es darum ging, das Richtige für die Firma zu tun – selbst wenn das Widerstand gegen die Unternehmensleitung bedeutete. Ein Manager, ermutigt von der offensichtlichen Bereitschaft der Unternehmensspitze, diese Art von Risikobereitschaft zu fördern, sprach ein Thema an, das für ihn nicht nur eine geschäftliche, sondern auch eine ethische Frage war. Als er diese Frage im Rahmen des Führungskräfteprogramms aufwarf, sah er darin eine Chance, eine neue Verhaltensweise anzuwenden und dem Unternehmen zu helfen, das Richtige zu tun. Angesichts der Begeisterung für die neuen Kompetenzen war die Reaktion seines Chefs nicht allzu überraschend, wenn auch enttäuschend: Als der Manager das Thema seinem Chef gegenüber ansprach, verhielt dieser sich vorbildlich: Er lobte den Manager für den Mut, für seine Überzeugung einzutreten. Aber dann, hinter verschlossenen Türen, heckte genau dieser Chef einen Plan aus, um den Kerl loszuwerden – er war einfach zu gefährlich.

Wir erlebten solche Szenarien in dieser Organisation immer wieder. Selbst als bereits klar war, dass sich das Verhalten der Unternehmensleitung ändern musste, und die Leute wussten, was zu tun war, waren sie nicht in der Lage, die neuen Verhaltensweisen anzuwenden. Der Widerstand war zu stark, die Trägheit der Kultur zu groß. Einzelne Führungskräfte allein können eine Kultur nicht ändern. Damit sich eine neue Vision durchsetzen kann, muss sie sich über alle Ebenen verbreiten. In einer riesigen Organisation wie dieser wären Hunderte von »Bekehrten« notwendig gewesen, um eine Änderung der Kultur herbeizuführen.

Die Lektion lautet: Man darf die Kultur nicht ignorieren und man kann sie nicht verändern, indem man einzelne Führungskräfte verändert. Da die Unternehmensleitung das Gesamtbild außer Acht gelassen und stattdessen versucht hatte, die Führungskräfte einzeln zu entwickeln, gelang es ihr nicht, die dringend notwendigen Veränderungen herbeizuführen, die das Unternehmen auf Erfolgskurs hätten bringen können. Obwohl die Leute versuchten, die Dinge anders zu machen, veränderten sich ihre Grundmuster nicht, und es wurde für einzelne Führungskräfte so gut wie unmöglich, die Lernziele zu erreichen, die sie sich gesetzt hatten. Wichtige Triebfedern des Verhaltens wurden nie angesprochen, obwohl sie es letzten Endes waren, die das gesamte Programm zum Stillstand brachten.

Wie einschlägige Studien zeigen, gibt es für das Scheitern von Entwicklungsinitiativen mehrere Gründe. Einer der wichtigsten Gründe besteht darin, dass sich viele Entwicklungsprogramme nicht auf die ganze Person oder auf die Erkenntnisse konzentrieren, die zu nachhaltiger Veränderung führen – zum Beispiel seinen Traum zu finden und die Entwicklung auf die Verwirklichung dieses Traums auszurichten. Andere Programme lassen die Macht der Kultur außer Acht, indem sie:

- den tatsächlichen Zustand der Organisation schlicht ignorieren. Sie gehen davon aus, dass die Systeme und Kulturen die Mitarbeiter, sobald diesen klar wird, was sie tun und werden sollten, automatisch in ihrem Veränderungsprozess unterstützen;
- versuchen, nur die Person zu verändern, und die Normen der Gruppe, in denen sie Tag für Tag arbeitet, sowie das allgemeine Umfeld ignorieren;
- einen falschen Ausgangspunkt für den Veränderungsprozess wählen. Programme zur Führungskräfteentwicklung, die Menschen *und* Organisationen verändern sollen, müssen von der Spitze ausgehen und als strategische Priorität eingestuft werden;
- keine Führungssprache entwickeln. Gemeint sind aussagekräftige Begriffe, die den Führungsgeist zum Ausdruck bringen und Ideen, Ideale und emotional intelligente Führungspraktiken symbolisieren (wir werden später in diesem Kapitel auf sie zu sprechen kommen).

Es liegt auf der Hand, dass Programme, die diese Punkte vernachlässigen, zu Frustration und Zynismus führen und Zeit, Energie und Geld verschwenden.

Erfolg mit Prozessen – nicht mit Programmen

Nehmen wir an, dass Sie als Führungskraft wissen, was zu tun ist: Sie bereiten den Boden, indem Sie sich ein Bild der Kultur machen und das Ideal der Organisation mit der Realität vergleichen. Sie erzeugen Resonanz für die Idee der Veränderung, und Sie suchen die Menschen aus, die Führungsrollen übernehmen sollen. Der nächste Schritt besteht nun darin, einen Prozess zu entwickeln, der kontinuierlich Führungsqualitäten aufbaut, die Ergebnisse bringen. Dazu müssen die Führungskräfte Ihrer Organisation dabei unterstützt werden, ihre eigenen Träume und persönlichen Ideale zu entdecken, ihre Stärken und Schwächen unter die Lupe zu nehmen und ihre tägliche Arbeit in ein Labor des Lernens zu verwandeln. Was können Sie sonst noch tun?

Erstens sollten Sie die Fallen vermeiden, die in viele Entwicklungsprogramme für Führungskräfte eingebaut sind. Allzu oft sind sie nichts anderes als Weiterbildungskurse, bei denen es darum geht, den Teilnehmern theoretisches Wissen zu vermitteln: Strategie, Marketing, Finanzen, allgemeines Management und ähnlich abstrakte Dinge. Obwohl diese Gebiete für viele Führungskräfte von großer Wichtigkeit sind, wird kein Programm, das sich ausschließlich auf sie konzentriert, eine Veränderung der Person oder des Unternehmens bewirken.

Und obwohl wir in diesem Buch manchmal von »Programmen« zur Führungskräfteentwicklung sprechen, brauchen viele Organisationen mehr als ein einmaliges Programm: Sie brauchen einen *Prozess*, ein ganzheitliches System, das alle Schichten und Ebenen einer Organisation durchdringt. Die besten dieser Initiativen gehen von dem Bewusstsein aus, dass wahre Veränderung nur durch einen facettenreichen Prozess entstehen kann, der die drei Hauptebenen einer Organisation einbezieht: die Mitglieder der Organisation, die Teams, in denen sie arbeiten, und die Kultur der Organisation. Aufbauend auf den Prinzipien der Erwachsenenbildung und der individuellen Veränderung schicken solche Prozesse die Teilnehmer auf eine geistige *und* emotionale Reise – von der Erkenntnis der Realität zur Verwirklichung des Ideals. Wir haben festgestellt, dass sich diese Art der Führungskräfteentwicklung grundlegend von den Methoden unterscheidet, die an den meisten Wirtschaftsuniversitäten oder Schulungszentren für Führungskräfte gelehrt oder angewendet werden.

Die besten Entwicklungsprozesse schaffen ein sicheres Lernumfeld, das Herausforderungen bietet, aber nicht allzu riskant ist. Damit Führungskräfte tatsächlich Neues lernen, müssen sie Erfahrungen machen, die sowohl relevant sind als auch Strukturen durchbrechen. Die Erfahrungen müssen so neu sein, dass sie die Fantasie der Teilnehmer anregen, aber so vertraut, dass sie als relevant empfunden werden. Wie unser Kollege Jonno Hanafin vom Gestalt Institute in Cleveland zu sagen pflegt: »Wenn man versucht, einen Menschen oder ein Unternehmen zur Veränderung zu bewegen, muss man den ›Verwirrungsfaktor‹ unter Kontrolle halten.«[4] Anders ausgedrückt: die Regeln brechen, aber die Leute dabei nicht verrückt machen.

Lernen durch Handeln – Action Learning

Ein Senior Vice President einer amerikanischen Telekommunikationsgesellschaft hörte genau zu, als die Mitglieder seiner Organisation, die soeben ein einjähriges facettenreiches Entwicklungsprogramm für Führungskräfte absolviert hatten, über ihre Erfahrungen mit Action Learning berichteten. Als sie fertig waren, sagte der Senior Vice President fast ungläubig: »Hier sitzen ja Führungskräfte. Ich hatte keine Ahnung, dass wir in unserer Firma solche Persönlichkeiten haben. Da suchen wir verzweifelt nach ein paar Spitzenmanagern und dann haben wir heute zwanzig hier sitzen. Zwanzig! Ich wünschte, die Leute würden bei allen unseren Meetings so reden, wie sie es heute getan haben. Sie haben Führungsqualitäten gezeigt und Mut dazu.«

Warum war dieser Vizepräsident so überrascht? Schließlich musste er mit großartigen Ergebnissen gerechnet haben, hatte er doch mehrere 100 000 US-Dollar in diese Entwicklungsinitiative für talentierte Frauen und Farbige investiert. Er hatte vielleicht erwartet, bei dieser Veranstaltung ein paar hervorragende Leute zu treffen und einige einigermaßen interessante Berichte über ihre Action-Learning-Projekte zu hören. Stattdessen hörte er zu seinem Erstaunen alle vier Gruppen, alle 20 Personen über strategische Schlüsselfragen und über den Umgang mit ihnen diskutieren. Er stellte fest, dass die Leute kreative, interessante und machbare Pläne für den Umgang mit einigen jener Fragen entwickelt hatten, die ihn nachts nicht schlafen ließen und den Führungskräften des gesamten Unternehmens Kopfzerbrechen bereiteten. Und er hörte die Teilnehmer unverblümt über Tabus sprechen – über jene Themen, die von der Organisation nie angesprochen wurden, weil sie politisch belastet waren.

Die Action-Learning-Projekte, die Teil dieses Entwicklungsprogramms für Führungskräfte waren, waren eine Art aktives Experiment, das einem Zweck diente.[5] Bei Action Learning üben die Teilnehmer, was sie lernen. Als Ausgangspunkt für die Teamprojekte dienen tatsächliche Probleme und Herausforderungen des Unternehmens. Mit der Vorgabe, dass das primäre Ziel im Lernen und das sekundäre im Erreichen von Ergebnissen besteht, arbeitet jedes Team während der gesamten Kursdauer an seiner spezifischen Herausforderung.[6]

Bei Action Learning sollten folgende Grundsätze berücksichtigt werden:

- Die Projekte müssen strategisch, mehrdimensional, auf verschiedene Arten zu bearbeiten und neu sein – kein Angehöriger der Organisation sollte während der Dauer des Kurses an dem betreffenden Projekt arbeiten.
- Hinter der Auswahl der Projekte und der Arbeit mit den Teams sollte ein aktiver Förderer auf Führungsebene stehen.

- An den Projekten sollten Teams arbeiten, keine Einzelpersonen; die Teams sollten während der gesamten Projektdauer unterstützt werden, um die Schaffung eines gesunden Klimas, die Aufrechterhaltung der funktionalen Normen, die Anwendung Emotionaler Intelligenz, die Bearbeitung von Konflikten, die Vorrangigkeit des Lernens gegenüber dem Erzielen von Ergebnissen et cetera zu ermöglichen.
- Der Prozess des Lernens sollte überprüft werden, und diese Überprüfung sollte in das Ergebnis einfließen.
- Die Projekte sollten sich durch hohe Transparenz auszeichnen.
- Die Teams müssen über die notwendigen Ressourcen verfügen. So sollten zum Beispiel Leute von ihrer Arbeit freigestellt werden, damit sie sich den Projekten widmen können.

Wirkungsvolle Prozesse der Führungskräfteentwicklung konzentrieren sich auf das emotionale *und* auf das intellektuelle Lernen. Sie bauen auf aktiver, partizipativer Arbeit auf: Action Learning und Coaching sind Methoden, bei denen die Leute das Gelernte dazu verwenden, in ihren Organisationen echte Probleme zu diagnostizieren und zu lösen. Im Vordergrund stehen das Lernen durch Erfahrung und die Simulierung realer Situationen in Teams. Dabei werden strukturierte Aktivitäten gesetzt, anhand derer die Teilnehmer eigene Verhaltensweisen und die anderer analysieren können. Die verwendeten Prozesse sind facettenreich und setzen eine kühne Mischung von Lerntechniken ein; sie werden über längere Zeit hinweg angewendet und zielen direkt auf die Kultur.

Kulturelle Veränderung zu einem Bestandteil der Führungskräfteentwicklung machen

Als die Mitglieder eines Teams bei Unilever mit der Konzeption eines neuen Entwicklungsprogramms für Spitzenmanager begannen, waren sie nervös. Ihnen war bewusst, dass der globale

Konzern Instrumente brauchte, um das unternehmerische Denken zu fördern und als Branchenführer wettbewerbsfähiger zu werden. Sie schlugen daher vor, die Führungsverhaltensweisen von Grund auf zu verändern und eine vollkommen neue, unternehmerisch ausgerichtete Firmenkultur zu schaffen. Der Prozess würde Jahre dauern und sich auf alle Ebenen, Standorte und Geschäftszweige erstrecken. Er würde von den Führungskräften verlangen, alles zu überdenken – von persönlichen Träumen über ihre Visionen für ihre Geschäftszweige bis hin zu ihrem Führungsverhalten. Es war ein großes, sehr ambitioniertes Vorhaben.

Als die Führungskräfte begannen, die Seminare und Trainingsveranstaltungen außer Haus für das Unternehmen zu planen, benutzten sie außergewöhnliche Worte wie *Leidenschaft, emotional belastet, Verwundbarkeit, Risiko* und *persönliche Vision.* In vielen Gesprächen, die sich über mehrere Monate hinzogen, versuchten sie die Reaktionen aus den Gesichtern ihrer Gesprächspartner zu lesen. Sie blieben hartnäckig, weil sie wussten, dass ihr Projekt die Veränderung Einzelner und der gesamten Organisation fördern würde und dass sich die Führungskräfte an dem Prozess emotional beteiligen mussten, wenn er erfolgreich sein sollte.

Der Plan sah folgendermaßen aus: Als Erstes sollte ein Kick-off-Seminar für die 100 Spitzenmanager des Unternehmens stattfinden, das die Vorsitzenden Niall FitzGerald und Antony Burgmans leiten würden. Dabei würden Gewohnheiten der Vergangenheit durchleuchtet, aber auch persönliche Überzeugungen und Zukunftsträume unter die Lupe genommen werden. Das Seminar sollte an einem Ort stattfinden, der alle inspirieren und sie aus ihrer Komfortzone locken würde. Es sollte körperliche Herausforderungen beinhalten und die Teilnehmer gleichzeitig auf eine emotionale Reise mit ihren Kollegen einladen. Sie sollten die Möglichkeit erhalten, einander kennen zu lernen, und ein Maß an Vertrauen zueinander zu entwickeln, das bis dahin undenkbar gewesen war. Und sie sollten das Gefühl bekommen, offen sein zu können. Es sollte eine Erfahrung werden, die die Herzen der Teilnehmer berühren und einen nachhaltigen Eindruck hinterlassen sollte. Letztlich bestand das Ziel darin, die neuen Verhaltensweisen, die neue Einstellung und die neuen Wege der Zusammenarbeit ins Unternehmen hineinzutragen.

Nach dem ersten Seminar sollte die Phase zwei beginnen: Die 500 Spitzenmanager des gesamten Unternehmens sollten an einer Reihe von Seminaren teilnehmen, deren Ziel es war, die neuen kulturellen Normen umzusetzen, die Visionen zu realisieren und die Veränderungen in den Geschäftssparten voranzutreiben. Dann, im Verlauf einiger Jahre, würden die Geschäftseinheiten eine Ebene unterhalb des Topmanagements dasselbe tun: die Träume und Leidenschaften der Mitarbeiter wecken und sie dann auf das Unternehmen richten.

Als die Ideen an Popularität gewannen und die Aussichten das Interesse der Führungskräfte geweckt hatten, wurden die Gespräche spezifischer und begannen sich auf das zu konzentrieren, was die Leute in diesen Seminaren tatsächlich *tun* würden. So würden die Führungskräfte eingehend nachdenken und miteinander über wichtige Aspekte des persönlichen *und* des beruflichen Lebens sprechen: Werte, Beziehungen, Visionen, Hoffnungen und Zukunftsträume, Versäumnisse und Höhepunkte der Vergangenheit. Sie würden ihre Erfolge und ihre Niederlagen zu Papier bringen und sich auf das konzentrieren, was sie persönlich zur Bewältigung der einzelnen Herausforderungen beizutragen hatten. Sie würden überlegen, wie sich persönliche Mängel und Defizite der Organisation überwinden ließen, und eine gemeinsame Vision der Zukunft entwickeln. Durch dieses wichtige emotionale Engagement würden sie eine Lerngemeinschaft bilden – Teams aus Menschen, die den Prozess der Entwicklung und des Unternehmenswachstums ernst nahmen und die einander zur Veränderung anregen würden.

Die intimen Gespräche über das, was die Führungskräfte in Zukunft sein würden und tun wollten, erwiesen sich als interessant und motivierend. In diesen Gesprächen wurden immer neue Methoden vorgeschlagen, wie Führungskräfte dazu gebracht werden konnten, eingehend nachzudenken, auf Plattitüden zu verzichten und miteinander ganz direkt über das Leben, die Veränderung und das Unternehmen zu sprechen. Es wurde darüber diskutiert, wie die Leidenschaft genutzt werden konnte, die dieser Prozess zweifellos freisetzen würde, und darüber, wie diese neue Energie für eine glänzende Zukunft des Unternehmens eingesetzt werden konnte.

Aber gelegentlich geriet der Konzeptionsprozess ins Stocken. Das passierte meist dann, wenn Führungs- und Strategiesitzungen der traditionellen Art vorgeschlagen wurden. Die Gespräche wurden blutleer, sobald die gewohnten Verfahren ins Auge gefasst wurden: Diskussionen über Interessengruppen, Ziele und Erfolgsstrategien riefen den Unilever-Managern die vielen strategischen Planungsprogramme ins Bewusstsein, an denen sie im Lauf der Jahre teilgenommen hatten. So gut sie auch gewesen sein mochten – jetzt war etwas anderes gefragt. In einer solchen Diskussion hielt es einer der Topmanager nicht mehr aus. Ruhig, aber eindringlich sagte er: »Leute, wir müssen wirklich aufpassen. Unsere Leiter haben alle strategischen Planungsübungen absolviert, die in den Lehrbüchern zu finden sind. Sie haben die besten Wirtschaftsprofessoren und Managementgurus engagiert. Sie brauchen nicht noch eine Strategie, und das Allerletzte, was sie brauchen, ist eine weitere Analyse der Interessengruppen!« Er wollte damit sagen, dass diese Führungskräfte die Strategie *kannten* und dass es jetzt an der Zeit war, sie mit Engagement und Leidenschaft umzusetzen. Dabei mussten sie sich eine andere Einstellung und ein anderes Führungsverhalten aneignen. Nur so würde es möglich sein, die Vision umzusetzen.

Wenn sich Führungskräfte *nur* auf intellektueller Ebene mit der Strategie befassen, ist es so gut wie unmöglich, das notwendige Maß an Energie und Engagement aufrechtzuerhalten, und das Lernen wird beeinträchtigt. Was war also die dringlichste Aufgabe für die Führungskräfte des Unternehmens? »Sich emotional auf ihre Leidenschaften und Träume einzulassen – aufeinander *und* auf die Strategie«, sagte diese Führungskraft. »Und eine Verbindung mit den Möglichkeiten der Zukunft herstellen. Nur so haben sie die Chance, etwas zu erreichen.«

Für die meisten Führungskräfte ist nicht eine klarere Sicht der Strategie entscheidend, ebenso wenig wie der nächste Fünf-Jahres-Plan und das nächste 08/15-Führungskräfteprogramm. Wichtig ist es, Leidenschaft für die Arbeit, die Strategie und die Vision aufzubringen und sich mit Herz und Verstand auf die Suche nach einer sinnvollen Zukunft zu machen. Eine weitere intellektuelle Planungsübung lockt keine Führungskraft hinter dem Ofen hervor, und sie verändert schon gar nicht die Kultur. Wenn sie in einem Vakuum stattfinden, bewirken nicht einmal die besten Führungskräfteprogramme die Veränderungen, die Unternehmen heute brauchen.

Die Unternehmensleitung muss einen Weg finden, um die Führungskräfte in emotionalen Kontakt miteinander und mit ihren Visionen zu bringen. Dabei muss sie darauf achten, dass diese Visionen in die Praxis umgesetzt werden. Die Leute verändern sich, wenn sie emotional engagiert sind. Zum Glück traf dieser Planungsprozess für die Entwicklung von Führungskräften bei Unilever in dieser Hinsicht ins Schwarze. Das Konzeptionsteam sorgte dafür, dass die Leidenschaft nicht abhanden kam, und fand Methoden, um sie in echte geschäftliche Maßnahmen umzusetzen. Die Tatsache, dass die oberste Führungsebene den Prozess von Anfang an leitete, sorgte dafür, dass die Leute für die Veränderung verantwortlich gemacht wurden. Es war ein Prozess, der die kulturelle Veränderung zu einem Bestandteil der Führungskräfteentwicklung machte.

Für Aufsehen sorgen

Der bei Unilever angeregte Prozess führte dazu, dass sich viele Leute Gedanken über Führungsverhalten machten, ihre Organisationskultur unter die Lupe nahmen und Veränderungen ins

Auge fassten. Aber die Führungskräfteentwicklung kann nur dann Fuß fassen, wenn sie von der gesamten Organisation unterstützt wird. Dazu ist, wie wir gesehen haben, ein Auftrag von ganz oben erforderlich. Die Führungskräfte müssen sich selbst an dem Prozess beteiligen, wie es die Vorsitzenden Niall FitzGerald und Antony Burgmans bei Unilever taten. Außerdem muss der Prozess emotional lohnend sein, um die Leute anzusprechen.

Machen Sie den Leuten zum Beispiel bewusst, dass ihre Einbeziehung in die Initiative ein Zeichen dafür ist, dass ihre Fähigkeiten geschätzt werden. Bei Unilever galt es als Ehre, zu dem Prozess eingeladen zu werden. Es war ein Prestigesymbol und ein Zeichen dafür, dass der Teilnehmer dem Unternehmen positiv aufgefallen war. Die Führungskräfte, die sich von dem Programm einen Karrierevorteil erwarteten, waren sehr an der Teilnahme interessiert.

Das war kein Zufall, sondern Strategie. Die Rollen der Schlüsselpersonen wurden entworfen, Briefe wurden geschrieben und in informellen Gesprächen wurde bewusst der Boden für das Programm bereitet. Das alles diente dazu, die Aufmerksamkeit auf die Entwicklung von Führungsqualitäten zu lenken und die Unternehmenskultur zu verändern. Hochrangige Führungskräfte unterhielten sich persönlich mit den Leuten darüber, warum sie ausgewählt worden waren und was eine Führungsrolle in der neuen Organisation, die sie aufbauen wollten, bedeuten konnte.

Aber bei Unilever war man sich auch bewusst, dass die Auswahl der Kandidaten nachvollziehbar sein musste. Wenn politisch agiert werden würde, würden es alle merken, und der Prozess würde seine Glaubwürdigkeit verlieren. Wir erlebten das bei einem europäischen Produktionsunternehmen, bei dem nur drei Arten von Personen in das Entwicklungsprogramm aufgenommen wurden: diejenigen, deren Teilnahme gerechtfertigt war, diejenigen, die Bildungsbedarf hatten, um mit den jüngeren Führungskräften gleichzuziehen, und diejenigen, von denen die Unternehmensleitung meinte, sie hätten

Anspruch auf eine kleine Belohnung für langjährige Dienste. Stellen Sie sich die Dynamik vor, die da entstand: Jeder wusste, wer welcher Kategorie zuzuordnen war!

Die Unternehmensleitung muss ein Auswahlverfahren schaffen, das ein Paradoxon überbrückt: Nur die Allerbesten dürfen teilnehmen, und jeder soll eine Chance bekommen. Das bedeutet, Gespräche zu führen, die diesen Namen verdienen. Es reicht nicht aus, ein Memo zu verschicken oder den Leuten per Voicemail mitzuteilen, wann und wo sie sich zu einem neuen Führungskräfteprogramm melden sollen. Diese Vorgehensweise ist zweifellos arbeitsintensiv – aber sie ist die Mühe wert: Ein sorgfältiges Aufnahmeverfahren kann für den Erfolg der gesamten Initiative ausschlaggebend sein.

Sobald der Prozess der Führungskräfteentwicklung in Gang gekommen ist, muss eine »Führungssprache« entwickelt werden. Das ist eine ausgezeichnete Methode, um jenes Interesse zu erzeugen, das für das anhaltende Engagement der Leute so wichtig ist. So wurde das Kickoff-Seminar der Unilever-Führungskräfte in Costa Rica abgehalten (um die Spannung zu steigern, wurde der Ort bis zur Ankunft in diesem Land vor den Teilnehmern geheim gehalten). Dieses Seminar, bei dem körperliche Bewegung und intensive Gespräche auf persönlicher und Gruppenebene vorgesehen waren, veränderte die Art und Weise, wie die Teilnehmer sich selbst, einander und das Unternehmen sahen, grundlegend. Durch diese einfachen, aber tief gehenden Gespräche in einer atemberaubenden Umwelt erlernten die Teilnehmer eine neue Art der Kommunikation miteinander, die sich in einer anderen Art der Zusammenarbeit im Unternehmen niederschlug.

Nachdem sie nach Hause zurückgekehrt waren und begonnen hatten, ihre Erkenntnisse auf sich selbst und auf das Unternehmen anzuwenden, wurde »Costa Rica« zu einem Begriff, der für jene echten Gespräche und emotionalen Bindungen stand, die die Teilnehmer dort erlebt hatten, und die sie zu Hause und im Büro fortsetzen wollten. Ausdrücke wie **authentische Beziehungen**, **Integrität**, **Verantwortlichkeit** und **Machtvertei-**

lung wurden in den ersten anderthalb Jahren nach dem Veränderungsprozess zu Symbolen für eine Fülle neuer Führungsverhaltensweisen. Und obwohl diese Begriffe gebräuchlich sind, bekamen sie bei Unilever durch die Prozesse, an denen die Führungskräfte teilhatten, einen besonderen Sinn.

Heute, mehrere Jahre nach Beginn der Veränderungsinitiative, übt die Führungskräfteentwicklung bei Unilever einen starken Einfluss auf die Art aus, wie die Geschäfte geführt und die Beziehungen gemanagt werden. Die Führungskräfte werden für die von ihnen erzielten Ergebnisse und für die Unterstützung der neuen Einstellung und der neuen emotionalen Realität verantwortlich gemacht. Personalsysteme wie Nachfolgeplanung, Entgelt und Leistungsmanagement werden mit der Veränderungsstrategie in Einklang gebracht, wobei der Unterstützung der neuen Kultur besonderes Augenmerk geschenkt wird.

Die Führungskräfteentwicklung betrifft nicht nur die Leute selbst. Wie wir gesehen haben, betrifft sie auch die Organisationskultur und die Systeme, die den Verhaltensweisen der Leute zugrunde liegen und sie einschränken. Sie betrifft die Gruppen und Teams und viel offensichtlichere Dinge wie den aktuellen Zustand der Organisation und die externen Herausforderungen, mit denen sie konfrontiert ist. Wenn es gelingt, durch die Führungskräfteentwicklung alle diese Ebenen anzusprechen, entsteht größere Resonanz in der Organisation.

Ein gutes Beispiel ist die vielschichtige Initiative zur Entwicklung von Führungskräften im Privatkundengeschäftsbereich von Merrill Lynch.

Der Führung zum Aufschwung verhelfen

Das Privatkundengeschäft von Merrill Lynch, einem höchst erfolgreichen Unternehmen mit einer langen Geschichte solider, erfahrener Führung, stand vor neuen Herausforderungen. Überall in der Branche entstand Konkurrenz von unerwarteter

Seite. Die Ansprüche der Kunden an die Dienstleistungen wurden immer höher, der globale Markt war inzwischen Wirklichkeit geworden, und die Revolution des elektronischen Handels bedrohte den Kern des Unternehmens. Um sicherzustellen, dass die Führungsqualitäten den sich verändernden Erfordernissen der Geschäftseinheit entsprachen, arbeitete First Vice President Linda Pittari gemeinsam mit Tim McManus, dem Verantwortlichen für Führungskräfteentwicklung und -training, eine systematische Methode für die Führungskräfteentwicklung aus, deren Schwerpunkt auf Kompetenzen im Bereich der Emotionalen Intelligenz gelegt wurde.

»Wir wussten, dass die nächsten Jahre uns vor völlig neue Herausforderungen stellen würden«, sagte Pittari im Gespräch mit uns. »Deshalb wollten wir sichergehen, dass unsere Führungskräfte lernen, sich in einer neuen Umgebung erfolgreich zurechtzufinden.«

Der Prozess begann, indem Mitarbeiter mit Kundenkontakt und Mitarbeiter in der Zentrale gesucht wurden, die Führungspotenzial hatten. Pittari und ihr Team coachten diese Manager in ihren ersten kritischen Jahren im Job. Die Erfahrungen, die diese Manager aus ihrer Arbeit mit den Kunden mitbrachten, verbunden mit der Unterstützung durch gute Mentoren, ermöglichte es dem Unternehmen, gute Führungskräfte zu entwickeln. Aber einer der Hauptgründe dafür, dass Pittaris Initiative so gute Ergebnisse erbrachte, bestand darin, dass sie sich nicht nur auf die Teilnehmer konzentrierte. Pittari wusste, wie wichtig es war, die Kultur des Unternehmens zu berücksichtigen und zu verstehen, inwieweit sie die Führung unterstützte oder behinderte. Dies ist ein entscheidender Unterschied zu den meisten Entwicklungsprogrammen, die beim Einzelnen beginnen und enden.

Linda Pittari hatte ein gutes Gespür für die zentralen Normen der Kultur. Sie begann zu erforschen, welche von ihnen für eine neue Art der Führung hilfreich waren und welche sie behinderten. Mithilfe der in Kapitel 10 erwähnten Dynamischen Erhebung interviewten sie und ihr Team die Spitzenführungskräfte, um ein Gefühl für den kulturellen Rahmen zu bekommen, in dem sie lebten. Im Wesentlichen stellten sie folgende Fragen:

- Was ist hier erlaubt?
- Welche Verhaltensweisen und Werte werden erwartet?
- Welche Managementstile werden belächelt, welche werden heruntergemacht?
- Welche Kompetenzen werden entwickelt, welche ignoriert?

Aber das war nur der Beginn. Pittari und ihr Team begannen auch, die Zwiebelschichten abzutragen, indem sie nach den Kernproblemen und den tief verankerten Gründen dafür fragten, warum jemand im kulturellen Kontext des Unternehmens erfolgreich war oder scheiterte.[7] Sie erforschten, wie weit das Bekenntnis zu den Kernprinzipien reichte, und suchten Gründe für die Verhaltensweisen der Führungskräfte. Und sie fragten die Leute nach ihrer Meinung zur Unternehmensführung und wollten wissen, was funktionierte und was nicht. Das war wichtig, um das Entwicklungsprogramm später richtig gestalten zu können. Mit diesen Informationen ausgestattet, konnte das Team erkennen, welche Aspekte der Kultur die Effektivität der Führung beeinträchtigten und welche Führungspraktiken sich verändern mussten. Auf diese Weise konnte auch festgestellt werden, was beibehalten werden sollte.

Die Mitarbeiter dieser Firma, deren Grundlage der Aufbau von Beziehungen zu Klienten war, waren zum Beispiel einen gefühlsorientierten Führungsstil gewöhnt. Die guten Beziehungen, die die Manager zu ihren direkten Untergebenen aufbauten, bewirkten Loyalität und Engagement, die sich oft in lebenslanger Firmenzugehörigkeit, harter Arbeit und starken, vertrauensvollen Bindungen niederschlugen. Dieser gefühlsorientierte Führungsstil bedeutete jedoch auch, dass die Manager zögerten, auf Bereiche hinzuweisen, in denen die Leute Verbesserungsbedarf hatten, und dass echtes Coaching kaum stattfand. Obwohl die Manager dies zu kompensieren versuchten, indem sie ausgefeilte Leistungsmanagementsysteme einführten und die Leute für die Zahlen verantwortlich machten, bekamen diese oft jahrelang kein direktes Feedback darüber, wie sie sich verbessern oder entwickeln konnten.

Mithilfe einer Dynamischen Erhebung und einer gründlichen Analyse, welche Personen in dieser neuen Umgebung anscheinend äußerst effektiv waren, gelang es Pittaris Team, eine Agenda für die Führungskräfteentwicklung zu entwerfen, die sich gegen einen Teil der alten Kultur wandte und gleichzeitig jene Werte, Normen und Systeme unterstützte, die für neue Führungskräfte positiv und hilfreich waren. Das Team identifizierte Fähigkeiten und Kompetenzen, die die Leute brauchten, um sich zu entwickeln. Dazu gehörte es, Entwicklungsfeedback zu geben und entgegenzunehmen, das »richtige« Verhältnis von Vorsicht und Risikobereitschaft zu finden, Innovation zu fördern und eine zunehmend diversifizierte Belegschaft zu managen. Das Team identifizierte aber auch Geschäftsbereiche, in denen Verbesserungsbedarf bestand.

Heute, einige Jahre nachdem Pittari und ihr Team diesen Prozess der Führungskräfteentwicklung bei Merrill Lynch in die Wege leiteten, sind 40 Prozent der Teilnehmer befördert worden und bekleiden weit verantwortungsvollere Positionen als noch vor wenigen Jahren. Noch wichtiger ist aber vielleicht, dass die Veränderungsinitiative die Aufmerksamkeit der obersten Führungsebene auf Management-, Führungs- und kulturelle Praktiken lenkte, die dringend verändert werden mussten – und dieser Prozess ist noch nicht abgeschlossen. Die Nachfolgeplanung erfolgt heute nach systematischeren Gesichtspunkten, und Personen, die die Führungsqualitäten der Zukunft verkörpern, erhalten mehr Aufmerksamkeit.

Da Pittaris Team verstanden hatte, dass die Initiative sowohl ein individuelles Veränderungsmodell bieten als auch kulturelle Fragen in Angriff nehmen musste, entwarf es ein Verfahren, das sowohl die Kultur des Unternehmens als auch das Leben der Menschen veränderte, die Tag für Tag in dem Unternehmen arbeiteten.

Die Halbwertszeit des Lernens maximieren

Die besten Führungsprogramme befassen sich mit der Kultur, den Kompetenzen und sogar dem Geist, der im Unternehmen herrscht. Sie orientieren sich am Prinzip der selbstbestimmten Veränderung und wenden für den Lern- und Entwicklungsprozess selbst einen vielschichtigen Ansatz an, der sich auf den Einzelnen, das Team und die Organisation konzentriert. Gute Prozesse beinhalten folgende Elemente:

- ein Bekenntnis zu der Kultur einer Organisation – und eventuell zu ihrer Veränderung;
- Seminare, bei denen es um Philosophie und Praxis der individuellen Veränderung geht;
- Entwicklung von relevanten Kompetenzen – nicht nur des Geschäftssinns;
- kreative, beeindruckende und sinnvolle Lernerfahrungen;
- Beziehungen, die das Lernen unterstützen wie Lernteams und Executive Coaching.

Für uns geht es bei der Entwicklung von Führungskräften darum, die Halbwertszeit des Lernens zu optimieren. Für dieses Vorhaben ist ein Prozess notwendig, der kontinuierliches Lernen gewährleistet.

In den besten Prozessen lernen die Teilnehmer, wie man lernt und gemeinsam an der konsequenten Verwirklichung von Träumen arbeitet. Diese Prozesse sind ein Wegweiser, der sie in ihrem gegenwärtigen Job ebenso leiten wird wie in ihrem nächsten. Er beruht auf den individuellen Werten, Überzeugungen, Hoffnungen und Träumen einer Person. Die Entwicklung von Kompetenzen für einen bestimmten Job ist nur ein Teil davon: In Wahrheit geht es darum, dass ein Entwicklungsprozess Spuren in den Menschen, der Kultur und den Systemen hinterlässt, die Veränderungen, Entwicklungen und effektive Normen unterstützen. Und Vorteile sollten kontinuierliches Lernen und die Fähigkeit, sich zu verändern, sein.

Menschen können sich verändern und tun es auch, wenn sie einen guten Grund dazu haben. Veränderungen in der Führung ermöglichen es den Leuten zu verstehen, was sie verändern sollen und warum. Damit diese Art des Lernens nachhaltige Auswirkungen auf eine Organisation hat, muss man über den Einzelnen hinausgehen und darüber nachdenken, was in Gruppen – und in der Organisation als Ganzes – passieren sollte, um die Entwicklung von emotional intelligenten Führungskräften zu fördern.

Resonanz in allen Lebensbereichen

Nun, am Ende unserer Reise, wollen wir einen Blick in die Zukunft werfen und näher auf die Auswirkungen unserer bisherigen Erkenntnisse eingehen.

Zunächst haben wir behauptet, dass Emotionen und Gefühle für Führung eine wesentliche Rolle spielen und dass emotional intelligente Führung ein entscheidender Faktor ist, der großen Einfluss darauf hat, ob die anderen Bemühungen einer Führungskraft zielführend sind oder im Sand verlaufen. Wir haben uns mit den neurologischen Grundlagen befasst, insbesondere mit der offenen Schleife für Emotionen, die die Erzeugung von Resonanz zur Hauptaufgabe jeder Führungskraft macht.

Wir haben gezeigt, dass Emotionale Intelligenz die wesentlichen Kompetenzen für Resonanz erzeugende Führung beinhaltet und dass diese Fähigkeiten kultiviert und gestärkt werden können – sowohl individuell als auch im Team. Resonanz erzeugende Führung kann sich in der gesamten Organisation verbreiten. Wie umfassende Daten zeigen, wirkt sie sich auf Effektivität und Leistung einer Organisation überaus positiv aus.

Wir haben mehr getan, als nur eine neue Führungstheorie anzubieten. Wir sind folgender Frage auf den Grund gegangen: Was kann ich am nächsten Montagmorgen tun? Die erste praktische Anwendung besteht darin, die EI-Fähigkeiten von Führungskräften zu verbessern. Wir haben die Schritte definiert, die laut unseren Studien eine anhaltende Verbesserung der entscheidenden EI-Führungskompetenzen bewirken.

Dann haben wir uns damit beschäftigt, wie sich die Resonanz einer Gruppe, eines Teams oder einer gesamten Organisation verbessern lässt. Die Verbesserung der kollektiven Emotionalen Intelligenz einer ganzen Gruppe kann viel stärkere geschäftliche Auswirkungen haben als ihre Verbesserung bei einer Einzelperson. Aber das erfordert einen ambitionierten Gruppenleiter, der den emotionalen Puls der Gruppe fühlt und die Normen oder die Kultur in die richtige Richtung zu lenken versteht. Und schließlich können die Organisationen selbst zu Brutkästen Resonanz erzeugender Führung werden. Das bringt entscheidende Vorteile für die Mitarbeiter – und für den Endgewinn des Unternehmens.

Heute wichtiger denn je

Warum ist all das so wichtig – nicht nur heute, sondern auch für die Zukunft?

Führungskräfte auf der ganzen Welt sind heute mit einer Reihe unumgänglicher Zwänge konfrontiert. Die umwälzenden sozialen, politischen, wirtschaftlichen und technologischen Veränderungen, die sich überall vollziehen, haben Auswirkungen auf die Realität. Unsere Welt, von der Geschäftswelt gar nicht zu reden, befindet sich inmitten eines tief greifenden Wandels, der eine neue Art von Führung verlangt. Die Rechenleistung unserer Computer steigt ständig, der elektronische Handel breitet sich aus, die Diversifizierung der Arbeitskräfte nimmt zu, die Globalisierung der Wirtschaft schreitet voran und das Geschäftstempo wird immer rasanter.

Diese geschäftlichen Realitäten machen eine emotional intelligente Führung immer wichtiger. Bedenken wir zum Beispiel die Auswirkungen der Tatsache, dass so viele Geschäftsstrategien, die heute noch gültig sind, schon morgen irrelevant sein werden. »Die Hälfte der Geschäftsmodelle wird in zwei bis fünf Jahren obsolet sein«, klagt der Geschäftsführer eines Anbieters von Informationsdiensten. »In unserem Fall verkaufen wir heute Informationen, die in einigen Jahren kostenlos aus dem Internet abrufbar sein werden. Das heißt, dass wir primär versuchen müssen, neue Methoden für die Vermarktung unserer Informationen zu finden.« Und ein Investmentbanker drückt es so aus: »Die meisten untergehenden Unternehmen haben ein Management, das vor Schreck gelähmt ist.«

Ob sich ein Unternehmen als wendig genug erweist, die Überraschungen von morgen zu überleben, hängt zu einem guten Teil davon ab, ob seine Führungskräfte – vor allem die Spitzenmanager – in der Lage sind, ihre Emotionen angesichts der drastischen Veränderungen zu kontrollieren. Wenn die Marktanteile schrumpfen oder die Gewinne ins Bodenlose sinken, geraten Führungskräfte oft in Panik. Ihre Ängste führen zu Realitätsverleugnung – sie reden sich vergeblich ein, dass alles in Ordnung sei – oder zu Panikhandlungen. Viele suchen ihr Heil in Kosteneinsparungen. Das führt oft dazu, dass Mitarbeiter entlassen werden, die von unersetzlichem Wert für das Unternehmen sind. Angst beeinträchtigt die Fähigkeit des Gehirns zu verstehen und zu reagieren; wenn die Entscheidungskraft eines leitenden Mitarbeiters durch Angst gelähmt wird, kann das dazu führen, dass die gesamte Organisation zusammenbricht.

Emotional intelligente Führungskräfte sind in der Lage, ihre negativen Gefühle so weit zu kontrollieren, dass sie das Wichtige nicht aus den Augen verlieren und auch unter Druck noch klar denken können. Sie warten nicht, bis eine Krise die notwendige Veränderung erzwingt. Sie bleiben flexibel, und statt auf die jeweils aktuelle Krise zu reagieren, stellen sie sich auf die neuen Realitäten ein, bevor die anderen es tun. Selbst inmitten umwälzender Veränderungen sehen sie ihren Weg in eine bessere Zukunft, kommunizieren diese Vision mit Resonanz und gehen voran.

Bedenken wir, wie viele Unternehmen, die einst als Beste in einer kleinen Marktnische erfolgreich waren, nun mit Konkurrenz aus der ganzen Welt zu kämpfen haben. Je mehr Unternehmen auf den globalen Märkten konkurrieren, desto stärker verändern sich die Leistungsstandards für Führungskräfte. Während Ergebnisse in gewisser Höhe ein Unternehmen zum Branchenführer in einer Region oder in einem Land machen, wird es in der globalen Wirtschaft nur dann zu den besten zählen, wenn es sich im internationalen Vergleich behaupten kann. Um dieser Anforderung gerecht zu werden, muss ein Unternehmen nach jener Resonanz streben, die kontinuierliche Verbesserung bewirkt – nicht nur bei einer Führungskraft, sondern in der gesamten Organisation.

Exzellente Leistungen neu definiert

Es gibt einen weiteren Anhaltspunkt dafür, dass emotional intelligente Führung in Zukunft größere Bedeutung erlangen wird. Das alte Führungsmodell war rein funktional und ließ die emotionale oder persönliche Dimension außer Acht; die Leute wurden als austauschbare Elemente betrachtet. Aber dieser unpersönliche Führungsstil scheitert heute immer öfter. Resonanz erzeugende Führungskräfte befreien sich von der alten Führungsschablone. Das Bild des Industriekapitäns, jener altmodischen Autoritätsfigur, die von oben und größtenteils durch die Macht ihrer Position führte, hat ausgedient.

Die Besten führen heute nicht nur durch ihre Macht. Vielmehr beherrschen sie die Kunst, Beziehungen aufzubauen und zu führen, eine Eigenschaft die angesichts des sich verändernden Geschäftsklimas unverzichtbar geworden ist. In einer Zeit, in der die Unternehmen Managementebenen abschaffen und über nationale Grenzen hinweg fusionieren, und in der Kunden und Lieferanten das Verbindungsnetz neu definieren, sind exzellente Führungskräfte an ihren interpersonalen Kompetenzen zu erkennen.

Führungskräfte, die Resonanz erzeugen, wissen, wann Zusammenarbeit angesagt ist und wann visionäres Denken nötig ist, wann es zuzuhören gilt und wann Anordnungen zu erteilen sind. Solche Führungskräfte hören auf ihre innere Stimme. Sie sind in der Lage, eine Mission zu formulieren, die die Werte ihrer Mitarbeiter widerspiegelt. Diese Führungskräfte pflegen Beziehungen, bringen gärende Probleme zur Sprache und erzeugen die menschlichen Synergien einer harmonischen Gruppe. Sie bauen starke Loyalität auf, indem sie sich um die Karrieren derjenigen kümmern, die für sie arbeiten, und sie inspirieren die Leute, ihr Bestes für eine Mission zu geben, die im Einklang mit den gemeinsamen Werten steht.

Emotional intelligente Führungskräfte tun das zum richtigen Zeitpunkt, auf die richtige Weise und mit den richtigen Personen. Eine solche Führung erzeugt ein Klima der Begeisterung und der Flexibilität, ein Klima, in dem sich die Leute angeregt fühlen, so innovativ wie möglich zu sein, und ihr Bestes zu geben. Und ein solches Arbeitsklima ist Wert schöpfend, weil es die menschlichen Ingredienzien für den Erfolg einer Organisation bereitstellt.

Emotional intelligente Führungskräfte sind wertorientierter, flexibler und informeller, aber auch offener und freier als die des alten Schlags. Sie haben bessere Beziehungen zu den Menschen und sind stärker vernetzt. Am wichtigsten aber ist, dass sie Resonanz erzeugen: Sie empfinden echte Leidenschaft für ihre Mission und diese Leidenschaft ist ansteckend. Ihre Begeisterung und ihre Freude an der Arbeit verbreiten sich spontan und übertragen sich auf jene, die von ihnen geführt werden.

Emotional intelligente Führung ist der Schlüssel zur Resonanz.

Danksagung

Dieses Buch und das Konzept der emotional intelligenten Führung, das wir darin vorstellen, ist das Ergebnis unserer jahrzehntelangen Arbeit, wobei sich jeder von uns dem Thema auf andere Weise annäherte und eine einzigartige Perspektive beisteuern konnte. Wir möchten all jenen unseren Dank aussprechen, die unsere Arbeit unterstützt und damit auch zur Entstehung dieses Buches beigetragen haben.

Richard Boyatzis und Daniel Goleman danken den Kollegen vom Consortium for Research on Emotional Intelligence in Organizations und seinem Leiter Cary Cherniss von der Graduate School for Professional and Applied Psychology an der Rutgers University, deren Forschungen uns immer wieder zu wichtigen Erkenntnissen verhalfen. Vor allem die Arbeit von Lyle Spencer, Marilyn Gowing, Claudio Fernandez-Araoz und Matthew Mangino trug direkt zu diesem Buch bei.

Doch unsere erste Inspiration verdanken wir David McClelland, unserem Professor in Harvard. Seine Forschungen und Theorien hatten bis zu seinem Tod 1998 großen Einfluss auf unsere Arbeit. Ebenfalls danken möchten wir den Kollegen aus diesen frühen Jahren, die heute für die Hay Group arbeiten und uns ihre Forschungsergebnisse weiterhin zur Verfügung stellen. Zu ihnen gehören Murray Dalziel, Group Managing Director für internationale Praktiken bei der Hay Group, dessen Erkenntnisse auf dem Gebiet der Führung und Organisationsentwicklung uns immer wieder von großem Nutzen sind; Mary Fontaine, Senior Vice President, und James Burrus, Vice President am McClelland Center der Hay Group in Boston; John Larrere, Vice President und General Manager der Hay Group; und Paul Basile, Marketingleiter der Hay Group.

Zu den vielen Kollegen bei der Hay Group, die mit ihrer Arbeit unsere unterstützen, zählen auch Keith Cornella, Ginny Flynn, Patricia Marshall, Signe Spencer und Bill Tredwell, alle in Boston; Therese Jacobs-Stewart in Minneapolis; Connie Schroyer in Arlington, Virginia; Rick Lash in Toronto; Nick Boulter, Chris Dyson, Alison Forsythe, Katherine Thomas und Peter Melrose in London; Sergio Oxer und Luis Giorgio in Sao Paolo; und Tharuma Rajah in Kuala Lumpur.

Im Bostoner Büro der Hay Group stellte uns Ruth Jacobs gemeinsam mit Michele Burckle wichtige Datenanalysen zur Verfügung und auch von Fabio Sala, der nach wie vor die Forschungsarbeit am ECI leitet, erhielten wir viele wertvolle Datenanalysen.

Richard Boyatzis möchte David Kolb, Professor für Organisationsverhalten an der Case Western Reserve University, seinen besonderen Dank aussprechen, der ihn mit dem Modell der Verhaltensänderung bekannt machte und ihn dazu anregte, sich weiter damit zu befassen. Und er dankt auch den vielen Kollegen, die ihm bei der Forschung und Entwicklung des Modells für selbstbestimmtes Lernen halfen: Ann Baker, Robert F. Bales, Diana Bilimoria, Susan Case, Scott Cowen, Christine Dreyfus, Vanessa Druskat, Louella Harvey-Hein, Retta Holdorf, David Leonard, Charalampos Mainemelis, Poppy McLeod, Angela Murphy, Patricia Petty, Ken Rhee, Lorraine Thompson, Jane Wheeler und Robert Wright.

Viele andere haben zu den Erkenntnissen über Führung in diesem Buch beigetragen. Daniel Goleman dankt besonders Deepak Sethi von der Thomson Corporation; Naomi R. Wolf vom Woodhull Institute for Ethical Leadership; Richard Davidson, Direktor des Laboratory for Affective Neuroscience der University of Wisconsin; Steve Kelner von Egon Zehnder International und Robin Stern vom Program for Social and Emotional Learning at Teachers College, Columbia University. Rachel

Brod verdient besondere Erwähnung für ihre kompetente Literaturrecherche und von Rowan Foster erhielten wir wertvolle logistische Unterstützung.

Annie McKee dankt außerdem Fran Johnston vom Gestalt Institute in Cleveland, dessen Einsichten und Coaching in Theorie und Praxis eine enorme Bereicherung für sie darstellen und dessen Freundschaft sie über alles schätzt; Cecilia McMillen von der University of Massachusetts, deren Forschungen und Arbeit mit Organisationen ihr wertvolle Einsichten ermöglichten; und Tom Malnight von IMD für seine Kreativität, Kooperationsbereitschaft und all den Spaß. Besondere Erwähnung verdient auch die unschätzbare Hilfe von Barbara Reitano, Tracy Simandl, Neen Kuzmick, Lezlie Lovett, Beulah Trey, Jonno Hanafin, MaryAnn Rainey, Michael Kitson, Linda Pittari, Felice Tilin, David Smith und Carol Scheman.

Bei der Harvard Business School Press geht unser Dank an Marjorie Williams und Carol Franco, die die Vollendung dieser Arbeit überwachten. Unser besonderer Dank gilt auch unserer Lektorin Suzanne Rotondo für ihre intelligenten Beiträge und ihre Partnerschaft und Lucy McCauley für ihre Hilfe bei den Korrekturen. Astrid Sandoval, Sharon Rice und Gayle Treadwell waren uns ebenfalls eine große Hilfe. Von Suzy Wetlaufer, die einen Artikel für die *Harvard Business Review* gestaltete, erhielten wir wie immer wichtige Denkanstöße.

Annie McKee dankt auch ihrem Mann, Eddy Mwelwa, der ihre Inspiration ist, ihren Kindern Becky Renio, Sean Renio und Sarah Renio, die durch ihre eigene Führung die Kraft Emotionaler Intelligenz zeigen und in der Familie für Resonanz sorgen, ihren Eltern, Cathy MacDonald Wigsten und Murray Wigsten für ihre intellektuelle und emotionale Unterstützung bei dieser Arbeit sowie ihren Brüdern Rick, Matt, Mark, Jeff und Robert und ihrer Schwester Sam.

Richard Boyatzis möchte seiner Frau Sandy für die große Toleranz danken, die sie in den Monaten aufbrachte, in denen er voll und ganz mit dem Schreiben dieses Buches beschäftigt war, und für ihre liebevolle Unterstützung und Hilfe bei den

Entwürfen. Sein Dank gilt auch seinem Sohn Mark Scott und seinem verstorbenen Schwiegervater Ronald W. Scott für ihr Feedback zu den Entwürfen.

Daniel Goleman möchte wie immer seiner Frau Tara Bennett-Goleman für ihre Inspiration und Geduld danken und hofft, dass dieses Buch zu einer besseren Zukunft seiner Enkeltöchter Lila und Hazel Goleman beitragen wird.

Und zuletzt möchten wir einander für die gute Zusammenarbeit – und die Resonanz – beim Schreiben dieses Buches danken.

Anhang

Anhang A
EI versus IQ: Eine technische Anmerkung

In den letzten Jahren analysierten wir Daten von fast 500 Kompetenzmodellen globaler Unternehmen (darunter IBM, Lucent, PepsiCo, British Airways und Credit Suisse First Boston) sowie medizinischer Organisationen, akademischer Institutionen und sogar eines religiösen Ordens.[1] Um die Fähigkeiten zu identifizieren, die in diesen Organisationen zu herausragenden Leistungen führten, fassten wir sie in drei Gruppen zusammen: rein technische Fähigkeiten wie Buchführung oder Geschäftsplanung; kognitive Fähigkeiten wie analytisches Denken; und Qualitäten, die von Emotionaler Intelligenz zeugten, wie Selbstwahrnehmung und Beziehungsfähigkeit.

Für die Erstellung der Kompetenzmodelle wurden verschiedene Methoden angewendet. In einigen Unternehmen wurden hochrangige Manager von Psychologen aufgefordert, jene Kompetenzen zu nennen, die herausragende Führungskräfte von anderen unterschieden. Die Ergebnisse wurden einer »Expertenkommission« vorgelegt, die einen Konsens erarbeitete. In anderen Unternehmen wurden hochrangige Manager von Analysten aufgefordert, anhand objektiver Kriterien wie der Rentabilität eines Geschäftsbereichs den Unterschied zwischen besonders effektiven und durchschnittlichen Führungskräften zu definieren. Diese Personen wurden dann eingehend befragt und getestet und ihre Kompetenzen methodisch verglichen, um jene zu identifizieren, die die erfolgreichsten Führungskräfte auszeichneten.

Welche Methode auch verwendet wurde, das Ergebnis war jeweils eine Liste der Fähigkeiten, die eine herausragende Führungskraft ausmachen. Diese Listen umfassten von einer Hand voll bis zu 15 Kompetenzen wie Initiative, Kooperation und Empathie.

Die Analyse der Daten von Hunderten Kompetenzmodellen führte zu bemerkenswerten Ergebnissen. Natürlich spielte Intellekt für herausragende Leistungen eine gewisse Rolle. Kognitive Fähigkeiten wie das Erfassen komplexer Zusammenhänge und langfristige Visionen erwiesen sich als besonders wichtig. Doch das Verhältnis zwischen technischen und rein kognitiven Fähigkeiten (die zum Teil Surrogate für Aspekte des Intelligenzquotienten [IQ] sind) und Emotionaler Intelligenz zeigte, dass auf den höheren Ebenen einer Organisation, wo Unterschiede bei den technischen Fähigkeiten kaum Bedeutung haben, EI-Fähigkeiten eine immer wichtigere Rolle spielten.

Mit anderen Worten heißt das: Je höher der Rang einer herausragenden Führungskraft war, desto entscheidender waren ihre EI-Fähigkeiten für ihre Effektivität. Der Vergleich von herausragenden und durchschnittlichen Führungskräften in Spitzenpositionen ergab, dass der Unterschied zwischen ihren Profilen zu etwa 85 Prozent auf EI-Faktoren zurückzuführen war, während rein kognitive Fähigkeiten wie technisches Fachwissen eine eher untergeordnete Rolle spielten.[2]

Ein Grund dafür sind die intellektuellen Hürden, die Führungskräfte in hochrangigen Positionen überwinden müssen. Um einen hohen akademischen Grad wie einen MBA zu erreichen, ist ein IQ von mindestens 110 bis 120 notwendig.[3] Ein hoher IQ ist also eine Voraussetzung für eine führende Position, sodass es bei Spitzenmanagern in dieser Hinsicht kaum Unterschiede gibt. Im Gegensatz dazu gibt es wenige oder keine systematischen Selektionskriterien für Emotionale Intelligenz, sodass Führungskräfte in dieser Hinsicht wesentlich größere Unterschiede aufweisen. Deshalb fallen EI-Fähigkeiten für die herausragenden Leistungen einer Führungskraft wesentlich mehr ins Gewicht als der IQ.[4]

Obwohl das genaue Verhältnis zwischen Emotionaler Intelligenz und kognitiven Fähigkeiten von den jeweiligen Messungen und den spezifischen Anforderungen einer Organisation abhängt, konnten wir eine Faustregel aufstellen: Die Emotionale Intelligenz macht 80 bis 90 Prozent der Fähigkeiten aus, die herausragende von durchschnittlichen Führungskräften unterscheiden – manchmal sogar mehr. Natürlich tauchen in solchen Studien auch rein kognitive Fähigkeiten wie technisches Fachwissen auf. Doch oft sind es grundlegende Fähigkeiten, die einfach notwendig sind, um eine Arbeit überhaupt verrichten zu können. Auch wenn die konkreten Zahlen von Organisation zu Organisation variieren, machen EI-Kompetenzen unbestritten den Großteil der entscheidenden Fähigkeiten aus.[5] Wenn diese spezifischen Kompetenzen nach ihrem Beitrag gemessen werden, können aber auch kognitive Kompetenzen eine signifikante Bedeutung haben.

Um die geschäftlichen Auswirkungen dieser Kompetenzen zu veranschaulichen, möchten wir eine Analyse der Beiträge der einzelnen Partner zum Gewinn einer großen Wirtschaftsprüfungskanzlei anführen. Wiesen die Partner ausgeprägte Kompetenzen in der Domäne Selbstmanagement auf, trugen sie 78 Prozent mehr zusätzlichen Gewinn bei als Partner ohne diese Kompetenzen. Ebenso war der Gewinnzuwachs durch Partner mit ausgeprägten sozialen Fähigkeiten um 110 Prozent höher, und Partner mit ausgeprägten Fähigkeiten in der Domäne Selbstmanagement steuerten gleich 390 Prozent zusätzlichen Gewinn bei – in diesem Fall 1 465 000 US-Dollar pro Jahr.

Im Vergleich dazu trugen Partner mit ausgezeichneten analytischen Denkfähigkeiten nur 50 Prozent mehr Gewinn bei. Rein kognitive Fähigkeiten spielen also eine Rolle, doch EI-Kompetenzen spielen eine wesentlich größere Rolle.[6]

Anhang B
Emotionale Intelligenz: Führungskompetenzen

Selbstwahrnehmung

- *Emotionale Selbstwahrnehmung.* Führungskräfte, die über emotionale Selbstwahrnehmung verfügen, erkennen ihre inneren Signale und wissen, wie sich ihre Gefühle auf sie selbst und ihre Arbeitsleistung auswirken. Sie kennen ihre Leitwerte und entscheiden sich oft intuitiv für die beste Vorgehensweise, weil sie auch in komplexen Situationen das Gesamtbild im Auge haben.
- *Zutreffende Selbsteinschätzung.* Führungskräfte mit guter Selbsteinschätzung kennen ihre Grenzen und Stärken und können über sich selbst lachen. Sie begrüßen konstruktive Kritik und Feedback. Sie wissen, wann sie um Hilfe bitten und in welchen Bereichen sie ihre Führungsfähigkeiten verbessern müssen.
- *Selbstvertrauen.* Führungskräfte, die ihre Fähigkeiten genau kennen, können ihre Stärken gezielt einsetzen. Sie haben Selbstvertrauen, weil sie sich ihrer Fähigkeiten sicher sind. Führungskräfte mit ausgeprägtem Selbstvertrauen begrüßen schwierige Aufgaben. Sie haben oft eine starke »Präsenz«, eine Selbstsicherheit, mit der sie sich von einer Gruppe abheben.

Selbstmanagement

- *Selbstkontrolle.* Führungskräfte mit emotionaler Selbstkontrolle finden Wege, ihre negativen Emotionen und Impulse zu steuern, und können sie sogar sinnvoll kanalisieren. Eine Führungskraft, die über ein hohes Maß an Selbstkontrolle verfügt, bleibt auch unter großem Stress oder in einer Krise ruhig und besonnen.
- *Transparenz.* Transparente Führungskräfte handeln im Einklang mit ihren Werten. Transparenz – eine authentische Offenheit im Hinblick auf die eigenen Gefühle, Überzeugungen und Handlungen – ermöglicht Integrität. Solche Führungskräfte geben Fehler offen zu und stellen Leute, die sich unethisch verhalten, zur Rede, statt so zu tun, als ginge es sie nichts an.
- *Anpassungsfähigkeit.* Anpassungsfähige Führungskräfte können sich auf verschiedene Anforderungen einstellen, ohne ihren Fokus oder ihre Energie zu verlieren, und akzeptieren die unvermeidlichen Ambivalenzen des Arbeitslebens. Solche Führungskräfte stellen sich schnell auf neue Herausforderungen und fließende Veränderungen ein und bleiben auch angesichts neuer Daten oder Umstände flexibel in ihrem Denken.
- *Leistung.* Führungskräfte mit großer Leistungsfähigkeit haben hohe persönliche Standards, die sie fortwährend nach einer Verbesserung der Leistung streben lassen – ihrer eigenen und der ihrer Mitarbeiter. Sie sind pragmatisch, können Risiken richtig einschätzen und setzen Ziele, die realistisch und messbar, gleichzeitig aber auch ambitioniert und herausfordernd sind. Solche Führungskräfte finden immer neue Methoden, um bessere Leistungen zu erzielen.
- *Initiative.* Führungskräfte, die das Gefühl haben, ihr Schicksal selbst bestimmen zu können, weisen ein hohes Maß an Initiative auf. Sie ergreifen – oder schaffen – Gelegenheiten, statt nur zu warten. Solche Führungskräfte zögern nicht,

sich über die Bürokratie hinwegzusetzen oder sogar Regeln zu brechen, um bessere Möglichkeiten für die Zukunft zu schaffen.

- *Optimismus.* Eine optimistische Führungskraft kann Rückschläge wegstecken, weil sie eher eine Chance als eine Bedrohung darin sieht. Solche Führungskräfte sehen andere positiv und erwarten das Beste von ihnen. Ihre Zuversicht lässt sie davon ausgehen, dass Veränderungen eine Verbesserung bewirken werden.

Soziales Bewusstsein

- *Empathie.* Führungskräfte mit Einfühlungsvermögen können sich auf ein breites Spektrum von emotionalen Signalen einstellen und sich in die Emotionen eines anderen Menschen oder einer Gruppe hineinversetzen. Solche Führungskräfte hören aufmerksam zu und können die Sicht anderer nachvollziehen. Empathie ermöglicht einer Führungskraft, mit Menschen mit unterschiedlichem sozialen und kulturellen Hintergrund gut auszukommen.
- *Organisationsbewusstsein.* Führungskräfte mit ausgeprägtem sozialen Bewusstsein erkennen wichtige soziale Netzwerke und durchschauen die Machtverhältnisse in der Organisation. Sie verstehen die Interessen und Kräfte, die in der Organisation wirken, und die Leitwerte und unausgesprochenen Regeln, die das Verhalten der Mitarbeiter prägen.
- *Service.* Führungskräfte mit hoher Servicekompetenz sorgen dafür, dass die Mitarbeiter mit direktem Kundenkontakt die Beziehungen auf dem richtigen Kurs halten. Sie verfolgen die Kundenzufriedenheit, um sicherzustellen, dass ihre Wünsche und Bedürfnisse erfüllt werden. Darüber hinaus stehen diese Führungskräfte ihren Mitarbeitern bei Bedarf zur Verfügung.

Beziehungsmanagement

- *Inspiration.* Führungskräfte, die ihre Mitarbeiter inspirieren, erzeugen Resonanz und bewegen sie mit einer überzeugenden Vision oder gemeinsamen Mission. Sie verkörpern das, was sie von anderen verlangen, und können eine gemeinsame Mission so formulieren, dass sie die Gruppe inspiriert. Sie geben ihren Mitarbeitern das Gefühl, dass sie einen gemeinsamen Zweck verfolgen, der über die alltäglichen Aufgaben hinausgeht und der Arbeit Sinn verleiht.
- *Einfluss.* Indikatoren für den Einfluss einer Führungskraft sind zum Beispiel die Fähigkeit, den richtigen Zugang zu einem Zuhörer zu finden, oder für eine Initiative die Zustimmung und Unterstützung von Schlüsselpersonen zu gewinnen. Führungskräfte mit Einfluss sind im Umgang mit ihren Mitarbeitern überzeugend und gewinnend.
- *Mitarbeiterentwicklung.* Führungskräfte, die die Fähigkeiten ihrer Mitarbeiter fördern können, zeigen echtes Interesse an ihnen und verstehen ihre Ziele, Stärken und Schwächen. Sie können zum richtigen Zeitpunkt konstruktives Feedback geben und übernehmen oft die Rolle eines Mentors oder Coaches.
- *Veränderungskatalysator.* Führungskräfte, die Veränderungen katalysieren können, erkennen den Veränderungsbedarf, stellen den Status quo infrage und unterstützen die neue Ordnung. Sie setzen sich für Veränderungen ein, argumentieren überzeugend und finden Möglichkeiten, Hindernisse zu überwinden.
- *Konfliktmanagement.* Führungskräfte, die Konflikte managen können, hören sich die Meinung aller Parteien an, verstehen die verschiedenen Sichtweisen und finden dann ein gemeinsames Ideal, dem sich alle anschließen können. Sie bringen Konflikte zutage, erkennen die Gefühle und Ansichten beider Seiten an und lenken die Energie dann auf ein gemeinsames Ideal.

- *Teamwork und Kooperation.* Führungskräfte, die gute Teamspieler sind, erzeugen eine Atmosphäre freundlicher Kollegialität und sind selbst ein Vorbild für Respekt, Hilfsbereitschaft und Kooperation. Sie wecken das Engagement und die Begeisterung der Gruppe für die kollektiven Bemühungen und sorgen für Esprit und Übereinstimmung. Sie nehmen sich die Zeit, enge Beziehungen aufzubauen und zu pflegen, die über die Arbeit hinausgehen.

Anmerkungen

Einleitung

1. Eine Anmerkung zur Verwendung des Wortes *wir* in diesem Buch: Aus stilistischen Gründen und um zu unterstreichen, dass die Autoren sich als Team verstehen, bezieht sich das *wir* nicht nur auf unsere gemeinsame Tätigkeit, sondern auch auf die Arbeit jedes Einzelnen.

1 Das Wesen emotional intelligenter Führung

1. Die BBC-Nachrichtenabteilung: Wie auch die meisten anderen Fallbeispiele in diesem Buch wurde uns dieser Vorfall von einer der Personen erzählt, die wir interviewten (in diesem Fall ein Augenzeuge). Wenn die Beispiele aus einer Sekundärquelle stammen, wird in den Anmerkungen darauf verwiesen. Handelt es sich um vertrauliche Informationen, wurden zur Wahrung der Anonymität persönliche Daten geändert.
2. Die beruhigende Wirkung: Lisa Berkman et al., »Emotional Support and Survival after Myocardial Infarction«, *Annals of Internal Medicine* (1992).
3. Stress und Tod: Anika Rosengren et al., »Stressful Life Events, Social Support and Mortality in Men Born in 1933«, *British Medical Journal* 207, Nr. 17 (1983): 1102–1106.
4. Limbische Regulierung: Thomas Lewis, Fari Amini und Richard Lannon, *A General Theory of Love* (New York: Random House, 2000).
5. Emotionale Spiegelung: Robert Levenson, University of California at Berkeley, persönliche Mitteilung.
6. Expressivität überträgt Stimmungen: Howard Friedman und Ronald Riggio, »Effect of Individual Differences in Nonverbal Expressiveness on Transmission of Emotion«, *Journal of Nonverbal Behavior* 6 (1981): 32–58.
7. Gruppen haben Stimmungen: Janice R. Kelly und Sigal Barsade, »Moods and Emotions in Small Groups and Work Teams«, Arbeitspapier, Yale School of Management, New Haven, Connecticut, 2001.

8. Einheitliche Stimmung in Arbeitsteams: C. Bartel und R. Saavedra, »The Collective Construction of Work Group Moods«, *Administrative Science Quarterly* 45 (2000): 187–231.
9. Krankenschwestern und Buchhalter beobachten die Stimmung: Peter Totterdell et al., »Evidence of Mood Linkage in Work Groups«, *Journal of Personality and Social Psychology* 74 (1998): 1504–1515.
10. Sportteams: Peter Totterdell, »Catching Moods and Hitting Runs: Mood Linkage and Subjective Performance in Professional Sports Teams«, *Journal of Applied Psychology* 85, Nr. 6 (2000): 848–859.
11. Stimmungen, Ansteckung und Arbeitsleistung: Sigal Barsade und Donald E. Gibson, »Group Emotion: A View from the Top and Bottom«, in *Research on Managing Groups and Teams,* Hrsg. D. Gruenfeld et al. (Greenwich, CT: JAI Press, 1998).
12. Lächeln ist am ansteckendsten: Robert Levenson und Anna Ruef, »Emotional Knowledge and Rapport«, in *Empathic Accuracy,* Hrsg. William Ickes (New York: Guilford Press, 1997).
13. Falsches Lachen: Meredith Small, »More Than the Best Medicine«, *Scientific American,* August 2000: 24.
14. Lachen überträgt sich »von Gehirn zu Gehirn«: Robert Provine, *Laughter: A Scientific Investigation* (New York: Viking Press, 2000): 133.
15. Beispiele: Ibid.
16. Der Dominoeffekt von Führung: Wallace Bachman, »Nice Guys Finish First: A SYMLOG Analysis of U.S. Naval Commands«, in *The SYMLOG Practitioner: Applications of Small Group Research,* Hrsg. Richard Brian Polley, A. Paul Hare und Philip J. Stone (New York: Praeger, 1988).
17. Der emotionale Einfluss von Führungskräften in Arbeitsgruppen: Anthony T. Pascosolido, *Emotional Intensity in Groups* (Ph. D. diss., Department of Organizational Behavior, Case Western Reserve University, 2000).
18. Führungskräfte steuern die emotionale Reaktion: Howard Gardner, *Leading Minds: An Anatomy of Leadership* (New York: Basic Books, 1995).
19. Informelle Führungskräfte: V. U. Druskat und A. T. Pascosolido, »Leading Self-Managing Work Teams from the Inside: Informal Leader Behavior and Team Outcomes«, 2001 zur Veröffentlichung eingereicht.
20. Gute Stimmung von Führungskräften verringert Mitarbeiterfluktuation: siehe z. B. Jennifer M. George und Kenneth Bettenhausen, »Understanding Prosocial Behavior, Sales Performance and Turnover: A Group-Level Analysis in Service Context«, *Journal of Applied Psychology* 75, Nr. 6 (1990): 698–706.
21. Negative Stimmung und riskante Entscheidungen: R. C. Sinclair, »Mood, Categorization Breath and Performance Appraisal«, *Organizational Behavior and Human Decision Processes* 42 (1988): 22–46.
22. Ärger und Führung: Jennifer M. George, »Emotions and Leadership: The Role of Emotional Intelligence«, *Human Relations* 53, Nr. 8 (2000): 1027–1055.
23. Stimmungen verstärken sich selbst: Es gibt zahlreiche Publikationen über die sich selbst verstärkende Wirkung von Stimmungen. Siehe z. B. Gordon H.

Bower, »Mood Congruity of Social Judgments«, in *Emotion and Social Judgments,* Hrsg. Joseph Forgas (Oxford: Pergamon Press, 1991), 31–53.

24. Überwältigende negative Emotionen: siehe z. B. Jacqueline Wood, Andrew Matthews und Tim Dalgleish, »Anxiety and Cognitive Inhibition«, *Emotion* 1, Nr. 2 (2001): 166–181.
25. In Yale durchgeführte Untersuchung von Stimmung und Leistung: Sigal Barsade, »The Ripple Effect: Emotional Contagion in Groups«, Arbeitspapier 98, Yale School of Management, New Haven, Connecticut, 2000.
26. Führungskräfte und negative Gefühle: John Basch und Cynthia D. Fisher, »Affective Events – Emotions Matrix: A Classification of Job-Related Events and Emotions Experienced in the Workplace«, in *Emotions in the Workplace: Research, Theory and Practice,* Hrsg. N. Ashkanasy, W. Zerbe und C. Hartel (Westport, CT: Quorum Books, 2000), 36–48.
27. Disstress beeinträchtigt Empathie und soziale Fähigkeiten: Jeffrey B. Henriques und Richard J. Davidson, »Brain Electrical Asymmetries during Cognitive Task Performance in Depressed and Nondepressed Subjects«, *Biological Psychiatry* 42 (1997): 1039–1050.
28. Emotionen spiegeln die Qualität des Arbeitslebens wider: Cynthia D. Fisher und Christopher S. Noble, »Affect and Performance: A Within Persons Analysis« (Die Arbeit wurde bei der Jahresversammlung 2000 der Academy of Management Toronto präsentiert).
29. Zufriedenheit mit dem Arbeitsplatz bedeutet nicht, sich bei der Arbeit gut zu fühlen: Cynthia D. Fisher, »Mood and Emotions while Working: Missing Pieces of Job Satisfaction?«, *Journal of Organizational Behavior* 21 (2000): 185–202. Siehe auch Howard Weiss, Jeffrey Nicholas und Catherine Daus, »An Examination of the Joint Effects of Affective Experiences and Job Beliefs on Job Satisfaction and Variations in Affective Experiences over Time«, *Organizational Behavior and Human Decision Processes* 78, Nr. 1 (1999): 1–24.
30. Mentaler Nutzen guter Stimmungen: siehe A. M. Isen, »Positive Affect«, in *Handbook of Cognition and Emotion,* Hrsg. Tim Dalgleish und Mick J. Power (Chichester, England: Wiley, 1999).
31. Gute Stimmungen und Leistung: siehe C. D. Fisher und C. S. Noble, »Emotion and the Illusory Correlation between Job Satisfaction and Job Performance« (Die Arbeit wurde bei der zweiten Konferenz über Emotionen im Organisationsleben im August 2000 in Toronto präsentiert).
32. Versicherungsabschlüsse: Martin E. Seligman und Peter Schulman, »The People Make the Place«, *Personnel Psychology* 40 (1987): 437–453.
33. Die Wirkung von Humor auf Effektivität bei der Arbeit: Kommentierte Ergebnisse in R. W. Clouse und K. L. Spurgeon, »Corporate Analysis of Humor«, *Psychology: A Journal of Human Behavior* 32 (1995): 1–24.
34. Geschäftsführer und ihr Topmanagementteam: Sigal G. Barsade, Andrew J. Ward et al., »To Your Heart's Content: A Mode of Affective Diversity in Top Management Teams«, *Administrative Science Quarterly* 45 (2000): 802–836.

35. Schlechte Stimmung führt zu schlechter Kundenbetreuung: Benjamin Schneider und D. E. Bowen, *Winning the Service Game* (Boston: HBSP 1995).
36. Stimmung, Kundenservice und Umsatz: George und Bettenhausen, »Understanding Prosocial Behavior«.
37. Positive Stimmung von Führungskräften weist auf Umsatzleistung hin: siehe Jennifer M. George, »Leader Positive Mood and Group Performance: The Case of Customer Service«, *Journal of Applied Psychology* 25, Nr. 9 (1995): 778–794.
38. Verbesserung des Serviceklimas bewirkt Einnahmensteigerung: Lyle Spencer, präsentiert bei der Tagung des Consortium for Research on Emotional Intelligence in Organizations, Cambridge, Massachusetts, 19. April 2001.
39. Schlechter Kundenservice, geringe Moral und Einnahmenrückgang: Schneider und Bowen, *Winning the Service Game.*
40. Die Analyse, die das Klima mit beruflicher Leistung in Zusammenhang bringt: David McClelland, »Identifying Competencies with Behavioral-Event Interviews«, *Psychological Science* 9 (1998): 331–339; Daniel Williams, *Leadership for the 21st Century: Life Insurance Leadership Study* (Boston: LOMA/Hay Group, 1995).
41. Die Varianz des Organisationsklimas war zu 53 bis 72 Prozent auf die Stile zurückzuführen. Siehe Stephen P. Kelner Jr., Christine A. Rivers und Kathleen H. O'Connell, *Managerial Style as a Behavioral Predictor of Organizational Climate* (Boston: McBer & Company, 1996).
42. Eine sehr ähnliche Argumentation findet sich in George und Bettenhausen, »Understanding Prosocial Behavior« und in Neal M. Ashkanasy und Barry Tse, »Transformational Leadership as Management of Emotion: A Conceptual Review«, in Neal M. Ashkanasy, Charmine E. J. Hartel und Wilffred J. Zerbe, *Emotions in the Workplace: Research, Theory and Practice* (Westport, CT: Quorum Books, 2000), 221–235.

2 Resonante Führung

1. Wir sind keineswegs die Ersten, die behaupten, dass gemeinsame Emotionen der Schlüssel für den Zusammenhalt einer Gruppe oder Organisation sind. Siehe z. B. B. E. Ashforth und R. H. Humphrey, »Emotion in the Workplace: A Reappraisal«, *Human Relations* 48 (1995): 97–125 und Edward Lawler, »Affective Attachment to Nested Groups: A Choice-Process Theory«, *American Sociological Review* 57 (1992): 327–339.
2. Wir sehen Resonanz und Dissonanz als die beiden Pole emotional intelligenter Führung, die nach zwei Kriterien beurteilt werden können. Das erste Kriterium betrifft den emotionalen Ton und die Wirkung der Handlungen einer Führungskraft, ob positiv oder negativ. Das zweite Kriterium betrifft die empathische Synchronie: ob der emotionale Ton der Führungskraft und derjenige der Mitarbeiter in Einklang stehen oder nicht.

3. Schreien bei der Arbeit: Umfrageergebnisse in Vivian Marino, »It's All the Rage at Work, Too«, *The New York Times,* 12. November 2000, Money & Business: 3.
4. Die Physiologie von Auseinandersetzungen: Die Studie von John Gottman von der University of Washington wurde mit Ehepaaren durchgeführt, doch die Physiologie der Reaktion sollte immer zutreffen, wenn die beiden Beteiligten eine enge und emotional wichtige Beziehung haben wie ein Vorgesetzter und ein Angestellter. Siehe dazu John Gottman, *What Predicts Divorce: The Relationship between Marital Processes and Marital Outcomes* (Hillsdale, NJ: Lawrence Earlbaum Associates, 1993).
5. Ungeschickte Kritik: Robert Baron, »Countering the Effects of Destructive Criticism«, *Journal of Applied Psychology* 75, Nr. 3 (1990): 235–246.
6. Stresshormone zirkulieren stundenlang im Körper: siehe z. B. Dolf Zillman, »Mental Control of Angry Aggression«, in *Handbook of Mental Control,* Hrsg. Daniel Wegner und James S. Pennebaker (Englewood Cliffs, NJ: Prentice Hall, 1993).
7. Dementoren: J. K. Rowling, *Harry Potter and the Prisoner of Azbakan* (London: Bloomsbury, 1999), 187.
8. Die Schattenseiten von Ehrgeiz: siehe z. B. Michael Maccoby, »Narcissistic Leaders: The Incredible Pros, the Inevitable Cons«, *Harvard Business Review,* Januar–Februar 2000: 69–75.
9. Die in diesem Kapitel beschriebenen neurologischen Zusammenhänge sind wesentlich komplexer als hier angeführt. Im Interesse der Klarheit haben wir sie vereinfacht und uns auf die wichtigsten Strukturen der Schaltsysteme konzentriert, die bei jedem komplexen Verhalten mitwirken.
10. Wenn wir den Begriff *Mandelkern* verwenden, beziehen wir uns auf die Struktur selbst und das Schaltsystem, das ihn mit anderen Teilen des Gehirns verbindet. Siehe Joseph LeDoux, *The Emotional Brain* (New York: Simon & Schuster, 1996).
11. Neurologische Patienten mit einer Läsion der bilateralen Regionen des Mandelkerns, der ventral-medialen Regionen des präfrontalen Lappens und der rechten somatosensorischen und insulären Kortices zeigten bei EI-Tests Defizite, im Gegensatz zu Patienten mit einer Läsion anderer Hirnregionen wie anderer Bereiche des Neokortex. Diese Regionen scheinen entscheidend dafür zu sein, dass wir uns unserer Emotionen bewusst sind, sie regulieren und ausdrücken können und die Emotionen anderer wahrnehmen. Antonio Damasio, University of Iowa College of Medicine, Persönliche Kommunikation; Reuven Bar-On, persönliche Kommunikation auf der Grundlage von vorbereitenden Daten, die Dr. Damasio mit seinen Mitarbeitern Antoine Bechara und Daniel Tranel sammelte.
12. Die Hauptaufgaben von Führungskräften: siehe z. B. Gary Yukl, *Leadership in Organizations* (Upper Saddle River, NJ: Prentice Hall, 1998).
13. Siehe dazu Fabio Sala, *ECI Technical Manual* (Boston: Hay Group, 2001).

3 Die Neuroanatomie von Führung

1. Lachen und Führung: Fabio Sala, *Relationship between Executive's Spontaneous Use of Humor and Effective Leadership* (Ph. D. diss., Boston University Graduate School of Arts and Science, 2000).
2. Korrelation zwischen Humor und EI-Kompetenzen: siehe dazu David C. McClelland, »Identifying Competencies with Behavioral-Event Interviews«, *Psychological Science* 9 (1998): 331–339. Einige der EI-Kompetenzen, die für Humor eine besonders wichtige Rolle spielen, gehörten zu den Domänen soziales Bewusstsein und Beziehungsfähigkeit, darunter Empathie, Organisationsbewusstsein, Einfluss und Teamführung. Das ist nicht weiter überraschend, da sie das soziale Verhalten am offensichtlichsten prägen. Doch auch Kompetenzen in der Domäne Selbstmanagement (Initiative, Leistung) spielten eine Rolle für Humor, ebenso wie Selbstvertrauen, das von Selbstwahrnehmung zeugt. Das lässt darauf schließen, dass diese ausgezeichneten Führungskräfte viele oder die meisten EI-Kompetenzen durch den geschickten Einsatz von Humor zum Ausdruck brachten – und dass dies eine Grundlage ihres Erfolgs war.
3. David C. McClelland, »Testing for Competence Rather Than Intelligence«, *American Psychologist* 28 (1973): 14–31. Als McClelland diesen Artikel schrieb, studierten R. Boyatzis und D. Goleman bei ihm in Harvard Psychologie.
4. Führungskompetenzmodell: Lyle Spencer, »The Economic Value of Emotional Intelligence Competencies and EIC-Based HR Programs«, in *The Emotionally Intelligent Workplace,* Hrsg. Cary Cherniss und Daniel Goleman (San Francisco: Jossey-Bass, 2001).
5. Während durchschnittliche Filialleiter einen Jahresumsatz von 17 Millionen US-Dollar erzielten, war der Umsatz der herausragenden Führungskräfte um 75 Prozent – im Durchschnitt 29,8 Millionen US-Dollar – und ihre Umsatzrendite um 106 Prozent höher.
6. Über Generationen erfolgreiche Unternehmen: James C. Collins und Jerry I. Porras, *Built to Last: Successful Habits of Visionary Companies* (New York: HarperBusiness, 1994).
7. Die Führungsstudie bei Johnson & Johnson wurde von Dottie Brienza und Kathy Cavallo durchgeführt. Die Ergebnisse wurden bei einer Tagung des Consortium for Research on Emotional Intelligence in Organizations präsentiert (Cambridge, Massachusetts, 3. November 2000).
8. Das ECI-360 bewertet das gesamte Spektrum der EI-Führungskompetenzen. Informationen finden Sie auf der Website http://www.eisglobal.com.
9. Die Unterschiede waren bei allen 20 EI-Kompetenzen statistisch signifikant. Das ECI korrelierte stärker mit viel versprechenden Führungskräften als das Führungskompetenzmodell des Unternehmens selbst.
10. Wir reduzierten das EI-Kompetenzmodell von fünf auf vier Domänen, indem wir »Motivation« in die Domäne Selbstmanagement integrierten. Außerdem veranlassten uns statistische Analysen, einige der EI-Kompetenzen zu kombi-

nieren, sodass von den einstmals 25 Kompetenzen nur noch 18 übrig sind. Aufgrund neuer Erkenntnisse änderten wir die Namen einiger Kompetenzen, um die für eine Führungskraft wichtigsten Eigenschaften hervorzuheben: Aus »Vertrauenswürdigkeit« wurde »Transparenz« und aus »Führung« »inspirierende Führung«. Außerdem haben wir »Gewissenhaftigkeit« gestrichen. Sie ist nicht entscheidend für Führungskräfte, da sie Details an fähige Assistenten delegieren können. Und wir integrierten »Kommunikation« – ein Instrument der Einflussnahme – in die Kompetenz »Einfluss«.

11. EI-Kompetenzen und das Gehirn: Daniel Goleman, »Emotional Intelligence: A Theory of Performance«, in *The Emotionally Intelligent Workplace*.
12. Siehe dazu: Ibid.
13. Die kritische Masse der Stärken in den EI-Kompetenzen stammt von Richard Boyatzis, *The Competent Manager: A Model for Organizational Effectiveness* (New York: Wiley-Interscience, 1982) und von David C. McClelland, »Identifying Competencies with Behavioral-Event Interviews«, *Psychological Science* 9 (1998): 331–339.
14. Motivation und der linke präfrontale Kortex: Richard Davidson, D. C. Jackson und Ned H. Kalin, »Emotion, Plasticity, Context and Regulation: Perspectives from Affective Neuroscience«, *Psychological Bulletin* 126, Nr. 6 (2000): 890–909.
15. Emotionen und Entscheidungsfindung: Antonio Damasio, *Descartes' Error* (New York: Putnam, 1994).
16. Intuitive Entscheidungen von Unternehmern: Ann Graham Ettinger, *Make Up Your Mind* (Santa Monica, CA: Merritt Publishing, 1995).
17. Das Wetter vorhersagen: Barbara Knowlton, Jennifer Mangels und Larry Squire, »A Neostriatal Habit Learning System in Humans«, *Science* 273 (1996): 1399–1402.
18. Die Basalganglien und implizites Lernen: Matthew D. Lieberman, »Intuition: A Social Cognitive Neuroscience Approach«, *Psychological Bulletin* 126 (2000): 109–137.
29. Die beteiligten Schaltungen: Ibid.
20. Gefühl im Bauch: Damasio, *Descartes' Error.*
21. Forschungen über die hemmende Funktion der präfrontalen Regionen weisen darauf hin, dass Verbindungen vom präfrontalen Kortex eine hemmende Wirkung auf Neuronen im Mandelkern haben. Dr. Richard Davidson, University of Wisconsin, persönliche Mitteilung.
22. Unerschütterlichkeit siegt: Das Experiment wurde von Paul Ekman von der University of California Medical School in San Francisco berichtet (bei der Tagung Transformations of Mind, Brain and Emotion: Neurobiological and Bio-Behavioral Research on Meditation, University of Wisconsin, 22. Mai 2001).
23. In anderen Publikationen verwendeten wir für diese Kompetenz den Begriff *Vertrauenswürdigkeit.* Hier verwenden wir *Transparenz,* um die Bedeutung dieses Aspekts der Kompetenz für Führung zu unterstreichen.

24. »Cool«: Lewis MacAdams, *Birth of Cool: Beat, Bebop and the American Avant-Garde* (New York: Free Press, 2001).
25. Die Rolle des Mandelkerns und der präfrontalen Zonen für Empathie: siehe z. B. Paul J. Eslinger, »Neurological and Neuropsychological Bases of Empathy«, *European Neurology* 39 (1998): 193–199.
26. Limbische Resonanz: Thomas Lewis, Fari Amini und Richard Lannon, *A General Theory of Love* (New York: Random House, 2000).
27. Die Bedeutung der Vision für Führung: siehe z. B. Warren Bennis und Burt Nanus, *Leaders: Strategies for Taking Charge* (New York: Harper and Row, 1985); Jay Conger, *The Charismatic Leader* (San Francisco: Jossey-Bass, 1989) und John P. Kotter, *Leading Change* (Boston: Harvard Business School Press, 1996).
28. Der Produktmanager: Zitiert in Matthew Mangino und Christine Dreyfus, »Developing Emotional Intelligence Competencies« (Die Arbeit wurde dem Consortium for Research on Emotional Intelligence in Organizations in Cambridge, Massachusetts am 19. April 2001 vorgelegt).

4 Das Führungsmanagement

1. Die Datenbank wurde von der Bostoner Beratungsfirma McBer & Company (inzwischen die Hay Group) zusammengestellt. Die Daten wurden ursprünglich von Stephen Kelner Jr. ausgewertet. Siehe Stephen P. Kelner Jr., Christine A. Rivers und Kathleen H. O'Connell, *Managerial Style as a Behavioral Predictor of Organizational Climate* (Boston: McBer & Company, 1996). Die Auswahl war international. Die Hälfte der Führungskräfte stammte aus Amerika, der Rest aus Europa, Afrika, Australien und dem pazifischen Raum. Der Maßstab für das Klima wurde von McBer & Company auf der Grundlage der Arbeit von George Litwin entwickelt. Siehe G. H. Litwin und R. A. Stringer Jr., *Motivation und Organizational Climate* (Boston: Division of Research, Graduate School of Business Administration, Harvard University, 1971). Bewertet wurden sechs spezifische Indikatoren für das Klima, die auf der wegweisenden Arbeit von Litwin und Springer beruhen und von David McClelland und seinen Kollegen bei McBer weiterentwickelt wurden.
2. Bob Pittman bei Six Flags: Zitiert in Alden M. Hayashi, »When to Trust Your Gut«, *Harvard Business Review,* Februar 2001: 59–65.
3. »Transformierende« Führungskräfte: James McGregor Burns, *Leadership* (New York: Harper & Row, 1978). Dasselbe gilt für »charismatische« Führungskräfte, die mit Rücksicht auf die Bedürfnisse der betroffenen Interessengruppen eine strategische Vision formulieren. Siehe Jay A. Conger, *The Charismatic Leader: Behind the Mystique of Exceptional Leadership* (San Francisco: Jossey-Bass, 1989).
4. Shelley Lazarus und David Ogilvy: »A Job and a Life Intertwined«, *The New York Times,* 23. Mai 2001: C3.

5. Siehe dazu Cynthia Fisher und Christopher S. Noble, »Affect and Performance: A Within Persons Analysis« (Die Arbeit wurde bei der Jahresversammlung 2000 der Academy of Management in Toronto präsentiert).
6. Erfolg durch Führungskräfteentwicklung: James C. Collins und Jerry I. Porras, *Built to Last: Successful Habits of Visionary Companies* (New York: HarperBusiness, 1994).
7. Siehe dazu Stephen P. Kelner, *Interpersonal Motivation: Cynical, Positive and Anxious* (Ph. D. diss., Boston University, 1991).
8. Lou Gerstner, IBM 1993: Zitiert in Steve Lohr, »IBM Chief Gerstner Recalls Difficult Days at Big Blue«, *The New York Times,* 31. Juli 2000: C3.

5 Die dissonanten Führungsstile

1. »The Best Performers«, *Business Week,* 29. März 1999: 98.
2. SEC-Bericht und Analysen von Al Dunlaps Arbeit als Geschäftsführer von Sunbeam: Floyd Norris, »S.E.C. Accuses Former Sunbeam Official of Fraud«, *New York Times,* 16. Mai 2001: 1.
3. Egomanen als Führungskräfte: siehe z. B. Michael Maccoby, »Narcissistic Leaders: The Incredible Pros, the Inevitable Cons«, *Harvard Business Review,* Januar–Februar 2000.
4. Siehe Jim Collins, »Level 5 Leadership«, *Harvard Business Review,* Januar 2001: 66–76.
5. Die Untersuchung der Versicherungsunternehmen: durchgeführt vom Forschungsteam der Hay Group unter der Leitung von John Larrere mit Martin Leshner, David Baker und Stephen Kelner für LOMA. Siehe Daniel Williams, *Leadership for the 21st Century: Life Insurance Leadership Study* (Boston: LOMA/Hay Group, 1995).
6. Marcus Buckingham und Daten über Angestellte, die wegen ihres Chefs kündigten: zitiert von Amy Zipkin in »The Wisdom of Thoughtfulness«, *The New York Times,* 31. Mai 2000: C1.
7. David McClelland, »Identifying Competencies with Behavioral-Event Interviews«, *Psychological Science* 9 (1998): 331–339.
8. Schulleitung in Großbritannien: Siehe »Research into Headteacher Effectiveness« (Bericht der Hay Group an das britische Ministerium für Bildung und Arbeit, 2000).

6 Eine resonante Führungskraft werden: Die fünf Erkenntnisse

1. Die Geschäftsführerkrankheit: Der Begriff wurde von John Byrne geprägt, in »CEO Disease,« *Business Week,* 1. April 1991: 52–59.
2. Feedback für Manager ist weniger aussagekräftig: James Conway und Allen Huffcutt, »Psychometric Properties of Multi-source Performance Ratings: A

Meta-analysis of Subordinate, Supervisor, Peer and Self-Ratings«, *Human Performance* 10, Nr. 4 (1977): 331–360.

3. Frauen und Minderheiten erhalten weniger Feedback: Eine Reihe von Untersuchungen zeigt, dass Frauen und Angehörige von Minderheiten weniger und vor allem weniger nützliches Feedback erhalten als andere. Siehe z. B. Peggy Stuart, »What Does the Glass Ceiling Cost You?« *Personnel Journal* 71, Nr. 11 (1992): 70–80; Ann M. Morrison, Randall P. White, Ellen Van Velsor and The Center for Creative Leadership, *Breaking the Glass Ceiling: Can Women Reach the Top of America's Largest Corporations?* (Reading, MA: Addison-Wesley, 1987); und Taylor Cox Jr., *Cultural Diversity in Organizations: Theory, Research, and Practice* (San Francisco: Berrett-Koehler Publishers, 1993).
4. Die schlechtesten Manager überschätzen ihre Fähigkeiten am meisten: J. Kruger und D. Dunning, »Unskilled and Unaware of It: How Difficulties in Recognizing One's Own Competence Lead to Inflated Self-Assessments«, *Journal of Personality and Social Psychology* 77, Nr. 6 (1999): 1121–1134.
5. Geschäftsführer der erfolgreichsten medizinischen Unternehmen: Eric Harter, *The Quest for Sustainable Leadership: The Importance of Connecting Leadership Principles to Concepts of Organizational Sustainability* (EDM Dissertation, Case Western Reserve University, 1999).
6. Herausragende Führungskräfte im Vergleich zu durchschnittlichen Führungskräften: Analyse von Michele Burckle, in Fabio Sala, *ECI Technical Manual* (Boston: Hay Group, 2001).
7. Menschen entwickeln EI-Kompetenzen im Lauf des Lebens: Matthew Mangino und Christine Dreyfus, »Developing Emotional Intelligence Competencies« (Präsentation vor dem Consortium for Research on Emotional Intelligence in Organizations, Cambridge, Massachusetts, 19. April 2001). Das Muster der natürlichen Aneignung von EI-Kompetenzen stimmt mit einer früheren Untersuchung überein, die Christine Dreyfus unter Managern der NASA durchführte. *Scientists and Engineers as Effective Managers: A Study of Development of Interpersonal Abilities* (Dissertation, Case Western Reserve University, 1991).
8. EI-Kompetenzen verbessern sich mit zunehmendem Alter: Die Selbsteinschätzung der Kompetenzen sowie die Einschätzung durch andere hing bei allen EI-Kompetenzen wesentlich vom Alter ab. Der Rang spielte dabei keine Rolle. Nur im Bereich des Beziehungsmanagements zeigte sich eine Korrelation mit dem Rang. Sala, *ECI Technical Manual*.
9. Der Flitterwocheneffekt: John P. Campbell, Marvin D. Dunnette, Edward E. Lawler III und Karl E. Weick, *Managerial Behavior, Performance, and Effectiveness* (New York: McGraw Hill, 1970) analysierten verschiedene Untersuchungen und gelangten zu diesem Schluss. Neuere, meta-analytische Untersuchungen und Nutzenanalysen bestätigen, dass signifikante Veränderungen stattfinden können und es auch tun – allerdings nicht in dem Maß, das die Höhe der Investitionen erwarten lässt, und nur bei wenigen Schulungen. Sie-

he Charles C. Morrow, M. Quintin Jarrett und Melvin Rupinski, »An Investigation of the Effect and Economic Utility of Corporate Wide Training«, *Personnel Psychology* 50 (1997): 91–119; Timothy Baldwin und J. Kevin Ford, »Transfer of Training: A Review and Directions for Future Research«, *Personnel Psychology* 41 (1988): 63–105; Michael J. Burke und Russell R. Day, »A Cumulative Study of the Effectiveness of Managerial Training«, *Journal of Applied Psychology* 71, Nr. 2 (1986): 232–245. Wenn tatsächlich eine Veränderung beobachtet wurde, stellte sich jedoch die Frage, wie dauerhaft sie war, da der untersuchte Zeitraum relativ kurz war.

10. Wenige Studien zeigen den Einfluss von Schulungen auf das Verhalten: Einige Untersuchungen ergaben, dass Schulungen positive Auswirkungen auf das Berufsleben haben, was ja letztlich der Zweck von Entwicklungsprogrammen ist. Das sagt allerdings nichts darüber aus, *wie* diese Veränderungen zustande kamen. Veränderten sich die Handlungen und Gewohnheiten der betreffenden Person oder ist die Veränderung auf andere Faktoren zurückzuführen? Bei einer Recherche, die vom Consortium on Research on Emotional Intelligence in Organizations durchgeführt wurde, fanden sich in der internationalen Literatur nur 15 Programme, die die Emotionale Intelligenz verbesserten. Die meisten hatten Auswirkungen für Beruf (wie etwa die Zahl der neu gegründeten Unternehmen zeigte) oder Leben (wie die Zahl der Teilnehmer zeigte, die einen Arbeitsplatz oder mehr Zufriedenheit fanden). Eine Übersicht finden Sie in: Cary Cherniss und Mitchell Adler, *Promoting Emotional Intelligence in Organizations: Make Training in Emotional Intelligence Effective* (Washington, DC: American Society for Training and Development, 2000).
11. Untersuchung der Wirkung von Schulungen: Eine solche Untersuchung müsste einen Verhaltenstest vor und nach der Schulung sowie einen Vergleich mit anderen Programmen, etwa durch Vergleichsgruppen oder eine Zeitreihen-Analyse, umfassen. Da bei den wenigen Versuchen, Tests zu evaluieren, diese Faktoren nicht berücksichtigt wurden, sind die Ergebnisse nicht so nützlich wie sie sein könnten.
12. Die Wirkung von Kommunikationstraining: Preston E. Smith, »Management Modeling Training to Improve Morale and Customer Satisfaction«, *Personnel Psychology* 29 (1976): 351–359. Zur Messung der Kommunikationsfähigkeiten wurden den Trainingsteilnehmern und Vergleichsgruppen vor und nach der Schulung kodierte schriftliche Antworten auf eine Reihe typischer Kundenprobleme vorgelegt. Der Prozentsatz der Verbesserung bei dieser Studie reflektiert das Verhalten nach dem Training im Vergleich zu dem Verhalten vor dem Training.
13. Die Wirkung von Schulungen Monate später: Bei einer Untersuchung, die als beispielhaft gilt, zeigten Mitarbeiter von Bildungseinrichtungen drei Monate nach der Schulung bei einem breiten Spektrum von Fähigkeiten lediglich eine Verbesserung um acht Prozent. Raymond A. Noe und Neal Schmitt, »The Influence of Trainee Attitudes on Training Effectiveness: Test of a Model«, *Per-*

sonnel Psychology 39 (1986): 497–523. Die Verhaltensänderung wurde durch eine 360-Grad-Messung festgestellt. Der unmittelbare Vorgesetzte, zwei Lehrer (d. h. Untergebene oder Kollegen) und zwei Mitglieder der Belegschaft bewerteten den Schulungsteilnehmer vor und nach dem Training anhand von sechs Skalen zur Einstufung von Verhaltensweisen wie Sensibilität für andere, Führung und Entschlossenheit. Der Prozentsatz der Verbesserung, den diese Studie ergab, reflektiert das Verhalten vor dem Training im Vergleich zu dem Verhalten nach dem Training.
Bei einer anderen Untersuchung hatten sich die Selbstwahrnehmung und die sozialen Fähigkeiten von Managern eines Stahlunternehmens drei Monate nach dem Training um neun Prozent verbessert. 18 Monate nach dem Training war diese Verbesserung auf sieben Prozent gesunken. Herbert H. Hand, Max D. Richards und John W. Slocum Jr., »Organizational Climate and the Effectiveness of a Human Relations Training Program«, *Academy of Management Journal* 16, Nr. 2 (1973): 185–246. Das Verhalten wurde von Mitarbeitern der Teilnehmer anhand eines Fragebogens bewertet, der Bereiche wie Anteilnahme und Sensibilität für andere, Selbstwahrnehmung und Initiative umfasste. Diese Daten wurden für Schulungsteilnehmer und Vergleichsgruppen gesammelt. Der Prozentsatz der Verbesserung bei dieser Untersuchung reflektiert das Verhalten nach der Schulung im Vergleich zu dem Verhalten vor der Schulung. Einige andere Untersuchungen, bei denen Schulungsteilnehmer mit Personen verglichen wurden, die keine Schulung (oder nicht dieselbe Art von Schulung) absolviert hatten, die aber keine Tests vor der Schulung umfassten, kamen zu ähnlichen Ergebnissen: eine Verbesserung von elf Prozent zwei Monate nach der Schulung von Mitarbeitern einer medizinischen Einrichtung. K. N. Wexley und W. F. Memeroff, »Effectiveness of Positive Reinforcement and Goal Setting as Methods of Management Development«, *Journal of Applied Psychology* 60, Nr. 4 (1975): 446–450. Untergebene von Trainingsteilnehmern und von Vergleichsgruppenmitgliedern füllten einen Fragebogen über ihre Vorgesetzten aus, in dem sie Verhaltensweisen wie Rücksicht und Sensibilität für andere, Konfliktlösung und Kooperation innerhalb der Arbeitsgruppe bewerteten. Der Prozentsatz der Veränderung bei dieser Untersuchung reflektiert das Verhalten der Trainingsteilnehmer nach dem Training im Vergleich zu den Vergleichsgruppen. Dass der Vergleich nur nach der Schulung vorgenommen wurde, ist eine legitime Annäherung, da die Aufteilung in Trainingsteilnehmer und Vergleichsgruppen willkürlich erfolgte. Bei einer anderen Untersuchung zeigten Vorgesetzte ein Jahr nach der Schulung eine Verbesserung um 18 Prozent bei einer Reihe von EI-abhängigen Verhaltensweisen. Gary P. Latham und Lise M. Saari, »Application of Social-Learning Theory to Training Supervisors through Behavioral Modeling«, *Journal of Applied Psychology* 64, Nr. 3 (1979): 239–246. Vorgesetzte von Trainingsteilnehmern und Vergleichsgruppenmitgliedern bewerteten ihre Untergebenen drei Monate und ein Jahr nach dem Training anhand von Faktoren wie emotionale Kontrolle, Supervision und Interaktion mit anderen. Der Pro-

zentsatz der Verbesserung bei dieser Untersuchung reflektiert das Verhalten der Trainingsteilnehmer nach dem Training im Vergleich zu den Vergleichsgruppen. Dass der Vergleich nur nach der Schulung vorgenommen wurde, ist eine legitime Annäherung, da die Aufteilung in Trainingsteilnehmer und Vergleichsgruppen willkürlich erfolgte. Eine andere Studie ergab eine durchschnittliche Verbesserung um acht Prozent nach der Entwicklung eines Veränderungsplans. Dianne P. Young und Nancy M. Dixon, *Helping Leaders Take Effective Action: A Program Evaluation* (Greensboro, NC: Center for Creative Leadership, 1996). Leitende Angestellte und Manager, die an dem LeaderLab-Programm teilnahmen, wurden von Mitarbeitern etwa fünfeinhalb Monate nach dem Programm und rückblickend ein Jahr davor bewertet. Zu den untersuchten Verhaltensweisen gehörten Flexibilität, Selbstvertrauen, interpersonelle Beziehungsfähigkeiten und Bewältigung eines emotionalen Ungleichgewichts. Der Prozentsatz der Verbesserung bei dieser Untersuchung reflektiert die Bewertungen der Mitarbeiter zum Zeitpunkt der Evaluierung, abzüglich ihrer Sicht der Person ein Jahr zuvor, dividiert durch die früheren Ergebnisse.

14. Die Wirkung von Schulungen: Die Verbesserung um zehn Prozent entspricht dem Prozentsatz der Verbesserung bei EI-Verhaltensweisen, den die fünf untersuchten Studien im Durchschnitt ergaben. Nicht berücksichtigt wurde die Studie über Kommunikationsfähigkeiten, da sie sich lediglich mit einer bestimmten Kompetenz beschäftigte. Aber selbst wenn man diese Studie einschließt, beträgt die durchschnittliche Verbesserung nicht mehr als 15 Prozent. Da nur wenige Studien vorliegen und ihre Ergebnisse aufgrund des unterschiedlichen Ansatzes nur teilweise vergleichbar sind, ist eine genaue Berechnung nicht möglich.
    Es gibt zweifellos weitere Studien, die nicht berücksichtigt wurden. Wir behaupten nicht, dass die Untersuchung der Studien erschöpfend ist. Dennoch lässt sie auf den Prozentsatz der Verbesserung schließen und ermöglicht damit eine Annäherung an die allgemeine Wirkung von Schulungen. Diese Annäherung erleichtert den Vergleich der relativen Wirkung von Managementschulungen und selbstbestimmtem Lernen. Bedauerlicherweise verwenden viele der neueren Meta-Analysen und Untersuchungsberichte statistische Methoden, die das Ausmaß der Wirkung und andere damit verbundene Daten zeigen. Das ermöglicht einem Forscher zwar, die statistische Signifikanz der Ergebnisse festzustellen, lässt aber keinen Vergleich des Prozentsatzes der Verbesserung zu. Darüber hinaus ist aufgrund der geringen Zahl der Studien, die die bei Schulungen erzielten Veränderungen länger als zwölf bis 18 Monate verfolgen, eine Aussage über die Nachhaltigkeit der Veränderungen nur schwer möglich.
15. Die Halbwertszeit von Wissen: L. Specht und P. Sandlin, »The Differential Effects of Experiential Learning Activities and Traditional Lecture Classes in Accounting«, *Simulations and Gaming* 22, Nr. 2 (1991): 196–210.
16. Die Wirkung von Schulungen löschen: Das gilt nicht für Veränderungen, die – absichtlich oder nicht – durch chemische oder hormonelle Veränderungen

im Körper bewirkt wurden. Doch selbst in diesen Fällen wird die Interpretation und das weitere Verhalten von dem Willen, den Werten und den Motivationen der betreffenden Person beeinflusst werden.

17. Die Bedeutung des Übens: Thomas Lewis, Fari Amini und Richard Lannon, *A General Theory of Love* (New York: Random House, 2000).
18. Wirkung des Aufmerksamkeitstrainings: Die noch unveröffentlichte Untersuchung ist zitiert in: Tara Bennett-Goleman, *Emotional Alchemy: How the Mind Can Heal the Heart* (New York: Harmony Books, 2001).
19. Untersuchung von Londoner Taxifahrern: Eleanor A. Maguire, David G. Gadian, Ingrid S. Johnsrude, Catriona D. Good, John Ashburner, Richard S. J. Frackowiak und Christopher D. Firth, »Navigation-Related Structural Change in the Hippocampi of Taxi Drivers«, *Proceedings of the National Academy of Sciences* 97, Nr. 8 (2000): 4398–4403. Im Internet verfügbar unter http://www.pnas.org/cgi/content/full/97/8/4398.
20. Stärkung von Nervenverbindungen durch häufige Verwendung: Gerald M. Edelman, *Neural Darwinism: The Theory of Neuronal Group Selection* (New York: Basic Books, 1987), 58.
21. Stärkung von Nervenverbindungen: Forscher an der Case Western Reserve University, besonders Professor James E. Zull, stellten fest, dass bei starker Stimulierung von Nervennetzwerken, die Nerven mit Muskeln verbinden, neue Verbindungen entstanden. James E. Zull, *The Art of Changing a Brain: Helping People Learn by Understanding How the Brain Works* (Sterling, VA: Stylus Publishers, 2002). Im Rahmen einer Untersuchung der Neurogenese bewies Professor Elizabeth Gould von der Princeton University, dass Lernen bei Primaten das Überleben neuer Nerven bewirkt. Währenddessen sterben neue Nervenzellen ab, wenn nichts Neues gelernt wird. (zusammengefasst in Sandra Blakeslee, »A Decade of Discovery Yields a Shock about the Brain«, *The New York Times,* 4. Januar 2000: D1).
22. Lernprozesse im limbischen Gehirn: Lewis, Amini und Lannon, *General Theory of Love,* 177.
23. Die Lehrveranstaltung über Kompetenzentwicklung: beschrieben in Richard Boyatzis, »Stimulating Self-Directed Learning through the Managerial Assessment and Development Course«, *Journal of Management Education* 18, Nr. 3 (1994): 304–323; und in *Innovations in Professional Education: Steps on a Journey from Teaching to Learning,* Richard E. Boyatzis, Scott S. Cowen und David A. Kolb, Hrsg., (San Francisco: Jossey-Bass, 1995). Die erste Version dieser Lehrveranstaltung wurde 1979 für die American Management Association als Teil ihres neuen Masters in Management Programms abgehalten. Variationen dieser Art von Lehrveranstaltung wurden parallel am Alverno College in Milwaukee (eine Beschreibung finden Sie in: Marcia Mentkoswki und Mitarbeiter, Hrsg., *Learning That Lasts: Integrating Learning, Development, and Performance in College and Beyond* [San Francisco: Jossey-Bass, 2000]) und von David A. Whetton und Kim S. Cameron an der University of Michigan entwickelt. (Siehe die 4. Ausgabe ihres Buches *Developing Managerial*

Skills (Reading, MA: Addison-Wesley, 1998). Die Lehrveranstaltung wurde vom Consortium for Research on Emotional Intelligence in Organizations als Modellprogramm für die Entwicklung Emotionaler Intelligenz gewählt. Einen Bericht darüber finden Sie in: Cary Cherniss und Mitchell Adler, *Promoting Emotional Intelligence in Organizations: Make Training in Emotional Intelligence Effective* (Washington, DC: American Society for Training and Development, 2000).

24. Bewertung von Schulungsergebnissen: Seit 1987, noch bevor die Lehrveranstaltung für alle Studenten verpflichtend war, leitet Richard Boyatzis eine Reihe von Follow-up-Studien, um die langfristige Wirkung der Veranstaltung und des Programms zu dokumentieren. Die Sammlung der Daten begann am Anfang des Programms. Die Bewertungen erfolgten, als die Studenten ihre Ausbildung abschlossen und als sie bereits arbeiteten. Die Details dieser Untersuchungen finden Sie in: Richard E. Boyatzis, Ann Baker, David Leonard, Kenneth Rheea und Lorraine Thompson, »Will It Make a Difference?: Assessing a Value-Based, Outcome Oriented, Competency-Based Professional Program«, in *Innovating in Professional Education: Steps on a Journey from Teaching to Learning,* Richard E. Boyatzis, Scott S. Cowen und David A. Kolb, Hrsg. (San Francisco: Jossey-Bass, 1995); Richard E. Boyatzis, David Leonard, Kenneth Rhee und Jane V. Wheeler, »Competencies Can Be Developed, But Not the Way We Thought«, *Capability* 2, Nr. 2 (1996): 25–41; und Richard E. Boyatzis, Jane V. Wheeler und R. Wright, »Competency Development in Graduate Education: A Longitudinal Perspective«, *Proceedings of the First World Conference on Self-Directed Learning* (Montreal: GIRAT, in Druck).
25. Untersuchung der Wirkung anderer MBA-Programme: Diese Untersuchungen wurden 1979 und in den 80er Jahren für die American Assembly of Collegiate Schools of Business (AACSB) durchgeführt. Siehe dazu: Richard Boyatzis und Mike Sokol, *A Pilot Project to Assess the Feasibility of Assessing Skills and Personal Characteristics of Students in Collegiate Business Programs. Report to the AACSB* (St. Louis: AACSB, 1982) und *Development Dimensions International (DDI), Final Report: Phase III. Report to the AACSB* (St. Louis: AACSB, 1985). Die Untersuchungen der Weatherhead School of Management Ende der 80er Jahre verwendeten Tests für ihre Vergleiche. Siehe dazu: Boyatzis, Cowen und Kolb, *Innovating in Professional Education.* Der Prozentsatz der Verbesserung wurde berechnet, indem die Differenz zwischen der Bewertung am Anfang und am Ende des Studiums durch die Bewertung zu Beginn des Studiums dividiert wurde. Die ersten beiden Programme wurden mit Assessmentcenters analysiert, sodass die Daten über das Verhalten der Studenten in Simulationen gezeigt wurden. Die anderen Programme umfassten Tests, die EI-Verhaltensweisen bewerteten, aber kein direkter Maßstab für das Verhalten der Teilnehmer waren.
26. Vergleich der Verbesserung der EI in Prozent: Der Prozentsatz der Verbesserung und der Vergleich mit anderen Programmen beruhte auf einer Beobachtung des Verhaltens (keine Tests), das durch Kodierung ausgewählter Aufga-

ben, Gespräche über »kritische Vorfälle«, auf Video aufgezeichnete Übungen in Assessmentcenters oder einer 360-Grad-Bewertung des Verhaltens einer Person durch andere festgestellt wurde. Der Prozentsatz der Verbesserung für jede Zeitspanne reflektiert die Erhöhung der Frequenz, mit der jede der Kompetenzen in dieser Gruppe eingesetzt wurde (d. h. die Frequenz der Kompetenz bei Abschluss des Studiums minus der Frequenz zu Beginn des Studiums, dividiert durch die Frequenz zu Beginn des Studiums). Um Sprachprobleme auszuschließen, wurden nur Teilnehmer mit Englisch als Muttersprache in die Analyse eingeschlossen. Die in der Abbildung auf Seite 140 dargestellten Samples stammen aus den folgenden Kadern: Die Ergebnisse ein bis zwei Jahre nach Abschluss des Programms reflektieren 163 der Vollzeit-MBA-Studenten, die 1993, 1994 und 1995 graduierten. Die Ergebnisse nach drei bis fünf Jahren stammen von 54 der Teilzeit-MBA-Studenten, die 1995 und 1996 graduierten. Die Ergebnisse nach fünf bis sieben Jahren stammen von 30 der Teilzeit-Studenten, die 1995 und 1996 graduierten und zehn bis 30 Monate nach Abschluss des MBA-Programms von Jane V. Wheeler in ihrer Dissertation *The Impact of Social Environments on Self-Directed Change and Learning* (Dissertation, Case Western Reserve University, 1999) untersucht wurden.

27. Jane Wheeler legte in ihrer Dissertation einen Vergleich der Ergebnisse derselben Personen nach drei bis fünf Jahren und nach fünf bis sieben Jahren vor. Ihr kleineres Sample mit 30 der Teilzeit-MBA-Absolventen der Abschlussjahrgänge 1995 und 1996 zeigte nach drei bis fünf Jahren eine Verbesserung von 53 Prozent bei Selbstwahrnehmung und Selbstmanagement und eine Verbesserung von 33 Prozent bei sozialem Bewusstsein und Beziehungsmanagement. Diese Zahlen weichen etwas von den Prozentsätzen des gesamten Samples in der Grafik ab, sind aber im Vergleich zu anderen Managementtrainings oder Schulungsprogrammen für MBA-Absolventen immer noch relativ hoch. Zu den Kompetenzen in den Domänen Selbstwahrnehmung und Selbstmanagement zählten Leistungsorientierung, Planung, Initiative, Gewissenhaftigkeit, Selbstkontrolle und Selbstvertrauen. Zu den Kompetenzen in den Domänen soziales Bewusstsein und Beziehungsmanagement gehörten Empathie, soziale Objektivität, Aufbau von Beziehungen, Konfliktmanagement, Einfluss, Führung bei Teamwork und Entwicklung anderer.
Es ist auch bemerkenswert, dass die Teilzeit- und Vollzeit-Absolventen des auf Kompetenzen beruhenden Programms signifikante Verbesserungen bei 100 Prozent der sechs bewerteten kognitiven Fähigkeiten zeigten. Währenddessen hatte das frühere, nicht auf Kompetenzen beruhende MBA-Programm eine Verbesserung bei nur 86 Prozent der kognitiven Fähigkeiten im Vollzeitprogramm und 57 Prozent im Teilzeitprogramm gezeigt. Bei den Vollzeit-MBA-Studenten stellte man Verbesserungen bei 100 Prozent der 14 bewerteten EI-Kompetenzen fest, im Vergleich zu Verbesserungen bei nur 50 Prozent dieser Kompetenzen unter MBA-Studenten, die nicht an dem Programm teilnahmen. Teilzeit-Studenten, die an dem Programm teilnahmen, zeigten

ebenfalls bemerkenswerte Verbesserungen: Sie verbesserten sich in 13 der 14 Kompetenzen, während sich jene, die nicht an dem Programm teilnahmen, nur in einer der zwölf bewerteten Kompetenzen verbesserten.

28. Wirkung des Professional Fellows Program: Ronald Ballou, David Bowers, Richard E. Boyatzis und David A. Kolb, »Fellowship in Lifelong Learning: An Executive Development Program for Advanced Professionals«, *Journal of Management Education* 23, Nr. 4 (1999): 338–354.
29. Entstehung des Modells für selbstbestimmtes Lernen: Richard Boyatzis erkannte das Potenzial dieses Ansatzes, als er sich mit drei Forschungsrichtungen beschäftigte, die alle überzeugende Beweise für die gezielte Verbesserung von EI-Fähigkeiten lieferten, die für effektive Führung ausschlaggebend sind. Weitere Erkenntnisse über die gezielte Entwicklung von EI-Fähigkeiten erlangte er bei seiner Arbeit mit David Kolb und Kollegen an der Sloan School of Management des MIT, die zeigte, dass selbstbestimmtes Lernen die Leistung verbessern kann. Anfang der 70er Jahre wählten Studenten des MIT eine Fähigkeit aus, die sie verbessern wollten, und da die meisten einen technischen oder naturwissenschaftlichen Hintergrund hatten, entschieden sich viele für interpersonelle Fähigkeiten. Eine Beschreibung dieser Studien finden Sie in: David A. Kolb, Sarah K. Winter und David E. Berlew, »Self-Directed Change: Two Studies«, *Journal of Applied Behavioral Science* 6, Nr. 3 (1968): 453–471; David A. Kolb, »A Cybernetic Model of Human Change and Growth«, unveröffentlichtes Arbeitspapier 526-71, Sloan School of Management, Massachusetts Institute of Technology, Cambridge, 1971; David A. Kolb und Richard E. Boyatzis, »On the Dynamics of the Helping Relationship«, *Journal of Applied Behavioral Science* 6, Nr. 3 (1970): 267–289; David A. Kolb und Richard E. Boyatzis, »Goal-Setting and Self-Directed Behavior Change«, *Human Relations* 23, Nr. 5 (1970): 439–457; und Richard E. Boyatzis und David A. Kolb, »Feedback and Self-Directed Behavior Change«, unveröffentlichtes Arbeitspapier 394-69, Sloan School of Management, Massachusetts Institute of Technology, Cambridge,1969.

   Wichtige Erkenntnisse erlangte Boyatzis auch durch die Mitarbeit (gemeinsam mit Daniel Goleman) an den bahnbrechenden Forschungen von David McClelland und seinen Kollegen an der Harvard University in den 60er- und 70er-Jahren, die zum ersten Mal zeigten, dass die Fähigkeiten, die jemanden zu einem erfolgreichen Unternehmer machen, erlernt werden können. Die Gruppe um McClelland entwickelte Schulungsprogramme, um den Leistungsantrieb (drive to achieve) zu erhöhen – vermutlich die erste EI-Fähigkeit, die eingehend untersucht wurde. Die Ergebnisse: Die Teilnehmer der Schulung leiteten danach kleine, neu gegründete Unternehmen, die enorm erfolgreich waren und höhere Einnahmen generierten als Vergleichsgruppen. Siehe David C. McClelland und David G. Winter, *Motivating Economic Achievement* (New York: Free Press, 1969) und David Miron und David C. McClelland, »The Impact of Achievement Motivation Training on Small Business«, *California Management Review* 21, Nr. 4 (1979): 13–28. Wichtige Erfahrungen konnte

Richard Boyatzis auch bei der Arbeit mit David C. McClelland sammeln, bei der im Rahmen eines therapeutischen Programms für ehemalige Alkoholiker Motivationstrainings abgehalten wurden. Siehe Henry Cutter, Richard E. Boyatzis und David Clancy, »The Effectiveness of Power Motivation Training for Rehabilitating Alcoholics«, *Journal of Studies on Alcohol* 38, Nr. 1 (1977) und Richard E. Boyatzis, »Power Motivation Training: A New Treatment Modality«, *Annals of the New York Academy of Sciences* 273 (1976): 525–532.
Eine weitere Quelle für neue Erkenntnisse stellen die Forschungen seiner Dissertationsstudenten und Kollegen an der Weatherhead School of Management der Case Western Reserve University dar.
Weitere prominente Veränderungsmodelle sind die Theorie des Motiverwerbs von David McClelland und das Modell von James Prochaska und seinen Kollegen. Siehe David C. McClelland, »Toward a Theory of Motive Acquisition«, *American Psychologist* 20, Nr. 5 (1965): 321–333, und James O. Prochaska, Carlo C. Diclemente und John C. Norcross, »In Search of How People Change: Applications to Addictive Behaviors«, *American Psychologist* 47, Nr. 9 (1992): 1102–1114. Eine umfassende Prüfung dokumentierter Programme zur Erhöhung der Emotionalen Intelligenz wurde vom Consortium on Emotional Intelligence in Organizations unter der Leitung von Professor Cary Cherniss von der Rutgers University durchgeführt. Die Besprechung dieser Modellprogramme und der besten Praktiken finden Sie auf der Website des Konsortiums und in dem kürzlich erschienenen Buch: Cary Cherniss und Mitchell Adler, *Promoting Emotional Intelligence in Organizations: Make Training in Emotional Intelligence Effective* (Washington, DC: American Society for Training and Development, 2000).
Beschreibung des Modells für selbstbestimmtes Lernen: Richard E. Boyatzis, »Self-Directed Change and Learning as a Necessary Meta-competency for Success and Effectiveness in the 21st Century«, in *Keys to Employee Success in the Coming Decades,* R. Sims und J. G. Veres, Hrsg. (Westport, CT: Greenwood Publishing, 1999). Siehe auch Richard E. Boyatzis, »Developing Emotional Intelligence«, in *The Emotionally Intelligent Workplace: How to Select for, Measure, and Improve Emotional Intelligence in Individuals, Groups, and Organizations,* Cary Cherniss und Daniel Goleman, Hrsg., (San Francisco: Jossey-Bass, 2001). Dieses Modell beschreibt den Prozess der Lehrveranstaltung, die 1990 an der Weatherhead School of Management für das bereits beschriebene MBA-Programm und Fortbildungsprogramme für Führungskräfte eingeführt wurde.

7 Die Motivation zur Veränderung

1. Das geforderte und das ideale Selbst: Charles Handy, *The Hungry Spirit: Beyond Capitalism, A Quest for Purpose in the Modern World* (London: Hutchinson, 1997): 86.

2. Selbst Studien, die zeigen, wie wichtig es ist, am idealen Selbst zu arbeiten, gehen oft von der falschen Annahme aus, das Profil einer Person, die herausragende Leistungen erbringt, sei ein allgemein gültiges Ideal. Siehe z.B. Mildred Burns, »The Effects of Feedback and Commitment to Change on the Behavior of Elementary School Principals«, *Journal of Applied Behavioral Science* 13, Nr. 2 (1977): 159–166.
3. Die Untersuchung von Werten und Wertorientierung: Gordon W. Allport, P. E. Vernon und Gardner Lindzey, *Study of Values* (Boston: Houghton Mifflin, 1960); Chris Argyris und Don Schon, *Theory in Practice Learning* (San Francisco: Jossey-Bass, 1982); Clyde Kluckhohn, »Values and Value-Orientations in the Theory of Action«, in *Toward a General Theory of Action,* Hrsg. Talcott Parsons und E. A. Shils (Cambridge, MA: Harvard University Press, 1951): 388–433; Florence Kluckhohn und Fred Strodtbeck, *Variations in Value Orientations* (Evanston, IL: Row, Peterson & Co, 1961); Milton Rokeach, *The Nature of Human Values* (New York: Free Press, 1973); Shalom H. Schwartz, »Universals in the Content and Structure of Values: Theoretical Advances and Empirical Tests in 20 Countries«, *Advances in Experimental Social Psychology 25* (New York: Academic Press, 1992): 1–65; Michael Hechter, »Values Research in the Social and Behavioral Sciences«, in *The Origin of Values,* Hrsg. Michael Hechter, Lynn Nadel und Richard E. Michod (New York: Aldine de Gruyter, 1993), 1–28.
4. Die Philosophie: Der »Philosophical Orientation Questionnaire«, ein Fragebogen zur Auswertung der philosophischen Ausrichtung, misst die relative Dominanz der drei häufigsten Philosophien – pragmatisch, intellektuell und humanistisch. Richard E. Boyatzis, Angela J. Murphy und Jane V. Wheeler, »Philosophy as a Missing Link between Values and Behavior«, *Psychological Reports* 86 (2000): 47–64.
5. Die pragmatische Philosophie entwickelte sich aus dem Pragmatismus (siehe dazu die Arbeiten von John Dewey, William James, Charles Sanders Peirce und Richard Rorty), Konsequenzialismus (C. D. Johnson und P. Pettit), Instrumentalismus (John Dewey) und Utilitarismus (Jeremy Bentham und John Stuart Milliarden). Die vollständigen Quellenverweise finden Sie in: Boyatzis, Murphy und Wheeler, »Philosophy as a Missing Link«.
6. Beschreibung von Larry Ellison: Mike Wilson, *The Difference between God and Larry Ellison: Inside Oracle Corporation* (New York: William Morrow, 1998); Stuart Read, *The Oracle Edge: How Oracle Corporation's Take. No Prisoners Strategy Has Made an $8 Billion Software Powerhouse* (Avon, MA: Adams Media Corporation, 1999).
7. Die intellektuelle Philosophie entwickelte sich aus dem Rationalismus (siehe dazu die Arbeiten von René Descartes, Gottfried Wilhelm von Leibniz und Benedict de Spinoza) und der Arbeit verschiedener Philosophen, die den Rationalismus als ihre ätiologische Grundlage anführen, wie Georg Wilhelm Friedrich Hegel und Jürgen Habermas sowie aus der Arbeit philosophischer Strukturalisten (Claude Lévi-Strauss und Jean Piaget) und Postmodernisten

(Friedrich Nietzsche). Die vollständigen Quellenverweise finden Sie in: Boyatzis, Murphy und Wheeler, »Philosophy as a Missing Link«.

8. Beschreibung von John Chambers: Andy Serwer, »There's Something about Cisco«, *Fortune,* 15. Mai 2000: 114–138; John A. Byrne, »Visionary vs. Visionary«, *Business Week,* 28. August 2000: 210–214.
9. Die humanistische Philosophie entwickelte sich aus dem Kommunitarismus (W. F. Brundage), der Hermeneutik (Hans-Georg Gadamer), dem Humanismus (Francesco Petrarch und R. W. Sellars) und dem Kollektivismus (R. Burlingame und W. H. Chamberlin).
10. Beschreibung von Narayana Murthy: Amit Dawra, Pinkey Jain, Ruchika Kohli und Abhijit Rajan, »N. R. Narayana Murthy: Powered by Intellect, Driven by Value«, unveröffentlichte Arbeit, Case Western Reserve University, Oktober 2000.
11. Der Karrierewechsel von Peter Lynch: J. Fierman, »Peter Lynch on the Meaning of Life«, *Fortune,* 23. April 1990: 197–200.
12. Karrierewechsel erfolgreicher Geschäftsführer: B. D. Fromson, »Second Acts for the Top Guys«, *Fortune,* 23. April 1990: 251–262.
13. Träume und Leidenschaft bestimmen die Zufriedenheit im Alltag: Ruth A. Schiller, »The Relationship of Developmental Tasks to Life Satisfaction, Moral Reasoning and Occupational Attainment at Age 28«, *Journal of Adult Development* 5, Nr. 4 (1998): 239–254.
14. Zitiert aus: *Napoleon in His Own Words,* Bd. 4, zusammengestellt von Jules Bertaut (Chicago: A.C. McClurg, 1916).
15. Das Seminar mit dem Titel »Leadership to Create Human Value« (Führung, um menschlichen Wert zu schaffen) ist Teil eines Dissertationsprogramms für Führungskräfte der Weatherhead School of Management, Case Western Reserve University. Es ist ein dreijähriges Programm für Führungskräfte aus wirtschaftlichen, gemeinnützigen und öffentlichen Organisationen, die Führung auf Organisations-, Gemeinde- und globaler Ebene aus praktischer und theoretischer Sicht beleuchten wollen. Die Teilnehmer kommen für die Dauer des Programms einmal im Monat für mehrere Tage aus verschiedenen Städten und Ländern in aller Welt zu den Lehrveranstaltungen.
16. Feedback über den neuen Führungsstil von John Lauer: Persönliche Gespräche mit Kathy Crowley, Christina Fiduccia, Michelle Lee, Chistopher Stevens und Robert Stratton-Brown, Dezember 2000.
17. Selbsttäuschung als natürlicher, aber teuer erkaufter Prozess: Daniel Goleman, *Vital Lies, Simple Truths: The Psychology of Self-Deception* (New York: Simon and Schuster, 1985).
18. Optimismus erfolgreicher Menschen: Martin P. Seligman, *Learned Optimism: How to Change Your Mind and Your Life* (New York: Alfred Knopf, 1991).
19. Studie über die Bedeutung von evaluativem Feedback: Richard E. Boyatzis und David A. Kolb, *Feedback and Self-Directed Behavior Change,* unveröffentlichtes Arbeitspapier 394-69, Sloan School of Management, Massachusetts Institute of Technology, Cambridge, 1969.

20. Effektive Manager und Führungskräfte fordern Feedback ein: Susan J. Ashford und Anne S. Tsui, »Self-Regulation for Managerial Effectiveness: The Role of Active Feedback Seeking«, *Academy of Management Journal* 34, Nr. 2 (1991): 251–280.
21. Folgen von ausschließlich positivem Feedback: Paul A. Mabe III und Stephen G. West, »Validity of Self-Evaluation of Ability: A Review and Meta-Analysis«, *Journal of Applied Psychology* 67 (1982): 280–296.
22. Wie prüft eine Führungskraft die Realität: In Morgan W. McCall Jr., *High Flyers: Developing the Next Generation of Leaders* (Boston: Harvard Business School Press, 1998) weist der Autor darauf hin, dass Menschen oft »starke Erlebnisse« haben, die zu ihrer Entwicklung beitragen könnten, die sie aber nicht nutzen. Er nannte diese Erlebnisse »Momente der Wahrheit«, in denen ein Mensch sich fragen sollte: »Bin ich dabei die Person zu werden, die ich werden möchte? Habe ich gerade so gehandelt wie die Person, die ich sein möchte?« Wir würden sagen, diese Momente der Wahrheit sind wie ein Blick in den Spiegel, bei dem wir unser reales Selbst erkennen.
23. Die Bewertung des realen Selbst im Kontext des idealen Selbst: Jay Conger, *Learning to Lead: The Art of Transforming Managers into Leaders* (San Francisco: Jossey-Bass, 1989) beschrieb die Reaktion von Managern in Entwicklungsprogrammen, nachdem sie eine Menge hilfreiches Feedback erhalten hatten. Er stellte fest, dass sie sich verunsichert fühlten. Ohne den Kontext des idealen Selbst hatten sie kein überzeugendes Konzept, was sie als Nächstes anstreben sollten – wie und warum sie das Feedback umsetzen sollten.
24. Wissen, was verändert und was beibehalten wird: Dasselbe haben einige Forscher für Organisationen vorgeschlagen. Siehe Ron Fry, »Change and Continuity in Organizational Growth«, in Suresh Srivastva, Ronald E. Fry und Mitarbeiter, *Executive and Organizational Continuity: Managing the Paradoxes of Stability and Change* (San Francisco: Jossey-Bass, 1993) und James C. Collins und Jerry I. Porras, *Built to Last: Successful Habits of Visionary Companies* (New York: HarperBusiness, 1994).
25. Das Bekenntnis zu einer Vision kann die Anpassungsfähigkeit verringern: Lisa Berlinger, *Managing Commitment to Increase Flexibility: An Exploration of Processes That Strengthen and Weaken Commitment* (Dissertation, University of Texas, 1991); Russell Ackoff, *Creating the Corporate Future* (New York: John Wiley & Sons, 1981).
26. 360-Grad-Feedback ist am hilfreichsten, wenn es vertraulich behandelt wird. Das heißt, die Ergebnisse werden nur der betroffenen Person und ihrem Coach mitgeteilt. Außerdem sollte allen bewusst sein, dass die Informationen für die Führungskräfteentwicklung verwendet werden. Wenn 360-Grad-Daten stattdessen für Leistungsmanagement oder -beurteilungen verwendet werden, werden die Leute vermutlich weniger offen über ihre Schwächen sprechen und ihre Stärken überschätzen. Ebenso könnten Kollegen oder Mitarbeiter falsche Angaben machen, um die betreffende Person zu schützen oder ihr zu schaden.

27. Verschiedene Sichtweisen eines Managers aus verschiedenen Feedbackquellen: Gene Harris und Joyce Hogan, »Perceptions and Personalities of Effective Managers« (präsentiert beim 13. Annual Psychology in the Department of Defense Symposium, Colorado Springs, Colorado, 16. April 1992).
28. Erfolg und Effektivität: Fred Luthans, R. M. Hodgetts und S. A. Rosenkrantz, *Real Managers* (Cambridge, MA: Ballinger Press, 1988).
29. Kollegen als Feedbackquelle: Eine Auswertung der Forschungen über 360-Grad-Feedback ergab, dass das Feedback von Kollegen zutreffender war als das von Vorgesetzten oder Untergebenen – und natürlich zutreffender als die Selbsteinschätzung der betreffenden Führungskraft. A. V. Lewin und A. Zwany, *Peer Nominations: A Model, Literature, Critique, and a Paradigm for Research* (Springfield, VA: National Technical Information Service, 1976); T. H. Shore, L. M. Shore und George C. Thornton III, »Construct Validity of Self- and Peer Evaluations of Performance Dimensions in an Assessment Center«, *Journal of Applied Psychology* 77, Nr. 1 (1992): 42–54. Doch andere Studien ergaben, dass das Feedback von Untergebenen zutreffender ist als das von Kollegen. Siehe z. B. Glenn M. McEvoy und Richard W. Beatty, »Assessment Centers and Subordinate Appraisals of Managers: A Seven Year Examination of Predictive Validity«, *Personnel Psychology* 42 (1989): 37–52.
30. Zutreffende Bewertung durch Untergebene: McEvoy und Beatty, »Assessment Centers and Subordinate Appraisals of Managers«, 37–52.

8 Die Metamorphose: Führungskompetenzen nachhaltig verbessern

1. In verschiedenen Lebensbereichen an Zielen arbeiten: Jane V. Wheeler, *The Impact of Social Environment on Self-Directed Change and Learning,* (Dissertation, Case Western Reserve University, 1999).
2. Nachteile leistungsorientierter Ziele: John F. Brett und Don VandeWalle, »Goal Orientation and Goal Content as Predictors of Performance in a Training Program«, *Journal of Applied Psychology* 84, Nr. 6 (1999): 863–873.
3. Persönliche Standards bei lernorientierten Zielen: J. M. Beaubien und S. C. Payne, »Individual Goal Orientation as a Predictor of Job and Academic Performance: A Meta-analytic Review and Integration« (Die Arbeit wurde bei einer Tagung der Society for Industrial and Organizational Psychology im April 1999 in Atlanta, Georgia präsentiert).
4. Leistungsorientierte Ziele lösen Angst aus: Gilad Chen, Stanley M. Gully, Jon-Andrew Whiteman und Robert N. Kilcullen, »Examination of Relationships among Trait-like Individual Differences, State-like Individual Differences, and Learning Performance«, *Journal of Applied Psychology* 85, Nr. 6 (2000): 835–847. Siehe dazu auch Edwin A. Locke und Gary P. Latham, *A Theory of Goal Setting and Task Performance* (Englewood Cliffs, NJ: Prentice Hall, 1990).
5. Lernorientierte Ziele führen zu besseren Umsätzen: Don VandeWalle, Steven P. Brown, William L. Cron und John W. Slocum Jr., »The Influence of Goal

Orientation and Self-Regulation Tactics on Sales Performance: A Longitudinal Field Test«, *Journal of Applied Psychology* 84, Nr. 2 (1999): 249–259.

6. Von der Überlegung zur Veränderung: James O. Prochaska, Carlo C. Diclemente und John C. Norcross, »In Search of How People Change: Applications to Addictive Behaviors«, *American Psychologist* 47, Nr. 9 (1992): 1102–1114.
7. Ziele sind ein Schlüssel zur Selbstkorrektur: Roy F. Baumeister, Todd E. Heatherton und Dianne M. Tice, *Losing Control: How and Why People Fail at Self-Regulation* (New York: Academic Press, 1994).
8. Gewohnheiten bewusst machen: John A. Bargh und Tanya L. Chartrand, »The Unbearable Automaticity of Being«, *American Psychologist* 54, Nr. 7 (1999): 462–479.
9. Vorbereitung des Gehirns: Cameron Carter, Angus Macdonald, Stefan Ursu, Andy Stenger, Myeong Ho Sohn und John Anderson, »How the Brain Gets Ready to Perform« (Präsentation bei der 30. Jahreskonfererenz der Society of Neuroscience, New Orleans, November 2000).
10. Zielsetzung ist nichts Neues: David A. Kolb und Richard E. Boyatzis, »Goal-Setting and Self-Directed Behavior Change«, *Human Relations* 23, Nr. 5 (1970): 439–457.
11. Zielsetzung und Unternehmer: Eine Analyse der Forschungen finden Sie in: David C. McClelland, *Human Motivation* (Chicago: Scott, Foresman, 1985). Frühere Forschungen finden Sie in: David C. McClelland, *The Achieving Society* (Princeton: Van Nostrand, 1961) und David C. McClelland und David G. Winter, *Motivating Economic Achievement* (New York: Free Press, 1969).
12. Zielsetzung und selbstbestimmte Verhaltensänderung: David A. Kolb, Sarah K. Winter und David E. Berlew, »Self-Directed Change: Two Studies«, *Journal of Applied Behavioral Science* 6, Nr. 3 (1968): 453–471; David A. Kolb, »A Cybernetic Model of Human Change and Growth«, unveröffentlichtes Arbeitspapier 526-571, Sloan School of Management, Massachusetts Institute of Technology, Cambridge, 1971; und David A. Kolb und Richard E. Boyatzis, »Goal-Setting and Self-Directed Behavior Change«. Die Integration von McClellands Schritten des Motiverwerbs und der Modelle von Kolb und Boyatzis führten zu einem Prozess, der als Kompetenzerwerb bezeichnet wird.
13. Neue Forschungen über die Wirkung der Zielsetzung: Wheeler, »Impact of Social Environment«; David Leonard, *The Impact of Learning Goals on Self-Directed Change in Education and Management Development* (Dissertation, Case Western Reserve University, 1996) und Kenneth Rhee, *Journey of Discovery: A Longitudinal Study of Learning during a Graduate Professional Program* (Dissertation, Case Western Reserve University, 1997).
14. Zu den »Tipping Points«: David C. McClelland, »Identifying Competencies with Behavioral Event Interviews«, *Psychological Science* 9, Nr. 5 (1998): 331–339. Die Theorie wurde in einer Langzeitstudie über die finanziellen Auswirkungen von Kompetenzen, die von den Partnern eines internationalen

Beratungsunternehmens verwendet wurden, bestätigt. Richard E. Boyatzis berichtete darüber in seinem Vortrag »Building Brilliant Organizations: Competencies, Complexity, and Consequences« (Präsentation bei der 4. Internationalen Konferenz über Kompetenzanwendungen, London, 25. Oktober 1999); Richard E. Boyatzis, Daniel Goleman und Kenneth Rhee, »Clustering Competence in Emotional Intelligence: Insights from the Emotional Competence Inventory (ECI)«, *Handbook of Emotional Intelligence,* Hrsg. Reuven Bar-On und James D. A. Parker (San Francisco: Jossey-Bass, 2000) 343–362; Malcolm Gladwell, *The Tipping Point: How Little Things Can Make a Big Difference* (Boston: Little, Brown, 2000).

15. Persönliches Bekenntnis ist entscheidend, um Ziele zu erreichen: Howard J. Klein, Michael J. Wesson, John R. Hollenback und Bradley J. Alge, »Goal Commitment and the Goal-Setting Process: Conceptual Clarification and Empirical Synthesis«, *Journal of Applied Psychology* 84, Nr. 6 (1999): 885–896; Locke und Latham, *Theory of Goal Setting.*
16. Intrinsische Motivation ist wesentlich stärker als extrinsische: R. M. Ryan und E. L. Deci, »Self-Determination Theory and the Facilitation of Intrinsic Motivation, Social Development and Well-Being«, *American Psychologist* 55, Nr. 1 (2000): 68–78; T. Kasser und R. M. Ryan, »Be Careful What You Wish For: Optimal Functioning and the Relative Attainment of Intrinsic and Extrinsic Goals«, in *Life Goals und Well-Being,* Hrsg. P. Schmuck und K. M. Sheldon (Lengerich, Germany: Pabst Science, in Druck).
17. Verschiedene Planungsstile: Annie McKee, *Individual Differences in Planning for the Future* (Ph. D. diss., Case Western Reserve University, 1991).
18. Eine sinnvolle Zukunft gestalten: Michael McCaskey, »A Contingency Approach to Planning: Planning with and without Goals«, *Academy of Management Journal* 17 (1974): 281–291; McKee, »Individual Differences in Planning for the Future«.
19. Spezifische, messbare Ziele: Edwin Locke, »Toward a Theory of Task Performance and Incentives«, *Organizational Behavior and Human Performance* 3 (1968): 157–189; J. Hollenbeck und H. Klein, »Goal Commitment and the Goals Setting Process: Problems, Prospects, and Proposals for Future Research«, *Journal of Applied Psychology* 40 (1987): 212–220.
20. Konzentration auf spezifische Kompetenzen: Leonard, »Impact of Learning Goals«; Wheeler, »Impact of Social Environment«.
21. Die Verwendung des bevorzugten Lernstils: David A. Kolb, *Experiential Learning: Experience as the Source of Learning and Development* (Englewood Cliffs, NJ: Prentice-Hall, 1984).
22. Typische Lernstile: Ibid. und David A. Kolb, Richard E. Boyatzis und Charalampos Mainemelis, »Experiential Learning Theory: Previous Research and New Directions«, in *Perspectives on Thinking, Learning, and Cognitive Styles,* Hrsg. Robert J. Sternberg und Li-fang Zhang (Mahwah, NJ: Lawrence Erlbaum Associates, 2001): 227–248. Weitere Verweise finden Sie auf der Website http://www.learningfromexperience.com.

23. Tests von Lernstilen: Beispiele finden Sie auf den folgenden Websites: http://trgmcber.haygroup.com/products/learning und http://www.learningfrom-experience.com.
24. Auslöser für dysfunktionale Gewohnheiten: Im Bereich der kognitiven Verhaltenstherapie ermöglicht diese frühe Warnung das Erkennen von Auslösern, bevor sie die alten, dysfunktionalen Gewohnheiten aktivieren. Siehe Tara Bennett-Goleman, *Emotional Alchemy: How the Mind Can Heal the Heart* (New York: Harmony Books, 2001).
25. Der präfrontale Kortex und limbische Schaltungen: Matthew D. Lieberman, »Intuition: A Social Cognitive Neuroscience Approach«, *Psychological Bulletin* 126 (2000): 109–137; B. J. Knowlton, J. A. Mangels und L. R. Squire, »A Neostriatal Habit Learning System in Humans«, *Science* 273 (1996): 1399–1402.
26. Lernen erfordert Wiederholung und Übung: Thomas Lewis, Fari Amini und Richard Lannon, *A General Theory of Love* (New York: Random House, 2000); Lieberman, »Intuition«.
27. Stärkung von Nervenbahnen und Neurogenese: Richard J. Davidson, Daren C. Jackson und Ned H. Kalin, »Emotion, Plasticity, Context, and Regulation: Perspectives from Affective Neuroscience«, *Psychological Bulletin* 126, Nr. 6 (2000): 890–909.
28. Führungskräfte üben zu wenig: freie Wiedergabe eines Arguments von Tony Schwartz in: Jim Loehr und Tony Schwartz, »The Making of the Corporate Athlete«, *Harvard Business Review,* bei einer Präsentation an der Weatherhead School of Management, 17. November 2000.
29. Üben, um neue Nervenbahnen zu schaffen: Bennett-Goleman, *Emotional Alchemy.*
30. Der Einsatz von Selbstkontrolle für Übungszwecke: Mark Muraven und Roy Baumeister »Self-Regulation and Depiction of Limited Resources: Does Self-Control Resemble a Muscle?«, *Psychological Bulletin,* 126 (2) (2000): 247–259
31. Üben in vielfältigen Situationen: Christine R. Dreyfus, *Scientists and Engineers as Effective Managers: A Study of Development of Interpersonal Abilities,* (Dissertation, Case Western University, 1991).
32. Lernen durch Handeln ist unbemerktes Lernen: In ihren Analysen dutzender Entwicklungsprogramme für Führungskräfte (die sowohl von Beratern als auch von den Unternehmen selbst durchgeführt wurden), die sie in ihrem Buch *Building leaders: How successful companies develop the next generation* (San Francisco: Jossey-Bass 1999) präsentierten, nannten Jay Conger und Beth Benjamin das Lernen durch Handeln »das neue Paradigma der Führungskräfteentwicklung«.
33. Laura Wilkinsons mentales Training: Jim Loehr und Tony Schwartz, »The Making of the Corporate Athlete«, *Harvard Business Review* (2001).
34. Visualisierung aktiviert dieselben Gehirnzellen: Gabriel Kreiman, Christof Koch und Itshak Fried, »Imagery Neurons in the Human Brain«, *Nature* 408 (2000): 357–361.

35. Beziehungen als Lernkontext: Kathy E. Kram, »A Relational Approach to Career Development«, in Douglas T. Hall, Hrsg., *The Career is Dead – Long Live the Career* (San Fransisco: Jossey-Bass, 1996); Kathy E. Kram und Douglas T. Hall, »Mentoring in a Context of Diversity and Turbulence«, in E. Kossek und S. Lobel, Hrsg., *Human Resource Strategies for Managing Diversity* (London: Blackwell, 1996).
36. Verbesserung des Selbstvertrauens: Ronald Ballou, David Bowers, Richard E. Boyatzis und David A. Kolb, »Fellowship in Lifelong Learning: An Executive Development Program for Advanced Professionals«, *Journal of Management Education,* 23 (4) (1999): 338–354.
37. Positive Gruppen unterstützen die positive Veränderung: Jin Nam Choi, Richard H. Price und Amiram D. Vinokur, »How Context Works in Groups: The Influence of Group Processes on Individual Coping Outcomes«, (unveröffentlichte Arbeit, University of Michigan, Institute for Social Research, 1999).
38. Führung ist stressbeladen: Robert S. Steele, *The Physiological Concomitants of Psychogenic Arousal in College Males,* (Dissertation, Harvard University, 1973); Robert S. Steele, »Power Motivation, Activation, and Inspirational Speeches«, *Journal of Personality* 45 (1977): 53–64; David C. McClelland, Richard J. Davidson und C. Saron, »Evoked Potential Indicators of Impact of the Need for Power on Perception and Learning«, unveröffentlichtes Manuskript, Harvard University, 1979; David C. McClelland, Richard. J. Davidson, C. Saron und E. Floor, »The Need for Power, Brain Norepinephrine Turnover and Learning«, *Biological Psychology* 10 (1980): 93–102.
39. Stress und Cortisol hemmen das Lernen: Aktuellen Studien zufolge »hemmt Cortisol in anhaltend hohen Konzentrationen die Verzweigung der Nervenzellen in dem Gehirnbereich, der für die Umwandlung der Kurzzeitgedächtnisinhalte in Langzeitgedächtnisinhalte zuständig ist (Hippocampus). Noch dramatischer ist, dass lang anhaltende hohe Cortisolwerte anscheinend Hippocampuszellen zerstören.« James E. Zull, *The Art of Changing a Brain: Helping People Learn by Understanding How the Brain Works* (Sterling, VA: Stylus publishers, 2000): 65. Anhaltender Stress und Depressionen führen bei Patienten mit posttraumatischem Belastungssyndrom und bei schwer depressiven Frauen zu einer Schädigung des Hippocampus (vgl. Robert Sapolosky, Stanford University, und Yvette Sheline, Washington University in St. Louis, zitiert in Robert S. Boyd, »Scientists Find Brain Continues to Readapt Throughout Life«, *Miami Herald,* 17. Mai 2000; Richard J. Davidson, Daren C. Jackson und Ned H. Kalin, »Emotion, Plasticity, Context, and Regulation: Perspectives from Affective Neuroscience«, *Psychological Bulletin,* 126 (6) (2000): 890–909.
40. Lernumgebungen, die sicher, aber nicht zu entspannt sind: David A. Kolb und Richard E. Boyatzis, »Goal-setting and Self-directed Behavior Change«, *Human Relations,* 23 (5) (1970): 439–457.
41. Es hilft uns, wenn andere Risiken eingehen: Paul R. Nail, Geoff MacDonald und David A. Levy, »Proposal of a Four-dimensional Model of Social Response«, *Psychological Bulletin,* 126 (3) (2000): 454–470.

42. Mentoren sind in frühen Karrierephasen hilfreich: Morgan W. McCall, Jr., Michael M. Lombardo und Ann M. Morrison, *Lessons from Experience: How Successful Executives Develop on the Job* (Lexington, Massachusetts: Lexington Books, 1988).
43. Einen guten Coach finden: Wenn Sie sich entschließen, für die Entwicklung Ihrer Führungsqualitäten einen Coach zu engagieren, achten Sie darauf, dass er oder sie nicht nur erfahren, sondern auch mit den »Best practice«-Richtlinien zur Verbesserung der Emotionalen Intelligenz von Führungskräften vertraut ist. Bei vielen ist das nicht der Fall. Die Richtlinien – basierend auf empirischen Daten, was funktioniert und was nicht – wurden vom Consortium for Research on Emotional Intelligence in Organizations entwickelt und sind im 12. Kapitel des Buches *Working With Emotional Intelligence* von Daniel Goleman und in dem Buch *Promoting Emotional Intelligence in Organizations* (Washington, D.C.: American Society for Training and Development, 2000) von Cary Cherniss und Mitch Adler zusammengefasst.
44. Der Leiter eines anderen Unternehmens als Mentor: Jennifer Reingold, »Want to Grow as a Leader? Get a Mentor«, *Fast Company* (Januar 2001): 58–60.
45. Effektive Coaches setzen EI ein: Richard E. Boyatzis und James A. Burruss, *Validating of a Competency Model for Alcoholism Counselors in the Navy – Final Report on Contract Number N00123-77-C-0499* (Washington, D.C.: U.S. Navy, 1979); James A. Burruss und Richard E. Boyatzis, *Continued Validation of a Competency Model for Alcoholism Counselors in the Navy – Final Report on Contract Number N00244-80-C-0521* (Washington, D.C.: U.S. Navy, 1981); Richard R. Carkhuff, *Helping and Human Relations: A primer for Lay and Professional Helpers: Band I, Selection and Training* und *Band II, Practice and Research* (New York: Holt, Rinehard and Winston, 1969); Ted P. Asay und Michael J. Lambert, »The Empirical Case for the Common Factors in Therapy: Quantitative Findings«, in: Mark A. Hubble, Barry L. Duncan und Scott D. Miller, Hrsg.: *The Heart and Soul of Change: What Works in Therapy* (Washington, D.C.: American Psychological Association, 1999).

9 Die emotionale Realität eines Teams

1. Überlegenheit von Gruppenentscheidungen: Alan B. Krueger, »Economic Scene«, *The New York Times*, 7. Dezember 2000: C2.
2. Brillante Teams mit schlechten Entscheidungen: R. Meredith Belbin, *Team Roles at Work* (London: Butterworth-Heineman, 1996).
3. Siehe dazu: Thomas Lewis, Fari Amini und Richard Lannon, *A General Theory of Love* (New York: Random House, 2000).
4. Der Einfluss des Anführers auf die emotionale Realität der Gruppe: Eine besonders umfassende Untersuchung der Dynamik von Autorität wurde von Mitarbeitern des A. K. Rice Institute durchgeführt. Einen Überblick über die Forschungen in diesem Bereich finden Sie in: Arthur D. Colman und W. Ha-

rold Bexton, Hrsg., *Group Relations Reader 1* (Washington, D.C.: A. K. Rice Institute, 1975); Arthur D. Colman und Marvin H. Geller, Hrsg., *Group Relations Reader 2* (Jupiter, FL: A. K. Rice Institute, 1985). Eine aktuellere Analyse der Wirkung von Führungskräften finden Sie in: Michel Deschapelle, »The National Conference Has Helped My Career«, *Speaking of Authority*, Bd. 7, Nr. 1 (Jupiter, FL: A. K. Rice Institute, 2000). Eine Besprechung der Wirkung von Führungskräften, die einer Minderheit angehören, finden Sie in: Kathy E. Kram und Marion McCollom Hampton, »When Women Lead: The Visibility-Vulnerability Spiral« in *The Psychodynamics of Leadership*, Edward B. Klein, Faith Gabelnick und Peter Herr, Hrsg., (Madison, CT: Psychosocial Press, 1998).

5. Die Rolle einer Führungskraft bei der Schaffung eines Klimas, das gesunde Beziehungen und eine positive Sicht der Zukunft fördert: Rosamund Stone Zander and Benjamin Zander, *The Art of Possibility: Transforming Professional and Personal Life* (Boston: Harvard Business School Press, 2000).
6. Hochleistungsteams: Jon R. Katzenbach und Douglas K. Smith, *The Wisdom of Teams* (Boston: Harvard Business School Press, 1993).
7. Emotionale Intelligenz von Gruppen: Vanessa Urch Druskat und Steven B. Wolff, »Group Emotional Intelligence and Its Influence on Group Effectiveness«, in *The Emotionally Intelligent Workplace: How to Select For, Measure and Improve Emotional Intelligence in Individuals, Groups and Organizations*, Hrsg. Carey Cherniss und Daniel Goleman (San Francisco: Jossey-Bass, 2001). Siehe auch: Vanessa Urch Druskat und Steven B. Wolff, »Building the Emotional Intelligence of Groups«, *Harvard Business Review*, März 2001: 81–90.
8. Die Gruppe als Ganzes: Leroy Wells, »The Group-as-a-Whole Perspective and Its Theoretical Roots«, in Colman und Geller, Hrsg., *Group Relations Reader 2*.
9. Wenn ein Gruppenmitglied die Führung übernimmt: Susan Wheelan und Frances Johnston, »The Role of Informal Member Leaders in a System Containing Formal Leaders«, *Small Group Research* 27, Nr. 1 (1996): 33–55. Siehe auch Susan A. Wheelan, *Creating Effective Teams* (Thousand Oaks, CA: Sage Publications, 1999).
10. Aufmerksamkeit (mindfulness): Dieser Begriff ist in der Wirtschaftspresse nur selten zu finden. Aufmerksamkeit gilt jedoch als entscheidend für die emotionale und psychische Gesundheit und effektive interpersonelle Beziehungen und spielt eine grundlegende Rolle für unser Konzept der Selbstwahrnehmung. Auf Teamebene ist Aufmerksamkeit als eine Reihe von gemeinsamen Normen zu verstehen, die sich in Verhaltensweisen wie der Auseinandersetzung mit Stimmungen der Gruppe, der Artikulierung unausgesprochener Sorgen und Hoffnungen oder der Aufdeckung dysfunktionaler Muster manifestieren. Interessante Perspektiven zu diesem Thema finden Sie in: Robert Quinn, *Change the World: How Ordinary People Can Accomplish Extraordinary Results* (San Francisco: Jossey-Bass, 2000); Tara Bennett-Goleman, *Emotional Alchemy:*

How the Mind Can Heal the Heart (New York: Harmony Books, 2001); His Holiness the Dalai Lama, *The Art of Happiness: A Handbook for Living* (New York: Riverhead Books, 1998); Phil Nuerenberger, *The Quest for Personal Power: Transforming Stress into Strength* (New York: G. P. Putnam's Sons, 1996).

11. Empathie und die Systemsicht: Emotional intelligente Menschen und Teams achten auf das gesamte System – Selbst, interpersonelle Beziehungen, Organisation, äußeres Umfeld, die Interaktionen von Interessengruppen etc. Diese ganzheitliche Perspektive ermöglicht es Einzelpersonen und Teams zu beurteilen, wie ihre Handlungen sich auf verschiedene Interessengruppen auswirken werden. Sie zeigen also Empathie für die verschiedenen Teile des Systems sowie für die beteiligten Individuen. Dieses Konzept ist in der Literatur über Organisationen ausführlich dokumentiert. Siehe Peter Senge, *The Fifth Discipline: The Art and Practice of the Learning Organization* (New York: Doubleday, 1990); Anthony J. Dibella und Edwin C. Nevis, *How Organizations Learn: An Integrated Strategy for Building Learning Capability* (San Francisco: Jossey-Bass, 1998).
12. Auf die Unterströmungen in der Gruppe achten: Kenwyn Smith und David Berg, *Paradoxes of Group Life* (San Francisco: Jossey-Bass, 1990).
13. Verhalten und Lebenszyklus eines Teams: Die Auffassung, dass Teams Entwicklungsphasen durchlaufen, ist die Grundlage für eine Forschungsrichtung, die sich mit der Gruppendynamik und Effektivität von Teams beschäftigt. Eine Übersicht über die Theorie und die Anwendung in einem geschäftlichen Umfeld finden Sie in: Susan Wheelan, *Group Processes: A Developmental Perspective* (Boston: Allyn and Bacon, 1994).
14. Teamergebnisse mit dem Emotional Competence Inventory: Obwohl das ECI im Allgemeinen als Feedbackinstrument für Einzelpersonen eingesetzt wird, stellten wir fest, dass die Ergebnisse der einzelnen Teammitglieder in ihrer Gesamtheit ein sehr interessantes und aufschlussreiches Bild der Stärken und Schwächen des Teams vermitteln. Wir sind gerade dabei, diese Methode zur Messung der emotionalen Kompetenz eines Teams zu untersuchen. Derzeit lassen die Daten, die wir bei den vielen Gesprächen mit Führungskräften und ihren Teams gesammelt haben, darauf schließen, dass die Feedbackergebnisse in ihrer Gesamtheit auf zugrunde liegende Normen und auf Teamkompetenzen hinweisen.

10 Realität und ideale Vision: Die Zukunft der Organisation gestalten

1. Shoney's: Stephanie N. Mehta, »What Minority Employees Really Want«, *Fortune,* 10. Juli 2000: 181.
2. Kultur und Verhalten in medizinischen Organisationen: Beulah Trey, *Trust in the Workplace: Taking the Pulse of Trust between Physicians and Hospital Administrators* (unveröffentlichte Dissertation, University of Pennsylvania, 1998).

3. Beschäftigung mit der emotionalien Realität der Organisation als Teil des Veränderungsprozesses: Annie McKee und Cecilia McMillen, »Discovering Social Issues: Organizational Development in a Multicultural Community«, *Journal of Applied Behavioral Sciences* 28, Nr. 3 (1992): 445–460. Eine Erörterung der sozialen Realität und ihres Zusammenhangs mit dem Veränderungsprozess finden Sie in: Edwin C. Nevis, Joan Lancourt und Helen G. Vassallo, *Intentional Revolutions: A Seven Point Strategy for Transforming Organizations* (San Francisco: Jossey-Bass, 1996).
4. Dynamische Erhebung (dynamic inquiry): McKee und McMillen, »Discovering Social Issues«. In dieser und anderen Publikationen verwendeten wir auch den Begriff *Kooperative Erhebung* (cooperative inquiry oder co-inquiry), um den Prozess der Untersuchung von zugrunde liegenden Annahmen, Normen und der emotionalen Realität in Organisationen zu beschreiben. Wir verwenden den Begriff *Dynamische Erhebung* bei unserer Arbeit mit Organisationen, um zu unterstreichen, dass unsere Methodik handlungsorientiert ist. Eine Erörterung der Kooperativen Erhebung finden Sie in: Edgar Schein, »Organization Development: Science, Technology, or Philosophy?« (Abschrift eines Vortrags vor der Organization Development Division, Academy of Management, Washington, D.C., 1989); und Peter Reason, »The Co-operative Inquiry Group«, in *Human Inquiry in Action: Developments in New Paradigm Research,* Hrsg. Peter Reason (Newbury Park, CA: Sage, 1988). Die Beschreibung eines weiteren Ansatzes finden Sie in: Peter F. Sorensen Jr., Diana Whitney und Therese F. Yaegers Kapitel in *Appreciative Inquiry: Rethinking Human Organization Toward a Positive Theory of Change,* Hrsg. David Cooperrider (Champaign, IL: Stipes Publishing, 1999).
5. Humanressourcen und Emotionale Intelligenz: Ruth L. Jacobs, »Using Human Resource Functions to Enhance Emotional Intelligence« in *The Emotionally Intelligent Workplace: How to Select For, Measure and Improve Emotional Intelligence in Individuals, Groups and Organizations,* Cary Cherniss und Daniel Goleman, Hrsg., (San Francisco: Jossey-Bass, 2001).
6. Beschäftigung mit der Vision: Warren Bennis und Burt Nanus, *Leaders: Strategies for Taking Charge* (New York: Harper and Row, 1985).
7. UNICEF-Impfprojekte in Entwicklungsländern: Monica Sharma und J. Tulloch, »Commentary: Unfinished Business«, UNICEF, The Progress of Nations 1996: Health, http://www/UNICEF.org/pon96/heunfini.htm.
8. Siehe dazu: David Smith, *Leadership and Professional Competencies: Serving Higher Education in an Era of Change* (Ph. D. diss., University of Pennsylvania, 2000).

11 Nachhaltige Veränderungen bewirken

1. Lernen in Organisationen: Peter Senge, *The Fifth Discipline: The Art and Practice of the Learning Organization* (New York: Doubleday, 1990); und Sa-

rita Chawla und John Renesch, Hrsg., *Learning Organizations: Developing Cultures for Tomorrow's Workplace* (Portland, OR: Productivity Press, 1995).

2. Vertrauen und Vertraulichkeit in Coaching-Beziehungen: David H. Maister, Charles H. Green und Robert M. Galford, *The Trusted Advisor* (New York: The Free Press, 2000).
3. Ein Tag im Leben: Dieser Prozess wurde von Fran Johnston vom Gestalt Institute of Cleveland entwickelt, um den Bedarf eines Coaches an vielfältigen Daten zu decken. Der Coachingprozess profitiert sehr davon, wenn der Coach die Möglichkeit hat, die betreffende Führungskraft in Aktion zu erleben – und über Beispiele verfügt, die er für den Lernprozess heranziehen kann.
4. *Verwirrungsfaktor* (perceived weirdness index) ist ein Begriff, den Jonno Hanafin, Vorsitzender des International Organization and Systems Development Program des Gestalt Institute of Cleveland prägte, um die Präsentation von neuen, faszinierenden und möglicherweise bedrohlichen Informationen und verschiedenen Ansätzen zu beschreiben. Im Kontext der Führungskräfteentwicklung bedeutet dies, dass Prozesse den Beteiligten einen einzigartigen, wenn auch etwas unüblichen Ansatz bieten sollten, der aber nicht so ungewöhnlich ist, dass er sie völlig verwirrt.
5. Erwachsenenbildung: David Kolb, *Experiential Learning: Experience as the Source of Learning and Development* (Englewood Cliffs, NJ: Prentice Hall, 1984).
6. Action Learning: Die hier angeführten Prinzipien entwickelten wir im Lauf der Jahre bei unserer Arbeit mit Führungskräften und Organisationen. Eine Übersicht über die allgemeinen Prozesse des Action Learning finden Sie in: David L. Dotlich und James L. Noel, *Action Learning: How the World's Top Companies Are Recreating Their Leaders and Themselves* (San Francisco: Jossey-Bass, 1998).
7. Die Kultur mit der Entwicklung von Führungskräften verbinden: Linda Pittari und Annie McKee, »Getting Bullish about Leadership« (Präsentation für Linkage, Chicago, 2001).

Anhang A: EI versus IQ: Eine technische Anmerkung

1. Kompetenzmodelle: Die besten Kompetenzuntersuchungen arbeiten mit einer Methodik, die die spezifischen Fähigkeiten identifiziert, die herausragende von durchschnittlichen Führungskräften unterscheiden. Siehe dazu Lyle Spencer und Signe Spencer, *Competence at Work* (New York: Wiley, 1993). Daniel Golemans Analyse von Kompetenzuntersuchungen finden Sie in seinem Buch *Working with Emotional Intelligence* (New York: Bantam Books, 1998).
2. EI-Kompetenzen herausragender Führungskräfte: Siehe Daniel Goleman, »Emotional Intelligence: A Theory of Performance«, in *The Emotionally Intel-*

ligent Workplace, Cary Cherniss und Daniel Goleman, Hrsg. (San Francisco: Jossey-Bass, 2001).

3. IQ-Levels: Spencer und Spencer, *Competence at Work*.
4. EI versus IQ: Diese Ergebnisse spiegeln nicht die tatsächliche Korrelation zwischen EI und IQ, die je nach Messung von null bis schwach positiv reicht. (Laut Berichten von Reuven Bar-On und John Mayer bei einer EI-Konferenz in London am 18. Mai 2000). Ihre Ergebnisse beruhten jedoch nicht auf einer Untersuchung des gesamten IQ-Spektrums von geistig Behinderten bis Genies. Eine derart umfassende Untersuchung wäre im Hinblick auf Führungskräfte jedoch von rein akademischem Interesse, da diese generell einen hohen IQ aufweisen. Die praktischen Entscheidungen einer Organisation über den relativen Wert von EI und IQ bei Einstellungen, Nachfolgeplanung und Führungskräfteentwicklung betreffen also nur Personen ab einem gewissen IQ-Level.
5. EI-Kompetenzen zeichnen herausragende Führungskräfte aus: Lyle Spencer, »The Economic Value of Emotional Intelligence Competencies and EIC-Based HR Programs«, in *The Emotionally Intelligent Workplace*.
6. Der zusätzliche Gewinn: Richard Boyatzis, Daniel Goleman und Kenneth Rhee, »Clustering Competencies in Emotional Intelligence: Insights from the Emotional Competence Inventory«, in *The Handbook of Emotional Intelligence*, Hrsg. Reuven Bar-On und James D. Parker (San Francisco: Jossey-Bass, 2000): 343–362.

Register

Stimmen zum Buch

»Führen bedeutet für mich vor allem: klare Ziele formulieren und dann die Potenziale der Mitarbeiter freisetzen, damit sie diese Ziele erreichen. Das erfordert nachhaltige Motivation, und da sind auch Emotion und Begeisterungsfähigkeit gefragt. Daniel Goleman weist hierzu den Weg.«

Dr. Heinrich v. Pierer, Vorstandsvorsitzender, Siemens AG

»Motivierte Mitarbeiter, die sich mit ihren Aufgaben und ihrem Unternehmen identifizieren können, arbeiten erfolgreicher und erreichen bessere Ergebnisse. Leider ist die Einsicht, dass Führung mehr ist als Durchsetzen abstrakter Ziele und eine möglichst umfassende Kontrolle, immer noch nicht in allen Chefetagen angekommen. Golemans neues Buch wird diese Wissenlücke schließen.«

Heide Simonis, Ministerpräsidentin von Schleswig-Holstein

»Ohne Emotionale Intelligenz sind Manager und Politiker auf Dauer wirkungslos. Sie gehört in die Chefetage, und Goleman zeigt, dass sie bei den Erfolgreichen nicht eine, sondern viele Gestalten annehmen kann.«

Prof. Dr. h.c. Lothar Späth,
Vorsitzender des Vorstands der Jenoptik AG

»›Im Mittelpunkt steht der Mensch.‹ So steht es in vielen Unternehmensgrundsätzen. Um das zu leben, braucht man keine Führungskräfte mit angeborenem Charisma, sondern Persönlichkeiten, die Freude am Umgang mit Menschen haben, zuhören können und Hirn und Herz in der richtigen Dosierung einsetzen. Dan Goleman vermittelt gerade dieses Bewusstsein.«

Erwin Staudt, Vorsitzender der Geschäftsführung IBM Deutschland

»Goleman und seine Co-Autoren hauchen der alten Weisheit ›Menschen führen Menschen‹ neues, modernes Leben ein. Persönlichkeiten, deren emotionale Qualitäten nicht mehr in der Rüstung unpersönlich-kühler Autorität gefangen sind, werden den Führungsstil des 21. Jahrhunderts prägen. Es geht nicht um ›menschelnde Chefs‹, es geht darum, wie durch Optimismus , Begeisterung und Freude an der und für die Sache Kräfte freigesetzt und nutzbar gemacht werden können. Ein Gewinn für Führungskräfte und Mitarbeiter.«

Dr. Guido Westerwelle, MdB, Bundesvorsitzender der FDP